Das große
O. W. Barth-Buch
der Meditation

Oliver Bottini

Das große O. W. Barth-Buch der Meditation

O. W. Barth

Alle Informationen, Empfehlungen und Anwendungen wurden nach bestem Wissen und Gewissen zusammengestellt. Eine Haftung des Autors und des Verlags für etwaige Schäden, die sich aus dem Gebrauch oder Missbrauch des in diesem Buch präsentierten Materials ergeben, ist ausgeschlossen.

Den Abschnitt über Ramana Maharshi in Kapitel 11 hat Christian Salvesen für dieses Buch geschrieben, dem ich auch für den Hinweis auf Tilopas »Gesang von Mahamudra« danke.

Im Andenken an Petra Eisele

www.fischerverlage.de

Erschienen bei O. W. Barth, ein Verlag
der S. Fischer Verlag GmbH, Frankfurt am Main

Fotos: Lao Vongvilay und Alexandra Jakubik
Redaktion: Christian Salvesen
Satz und Repro: MedienTeam Berger, Ellwangen
Druck und Bindung: Ebner & Spiegel GmbH, Ulm
Printed in Germany
ISBN 13: 978-3-502-61141-7
ISBN 10: 3-502-61141-6

Meditation zu erlernen ist das größte Geschenk,
das Sie sich in diesem Leben machen können.
Denn nur durch Meditation können Sie den Weg zur
Entdeckung Ihrer wahren Natur beschreiten.
Und nur in ihr werden Sie die Stabilität und
das Vertrauen finden, die nötig sind,
um gut zu leben und gut zu sterben.

SOGYAL RINPOCHE

Inhalt

Vorbemerkungen

Da selbst in einem umfangreichen Buch wie diesem nicht alle Techniken der Meditation beschrieben werden können, beschränke ich mich auf die bekanntesten, interessantesten, wichtigsten. Entsprechend subjektiv und natürlich lückenhaft ist die Auswahl. Der Schwerpunkt liegt erwartungsgemäß auf den fernöstlichen Meditationsformen, denen die meisten in Deutschland bzw. dem Westen praktizierten Techniken zuzurechnen sind. Dazu kommen Meditationen aus Christentum, Judentum und Islam, außerdem – weil die kontemplative Versenkung auf allen Kontinenten (beinahe) zu allen Zeiten eine Rolle gespielt hat – einige andere.

Intention dieses Buches

Wie schon *Das große O. W. Barth-Buch des Zen* und *Das große O. W. Barth-Buch des Buddhismus* ist auch der vorliegende Band aus dieser kleinen Reihe kein Übungsbuch, selbst wenn die Thematik diesmal stark praxisorientiert ist und ausgewählte Übungen mit Fotos illustriert werden – Umfang, Struktur und Absicht machen das unmöglich. *Das große O. W. Barth-Buch der Meditation* soll in die wichtigsten Meditationstechniken einführen, religiös-spirituelle, historische und philosophische Hintergründe erläutern, bedeutende Lehrer und Meister nennen, nicht aber zum Meditieren anleiten.

Und noch etwas soll und will es nicht leisten: Wie schon bei den beiden vorausgegangenen »großen Büchern« ist es bei diesem nicht Aufgabe und Zweck, genuin »Neues« zu erschaffen, also eigene Theorien zur Meditation oder gar eigene Meditationsformen vorzustellen. Vielmehr trägt es Vorhandenes zusammen, um interessierten Lesern einen komfortablen Überblick über gut fünftausend Jahre Meditationsgeschichte zu bieten.

Wer eines meiner Bücher über Zen und Buddhismus beziehungsweise *Das Taiji der Fünf Tiere* (Taiji) oder *Die Kraft des Tigers* (Qi Gong), bei denen ich neben Lao Vongvilay als Koautor fungiert habe, gelesen hat, dem wird im vorliegenden Buch vielleicht die eine oder andere Passage bekannt vorkommen. Natürlich lässt es sich nicht umgehen, dass sich manche Abschnitte gleichen, wenn derselbe Autor dasselbe Thema in unterschiedlichen Zusammenhängen aufgreift. Solche Passagen wurden aber im Hinblick auf dieses Buch selbstverständlich überarbeitet.

Zu den Anmerkungen

Und noch ein Wort zu den Anmerkungen am Ende des Buches: Sie enthalten keine weiteren Informationen zu den im Text erläuterten Themen, sondern dienen ausschließlich als Quellenangabe, damit ein permanentes Hin- und Herblättern vermieden wird.

Einführung: Aspekte der Meditation – Annäherung auf Umwegen

Die Geschichte der Meditation begann vor rund 5000 Jahren. Kein Wunder also, dass es mittlerweile schier unendlich viele Formen, Techniken und Lehren gibt: Meditationen in Ruhe und in Bewegung, Meditationen der »oberflächlichen« Entspannung und der tiefen Versenkung, minuten- und stundenlange Meditationen, Meditationen für den Alltag, für spirituelle, für religiöse Zwecke, Meditationen buddhistischer, vedischer, muslimischer, christlicher, jüdischer, mystischer, indianischer Herkunft oder Prägung, Meditationen, die den Hörsinn, den Sehsinn, den Tastsinn fordern, die mit dem Bewusstsein arbeiten oder das Bewusstsein ausblenden, Hilfsmittel wie Mandalas benutzen oder nicht, geführte und nicht geführte Meditationen, Willens-Meditationen, anerkannte, zweifelhafte, verrufene Meditationen, Meditationen für Einzelne, für zwei Personen, für Gruppen und viele, viele mehr.

Die einen haben eine jahrhundertealte Tradition, die anderen gibt es seit kaum ein paar Jahrzehnten. So entstand die Transzendentale Meditation in den 50er Jahren des vergangenen Jahrhunderts, doch sie basiert auf der vedischen Tradition, die ihren Ursprung um das Jahr 1500 vor Christus hat. Die christliche Zen-Meditation ist eine Schöpfung des 20. Jahrhunderts, das buddhistische Zazen geht auf Bodhidharma zurück, der um 470 nach Christus geboren wurde. Ähnlich alt ist die islamische Dhikr-Meditation, die vor allem von den Sufis praktiziert wird, vermutlich 2000 Jahre älter das chinesische Qi Gong, und der indische Yoga mag noch älter sein.

In der Meditation begegnen sich die Kulturen

Trotz dieser Altersunterschiede und der Veränderungen, die die traditionsreichen Lehren in all den Jahren erfuhren, trotz der kulturellen, spirituellen, praktischen Unterschiede verstehen wir all die genannten Formen als »Meditation«. Folglich müssen sie etwas gemeinsam haben. Was ist das?

Was verbindet sie? Ihr Ziel? Ihre kraftvolle Wirkung? Dass sie (in der Regel) von Jung und Alt, Klein und Groß, Arm und Reich zu jeder Zeit und an jedem Ort praktiziert werden können? Dass Meditation Praxis heißt, nicht Theorie? Der spirituelle Hintergrund?

In fast allen Kulturen dieser Erde wird auf die eine oder andere Weise meditiert. In der Meditation *begegnen* sich die Kulturen. Was macht sie für den Menschen so wichtig und attraktiv? Auf Fragen wie diese möchte *Das große O. W. Barth-Buch der Meditation* Antworten finden.

Nähern wir uns ihnen auf Umwegen, und beginnen wir mit dem Wort selbst: Meditation.

Ein kurzer Ausflug in die Etymologie

Seit dem 16. Jahrhundert ist der Begriff »Meditation« (aus lat. *meditatio*) unter den Bedeutungen »Nachdenken, sinnende Betrachtung, religiöse Versenkung« in Gebrauch. Er ist eine Ableitung des seit dem 14. Jahrhundert bezeugten Verbs »meditieren« (»nachdenken, sinnend betrachten«), das wiederum auf das gleichbedeutende lateinische *meditari* zurückgeht. In dessen weiteren Bedeutungen scheint die indogermanische Wurzel *med*, »ermessen, geistig abmessen«, auf.[1] Das *Fremdwörterbuch* des Duden nennt außerdem »mystische, kontemplative Versenkung«, und im Lexikon findet sich die Definition »geistige Sammlung zur Besinnung (Kontemplation) des inneren Grundes des Menschen«[2]. »Meditieren« heißt also:

- nachdenken
- sinnend betrachten
- sich auf religiöse, mystische oder kontemplative Weise (in sich selbst) versenken
- sich geistig sammeln
- den (eigenen) inneren Grund kontemplativ besinnen

Mit diesen Bedeutungen haben wir *einen* Aspekt der Meditation erfasst – den, in dem der Verstand, das Nachdenken, das Bewusstsein eine gewisse Rolle spielen, also den westlichrationalen Aspekt. Von »Weg der Erleuchtung«, »Einsicht in etwas Göttliches«, »Verschmelzen mit Gott/dem Absoluten« sind zumindest einiger dieser Begriffe ein gutes Stück entfernt. Sie decken auch nicht die heute oft verwendeten Konzepte von »Energiearbeit«, »wohltuender, gesunder Körperarbeit« ab, die aus der östlichen ganzheitlichen Tradition stammen.

Der westlich-rationale Aspekt

Aber das ist kein Wunder. Wenn der Begriff »Meditation« vom lateinischen *meditari* kommt, ist er nicht viel älter als 2000 Jahre. Der Buddha lebte vor 2500 Jahren, die daoistischen Meditationen entstammen dem zweiten Jahrtausend vor Christus. Eine Definition des Wortes aus fernöstlicher Hinsicht findet sich im *Lexikon der östlichen Weisheitslehren*: Meditation ist ein

> Sammelbegriff für eine Vielzahl von religiösen Übungen, die von der Methode her oft sehr verschieden sind, alle jedoch das gleiche Ziel haben: das Bewusstsein des Übenden in einen Zustand zu versetzen, in dem es zu einer Erfahrung des »Erwachens«, der »Befreiung«, der »Erleuchtung« kommen kann. [...] Sind die einzelnen Religionen jeweils eine Antwort auf einen bestimmten »unheilsamen« Bewusstseinszustand der Menschen in einer Kultur, den zu »heilen« ihr Ziel ist, dann sind die innerhalb der Religionen entwickelten meditativen Schulungswege die »Heilmittel«.[3]

Der östliche »Heilsweg«

Meditation als (spirituelles) »Heilmittel« – dies ist der *andere* Aspekt. Wir finden ihn genauso wie den körpergesundheitlichen Bezug in vielen Namen fernöstlicher Meditationsformen: Taijiquan – »Faust des Höchsten Letzten«, Qi Gong – »Arbeiten mit der Energie«, Dai Xi – »Embryonalatmung«, Neidan – »Inneres Elixier«, usw.

Zwischen all diesen Begriffen und Aspekten werden wir uns auf den folgenden Seiten bewegen.

Ziele der Meditation

So viele unterschiedliche Formen der Meditation es gibt, so viele Ziele gibt es, die durch das Üben angestrebt werden, abhängig natürlich davon, mit welcher Intention und Grundhaltung man übt. Nicht jeder Meditierende hofft auf ein Erleuchtungserlebnis, wie es viele fernöstliche Techniken bei entsprechender langjähriger Übung verheißen. Und nicht jeder gibt sich damit zufrieden, ein paar Minuten in Ruhe und Entspannung die Gedanken strömen zu lassen, wie es zahlreiche Populärmeditationen lehren. Zwischen diesen beiden Polen existiert eine ganze Reihe von seelischen, körperlichen, geistigen, spirituellen Zuständen, die mit Meditation erreicht werden können – bis hin zu dem Zustand der Absichtslosigkeit, in dem der Meditierende eben *kein* Ziel mehr verfolgt.

Dazu gehören:

- Entspannung
- innere Ruhe
- Selbsterkenntnis, sich selbst besser kennen lernen
- Selbstbewusstsein vergrößern, seelisch stabiler werden
- Stress abbauen
- Überwindung von Ängsten
- Konzentrationsfähigkeit steigern
- wacher, bewusster werden
- Bewusstseinsveränderung/-erweiterung
- den eigenen Körper erfahren
- seelische Blockaden lösen
- körperliche Verspannungen lösen
- Kontemplation
- Begierden überwinden
- Achtsamkeit üben
- lernen, im Hier und Jetzt zu sein
- Nähe zu Gott/Göttern, allgemein: dem Göttlichen
- Vereinigung mit Gott/dem Absoluten
- Ekstase
- das Ich überwinden, ichlos werden

- Gleichmut (im Sinne von größtmöglicher Gelassenheit, und nicht mit Gleichgültigkeit zu verwechseln)
- Distanz zu den eigenen Gefühlen aufbauen
- den Fluss des Qi, der Lebensenergie, fördern
- das Qi in die verschiedenen Körperregionen »transportieren«
- Wissen, Weisheit, Einsicht
- Absichtslosigkeit
- Erleuchtung

Bei Meditationen in Bewegung wie Taijiquan und Qi Gong kommen weitere körperliche Ziele hinzu, beispielsweise

- Immunsystem stärken
- Dehnbarkeit verbessern
- Kräftigung der Muskulatur
- Gleichgewichtssinn stärken
- besseres Körpergefühl
- Durchblutung verbessern
- Krankheiten heilen
- Schmerzen lindern

Das Menschlichste des Menschlichen

Meditation ist mehr als ein Gesundheitsprogramm bei psychischen, körperlichen oder weltanschaulichen Defiziten, mehr als ein »Heilmittel«. Meditation und Mensch-Sein sind eng miteinander verbunden – nicht umsonst haben die Menschen zu (fast) allen Zeiten und an (fast) allen Orten Formen der Meditation praktiziert. Klemens Tilmann, katholischer Kaplan und Meditationsexperte, weist darauf hin, dass Meditation »das Menschlichste des Menschlichen«[4] genannt werde.

Greifen wir eine der genannten Übersetzungen des Begriffs »Meditation« auf: »den (eigenen) inneren Grund kontemplativ besinnen«. Damit kommen wir dem Kern aller Meditationstechniken wohl am nächsten. Meditation hat immer etwas damit zu tun, in sich selbst hineinzusehen, mit sich allein zu sein, sich selbst auf den Grund zu kommen, dem Kern des eigenen Mensch-Seins und damit dem Urgrund des

Menschlichen in sich – ob man sich das nun bewusst vornimmt und »absichtlich« übt oder nicht. Man praktiziert, um seinem Gott näher zu kommen, seinem Geist, seiner Seele oder seinem Körper – in jedem Fall: sich selbst. Und darum ist »Meditation nichts anderes als der ausdrücklichste Vollzug und die volle Entfaltung dessen, was der Mensch zuinnerst ist«.[5]

Die Wissenschaft auf den Spuren der Versenkung

Bewusstseinsveränderung

Schon aus diesem Grund verwundert es nicht, dass die Psychologie dem Menschen eine natürliche Affinität zur Bewusstseinsveränderung attestiert – und dazu zählt neben bewusstseinsverändernden Drogen eben auch die Meditation. Untersuchungen zufolge werden die Menschen mit dem Drang geboren, »andere Arten der Bewusstheit als den normalen Wachzustand zu erfahren«[6]. Kleine Kinder stellen sich auf den Kopf, weil auf diese Weise das gewohnte Weltbild durcheinander gerät, Jugendliche experimentieren mit Drogen, Erwachsene konsumieren Koffein, Nikotin und Alkohol. Auch Tagträume, intensives Beten, Hypnose und eben die Meditation gehören zu den zahlreichen Möglichkeiten, aus dem »normalen« in einen »anderen« Bewusstseinszustand zu gelangen.

Der Psychologe Charles Tart erklärt diesen menschlichen Drang nach Bewusstseinserweiterung mit der qualitativen Veränderung der »geistig-seelischen Funktionen« im veränderten Bewusstseinszustand. Das Individuum spüre

> nicht nur eine *quantitative* Veränderung (mehr oder weniger aufmerksam, mehr oder weniger visuelle Vorstellungen, deutlicher oder verschwommener), sondern auch, dass eine Eigenschaft oder mehrere Eigenschaften seiner inneren Prozesse *anders* sind. Geistig-seelische Funktionen treten in Aktion, die es normalerweise nicht gibt. Wahrnehmungsqualitäten treten auf, für die es keine normale Entsprechung gibt, und so fort.[7]

Mit anderen Worten: Die Bewusstseinsveränderung ermöglicht es uns, in tiefere, zumindest andere Sphären unseres Geistes (vielleicht sogar des Universums?) zu gelangen und womöglich Dinge zu erleben und zu lernen, die nur dort zu erleben und zu lernen sind. Das trifft vor allem auf die Meditation zu, und so ist sie zuallererst eines: Grenzüberschreitung.

Die Schichten des Ichs

Bei Klemens Tilmann findet sich ein Querschnitt des »menschlichen Inneren«, auf dem die unterschiedlichen Bewusstseinsschichten wie folgt angeordnet sind:

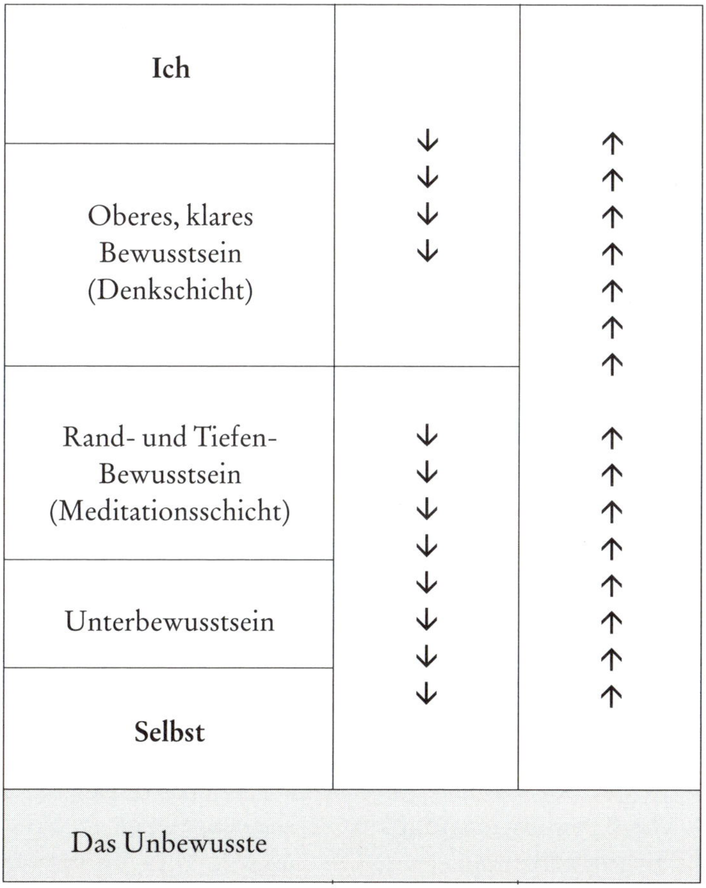

In Tilmanns Erläuterung zu dieser »Analogie« heißt es:

Ich und Selbst

In der obersten Schicht herrscht das steuernde und entscheidende *»Ich«*. Es äußert sich besonders in den Tätigkeiten von Verstand und Wille; doch vermag es nicht, unmittelbar in die Meditationsschicht oder in das Unbewusste einzugreifen.
In den Tiefen des Unterbewusstseins ruht das *»Selbst«*. Es ist der geheimnisvolle, personenbildende Kern unseres Inneren, unser Eigentlichstes, unser Wesensbild. Ihm wird in der Meditation Freiheit gegeben. Infolgedessen kann es [...] das Ganze des Menschen durchlichten und durchwirken bis hin zum Ich.
In der Schicht dazwischen, der *»Meditationsschicht«*, vollzieht sich primär Begegnung und Einigung. Die innere Bewegung dringt vom Ich in die Tiefe vor und erlöst deren reiche Kräfte. Sie schafft heilend Einheit zwischen dem Selbst und dem Ich, nährt unsere Tiefe mit den Werten der Wirklichkeit und eint uns mit diesen und dem in ihnen aufleuchtenden Absoluten.[8]

Das Selbst

Tilmanns Schichten-Modell ist ein westliches Modell, es basiert auf der mitteleuropäischen (und hier christlich gefärbten) Psychologie. Andere Kulturen verdeutlichen die Zusammenhänge der unterschiedlichen Bewusstseinsebenen auf andere Weise. Doch ein wie auch immer geartetes, in spiritueller/religiöser Hinsicht bedeutsames »Selbst« findet man in vielen Traditionen. Im Buddhismus ist Tilmanns Selbst – der Kern der Persönlichkeit, nicht etwa das Ich – vergleichbar mit der »Wahren-Natur«, »der Buddha-Natur« im Menschen. Der hinduistische Atman befindet sich jenseits von Körper und Denken und ist das absolute, unvergängliche Bewusstsein. Im Sufismus, der mystischen Richtung des Islam, ist jener »Ort« im Menschen, an dem das Einssein mit Gott möglich ist, der »göttliche Funken«, den Gott selbst im Menschen niedergelegt hat. Auch der christliche Mystiker Meister Eckhart (1260–1327) vertrat die Ansicht, in der Seele des Menschen gebe es einen »Ort«, an dem, nach entsprechender »Reinigung«, die Trennung von Geschöpf und Schöpfer überwunden werden könne. Johannes Tauler (1300–1361), ebenfalls ein christlicher Mystiker, nannte diesen Ort »Seelengrund«. Hier »wohne« Gott, hier könne man Gott in Liebe schauen, und es sei das Ziel geistlichen Lebens, dorthin zu gelangen – was für die anderen religiösen und spirituellen Traditionen genauso gilt.

Messung der Gehirnströme

Die Naturwissenschaft hat andere Methoden, Bewusstseinsschichten und Grenzüberschreitungen abzubilden. Seit einigen Jahrzehnten kann man messen, was in neurophysiologischer Hinsicht während einer Meditation geschieht. Die Ergebnisse vieler Studien zeigen, dass Meditation nicht nur in einem psychologischen, sondern auch in einem neurologischen Sinn Grenzüberschreitung ist.

Das menschliche Gehirn produziert permanent elektrische Energie. Diese Hirnströme lassen sich mit Hilfe von Elektroden an der Schädeloberfläche auffangen und mit dem Elektroenzephalogramm (EEG) grafisch darstellen. Je nachdem, ob der Proband müde, aufgeregt, entspannt ist, nachdenkt oder tagträumt, ob er eben eingeschlafen ist, sich im Tiefschlaf oder gar im Koma befindet, unterscheiden sich die EEG-Wellen in Frequenz (Ausschlagshäufigkeit) und Amplitude (Ausschlagshöhe).

Das Gehirn und seine Rhythmen

Der Neurologe und Psychiater Hans Berger (1873–1941), der die elektrischen Gehirnströme 1924 »entdeckte«, wies beispielsweise eine deutliche Veränderung der Wellen im Vergleich zum Ruhezustand nach, wenn man einem Menschen eine mathematische Aufgabe stellt und er über die Lösung nachzudenken beginnt. Hat er die Lösung gefunden, pegeln sich die Wellen wieder im ruhetypischen Rhythmus ein.[9]

Mit folgenden Wellen-Rhythmen arbeitet die Forschung:

Delta-Rhythmus
Wellen: Frequenz 3 Hertz (Hz) und darunter, die Amplitude wechselt zwischen vielen kleinen und wenigen großen Ausschlägen
Zustand: Tiefschlaf, Hypnose, Ekstase

Theta-Rhythmus
Wellen: Frequenz 4 bis 7 Hz, variable Amplitude mit häufigeren größeren Ausschlägen
Zustand: Versenkungsmeditation, tiefe Entspannung, Einschlafen, Trance

Alpha-Rhythmus
Wellen: Frequenz zwischen 8 und 13 Hz, eher größere Amplitudenausschläge
Zustand: wach, aber entspannt (bei geschlossenen Augen), »oberflächliche« Meditation, bei der wenige Sinnesreize von außen wahrgenommen werden. Der Alpha-Rhythmus gilt als »charakteristische Aktivitätsform des gesunden Erwachsenen unter normalen Stoffwechselbedingungen im Wachzustand bei geschlossenen Augen«.[10]

Beta-Rhythmus
Wellen: Frequenz zwischen 13 und 30 Hz, geringere Amplitude, ungleichmäßiger
Zustand: »permanente Alarmbereitschaft«[11], Schlaf (erste Schlafphase); im höheren Frequenzbereich: hellwach, Konzentration, Stress, Angst

Gamma-Rhythmus
Wellen: Frequenz über 30 Hz
Zustand: extreme Konzentration

Während der Meditation bewegen sich die Wellen also im Bereich von etwa 10 Hz bei einer leichten meditativen Entspannung (Alpha-Rhythmus) bis hinunter auf etwa 7 Hz bei der Tiefenmeditation (Theta-Rhythmus). Dementsprechend bezeichnet die Naturwissenschaft Meditation als »besonderen geistigen Zustand« der »Unterwachheit«[12], also unterhalb der Wachheit liegend, weil äußere Reize reduziert oder gar nicht mehr wahrgenommen werden.

Erhöhte Gamma-Aktivität

Neue Forschungen haben im Hinblick auf die Gamma-Wellen überraschende Erkenntnisse gebracht. So wurde bei einer Studie der University of Wisconsin, zu der der Dalai Lama acht ihm nahestehende, äußerst meditationserfahrene Mönche geschickt hatte, eine starke Gamma-Aktivität festgestellt. »Außerdem waren diese schnellen, hochfrequenten Hirnströme besser organisiert und koordiniert« als bei Probanden ohne Meditationserfahrung und »huschten über das gesamte Denkorgan«[13]. Das scheint ganz klar ein Effekt der Meditation zu sein, denn Gamma-Wellen seien, wie der Meditationsfachmann Ulrich Ott, Psychologe der Universität Gießen, sagt, zeitlich und räumlich begrenzt. »Sie tauchen nur kurz irgendwo im Gehirn auf.«[14] Da Gamma-Wellen für »kognitive Höchstleistungen« stehen, ist die Schlussfolgerung aus dieser amerikanischen Studie, dass sich Meditationserfahrene bei der Übung geistig in einem Zustand größtmöglicher Wachheit und Aufmerksamkeit befinden.

Phänomen Alpha-Blockierung

Gewöhnung an Reize

Ganz abgesehen davon, dass sie die Meditation messbar gemacht hat, förderte die Elektroenzephalografie (EEG) ein weiteres überraschendes Meditationsphänomen zutage. Normalerweise »gewöhnt« sich das Großhirn im meditativen Zustand an Reize von außen – Geräusche, Stimmen, Licht, Bewegungen – und blendet sie irgendwann aus dem Bewusstsein aus, solange sie sich nicht verändern. Weil er sich permanent wiederholt, verliert der Reiz seinen Reiz. Zu erkennen ist das am Alpha-Rhythmus der Hirnströme, der anfangs noch durch abrupte Änderungen und raschere Wellen unterbrochen wird, wenn der Reiz auftritt (die so genannte Alpha-Blockierung), dann zunehmend gleichmäßiger und schließlich gar nicht mehr »blockiert« wird.

Kein Gewöhnungseffekt bei geübten Meditierenden

Bei Menschen mit großer Meditationserfahrung ist die Alpha-Blockierung dagegen unverändert zu beobachten. Ein Versuch mit Zen-Meistern und einer Kontrollgruppe zeigte: Selbst nachdem der Reiz vielfach wiederholt wurde und sich das Gehirn längst daran gewöhnt haben musste, »schlug« die Kurve aus. Ganz offensichtlich trat der Gewöhnungseffekt also nicht auf, wenn die äußeren Reize weiterhin wahrgenommen wurden.

Bei indischen Yogis gelangte man zu ähnlichen Ergebnissen. Das Gleiche gilt für Probanden, die die Transzendentale Meditation praktizierten, und auch bei christlichen Nonnen und Mönchen, die sich in religiöser Versenkung befanden, war die Alpha-Blockierung zu beobachten.

Schlussfolgerungen

Obwohl die Ergebnisse der Studien aufgrund der geringen Probandenzahl nicht repräsentativ und bisweilen auch widersprüchlich sind, lässt sich immerhin zweierlei vermuten. Zum einen stellt der Reiz aufgrund der langen Praxis der Übenden keine Ablenkung oder Störung mehr dar. Ob er nun auftritt oder nicht, spielt für den Meditierenden keine Rolle – das Gehirn muss ihn nicht ausblenden, damit der Übende meditieren kann. Das kann natürlich auch daran liegen, dass »die Wahrnehmungen beim Meditieren ohne emotionale Begleitreaktionen verarbeitet« werden und »weniger assoziative Prozesse nach sich«[15] ziehen.

Zum anderen scheinen die Untersuchungen zu belegen, dass der in allen Gesellschaften übliche Vorgang der Gewöhnung (Habituation) an immergleiche Reize und die damit entstehende Langeweile nicht stattfinden, weil der erfahrene Meditierende sich in einem Zustand erhöhter Wachheit befindet – jeder Reiz scheint von gleicher Qualität zu sein und als »neu« empfunden zu werden.

Eines lässt sich jedenfalls mit Sicherheit sagen: Spätestens durch Untersuchungen wie die genannten wurde auch wissenschaftlich der Nachweis geführt, dass sich der tiefenmeditative Bewusstseinszustand von allen anderen deutlich unterscheidet.

Weitere physiologische Prozesse[16]

Veränderungen im vegetativen Nervensystem

Konzentrierte, regelmäßige Meditation bewirkt nicht nur Veränderungen der Gehirnströme, also im zentralen Nervensystem, sondern beeinflusst auch das vegetative Nervensystem, wie in vielen Studien gezeigt wurde.

- Die Herzfrequenz sinkt (um durchschnittlich 5 Schläge pro Minute).
- Der Blutdruck sinkt.
- Sauerstoffverbrauch und Stoffwechselrate sinken um bis zu 20 Prozent, die Atmung verlangsamt sich.
- Der galvanische Hautwiderstand steigt.
- Die Muskelspannung sinkt.

Adrenalinspiegel

Wie das Gehirn und der Geist kommt also auch der gesamte Körper nachweislich zur Ruhe. Außerdem scheint sich der Adrenalinspiegel im Blut zu ändern:

> Noch nicht gesichert, aber höchst wahrscheinlich ist die Annahme, dass während der Meditation weniger Adrenalin in die Blutbahn gepumpt wird. Adrenalin gilt als Angsthormon. Je weniger davon in unserem Blut vorhanden ist, desto angstfreier und gelassener sind wir.[17]

Meditation und Gesundheit

Psychische Faktoren

Wohltuende Wirkungen auf der psychischen Ebene

Ganz allgemein lässt sich beobachten, dass regelmäßige Meditation nicht nur den Körper und den Geist, sondern auch die Seele beruhigt. Bei den meisten Techniken wird Stress abgebaut. Allein dies erscheint als Segen, denn andauernder Stress hat massive negative Auswirkungen auf Psyche und Immunsystem – er macht krank. Schon 1988 schrieb der amerikanische Psychologieprofessor Philip G. Zimbardo in seinem Standardwerk *Psychologie*:

> In dem Maße, wie erkannt wird, dass Stress die unspezifische Reaktion des Körpers auf jegliche an ihn gerichtete Anforderung ist, mehren sich auch die Belege dafür, dass vollständige Entspannung eine wirksame Gegenmaßnahme darstellt.[18]

Dass ernst gemeinte, ernsthaft praktizierte Meditation tatsächlich eine Maßnahme zur Erhaltung der seelischen und damit auch körperlichen Gesundheit sein kann, belegen nicht zuletzt folgende allgemeine Erkenntnisse (die längst Binsenweisheiten sind): Meditation

- fördert die innere Ruhe und entspannt
- erhöht die Belastbarkeit in stressigen Situationen
- kräftigt das »Nervenkostüm«
- steigert Selbstbewusstsein und Selbstvertrauen
- sorgt für Wohlbefinden und innere Ausgeglichenheit
- erhöht die Vitalität
- hilft bei Schlaflosigkeit

Gefahren der Meditation

Doch wenn Meditation so kraftvoll wirkt und so viel Positives bewirken kann, darf es nicht verwundern, dass sie, falsch praktiziert, auch schädlich sein kann. Auf der körperlichen Ebene können eine falsche Haltung, eine falsche Atmung oder falsche Bewegungen zu Problemen führen, auf der psychischen Ebene birgt die Reise in die Tiefen der eigenen Seele möglicherweise ebenfalls Gefahren. Nicht jeder kann mit dem umgehen, womit ihn das Meditieren konfrontieren mag, andere verfallen in eine Abhängigkeit oder Hörigkeit ihrem Lehrer gegenüber etc.

Problematisch wird es vor allem dann, wenn man die Meditation zur Flucht vor dem Alltag, der Realität benutzt oder ihre Wirkung schlicht unterschätzt. Arnold Mindell schreibt:

> Die Meditation ist alles andere als ein Allheilmittel. Im Gegenteil, sie birgt allerlei Gefahren in sich. Viele Menschen benutzen sie als Entspannungsmethode und kom-

plizieren möglicherweise damit ein bereits existierendes Problem: den Mangel an nach außen gerichteter Energie. Für solche Menschen kann der unkontrollierte Gebrauch der Meditation unnötigerweise ihre Einsamkeit noch verstärken und dazu führen, dass sie den Kontakt zu Realität verlieren.[19]

Es ist also angeraten, Meditation von einem Experten – Lehrer, Meister, Guru, Trainer, wie immer man es nennen möchte – zu lernen, keinesfalls einfach allein damit anzufangen. Gerade Anfänger machen natürlich Fehler und brauchen einen erfahrenen Meditierenden, der sie korrigieren kann. Auch gute Übungsbücher ersetzen den Unterricht nicht. Meditation ist Praxis, nicht Theorie!

Physische Faktoren

Wohltuende Wirkungen auf der körperlichen Ebene

Um wieder zu den positiven Wirkungen zu kommen: Ähnlich wohltuend wie in psychischer Hinsicht kann Meditation auf der körperlichen Ebene wirken, abhängig natürlich davon, welche Technik man wählt. Von den ursprünglich chinesischen Bewegungsmeditationen Taijiquan und Qi Gong beispielsweise weiß man, dass sie bei folgenden Problemen helfen können[20]:

- Verspannungen
- Kopfschmerzen
- mangelhafter Durchblutung
- ungleichmäßiger, flacher Atmung
- schwacher Muskulatur
- mangelhafter Beweglichkeit
- Blockaden in den inneren Organen
- träger Darmperistaltik
- Verdauungsproblemen
- Nierenträgheit
- Gelenkproblemen
- Gleichgewichtsproblemen
- Bluthochdruck
- Konzentrationsschwierigkeiten

- steifer oder verkürzter Rumpfmuskulatur
- Rückenschmerzen
- Stoffwechselproblemen

Verbesserte Werte

Aber auch die »sitzenden« Meditationen können einen großen Beitrag zur physischen Gesundheit leisten. Zum einen kräftigt eine stabile, entspannte und »entstresste« Psyche das Immunsystem, zum anderen profitiert man vom konzentrierten, richtigen Atmen. Das gilt auch für kranke Menschen, die ihren Zustand mit der richtigen, zusammen mit dem Arzt ausgewählten Meditation häufig verbessern können. Eine kürzlich durchgeführte Studie (Los Angeles) zeigte, dass Menschen mit koronarer Herzkrankheit durch Meditation ihre Blutzucker- und Fettwerte senken konnten. Und: »Ihr Körper war weniger gestresst: Die durchschnittlichen Blutdruckwerte sanken, und die Herzfrequenz blieb stabiler.«[21]

Der Atem

Über die Atmung sind ganze Bücher geschrieben worden, und nicht umsonst gilt sie als einer der wichtigsten Bestandteile der allermeisten Meditationen. Längst ist beweisen, dass »falsche« Atmung körperlich und seelisch krank machen kann, ganz abgesehen davon, dass man beim Meditieren keinerlei spirituelle Ziele erreichen wird, wenn man nicht lernt, »richtig« zu atmen. So umfassend das Thema auch sein mag, wir konzentrieren uns an dieser Stelle auf ein paar kurze Anmerkungen. Mehr zum richtigen Atmen finden Sie auf Seite 32.

Die physiologische Ebene

Schlecht atmen heißt schlechter leben

Der Atem ist erst einmal schlicht die Grundlage unseres Lebens. Über die Atmung bekommt die Lunge Sauerstoff, der von den roten Blutkörperchen zu den Organen und ins Gewebe gebracht wird. Die durch den Sauerstoff gewonnene »Energie« nutzen die Zellen, um biologische Prozesse durchzuführen – Muskeln, Nerven, Drüsen, Gehirn können arbeiten, Wachstum kann sich vollziehen. Über die Atmung scheiden wir auf der anderen Seite Abfälle und Giftstoffe aus, die bei diesen Prozessen entstehen. Atmen wir nicht tief genug ein, nehmen wir nicht genug Sauerstoff auf. Atmen wir nicht tief genug aus, sammelt sich Kohlenstoffdioxid an, das Blut verdickt, der Blutdruck steigt, der Kreislauf wird in Mitleidenschaft gezogen. Atmen heißt also leben. Das mag selbstverständlich erscheinen, doch wenn man ergänzt, dass »schlecht« atmen eben auch »schlechter« leben heißt, wird deutlich, wie fundamental wichtig für unsere Gesundheit es ist, *richtig* zu atmen (also mit der Zwerchfellatmung). Wer meditiert, lernt das (hoffentlich) auch.

»Bewahrung der gesammelten Atemkraft«

Das *Dai jing hua zong zhi* (»Lehre von der Goldenen Blüte des Höchsten Einen«) stammt aus dem 17. Jahrhundert und gilt als eines der großen Werke des religiösen Daoismus. Darin findet sich folgende Passage:

> Wenn das Herz fein ist, so ist der Atem fein; denn jede Bewegung des Herzens wirkt Atemkraft. Wenn der Atem fein ist, so ist das Herz fein; denn jede Bewegung der Atemkraft wirkt auf das Herz. Um das Herz zu fixieren, geht man zuerst daran, die Atemkraft zu pflegen. Auf das Herz kann man nicht direkt wirken. Darum hält man sich an die Atemkraft als Handhabe, das ist, was man Bewahrung der gesammelten Atemkraft nennt.[22]

Die psychologische Ebene

Die Atmung ist ein sehr wirkungs- und kraftvolles Mittel, um, ganz allgemein gesprochen, seelische Zustände zu erkennen und zu beeinflussen. Tiefe, ruhige Atemzüge (Zwerchfellatmung!) helfen gegen Stress, Unruhe, Angst, und man entspannt sich. Atmet man dagegen zu flach, zu schnell oder zu verkrampft, kann das Verspannungen zur

Folge haben. Kein Wunder, denn diese Art zu atmen – die Brust- oder Lungenatmung – ist nicht die natürliche, wir gewöhnen sie uns im Laufe unseres Lebens vorwiegend aus psychischen Gründen an. Natürlich ist, wie man bei Kindern sehen kann, die Zwerchfellatmung.

Tiefe Atmung entspannt

Tiefe Atmung bewirkt nahezu automatisch Entspannung. Bei tiefer Bauchatmung dehnen sich die Bauchmuskeln beim Einatmen passiv, und bei der folgenden Ausatmung entspannen sie sich. Verspannungen in anderen Bereichen des Körpers lösen sich bei entspanntem Bauch.[23]

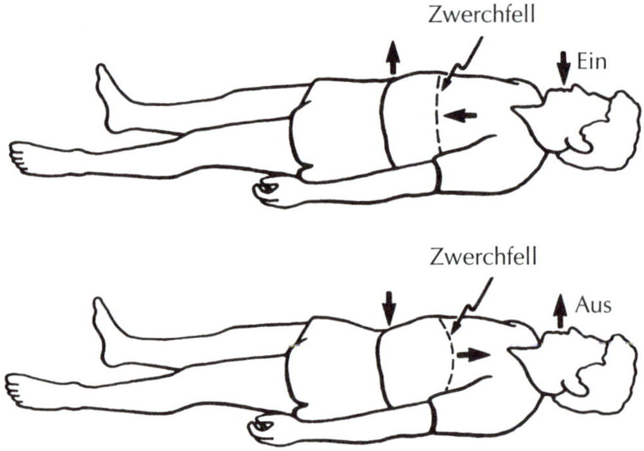

Zwerchfellatmung[24]

Der Muskelpanzer

Die Atmung hat viel mit Gefühlen zu tun. Wenn man Angst hat oder gestresst ist, atmet man anders, als wenn man sich wohlfühlt und/oder entspannt ist. Auf der anderen Seite lassen sich Gefühle leichter ausleben, wenn man richtig atmet. Bereits Mitte des vergangenen Jahrhunderts haben Körpertherapeuten beobachtet, dass Kinder, die Gefühle wie Wut, Trauer, Verzweiflung unterdrücken (müssen), dies auch mit Hilfe der für die Atmung zuständigen Muskulatur tun. Wiederholt sich das häufig, wird die Atmung mit der Zeit flacher, während die entsprechenden Muskeln gekräftigt werden bzw. sich chronisch verspannen. Die Folge: Irgendwann lässt die Muskelverspannung eine tiefere, entspannte Atmung gar nicht mehr zu, und die Emotionen werden quasi von einem »Muskelpanzer« (Wilhelm Reich) zurückgehalten.

Auch für die Diagnose seelischer Probleme wird der Atem bzw. das Atemmuster genutzt. So hat der amerikanische Arzt und Psychotherapeut Alexander Lowen (geb. 1910), Schüler von Wilhelm Reich und Begründer der Bioenergetischen Analyse, herausgefunden, dass schizoide Menschen mit dem Einatmen Schwierigkeiten haben, neurotische Menschen dagegen mit dem Ausatmen.

Die Atmung bei schizoiden und neurotischen Menschen

> Der Schizoide, der Angst davor hat, die Welt in sich aufzunehmen, ist unfähig, seine Lungen auszudehnen und genügend Luft aufzunehmen, seine Brust ist im Allgemeinen verkrampft. [...] Der Neurotiker hingegen leidet [...] unter der Unfähigkeit, die eingeatmete Luft wieder völlig auszuatmen – er hat Angst, sich gehen zu lassen und seine Gefühle auszudrücken.[25]

Der enge Zusammenhang von Atmung und Gefühl hat zur Folge, dass man bei regelmäßiger und intensiver Meditation mit den unterschiedlichsten Emotionen konfrontiert wird. Die richtige, tiefe Zwerchfellatmung öffnet Bewusstsein und Unterbewusstsein, holt »Vergessenes«, Verdrängtes ans Tageslicht. So wie auf der körperlichen Ebene durch die korrekte Atmung ausgleichende physiologische Prozesse in Gang geraten, so geschieht es auf der psychologischen Ebene mit emotionalen Prozessen.

Die eigene Mitte finden

Ganz abgesehen davon hilft die Zwerchfellatmung, die eigene Mitte (wieder) zu finden, nicht nur im körperlichen Sinn – man atmet ja in seine Körpermitte hinein –, sondern auch im seelischen. Klemens Tilmann spricht von einem Zustand,

> in dem der Mensch, da nun sein Wesen in seiner wahren Mitte ruht, zu einem natürlichen, unangestrengten Selbstbesitz, zu Standhaftigkeit und gesammelter Fülle kommt.[26]

»Wahre« Menschen
Das daoistische *Zhuangzi* (»Das wahre Buch vom südlichen Blütenland«) sieht folgende Verbindung zwischen Atem und »wahren« Menschen:

> Die wahren Menschen des Altertums hatten während des Schlafens keine Träume und beim Erwachen keine Angst. Ihre Speise war einfach, ihr Atem tief. Die wahren Menschen holen ihren Atem von ganz unten herauf, während die gewöhnlichen Menschen nur mit der Kehle atmen. Krampfhaft und mühsam stoßen sie ihre Worte heraus, als erbrächen sie sich.[27]

Die spirituelle Ebene
Im Hinblick auf die traditionelle Meditation ist der spirituelle Aspekt der Atmung der wichtigste. Das verdeutlicht schon ein Blick auf die Metaphern, mit denen der Atem in unterschiedlichen Kulturen, Sprachen und Zeiten umschrieben wird: Atem ist das Leben schlechthin und steht in engem Bezug zum Göttlichen. Im Wörterbuch der Brüder Grimm heißt es:

> Alle sprachen leiten aus den sinnlichen begriffen des wehens, hauchens, blasens, athmens, da die seele dem menschen eingeblasen und wieder von ihm ausgeblasen wird, auch die vorstellung des geistes und der seele her.[28]

Atem als Lebensenergie

Im Folgenden einige Beispiele:

- Das Sanskrit-Wort *prana* (»Atem«, »Lebensodem«) bezeichnet »die kosmische Energie, die den Körper durchdringt und erhält und sich in den Geschöpfen am deutlichsten als Atem manifestiert«[29].
- Das chinesische Symbol für Atem bedeutet zugleich »Qi«, also »Lebensenergie«, und »Geist«, »Seele«.
- Die japanischen Begriffe *ko* und *kyu*, »Einatmen« und »Ausatmen«, sind zusammen *kokyu*, was jedoch nicht

einfach nur der Vorgang des Atmens ist, sondern die »Atemkraft«, mittels derer der Mensch Qi (jap. Ki) aufnimmt, die Lebensenergie. Mit dem Atem wird Qi in den Körper geholt und dort an unterschiedliche Orte »transportiert« – der Atem versorgt den ganzen Körper mit Lebensenergie.

- Das deutsche (westgermanische) »Atem« ist mit dem altindischen Wort *atman* verwandt, das »Hauch« heißt, aber auch »Seele« im Sinne von »wahres Selbst«. »Mahatma«, der Vorname Gandhis, wird mit »große Seele« bzw. »großer Atem« übersetzt.
- Das Hebräische kennt für »Atem« das Wort *demamah*, das auch den Wind bezeichnet, in dem Gott dem Propheten Elias erschien.[30]
- Im Christentum wird Atem gleichgesetzt mit dem »Hauch Gottes«. Atem steht für Seele – indem Gott Adam das Leben einhauchte, erhielt der Mensch die Seele.
- Vom lateinischen *spiritus*, »Geist«, leitet sich im Französischen, Spanischen, Italienischen und Englischen ein Wort für »Atem« ab: *respiration, respiración, respirazione, respiration.*
- Im Altgriechischen lautet die ursprüngliche Bezeichnung für Atem *pneuma hagion*, »heilige Brise«.
- Der Name der ägyptischen Göttin Serket bedeutet »die atmen lässt«. Im Ägyptischen gibt es dem Philologen Martin Erdmann zufolge den Begriff *tjau*, der für jenen Atem steht, den der Gott in einer Art Initiationsritus an den Pharao übertrug.

Die Kehle als »Pendeltüre«

In vielen Kulturen stößt man auf die Vorstellung, das meditative Atmen ermögliche den Zugang eines jeden zum Urgrund seines Selbst, dem Seelengrund, der entweder als eins mit dem Göttlichen betrachtet wird oder »in« dem es möglich ist, die Trennung zum Göttlichen nach intensiver Übung aufzuheben. Eugen Herrigel, der Anfang des 20. Jahrhunderts in Japan den Zen-Buddhismus studierte und die Zen-Kunst des Bogenschießens erlernte, schrieb, mit dem richtigen Atmen werde das »Tor der Sinne« geschlossen, eine unabdingbare Voraussetzung für die Erleuchtung im Buddhismus. Der japanische Zen-Meister Shunryu Suzuki nannte die Kehle als Bindeglied zwischen innerer und äußerer Welt »Pendeltür«[31].

Eugen Herrigel schrieb in seinem berühmten Buch *Zen in der Kunst des Bogenschießens* über das »Zen-Atmen«:

Je intensiver die Konzentration auf die Atmung ausfällt, umso mehr verblassen äußere Reize. Sie versinken in einem verschwommenen Rauschen, dem man zunächst nur noch mit halbem Ohr zuhört, um es am Ende so wenig mehr als störend zu empfinden wie etwa das Meeresrauschen, das man, hat man sich einmal daran gewöhnt, kaum mehr vernimmt. Im Laufe der Zeit wird man selbst gegen beträchtliche Reize immun, und zugleich stellt sich die Unabhängigkeit von ihnen immer leichter und rascher ein. [...]
Nur dass man atme, weiß und fühlt man noch. Von diesem Gefühl und Wissen sich loszulösen, ist kein frischer Entschluss nötig, denn ganz von selbst verlangsamt sich die Atmung, wird im Verbrauch von Atem immer sparsamer und entzieht zuletzt, in gleitenden Übergängen sich verwischend und eintönig geworden, der Aufmerksamkeit jeden Halt.[32]

Das Atmen ist aber nicht nur Technik, sondern bedeutungsvolles Sinnbild. Im Ein- und Ausatmen ist die Dualität des Universums verkörpert, die zu überwinden versucht, wer dem Göttlichen in der Meditation nahekommen will. Jedes Einatmen erfüllt eine Funktion, jedes Ausatmen eine andere, beide sind sie lebensnotwendig. Sie bilden die zwei unterschiedlichen Pole, die doch ein Einziges sind.

Dualistische Weltsicht

Schon mehrfach klang an, dass eines der Ziele spiritueller Meditation (und Tradition) die Einheit oder Vereinigung mit dem Göttlichen ist, die Aufhebung der schmerzhaften Trennung von Geschöpf und Schöpfer, wie Meister Eckhart schrieb. Denn wir leben, heißt es bei Margit und Ruediger Dahlke,

Schmerzhafte Trennung von Geschöpf und Schöpfer

> in einer Welt der Gegensätze, die uns innerlich zu zerreißen droht. Aber wir ahnen eine kosmische Gesetzmäßigkeit, eine alles umfassende Einheit, und nennen sie »Gott«. Das ist keine Glaubensfrage, sondern lediglich ein Symbol für den Zustand, den wir nicht in Worte fassen können.[33]

Trotz gravierender Unterschiede und unterschiedlicher Terminologien lassen sich auch im Hinblick auf diese Trennung bzw. Einheit Gemeinsamkeiten zwischen den spirituellen Traditionen feststellen: Der Buddhismus spricht von der Überwindung der dualen Weltsicht, der hinduistische Advaita Vedanta von der Einsicht in die Identität von Mensch und Brahman, dem höchsten kosmischen Geist. Der Daoismus lehrt, dass alle Gegensätze im Dao vereint seien, aus dem die Polaritäten von Yin und Yang hervorgingen, im Sufismus wird die Erkenntnis angestrebt, dass es kein Ich und kein Du gibt, alles eins ist mit Gott.

Unio mystica

Immer also geht es um eines: die Überwindung des Dualismus, in dem der Mensch die Welt als zweigeteilt erlebt – Mann und Frau, Tag und Nacht, Sonne und Mond, dunkel und hell, unten und oben usw. Die Einheit der Dinge, die *unio mystica* der christlichen Mystik, wird als natürlicher Zustand gesehen. Nichts verkörpert diese grundlegende Einheit der Gegensätze besser als das daoistische Taiji-Symbol von Yin und Yang:

Taiji, das Symbol der Einheit der Gegensätze

Die scheinbare Zweigeteiltheit ist tatsächlich Einheit, und das Leid des Menschen ist es, das Wissen darum verloren zu haben. Die Erkenntnis, dass alles Seiende zusammengehört, liegt in ihm selbst, die Meditation kann ihn dorthin führen.

Ist es ein Glück? Ein Unglück?
Dass im einen immer auch sein Gegenteil angelegt ist, illustriert folgende daoistische Geschichte, die Liezi (um 450 v. Chr.) zugeschrieben wird und die sich im folgenden Wortlaut bei Ulli Olvedi findet:

Ein armer alter Bauer besaß nur ein einziges Pferd, und dieses lief ihm eines Tages davon. Seine Nachbarn drückten ihr Bedauern über sein Unglück aus, aber der alte Mann sagte: »Ist es ein Unglück? Man weiß es nicht.« Einige Zeit später kam das Pferd zurück, aber nicht allein; eine Schar wilder Pferde hatte sich ihm angeschlossen. Die Nachbarn beglückwünschten den alten Mann zu seinem unerwarteten Glück, doch dieser sagte: »Ist es ein Glück? Man weiß es nicht.« Der Sohn des Mannes suchte sich das schönste der wilden Pferde heraus und begann, es zuzureiten. Das Pferd warf ihn ab, und der Sohn brach sich ein Bein. Natürlich kamen die Nachbarn gelaufen und waren entsetzt über das Unglück, fehlte ihm doch jetzt die helfende Hand seines Sohnes. Doch der Alte sagte nur: »Ist es ein Unglück? Man weiß es nicht.« Nicht lange danach brach ein Krieg aus, und alle jungen Männer wurden zum Wehrdienst eingezogen. Nur der Sohn des alten Mannes durfte zu Hause bleiben, denn mit seinem lahmen Bein taugte er nicht zum Krieg.[34]

Überwindung des Ichs

Kein Ich, kein Du

Eine Voraussetzung für die Überwindung der dualistischen Weltsicht ist folgerichtig die Überwindung des Ichs – denn wo ein Ich ist, da muss auch ein Du sein, und schon ist man in der Welt der Gegensätze gefangen.

Keine Religion predigt dies so konsequent wie der Buddhismus, demzufolge ein Ich nicht existiert. Es ist lediglich Einbildung bzw. »ein Bündel körperlicher und geistiger Bestandteile, die von der Begierde in Bewegung gehalten werden«[35]. Der Irrglaube, es gäbe ein Ich, gilt im Buddhismus als größtes Hindernis, Erleuchtung zu erlangen, weil aus ihm alle Leidenschaften des Ego und damit alles Leid entspringen.

»Nützliche Werkzeuge«

Doch auch in vielen anderen spirituellen Traditionen findet sich der Gedanke, das Ich sei auszulöschen bzw. zu transformieren oder in der Hingabe an Gott mit diesem zu verschmelzen. Laozi, Begründer des chinesischen Daoismus, schreibt: »Ist das Ich nicht mehr, so gibt es keine Gefahren.«[36] Im Sufismus spiegelt er sich im Verlangen, »zu sterben, bevor man stirbt«, also die niederen Triebe der Seele zu überwinden und in »nützliche Werkzeuge«[37] umzuwandeln. Die jüdische Kabbala fordert auf, den Egoismus in Altruismus zu transfomieren, sich innerlich zu korrigieren, den anderen als Teil des eigenen Selbst zu erkennen, um den Plan der Schöpfung offenbart zu bekommen und die Schöpfung vollkommen zu begreifen. Und Meister Eckhart schrieb:

> Soll die Seele Gott erkennen, so muss sie auch ihrer selbst vergessen und muss sich selbst verlieren; denn solange sie sich selbst sieht und erkennt, sieht und erkennt sie Gott nicht. Wenn sie sich um Gottes willen verliert und alle Dinge verlässt, so findet sie sich in Gott wieder, weil sie Gott erkennt, und dann erkennt sie sich selbst und alle Dinge [von denen sie sich geschieden hat] in Gott in Vollkommenheit.[38]

Ernsthafte, regelmäßige Meditation ist eine Methode, das Ich allmählich zu überwinden, das Selbst zu verlieren. Bei jeder einzelnen Übung verschwimmen die Grenzen zwischen Außen und Innen zunehmend mehr, während man in Tilmanns »Rand- und Tiefenbewusstsein« vordringt, schließlich jenen angestrebten Zustand erreicht, der auch als »Transzendenz« bezeichnet wird.

Kleines und großes Ich

Klemens Tilmann spricht – und das scheint zu den theistischen Religionen wie Christentum, Judentum und Islam besser zu passen – vom »kleinen« und »großen Ich«. Das kleine (auch »falsche«) Ich ist das größte Hindernis, wenn man mit der Meditation vorankommen will, weil es dem »wahren Wesen« entfremdet sei:

> Es ist eng, selbstsüchtig, sich selbst behauptend, eingebildet, herrschsüchtig, empfindlich, triebbesetzt und weltverfallen. Es ist lieblos, für tiefere Werte verschlossen [...].

»Wesens-Ich«

Dieses Ich gilt es zu überwinden, in das große Ich zu transformieren, das »Wesens-Ich«, »zu dem wir in der Meditation auf dem Weg sind«.

> Es lebt aus der Einheit mit Gottes Absichten und seinem liebenden Willen. Es hat Gottes Größe und seine Haltung in sein Leben aufgenommen und lebt sie, zumal gegenüber seinen Mitmenschen. Liebe, Freude, Friede, Freiheit, Einheit, Gelassenheit, Geduld, Kraft, Klarheit, Güte, Hilfsbereitschaft strahlen von ihm aus als Äußerungen seines wahren Wesens ...[39]

Nicht nichts, sondern alles

Mag man nun unter »Gott« den christlichen Gott, die Buddha-Natur, ein anderes »wahres Wesen« oder ein göttliches Prinzip verstehen: Hier wird deutlich, dass der Mensch mit der Überwindung des (kleinen) Ichs nichts aufgibt, nicht Verzicht leistet, nicht in Kasteiung und Abhängigkeit einwilligt, sondern *dazugewinnt*. In diesem Sinne ist auch der schon zitierte Satz zu verstehen, Meditation sei nichts anderes, als der ausdrücklichste Vollzug und die volle Entfaltung dessen, was der Mensch zuinnerst sei. Und die Mystiker sagen: Wenn die Unwissenheit abgestreift ist, dehnt sich das Sein aus – »es ist nicht, dass ich nichts bin, sondern dass ich alles bin«[40].

Religion und Spiritualität

Rolle der Meditation in der Religion

Über Meditation zu schreiben bedeute, auch über Religion zu schreiben, sagt der renommierte Meditationsexperte David Fontana.[41] Obwohl die »Populärmeditation« im Deutschland des 21. Jahrhunderts vorwiegend unter dem Banner »Gesundheit und Fitness« steht, ist das natürlich richtig: In den meisten großen und weniger großen Religionen spielt die Meditation eine bisweilen herausragende Rolle. Mehr noch: Alle bedeutenden »Traditionen der Meditation sind innerhalb eines religiösen oder besser gesagt eines spirituellen Kontextes entstanden«.[42] Meditation schien den Stiftern, Propheten, Lehrern der Religionen eine geeignete Methode, ihrem Gott, ihren Göttern oder einfach nur einer allem zugrunde liegenden Wahrheit nahezukommen: Innenschau als Weg tiefer spiritueller Erkenntnis, und dies seit bald fünf Jahrtausenden.

Vielleicht am deutlichsten zeigt sich das im Buddhismus. Jahrelang versuchte sich Siddharta Gautama, der spätere Buddha, auf den verschiedensten Heilswegen, doch ohne Erfolg. Erst bei der Meditation erlangte er – nach 49 Tagen – »Erleuchtung«. Bodhidharma, der Begründer des Zen-Buddhismus, meditierte neun Jahre lang vor einer leeren Wand. Und die strengen Meditationsrituale japanischer Zazen-Übender sind Legende ...

Alle Geschöpfe sind Buddhas

Was der Meditierende sieht, erfährt, erkennt, das unterscheidet sich natürlich von Lehre zu Lehre, von Religion zu Religion. Im Mahayana, einer der großen buddhistischen Traditionen, heißt es, jeder Mensch könne zum Buddha werden, weil jeder die Buddha-Natur in sich trage, ohne sie jedoch schon wahrzunehmen. Diese Natur, die identisch ist mit dem Kern des eigenen Wesens, in sich zu erkennen, ist letztlich das Ziel der Meditation, denn wenn man sie erkannt hat, gilt man als erleuchtet. (Natürlich würde der Buddhismus nie von einem »Ziel« sprechen, weil er die »Absichtslosigkeit« für grundlegend hält, also das Meditieren gerade *ohne* Ziel.)

Vom Buddha überliefern die Legenden folgenden Ausruf:

> Ihrem innersten Wesen nach sind alle Geschöpfe Buddhas, begabt mit Weisheit und Vollkommenheit, da aber ihr Geist von verblendeter Unwissenheit verkehrt wurde, können sie dessen nicht innewerden.[43]

Die »Weisheit und Vollkommenheit«, von der der Buddha hier spricht, in sich selbst wieder zu finden, also sich selbst zu erkennen, darum geht es bei der buddhistischen Meditation.

Der göttliche Funke im Menschen

Ähnliche Gedanken findet man, wenn auch vielleicht anders formuliert, in den meisten anderen spirituellen und religiösen Traditionen. Nach Klemens Tilmann ist die christliche Meditation jener Weg, der zum Ziel hat, »dass ihr erfüllet werdet bis hin zur ganzen Fülle Gottes«, wie es in Paulus' Brief an die Epheser heißt.[44] Tilmann sieht den Geist Gottes in den Tiefenschichten wirken, und »in der Glaubensmeditation trifft der Christ auf seinen göttlichen Ursprung«[45].

Im Yoga, der von altindischen Lehren durchdrungen ist, geht es letztlich um vollkommene Selbsterkenntnis – der Meditierende erstrebt die Integration von Atem, Körper, Geist, das »Einssein«. Die christliche Mystik wiederum spricht davon, dass man in der *meditatio* das eigene Herz von allen Affekten reinigen könne, um am Ende Gott zu schauen, und der islamischen Mystik zufolge hat Gott ins Herz eines jeden Menschen einen göttlichen Funken gelegt, den es zu erkennen gelte.

Spiritueller »Dreischritt«

Die »Reinigung« von allem, was den Blick auf Gott oder die alleingültige Wahrheit verstellt, die Erkenntnis und schließlich die Gottesschau oder die Vereinigung mit dem Göttlichen – das ist der berühmte spirituelle »Dreischritt«

der Meditation. Und es lohnt sich – selbst wenn man nicht aus religiösen Gründen meditiert – durchaus, sich immer wieder vor Augen zu halten: Meditation ist und war von allem Anfang an in erster Linie eine spirituelle Praxis. Daran mag man ablesen, welch kraftvolle Wirkung ihr die Menschen seit Jahrtausenden zuschreiben – welch kraftvolle Wirkung sie haben kann.

Selbsterkenntnis

Doch Meditation kann natürlich auch mit einer ganz anderen Motivation geübt werden, die keinen spirituellen oder religiösen Hintergrund hat, sondern eher auf die psychologische Selbsterkenntnis zielt. Dann geht es, wie der Verhaltensmediziner Jon Kabat-Zinn schreibt,

> ganz einfach darum, man selbst zu sein und sich allmählich darüber klar zu werden, wer das ist. Meditation ist ein Prozess, durch den wir unsere Aufmerksamkeit vertiefen, verfeinern und sie in unserem Leben besser nutzen lernen.[46]

Wer regelmäßig und konzentriert meditiert, begibt sich, wie schon gesagt, auf eine intensive Reise zum eigenen Selbst. Beim Meditieren wird man im Laufe der Zeit mit Gedanken, Gefühlen, Eindrücken konfrontiert, die tief aus dem Unbewussten aufsteigen – Verdrängtes kann sich Bahn brechen, Unausgelebtes zu Wort melden.

Das Gehirn vergisst nicht

Wie der kanadische Neurologe Wilder Penfield zeigte, der in den 50er Jahren bei Patienten durch elektrische Stimulation der Hirnrinde Erinnerungen auslöste, vergisst das Gehirn nicht. Alles, was wir nur jemals erlebt, gedacht, gefühlt, gesehen haben, ist offenbar im Gedächtnis abgespeichert – manches in Regionen des Bewusstseins, wo es sich leicht abrufen lässt, weil wir es beispielsweise immer wieder brauchen, manches in Regionen des Unterbewusstseins, wo wir ohne spezielle Techniken nicht hinkommen, weil wir es beispielsweise aus bestimmten Gründen »vergessen« wollten.

Sprung ins Unbewusste

Eine solche Technik ist die Meditation. Die Psychotherapeuten und Ärzte Margit und Ruediger Dahlke beschreiben sie als »Sprung ins Unbewusste, in die Tiefen unserer Persönlichkeit« (siehe dazu auch Tilmanns Schichten-Modell, S. 22). Meditation mache die »Trennschicht zwischen den Bewusstseinsebenen«[47] durchlässig. Wir gelangen mit ihrer Hilfe in Bereiche, die mit unserer Welt aus Logik, Ratio, Kontrolle nicht mehr viel zu tun haben.

C. G. Jungs »Schatten«

Bereiche, in denen auch der Schatten »zu Hause« ist, jene von dem Tiefenpsychologen Carl Gustav Jung identifizierte dunkle Seite der menschlichen Persönlichkeit – alle unterdrückten negativen Eigenschaften. Im Idealfall hilft Meditation, sich dieses Schattens bewusst zu werden, ihn in die Persönlichkeit zu integrieren, also nicht nur in einem spirituellen, sondern auch in einem psychologischen Sinne eins zu werden.

Folglich hat all das, was durch die Meditation erfahren werden kann, unmittelbar mit uns selbst zu tun. Deshalb prägte der Philosoph und Physiker Carl Friedrich von Weizsäcker, Bruder des Altbundespräsidenten, den schönen Satz: »Man wird durch die Meditation kein anderer, sondern der, der man immer gewesen ist.«[48]

Hinweis zu den im Folgenden beschriebenen Meditationen

Meditation sollte unter Anleitung eines erfahrenen Lehrers erlernt werden. Das gilt grundsätzlich für alle Meditationen, ob einfach oder schwer, alt oder neu. Im Unterricht mit einem Lehrer ist (hoffentlich) gewährleistet, dass man sie richtig lernt und anwendet; nur dann kann Meditation ihre positiven Wirkungen auf Körper, Geist und Seele entwickeln.

Gefahren der Meditation

Ganz besonders gilt dieser Grundsatz für komplexe oder sehr kraftvoll wirkende Meditationstechniken wie die Praktiken des tibetischen Buddhismus, aber auch das Vipassana oder Qi-Gong-Übungen, bei denen starke innere Energien freigesetzt werden. Wer bereits regelmäßig meditiert, weiß um diese Kräfte und ihre Auswirkungen auf Körper und Seele. Sie gilt es zu steuern und sinnvoll zu nutzen, und das ist ohne Hilfe eines Lehrers kaum möglich.

Der Buddhismus-Experte Hans Wolfgang Schumann weist zurecht darauf hin, dass beispielsweise die Tiefenmeditation Samadhi »nicht ohne Gefahren«[49] ist, weil sie, was nicht ihr Zweck ist, zur Trance führen könne. Der thailändische Meditationsmeister Ajahn Chah (1918–1992) nannte eine weitere Gefahr: Das Ruhen im Samadhi bringe Frieden und damit Glückseligkeit, und wenn

> Glückseligkeit entsteht, kommt leicht das Anhaften daran zustande. Der Meditierende will nichts anderes betrachten oder untersuchen, es geht ihm nur um das angenehme Gefühl des Friedens im Samadhi […] Man bleibt an der Glückseligkeit hängen.[50]

Und so schön Glückseligkeit in anderen Zusammenhängen auch sein mag – bei der Meditation ist sie nicht das höchste Ziel.

I

Traditionelle Meditationen aus China

Wer die spirituellen Aspekte uralter Meditationstechniken verstehen möchte, muss sich mit Religion, Philosophie und Geschichte des Landes auseinandersetzen, aus dem sie stammen. Das gilt vor allem für Meditationen, die im »alten« China entstanden, denn das faszinierende Weltbild der Konfuzius, Laozi und Zhuangzi ist uns Menschen im Westen in aller Regel sehr fremd. Wir kennen ein paar zentrale Begriffe, auf denen es basiert, wie Dao, Qi, Fünf Elemente, Yin und Yang, wir haben die Namen der Hauptwerke altchinesischer Literatur wie Daodejing, Der Gelbe Kaiser, Yijing *schon einmal gehört, wir praktizieren Qi Gong und Taijiquan, »sammeln« Qi und wissen, dass man sich dem Strom des Lebens nicht entgegenstellen, sondern mitschwimmen soll. Doch die Hintergründe der komplexen Lehren und Meditationen Chinas im ersten Jahrtausend vor und in den ersten Jahrhunderten nach der Zeitenwende sind uns unbekannt. Wenn das, was wir da meditierend tun, nicht bloß Esoterik sein soll, müssen wir uns auch* damit *befassen. Auf den folgenden Seiten wird es deshalb erst einmal (in der gebotenen Knappheit) um die »Drei Lehren«, das absichtslose Handeln und das Streben nach Unsterblichkeit gehen, bevor die großen altchinesischen Meditationstraditionen beschrieben werden, darunter so bekannte wie Qi Gong und Taijiquan.*

1 Der Daoismus

Die Drei Lehren

Drei philosophisch-religiöse Strömungen prägten das China der Jahrhunderte vor und nach der Zeitenwende maßgeblich: Konfuzianismus, Daoismus und Buddhismus. Während die beiden ersten dieser so genannten »Drei Lehren« (chin. *san-jiao*) originär chinesisch sind und vor der Zeitenwende entstanden, kam der Buddhismus im ersten nachchristlichen Jahrhundert aus Indien nach China und wurde ab 520 von dem Inder Bodhidharma endgültig im Reich der Mitte etabliert – zumindest wenn man den Historikern glauben darf. Denn die Legende besagt etwas anderes: Ihr zufolge wanderte Laozi, Begründer des Daoismus, nach Indien aus, um seine Lehre dort zu verbreiten. Doch die »Barbaren« im Westen verstanden ihn falsch, und so wurde der Buddhismus geboren …[1]

Chinesischer Universismus

Wie auch immer: Jahrhundertelang existierten die Drei Lehren mal in Konkurrenz zueinander, mal in Eintracht nebeneinander. Die »Grenzen« zwischen ihnen wurden durchlässig, ganz abgesehen davon, dass es ohnehin so manche Analogien und Gemeinsamkeiten gab. Mit Bodhidharmas Zhan, dem chinesischen Zen-Buddhismus, entstand im sechsten Jahrhundert eine spirituelle Strömung, die nicht mehr nur auf das Gedankengut einer Richtung zurückging. Ab dem zehnten Jahrhundert formten sich Schulen, deren Intention es war, aus den dreien *eine* Lehre zu destillieren, um der grundlegenden Wahrheit nahezukommen, und in den Neokonfuzianismus des zwölften Jahrhunderts flossen auch Konzepte von Daoismus und Buddhismus ein. Die Geschichtswissenschaft »folgte« schließlich dem Diktum eines chinesischen Kaisers, der sagte, die Drei Lehren seien eins, und fasste sie unter dem Begriff »Chinesischer Universismus« zusammen.

Altchinesischer Pragmatismus
Es kursiert das Bonmot, im alten China seien Beamte in der Amtsausführung Konfuzianer gewesen, doch wenn es um die Unsterblichkeit gegangen sei, Daoisten, und bei einem Todesfall in der Familie Buddhisten, weil die buddhistischen Mönche über die besten Kontakte zum Jenseits verfügt hätten …[2]

Die Gemeinsamkeiten der Drei Lehren – vor allem des Konfuzianismus und des Daoismus – rührten in erster Linie daher, dass sie keine vollkommen neue Metaphysik schufen, sondern Konzepte übernahmen, die schon das frühe erste Jahrtausend vor der Zeitenwende beeinflusst hatten.

Laozi reitet auf einem Wasserbüffel (Holzschnitzerei, 19. Jh.)

Vom Dao

Weg und Ursprung

Ein zentraler Begriff altchinesischer Kosmologie, den Konfuzianismus und Daoismus mit unterschiedlichen Schwerpunkten übernahmen, ist *Dao* (frühere Transkription: *Tao*), wörtlich mit »Weg«, »Pfad«, »Lehre« zu übersetzen (bei Richard Wilhelm findet man auch – in Versalien – »SINN«). Konfuzius (551–479) verstand darunter den sittlich-ethisch »rechten Weg« des Menschen, während sein Zeitgenosse Laozi (genaue Lebensdaten unbekannt) dem Dao auch eine metaphysische Bedeutung verlieh. Dieser Bedeutung wollen wir uns hier und im Folgenden annähern, weil die altchinesischen Formen der Meditation – wie Qi Gong und Taijiquan – daoistisches Gedankengut übernahmen.

Das Eine

Im daoistischen Sinn ist »Dao« zum einen der tugendhafte Weg, die Lehre, zum anderen der Ursprung, der Ausgangspunkt jeglicher Existenz, das grundlegende Gesetz des Universums – »das Eine«, wie Laozi schrieb, in dem alle Gegensätze aufgehoben seien. Alles ist aus diesem Einen entstanden – zuerst Yin und Yang, mit denen die Gegensätze ins Universum kamen, schließlich die »zehntausend Wesen«, alle Erscheinungsformen des Kosmos.

Aus dem *Daodejing*: Die Entstehung des Kosmos

Der Weg schuf die Einheit,
Einheit schuf Zweiheit
Zweiheit schuf Dreiheit.
Dreiheit schuf die zehntausend Wesen.
Die zehntausend Wesen tragen das dunkle Yin auf dem Rücken,
Das lichte Yang in den Armen.
Der Atem des Leeren macht ihren Einklang.[3]

De

Wer den Weg des Dao geht, zeigt *de* (*te*, wörtl. »Tugend, Kraft«), die durch die Verwirklichung des Dao erworbene Tugend. De ist zugleich ein jeder Erscheinung innewohnendes Prinzip, das vom Dao-Ursprung kommt, die »Kraft« des Dao. Im *Daodejing* heißt es:

> Das Tao erzeugt.
> Das Te nährt.
> Die Umgebung gestaltet.
> Die Einflüsse vollenden.
> Darum ehren alle Wesen das Tao
> und schätzen das Te.[4]

Das *Daodejing* ist das »Buch vom Dao und vom De« (oder »vom Weg und seiner Kraft«), entsprechend wurde der erste Teil »Dao« genannt, der zweite »De«.

Dao als Wirkprinzip

Zugleich ist Dao das Wirkprinzip, nach dem alle Veränderungen in Makro- und Mikrokosmos von Natur aus ablaufen, jener Verlauf, den die Dinge nehmen, wenn von Menschenhand nicht eingegriffen wird. Aus diesem Grund gilt das »Nicht-Handeln« als oberste Maxime – der Mensch soll sich dem Strom des Dao nicht entgegenstellen, nicht eingreifen, nicht versuchen, den Dao-Lauf der Dinge zu verändern.

Im Einklang mit der Schöpfung leben

Wer den Weg des Dao geht, erwirbt die Fähigkeit, »im Einklang mit der Schöpfung zu leben«[5], mit dem Einen, von dem die Menschen getrennt sind.

> Der Weise folgt dem Weg, weil das Dao die letzte Realität ist, die allen Dingen Form gibt und damit auch der Tugend zur Wirklichkeit verhilft. [...] Das Dao ist das ursprüngliche Potential, das der Schöpfung und allem Sein vorangeht. Es ist die undifferenzierte Leere und der äußerste Ursprung aller Dinge.[6]

Laozi nannte dieses »allumfassende Erste Prinzip«[7], aus dem das Universum hervorging, nur deshalb eben »Dao«, weil es in Wahrheit namenlos sei, nicht benannt werden könne: »Jenseits des Nennbaren liegt der Anfang der Welt.«[8] An diesen Anfang der Welt kehren alle Geschöpfe zurück, und wer das durch intuitive Erkenntnis begreift, gilt als erleuchtet. »Wer das TAO erlangt hat, ist zugleich eins und alles, ist Teil des Kosmos.«[9]

Wuji, die Leere

Die Leere, in der das Dao wirkt, ist *wuji* (Wu-chi, Wu Gi), der »Gipfel des Nichts«, der durch einen Kreis ohne Inhalt symbolisiert wird. Wuji ist der Kosmos, bevor das Dao zu wirken beginnt und Yin und Yang erzeugt, der Urmoment des Chaos, in dem noch keine Gegensätze existieren, sondern nur allumfassende Einheit.

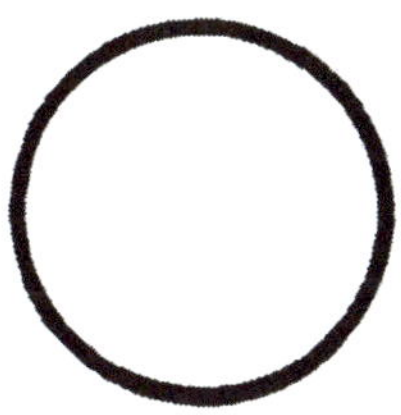

Wuji

Zusammenhänge zwischen Makrokosmos und Mikrokosmos

Dem altchinesischen Denken zufolge stehen Himmel, Erde und Mensch, die drei Komponenten des Alls, »in innigen Wechselbeziehungen zueinander und werden von einem allumfassenden Gesetz regiert«[10] (eben dem Dao). Die Phänomene des Makrokosmos spiegeln sich in den Phänomenen des Mikrokosmos wider – und umgekehrt. Der Religionswissenschaftler Helmuth von Glasenapp schreibt:

> Alle Erscheinungen im Makrokosmos haben im physischen, geistigen und sittlichen Leben des Menschen ihre

> Entsprechung, andererseits aber ist auch das, was die Ordnung in der menschlichen Gesellschaft aufrechterhält, die Richtschnur für das Weltgebäude.[11]

Und im *Shujing*, dem »Buch der Dokumente«, das im ersten Jahrtausend kompiliert wurde, ist zu lesen: »Es ist ein innerster Zusammenhang zwischen dem Himmel oben und dem Volke unten, und wer das im tiefsten Grund erkennt, der ist der wahre Weise.«[12]

Der Mensch ist das Herz von Himmel und Erde

Wie dieser Zusammenhang zwischen Himmel und Mensch beschaffen ist, berichtet das *Liji*, das »Buch der Riten« – wie das *Shujing* und das berühmte *Yijing* eines der fünf klassischen Bücher des Chinas vor Konfuzius und Laozi (»Fünf Klassiker«). Dort nämlich ist zu lesen, der Mensch vereine in sich die Geisteskräfte von Himmel und Erde. In ihm wirkten, genau wie im Makrokosmus, die Fünf Elemente, in ihm glichen sich Yin und Yang aus. Der Mensch ist »das Herz von Himmel und Erde und der Keim« der Fünf Elemente, jener abstrakten Kräfte, die durch ihre Wechselwirkungen den Ablauf der Natur regeln.

Mensch und Universum sind, wenn nicht eins, so doch in sich gleiche Teile eines großen Ganzen und »funktionieren« nach denselben Kriterien und in Abhängigkeit voneinander. Die Wechselwirkung zwischen Makro- und Mikrokosmos ist so fundamental, dass Störungen im einen Störungen im anderen nach sich ziehen.

Übersetzung von Quellen aus dem alten China
Die Übersetzungen von Texten aus dem Altchinesischen – und das Gleiche gilt für Sanskrit, Pali und alle anderen alten Sprachen – unterscheiden sich zum Teil stark voneinander. Zum Ersten liegt das am originalsprachlichen Begriff/Zeichen, den bzw. das der eine Übersetzer so interpretiert, der andere so, zum Zweiten daran, dass es in einer so andersartigen Kultur wie der deutschen keine adäquaten Wörter für chinesische Konzepte wie Yin und Yang, Dao usw. gibt.

Dann kommt natürlich ein Drittes hinzu: Viele Übersetzer bzw. Verlage »modernisieren« die in einem altertümlichen, manchmal bemüht wörtlichen Deutsch vorliegenden »klassischen« Übersetzungen, die oft aus dem 19. und frühen 20. Jahrhundert stammen (beispielsweise die Übersetzungen von Richard Wilhelm aus dem Chinesischen oder von Karl Eugen Neumann und Paul Dahlke aus dem Pali) oder lassen gleich neu und »modern« übertragen.
Wie unterschiedlich derselbe Text übersetzt werden kann, zeigt – ohne Wertung – folgendes Beispiel aus dem *Lun yu*:

In der Übersetzung von Richard Wilhelm	In der Übersetzung von Ralf Moritz
Der Meister sprach: »Ehrerbietung ohne Form wird Kriecherei,	Konfuzius sprach: »Höflichkeit, die weder Norm noch Grenze kennt, wird lästig.
Vorsicht ohne Form wird Furchtsamkeit,	Ohne Norm und Grenze wird Vorsicht zur Furcht,
Mut ohne Form wird Auflehnung,	Mut zu Auflehnung und Unordnung.
Aufrichtigkeit ohne Form wird Grobheit.	Aufrichtigkeit, die keinen Anstand kennt, wirkt verletzend.
Wenn der Fürst seine Verwandten hochhält, so wird das Volk sich entwickeln zur Sittlichkeit;	Wenn der Herrscher seine Umgebung behandelt, wie es sich ziemt, wird sich das Volk daran ein Beispiel nehmen und das Rechte tun.
wenn er seine alten Freunde nicht vernachlässigt, so wird das Volk nicht niedriggesinnt.«	Wenn der Herrscher die guten alten Traditionen nicht verwirft und alte Freunde nicht vergisst, dann sind auch dem Volke Gemeinheit und Niedertracht fremd.[13]

Yin und Yang

Kosmische Urpotenzen

Eingebunden sind Himmel, Erde und Mensch in das Ordnungsprinzip von Yin und Yang, den berühmten Symbolen der Gegensätze, die in einem ständigen Wechsel begriffen sind. Während im westlichen Verständnis von Yin und Yang oft der Gedanke der Polarität vorherrscht, scheint tatsächlich »die Idee des Wechsels [...] stärker zu sein als die des Gegensatzes«[14]. Helmuth von Glasenapp hat den schönen Satz geprägt: »Beide sind Gegenstücke, die sich ergänzen, nicht Gegensätze, die sich bekämpfen.«[15]

Norden und Süden

Offenbar hatten Yin und Yang ursprünglich rein geografische Bedeutungen. Das Zeichen für Yin scheint die kältere Nordseite eines Hügels bezeichnet zu haben, das für Yang die wärmere Südseite. Dies jedenfalls lässt sich aus den jeweils drei Bestandteilen der alten Schriftzeichen, die heute nur noch in Japan verwendet werden, ablesen. Sie stehen im Falle Yin für einen Hügel, eine Wolke und Menschen, die unter einem Dach versammelt sind, im Falle Yang für einen Hügel, eine über dem Horizont stehende Sonne und Lichtstrahlen.

Yin *Yang*

Im Laufe der Zeit wurde Yin dann zum Symbol für Kälte und Schatten, Yang zum Symbol für Wärme und Sonne – und für alle anderen polaren Paare.

Wechselspiel von Yin und Yang

Yin und Yang, »die beiden kosmischen Urpotenzen«[16], sind die Pole, denen jede Erscheinung und ihr Komplementärstück wie folgt zugeordnet sind.

Yin	Yang
Erde	Himmel
Nacht	Tag
Mond	Sonne
Körper	Geist
Winter	Sommer
Schwäche	Stärke
Weiblichkeit	Männlichkeit
Inneres	Äußeres
Kälte	Wärme
Erde	Himmel
Wasser	Feuer
absinkend	aufsteigend
passiv	aktiv
empfangend	zeugend
verhüllend	offenbarend
weich	hart

Entscheidend ist dabei jedoch nicht, dass das eine Yin ist und das andere Yang, das eine angenehmer oder besser und das andere unangenehmer oder schlechter, sondern dass sie die beiden Teile eines Ganzen sind und ihr Gegenstück als Potenzial immer in sich tragen: Yin enthält immer auch Yang, Yang immer auch Yin, und zwar in dem Sinne, dass Yin immer in Yang übergeht und Yang in Yin.

Ein Teil Yin, ein Teil Yang

Dieses Wechselspiel der beiden »Mächte« liegt allen Erscheinungen des Universums zugrunde. So wird aus dem Winter (vollendetes Yin) der Frühling (Übergang) und schließlich der Sommer (vollendetes Yang), der wiederum über den Herbst (Übergang) in den Winter mündet. Denn: »Das Universum ist [...] aus einer Reihe antithetischer Formen zusammengesetzt, die einander in zyklischer Weise abwechseln.«[17] Kein »Ding« existiert ohne Komplementärstück, weil es dann unvollständig wäre, und immer werden sowohl Yin als auch Yang benötigt – so, wie die Pflanzen Wasser (Yin) und Sonne (Yang) brauchen, um zu wachsen. »Ein Teil Yin, ein Teil Yang, das ist das Tao«[18], heißt es im Kommentar zum *Yijing*.

Weil das Taiji-Symbol die Einheit der Zweiheit und die Anlage des einen im anderen auf so perfekte Weise widerspiegelt, sei es an dieser Stelle wiederholt:

Taiji, das Symbol der Einheit der Gegensätze

Erst wenn sich Yin und Yang im Gleichgewicht befinden, sind auch sich Makrokosmos und Mikrokosmos im Gleichgewicht. Auf den Menschen bezogen heißt das, wie im Klassiker der Traditionellen Chinesischen Medizin, *»Der Gelbe Kaiser«*, zu lesen ist:

> Der Schlüssel zur Gesundheit liegt darin, Yin und Yang des Körpers zu regulieren. Ist das Verhältnis zwischen Yin und Yang gestört, ist es, als hätte ein Jahr zwar einen Frühling, aber keinen Winter oder einen Winter, aber keinen Sommer.[19]

Während der Himmel Yang ist und die Erde Yin, ist der Mensch Yang *und* Yin, das heißt, in ihm wirken beide Kräfte. »Wir müssen *yin* sein – empfängliche, weibliche Eigenschaften ausdrücken – und zur selben Zeit *yang* – aktive, maskuline Eigenschaften verkörpern«[20], schreibt Paul Wildish, sonst finden wir nicht zu innerer Ruhe und Ausgeglichenheit.

Auszug aus »Der Gelbe Kaiser«

Folgender längerer Auszug aus *»Der Gelbe Kaiser«* zeigt anhand des Beispiels Jahreszeiten, wie sich ein Yin/Yang-

Zyklus in der Natur vollzieht und wie die Entsprechung im Mikrokosmos Mensch aussieht.

Die drei Frühlingsmonate bringen neues Leben in alle Dinge der Natur. Es ist die Zeit der Geburt. Es ist die Zeit, in der Himmel und Erde wiedergeboren werden. Während dieser Jahreszeit ist es ratsam, sich früh zurückzuziehen. Steht auch früh auf, macht einen Spaziergang und nehmt die frische, stärkende Energie in Euch auf. Da der Frühling die Jahreszeit ist, in der die kosmische Energie von neuem einsetzt und sich verjüngt, versucht, diese Aufbruchstimmung nachzuempfinden, indem Ihr körperlich und gefühlsmäßig offen und unbelastet seid.
Auf physischer Ebene ist es förderlich, den Körper zu ertüchtigen und locker sitzende Kleidung zu tragen. Es ist die Zeit für Dehnungsübungen, die Sehnen und Muskeln lockern. Auf emotionaler Ebene ist es förderlich, Gleichmut zu entwickeln, denn der Frühling ist die Jahreszeit der Leber. Schwelgt Ihr in Zorn, Frustration, Depression, Traurigkeit oder in irgendeiner anderen Emotion, schädigt Ihr die Leber. Handelt Ihr gegen die natürliche Ordnung des Frühlings, so führt dies zu einer Krankheit der Kälte, einer Krankheit, die durch eine klimatische Kälte mitten im Sommer bedingt ist.
In den drei Monaten des Sommers herrscht Überfluss an Sonnenschein und Regen. Die Energie des Himmels steigt hinab, die Energie der Erde steigt auf. Vermengen sich diese beiden Energien, findet ein Austausch zwischen Himmel und Erde statt. Das ist der Grund dafür, dass Pflanzen reifen und Tiere, Blumen und Früchte reichlich erscheinen.
Zu dieser Zeit des Jahres mögt Ihr Euch etwas später zurückziehen, aber Ihr solltet immer noch früh am Morgen aufstehen. Meidet Zorn, und bleibt körperlich rege, um zu verhindern, dass die Poren sich schließen und das Qi stagniert. Ihr solltet keinem allzu intensiven Sexualleben frönen, obwohl es ein bisschen intensiver sein darf als zu anderen Jahreszeiten. Auf emotionaler Ebene ist es wichtig,

fröhlich und heiter zu sein und keinen Groll zu hegen, damit die Energie frei fließen und eine Kommunikation zwischen innen und außen herstellen kann. So könnt Ihr vermeiden, dass im Herbst Krankheiten auftreten. Zur Jahreszeit des Feuers und des Herzens zählt auch der Spätsommer, der dem Erdelement entspricht. Schwierigkeiten im Sommer können das Herz schädigen und manifestieren sich im Herbst.

In den drei Monaten des Herbstes kommen alle Dinge in der Natur zu voller Reife. Das Korn wird geerntet, die Energie des Himmels kühlt ab, so wie auch das Wasser. Der Wind beginnt sich zu regen. Das ist der Angelpunkt, an dem die Yang-Phase, die aktive Phase, ins Gegenteil, in die Yin-, die passive Phase, umschlägt. Ihr solltet Euch mit dem Sonnenuntergang zurückziehen und in der Morgendämmerung aufstehen. So wie das Wetter im Herbst unwirtlicher wird, so verändert sich auch das emotionale Klima. Deswegen ist es wichtig, Ruhe und Frieden zu bewahren und nicht in Depressionen zu verfallen, denn nur so kann der Übergang zum Winter reibungslos verlaufen. Es ist die Zeit, Geist und Energie zu sammeln, sich auf weniges zu konzentrieren und die Begierden im Zaum zu halten. Ihr müsst die Lungen-Energie in Fülle, rein und ruhig halten, das heißt Atemübungen durchführen, um das Lungen-Qi zu stärken. Außerdem solltet Ihr Euch beim Rauchen einschränken und Kummer, der Emotion der Lunge, aus dem Weg gehen. So verhindert Ihr Nieren- oder Verdauungsprobleme im Winter. Verletzt Ihr diese natürliche Ordnung, wird die Lunge Schaden erleiden, es wird im Winter zu Durchfall unverdauter Speisen kommen. Das schmälert die Speicherfähigkeit des Körpers im Winter.

Während der Wintermonate welken die Dinge, sie ziehen sich zurück, gehen nach Hause und treten in eine Phase der Ruhe ein, so wie Seen und Flüsse zufrieren und Schnee fällt. Es ist eine Zeit, in der das Yin das Yang dominiert. Deswegen solltet Ihr es vermeiden, die Yang-Energie übermäßig zu beanspruchen. Zieht Euch bald zurück, und steht mit der Sonne auf, also etwas später als zu anderen Zeiten des Jahres. Vor allem solltet Ihr Eure sexuellen Begierden zügeln, als wolltet Ihr ein freudiges Geheimnis verbergen. Haltet Euch warm, meidet die Kälte, und lasst die Poren geschlossen. Vermeidet jedes Schwitzen. Kennzeichen des Winters ist das Speichern und Bewahren. Befolgt Ihr diese Prinzipien nicht, wird die Nieren-Energie in Mitleidenschaft gezogen. Das führt zu *Weijue*, also zu Schwäche, Muskelverkümmerung und Kälte im Frühling, es manifestiert sich in Form von Lähmungen, *Wei*/Schlaffheitssyndrom, Arthritis oder degenerativen Erscheinungen in Knochen und Sehnen, weil der Körper seine Fähigkeit, sich im Frühling zu öffnen und zu bewegen, verloren hat.[21]

Das Buch des Gelben Kaisers

Das Zitat stammt aus dem *Huangdi Neijing (Des Gelben Kaisers klassisches Buch der inneren Medizin)*, das vermutlich im dritten oder zweiten vorchristlichen Jahrhundert entstand und heute im Deutschen als *»Der Gelbe Kaiser«* bekannt ist. Es enthält in Form von Gesprächen zwischen dem »Gelben Kaiser« Huangdi und seinem Minister und Arzt Qi Bo die grundlegenden Theorien der Traditionellen Chinesischen Medizin (Huangdi gilt in der Mythologie als Begründer der TCM). Auch das Qi Gong und die Heilerfolge, die mit ihm erzielt wurden – beispielsweise bei Erkältungen und Fieber –, werden darin erwähnt. Der mythische »Gelbe Kaiser« Huangdi soll um 2600 v. Chr. gelebt haben und wollte der Legende nach mit dem Qi Gong die »dunklen Kräfte« im Menschen – wie Trägheit, Missmut und körperliche Schwäche – bekämpfen und die »hellen Kräfte« wecken.[22] Ein weiteres Werk, das angeblich auf Berichte aus der Zeit des Huangdi zurückgeht und etwa im dritten vorchristlichen Jahrhundert entstand, ist das *Su Nyjing*, »Das klassische Buch des einfachen Mädchens«, in dem es um Sexualpraktiken geht.

Yin und Yang in der Medizin

Ba Gang und Meridiane

Die beiden Pole Yin und Yang fanden auch in der Traditionellen Chinesischen Medizin ihren Niederschlag. Sie bilden beispielsweise die Gegensatzpaare der *ba gang*, der acht Leitkriterien:

Yin	Yang
Innen	Außen
Leere	Fülle
Hitze	Wärme

Außerdem wurden ihnen die Leitbahnen des Körpers zugeordnet, die Meridiane, durch die das Qi, die Lebensenergie, fließt. Yang-Meridiane sind die Meridiane von Blase, Dünndarm, Magen, Dickdarm, Gallenblase und entlang des Rumpfes und der Gliedmaßen. In den beiden Letztgenannten findet der Übergang vom Yang zum Yin statt. Yin-Meridiane sind die Meridiane von Milz, Lunge, Niere und Herz. Die Jueyin-Meridiane von Leber und Herzbeutel sind *»Der Gelbe Kaiser«* zufolge »extreme Yin-Gefäße, die als Übergang zwischen Yin und Yang dienen, denn in ihnen fließt das Qi harmonisch und erhält damit ein labiles Gleichgewicht aufrecht«[23].

Die Fünf Elemente

Yin und Yang sind die »Wurzel allen Lebens«, indem sie für den steten Wandel innerhalb des Universums sorgen, aus dem die »Fünf Elemente« (chin. *wu xing/wu-hsin*, auch: »Fünf Wandlungsphasen«, »Fünf Kräfte«) entstehen: Holz, Feuer, Erde, Metall und Wasser. Diese Elemente sind sowohl »real« als auch abstrakt zu verstehen: Die Materie und alle Lebensprozesse bestehen aus ihnen, zugleich sind ihnen Himmelsrichtungen, Jahreszeiten, Tiere, Farben, Organe und vieles mehr zugeordnet.[24]

	Holz	Feuer	Erde	Metall	Wasser
Himmelsrichtung	Osten	Süden	Mitte	Westen	Norden
Jahreszeit	Frühling	Sommer	Spät-sommer	Herbst	Winter
Wetter	Wind	Hitze	Feuchtig-keit	Trocken-heit	Kälte
Tier	Huhn	Ziege	Rind	Pferd	Schwein
Aroma	sauer	bitter	süß	scharf	salzig
Farbe	grün	rot	gelb	weiß	schwarz
Körperteil	Sehnen, Bänder	Gefäße	Muskeln, Fleisch	Haut, Haar	Knochen, Mark
Organ	Leber, Gal-lenblase	Herz, Dünn-darm	Milz, Magen	Lunge, Dickdarm	Niere, Blase
Emotion	Zorn	Freude	Grübeln	Trauer	Angst
Körperöffnung	Auge	Zunge	Mund	Nase	Ohr
geistige Ebene	Seele	Geist	Logik	Mut	Wille
Lokalisierung	Hals, Kopf	Brust, Rippen	mittlerer Rücken	Schulter, oberer Rücken	unterer Rücken, Hüften, Glieder

Auch die Fünf Elemente lassen sich nach dem Yin-/Yang-Schema klassifizieren:

Holz: junges Yang
Feuer: großes Yang
Erde: zentrale Harmonie
Metall: junges Yin
Wasser: großes Yin

Der Begriff »Elemente« oder »Kräfte« ist für das Verständnis dieses komplexen Modells der Naturphänomene nicht hilfreich; schon eher treffen »Wandlungsphasen« bzw. »Elementarphasen« zu oder, wie der Daoismus-Experte Paul Wildish vorschlägt, »Prozesse« bzw. »Aktivitäten«. Denn letztlich ist die Zuweisung zu den Fünf Elementen nichts anderes als der Versuch, die sich stetig vollziehenden Veränderungen in Mikro- und Makrokosmos zu verstehen und zu erklären. Jedes Element »herrscht« eine gewisse Zeitlang vor, ehe es von einem anderen abgelöst wird. Wie im Beispiel Jahreszeiten Yin und Yang durchlaufen, so haben auch die einzelnen Elemente (oder eben »Prozesse«) bestimmte Phasen –

sie blühen auf, erreichen ihren Höhepunkt, verlieren an Kraft, werden abgelöst.

Fördernder und überwindender Zyklus

Die Fünf Elemente interagieren ununterbrochen miteinander, indem sie einander fördern oder behindern – jedes Element bringt ein anderes hervor oder überwindet es. Im *fördernden Zyklus* erzeugt Holz Feuer, so entsteht Asche, die zu Erde wird; daraus entsteht Metall. Das Metall schmilzt und erzeugt Wasser, das wiederum Holz entstehen lässt. Im *überwindenden Zyklus* löscht Wasser Feuer, schmilzt Feuer Metall, fällt Metall Holz, durchdringt Holz Erde, saugt Erde Wasser auf.[25]

Dem Daoismus zufolge hat jedes Element seine von der Natur vorgegebene Zeit:

> Der Kreislauf bildet die Voraussetzungen für ein harmonisches Gleichgewicht, in dem keinem Element erlaubt ist, länger als die vorgesehene Zeit zu herrschen. Die Daoisten sehen, dass dieser Kreislauf schließlich alle Unausgewogenheiten zu gegebener Zeit auflöst, und dies bildet die Grundlage für ihr Vertrauen, den Gesetzen der natürlichen Ordnung zu folgen.[26]

Die Fünf Elemente in der Medizin

Diagnose und Therapie

Auch die menschlichen Sinnesorgane und inneren Organe sind den Wu Xing zugeordnet, wie die Tabelle oben zeigt. Denn gleich allen anderen natürlichen Erscheinungen durchläuft der Körper bestimmte »Wandlungsphasen«. Mit Hilfe der Unterscheidung in Yin und Yang sowie der Elemente lassen sich abnormale Prozesse oder Zustände erkennen und klassifizieren sowie Krankheiten diagnostizieren und bekämpfen.

> Indem er die einzelnen Eigenschaften von *yin* und *yang* im Körper beobachtet und sie mit dem vorherrschenden Einfluss eines Elementes über ein Organ oder Glied in Zusammenhang bringt, ist der daoistische Heiler in der Lage, den Zustand seines Patienten zu diagnostizieren. Die Fünf Elemente und die *yin-yang*-Theorie sind nicht nur ein

erstklassiges Lehrkonstrukt, sondern praktische Hilfsmittel sowohl für die Weissagung wie für die klassische medizinische Diagnose. In beiden Bereichen werden sie schon seit der Zeit vor dem 1. Jahrtausend v. Chr. angewendet.[27]

Im »Originalton« von *»Der Gelbe Kaiser«* stellen sich die Zusammenhänge z. B. wie folgt dar:
Um das Wissen um die fünf Elementarphasen nutzen zu können, muss man zuerst berechnen, wann die Jahreszeiten ankommen, und die normalen und abnormalen Muster betrachten. Im Allgemeinen beginnt man mit dem ersten Tag des Frühlings im chinesischen Kalender. Ist dieser Tag noch nicht erreicht, beginnt aber das Wetter, der atmosphärische Einfluss, sich schon zu erwärmen, betrachten wir dies als Überschuss an Feuer. Dieser Feuerüberschuss ›verachtet‹ das Element Wasser und beeinträchtigt den normalen Ablauf der Jahreszeit. Außerdem ›überkontrolliert‹ oder überwindet er das normale Qi des Elements Metall. In diesem Fall spricht man von *Qiyin* oder überbordendem Qi, was Nieren- oder Lungenkrankheiten auslösen könnte. Wenn andererseits der erste Tag der Jahreszeit bereits gekommen ist, das Wetter sich aber noch nicht erwärmt hat und der entsprechende atmosphärische Einfluss noch nicht eingetreten ist, spricht man von einem Defizit an Feuer. [...] Ein Arzt, der Fülle und Leere in den Zyklen der Natur nicht versteht oder falsch interpretiert, kann den krankheitsauslösenden Mechanismus nicht begreifen. Er wird Krankheiten weder effizient behandeln noch eine richtige Prognose stellen können.[28]

Qi, die Lebensenergie

Wer eine fernöstliche Meditation praktiziert, arbeitet zwangsläufig mit der Lebensenergie Qi (chin., wörtl. »Atem«, »Hauch«, »Energie«, »Luft«, »Dampf«), von der schon die Rede war. Qi ist die makro- und mikrokosmische Energie schlechthin, ohne die kein Leben entstehen und bewahrt werden kann. Der zitierte Auszug aus *»Der Gelbe Kaiser«* zeigt, welche Bedeutung dem Qi in der chinesischen Philosophie und Medizin für die Gesundheit des Menschen und der Natur insgesamt zugesprochen wird.

Aus dem steten Wechsel von Yin und Yang entstanden, befindet sich das Qi im Gleichgewicht, solange Yin und Yang die Balance halten. Ist das nicht der Fall, gerät der Fluss des Qi im Körper ins Stocken, entsteht ein Mangel an Qi oder ein krank machender Überfluss an verbrauchtem und nicht ausgeleitetem Qi.

Das Zeichen für »Qi«, links in der modernen, rechts in der alten Form

Verschiedene Formen des Qi

Die Traditionelle Chinesische Medizin unterscheidet – vereinfacht gesagt – folgende Formen von Qi:

Vorgeburtliches Qi

Vorgeburtliches Qi. Beim Zeugungsakt der Eltern erhält der Mensch das so genannte »vorgeburtliche Qi«, das im Laufe des Lebens nicht vermehrt werden kann.

Äußeres Qi

Äußeres Qi. Das »äußere« oder »universelle Qi« ist überall im Universum vorhanden, z. B. in den Wolken, der Luft, dem Wind, in Feuer, Sonne, Mond, Hitze, Wasser, Erde. Durch bewusstes Atmen, Meditieren und Bewegung, wie man es beim Qi Gong praktiziert, kann man es in sich aufnehmen. Äußeres Qi schützt »wie die dicke Haut den Elefanten, wie die harte Schale die Kokosnuss«, wenn man sich seiner bewusst ist, und stärkt »unsere Vitalität und bewahrt uns vor Krankheiten und Verletzungen«[29].

Inneres Qi

Inneres Qi. Diese Form der Energie ist überall im Körper vorhanden. Innere Wärme, Hitze, Kälte, Feuchtigkeit, Trockenheit, all das ist inneres Qi. Durch Ernährung, Bewegung und den Atem wird es genährt. Es sammelt sich im »Energiezentrum«, dem unteren Dantian, das sich drei Fingerbreit unterhalb des Nabels befindet (s. u.). Von diesem Bereich (in der Akupunktur ein Punkt, im Qi Gong und den Kampfkünsten ein Feld) geht nach fernöstlichem Glauben alle Kraft aus, von hier fließt das Qi in die Körperregionen, in denen es benötigt wird. Deshalb ist es wichtig, dass im Dantian immer ausreichend Qi vorhanden ist. Das innere Qi gilt als Teil der kosmischen Energie, die auch alle anderen Lebewesen durchströmt, so dass jeder mit jedem und allem verbunden ist.[30]

Um gesund zu bleiben, braucht der Mensch sowohl ausreichend äußeres als auch ausreichend inneres Qi. Das innere Qi wird gestärkt, indem man äußeres Qi aufnimmt (beispielsweise durch Qi Gong oder andere Formen der Meditation).

Die großen Weisen des alten China: Laozi
Zusammen mit Konfuzius gilt Laozi (Laotse, Lao-tzu, wörtl. »alter Meister«) als bedeutendster Denker und Philosoph des Chinas vor der Zeitenwende, vielleicht der gesamten chinesischen Geschichte – dabei ist nicht einmal gesichert, ob ein Mann dieses Namens wirklich existierte.
Lebensdaten gibt es nicht, doch wird Laozi seit dem vierten vorchristlichen Jahrhundert schriftlich erwähnt. So kann man Zhuangzis Klassiker *Das wahre Buch vom südlichen Blütenland* entnehmen, dass Laozi ein Zeitgenosse des Konfuzius (551–479) gewesen sein soll – und diesem ganz offenbar an Weisheit und Ruhm

überlegen. Zhuangzi nämlich schildert mehrere (vermutlich mythische) Begegnungen zwischen den beiden, während derer Laozi den Konfuzius belehrt und so schroff zurechtweist, dass Letzterer ihn vor seinen Schülern mit einem Drachen vergleicht: »Ich habe diesmal wirklich einen Drachen gesehen. [...] Sprachlos stand ich mit offenem Mund daneben.«[31]

Der reale oder mythische Laozi begründete den Daoismus, auf ihn geht das berühmte, im vierten vorchristlichen Jahrhundert entstandene *Daodejing* zurück, die Grundlage der Lehre vom Dao. Ähnlich dem Zen-Buddhismus in Japan hatte der Daoismus eine immense Bedeutung für das kulturelle, wissenschaftliche, geistige und spirituelle Leben Chinas. Kunst, Medizin, Kampfkünste, Meditationstechniken, Philosophie – kaum ein Bereich, der nicht von den Gedanken des Laozi zumindest beeinflusst worden wäre.

Die Legende besagt, dass Laozi unter den Namen Li Er und Lao Dan (so begegnen wir ihm im *Zhuangzi*) bekannt war. Er übte eine Tätigkeit als Archivar am Königshof der Zhou aus, legte die Arbeit jedoch nach Meinungsverschiedenheiten nieder und wanderte nach Westen. Im Grenzgebiet wurde er von einem Wächter gebeten, das Land nicht zu verlassen, ohne den Kern seiner Weisheitslehre aufzuzeichnen. So kam es, dass Laozi das *Daodejing* niederschrieb. Dann setzte er seine Reise fort und wurde nie wieder gesehen.

Dem chinesischen Arzt und Qi-Gong-Meister Qingshan Liu zufolge hat das Qi in der Traditionellen Chinesischen Medizin die folgenden fünf physiologischen »Funktionen«:[32]

- Als **Triebkraft** bewirkt es Wachstum und Entwicklung des Körpers sowie die Organaktivitäten und sorgt für die Entstehung und richtige Verteilung der Körperflüssigkeiten.

Laozi

- Als **Wärmequelle** versorgt es den Körper mit Wärme und gewährleistet damit, dass er funktionieren kann.
- Als **Schutz** wirkt es gegen negative Einflüsse von außen und Krankheiten.
- Als **Pfleger** sorgt es dafür, dass die Körperflüssigkeiten in einem guten Zustand und auf einem guten Niveau sind und ausgeschieden werden (Schweiß, Urin, Speichel, Magensaft usw.) bzw. nicht austreten (Blut).
- Als **Verwandler** regt es die Umwandlung der in der Nahrung enthaltenen Stoffe in Blut und andere Flüssigkeiten und damit neues Qi an.

Geburt und Tod

Zhuangzi (früher Dschuang Dsi, Chuang-tzu), der im vierten Jahrhundert vor Christus lebte und als bedeutendster Daoist nach Laozi gilt, schrieb in seinem Klassiker *Zhuangzi*:

Wenn das Leben kommt, so lässt es sich nicht abweisen; wenn es geht, so lässt es sich nicht festhalten.[33]

Energiezentren

Die Dantians

Die Traditionelle Chinesische Medizin hat im menschlichen Körper verschiedene Energiezentren lokalisiert, die so genannten *dantian* (*tan-t'ien*, jap. *tanden*, wörtl. »Zinnoberfeld«). Dort sammelt sich das durch die Meridiane strömende Qi. Folgende drei Dantians unterscheidet man:[34]

- das *obere Dantian* (das »Dritte Auge«), das leicht erhöht zwischen den Augenbrauen liegt
- das *mittlere* oder *Brust-Dantian* auf Höhe des Brustbeins zwischen den Brustwarzen (Solarplexus)
- das *untere*, auch *zentrale Dantian* drei Fingerbreit unter dem Nabel, in dem mehrere Meridiane aufeinandertreffen. Hier befinden sich das vorgeburtliche und das »nach-

Zhuangzi

geburtliche«, sprich erworbene Qi. (Im Japanischen heißt das zentrale Dantian *hara*, wörtl. »Bauchhöhle«.)

Praktiziert man regelmäßig Qi Gong, Taijiquan oder eine andere fernöstliche Meditationstechnik, sammelt sich, so heißt es, vor allem im unteren Dantian inneres Qi.

Wu-wei – handeln, ohne zu handeln

Ein Schlüsselwort bei Laozi, Zhuangzi und anderen Daoisten ist »Nicht-Eingreifen« (chin. *wu-wei*):

> Um das Leben in seiner Fülle zu leben, so sagt Laozi, brauchen wir nur dem Weg des Nicht-Eingreifens zu folgen und uns der dem Dao innewohnenden Fähigkeit, die Dinge zu ordnen und zu formen, anzuvertrauen – dem Ursprung, aus dem alle Vollkommenheit herrührt.[35]

Im Einklang mit dem Dao handeln

Wu-wei bedeutet jedoch nicht, dass man gar nicht handeln solle. Es ist vielmehr als »absichtsloses Handeln« zu verstehen (ähnlich wie es im Zhan- und im Zen-Buddhismus gelehrt wird), ein Handeln also, das nicht von eigenen Begierden, Egoismen, Berechnung, Absichten geprägt ist, sondern intuitiv-spontan aus einem Dao-Herzen entspringt, verantwortungsbewusst ist und im Einklang mit dem natürlichen Verlauf des Dao steht: Der Daoist gibt »allem die Möglichkeit, sich gemäß seiner eigenen Natur frei zu entfalten«[36]. Er geht davon aus, dass die Ordnung, die das Dao im Laufe der Zeit herstellt, eine vollkommene Ordnung ist und der Mensch aus diesem Grund nicht in den Ablauf der Dinge eingreifen kann, ohne Störungen hervorzurufen. »Himmel und Erde verharren im Nichts-Tun, und nichts bleibt ungetan«[37], heißt es im *Zhuangzi*. Und Paul Wildish schreibt:

> Wir müssen zur Erkenntnis gelangen, dass alle Dinge Teil eines komplexen und vielschichtigen, ineinander greifenden Gefüges sind, das wir nicht verstehen können. Wenn wir nur ein Element aus diesem Gleichgewicht entfernen, riskieren wir die Zerstörung aller anderen.[38]

Die Meditation ist die wichtigste Methode, um sowohl Einsicht ins Wu-wei zu verwirklichen, als auch eine Haltung zu entwickeln, die dem Wu-wei Rechnung trägt.

Die großen Weisen des alten China: Konfuzius

Im Gegensatz zu Laozi wissen wir im Falle des Konfuzius, dass er tatsächlich gelebt hat, und zwar von 551 bis 479 v. Chr. Sein Geburtsname war Kong Qiu, bekannt wurde er als Kong Zi (frühere Transkription: Kung-tzu), was »Meister Kong« bedeutet. »Konfuzius« geht auf die latinisierte Version der Höflichkeitsanrede Kong Fu Zi zurück, »Confucius«.

Aus einer verarmten Adelsfamilie stammend, wählte Kong Zi in jungen Jahren die Beamtenlaufbahn, wurde Lagerhalter, Feldaufseher und später, mit 50, Justizminister. Zu diesem Zeitpunkt hatte er bereits Schüler um sich gesammelt und damit die erste Weisheitsschule des alten Chinas ins Leben gerufen. Intrigen zwangen ihn ins Exil; jahrelang reiste er zwischen den Hauptstädten der verschiedenen Staaten hin und her und versuchte, die Herrschenden von seinen politischen, gesellschaftlichen und ethischen Idealen zu überzeugen, doch sollte ihm das im Laufe seines restlichen Lebens nicht mehr gelingen.

Im Zentrum seiner Lehre stand die Verehrung der »Alten«, der Weisen jenes Goldenen Zeitalters, in dem auch der »Gelbe Kaiser« Huangdi gelebt haben soll. Nach fünf Grundsätzen handele der »fürstliche Mensch«, der sich um »Sittlichkeit« bemühe, predigte er: Höflichkeit, Großmut, Aufrichtigkeit, Eifer und Güte (nachzulesen im *Lun yu*, z.B. XVII, 6)[39]. Dazu kommt im Familienleben die Pietät der Kinder gegenüber den Eltern.

Konfuzius prägte das chinesische Geistes- und Gesellschaftsleben wie kein anderer; zahlreiche Verhaltensregeln in China, aber auch in Korea und Japan gehen auf seinen Einfluss zurück. Im Zentrum seiner Lehre steht die Sittlichkeit (chin. *li*, wörtl. »Riten«, »Formen«, »Sitten«). Welche Bedeutung ihr beigemessen wird, zeigt ein Ausschnitt aus dem *Liji*:

Die Kraft der Sitte ist es, durch die Himmel und Erde zusammenwirken, durch die die vier Jahreszeiten in Harmonie kommen, durch die Sonne und Mond scheinen, durch die die Sterne ihre Bahnen ziehen, durch die die Ströme fließen, durch die alle Dinge gedeihen, durch die Gut und Böse geschieden wird, durch die Freude und Zorn den rechten Ausdruck finden, durch die die Unteren gehorchen, durch die die Oberen erleuchtet sind, durch die alle Dinge trotz ihrer Veränderungen nicht in Verwirrung kommen. Weicht man von ihr ab, so geht alles zugrunde. Ja wirklich, die Sitte ist doch das Vollkommenste![40]

Li bezeichnet nicht nur die Regeln, die das Zusammenleben der Menschen, ihre Zeremonien und Handlungen ordnen, sondern das im Sinne des Konfuzius richtige Verhalten überhaupt. Wer sich dem Li gemäß verhält, offenbart damit seine rechte innere Haltung. Im *Lun yu*, das im zweiten Jahrhundert entstand und Lehrreden von Konfuzius versammelt – der selbst kein Werk verfasste –, heißt es: »Ehrerbietung ohne Form (Li) wird Kriecherei, Vorsicht ohne Form wird Furchtsamkeit, Mut ohne Form wird Auflehnung, Aufrichtigkeit ohne Form wird Grobheit.«[41]

Stille

Stille als Untergrund

Wer Taijiquan, Qi Gong oder eine andere auf daoistischem Gedankengut basierende Meditation praktiziert, wird üben, gedanklich zur Ruhe zu kommen. Innere Ruhe ist nicht nur notwendig, um die Übungen korrekt auszuführen oder sich zu entspannen und zu konzentrieren. Die Stille des Geistes ist vielmehr eine wesentliche Voraussetzung, um den Weg des Wu-wei gehen zu können. Das Dao wird »durch das Verweilen in Stille verwirklicht«[42]. Im *Zhuangzi* heißt es:

So stellte man sich im alten China Konfuzius vor

»Man nähert sich ihm [dem Dao], indem man im Nichts ruht, indem man nichts nachgeht und nichts verfolgt.«[43] Laozi sieht die verwirklichte Stille als Rückkehr zum Urgrund, aus dem man entstanden ist, Zhuangzi als Voraussetzung, um sein wahres Selbst zu erkennen und das Dao zu verwirklichen.

Natürlich bedeutet auch das Verweilen in der Stille, die eigenen Begierden, Wünsche, Unzufriedenheiten zu überwinden, das »kleine« Ich aufzugeben. Und wie der scheinbare »Verlust« dieses Ichs in Wahrheit ein Gewinn ist (s. o., S. 39), so ist auch die Reduzierung der äußeren und inneren

Aktivitäten in der Stille ein Gewinn, weil nur so tiefe Erkenntnis möglich ist. Deshalb heißt es im Daoismus, nach Wissen zu suchen bedeute, Tag für Tag dazuzugewinnen, das Dao zu suchen dagegen bedeute, Tag für Tag zu verlieren.

Sprüche des Konfuzius aus dem *Lun yu*[44]

Wo die Menge hasst, prüfe, warum sie hasst! Wo die Menge liebt, prüfe, warum sie liebt! (XV, 28)

Was man mir nicht antun soll, will ich auch nicht anderen Menschen zufügen. (XV, 24)

Sich selbst überwinden, die eigenen Wünsche und Begierden bezwingen, sich von Anstand, Höflichkeit und guten Sitten leiten lassen, das ist sittliches Verhalten. (XII, 1)

Einen Fehler machen und ihn nicht korrigieren – das erst heißt wirklich einen Fehler machen. (XV, 30)

Wer am Morgen den rechten Weg erkannt hat, könnte am Abend getrost sterben. (IV, 8)

An seinen Fehlern kann man einen Menschen erkennen. (IV, 7)

Die frühen klassischen Texte Chinas

Chinesischer Titel	Titel in deutscher Übersetzung	Entstehungszeit	Inhalt	Verfasser
Shijing (Shih-ching)	»Buch der Lieder«	10. – 7. Jh. v. Chr.	Volkslieder	unbekannt
Shujing (Shu-ching), auch Shangshu	»Buch der Urkunden«, »Buch der Geschichte«	1. Jt. v. Chr.	Legenden, chines. Geschichte	unbekannt
Yijing (I Ging, I-ching)	»Buch der Wandlungen«	1. Jt. v. Chr.	Sammlung von Weisheiten, Sprüchen, Orakeln	unbekannt
Daodejing (Tao te king, Tao-te ching)	»Buch vom Weg und seiner Kraft« bzw. »Buch vom Dao und vom De«	6. Jh. v. Chr., vielleicht auch erst 4. oder 3. Jh. v. Chr.	Philosophische Gedanken über Dao, De, Wu-Wei etc.	Laozi zugeschrieben
Nan hua zhen jing bzw. Zhuanzi (Zhuangzi (Dschuang Dsi, Chuang-tzu)	»Das wahre Buch vom südlichen Blumenland« bzw. »Zhuangzi«	4. Jh. v. Chr.	Philosophische Gedanken über Dao, De, Wu-Wei, Anekdoten, Gespräche	Zhuangzi
Huangdi Neijing	»Des gelben Kaisers klassisches Buch der inneren Medizin«, kurz: »Der Gelbe Kaiser«	3. oder 2. Jh. v. Chr.	Inhalte der Traditionellen Chinesischen Medizin, in Form eines Gesprächs zwischen dem »Gelben Kaiser« Huangdi und seinem Minister und Arzt Qi Bo	verschiedene
Liji	»Buch der Riten« (bzw. »Sitten«)	2. Jh. n. Chr.	Gesellschaftliche Rituale, Sitten, Zeremonien, beeinflusst vom konfuzianischen Denken	unbekannt
Lun yu	»Diskussion über die Worte«, »Analekte des Konfuzius«	2. Jh. n. Chr.	Lehrgespräche des Konfuzius	Zhen Xuan u. a.

2 Qi Gong

Entstehung und Entwicklung

Anfänge in der Goldenen Zeit

Die Ursprünge des Qi Gong (Qigong, Ch'i-kung, wörtl. »das Arbeiten mit der Energie«) als energetischer Meditationsübung liegen, wie schon erwähnt, vermutlich in der stark idealisierten Zeit des »Gelben Kaisers« Huangdi, der um 2600 lebte. Man weiß auch, dass im späten dritten Jahrtausend bestimmte Formen des Tanzes benutzt wurden, um Arthritis zu behandeln.[1] Der Qi-Gong-Experte Reimer M. Bürkner weist darauf hin, dass die Körperübungen jener Zeit wohl auch dem Zweck dienten, die Menschen angesichts der damals herrschenden, schwierigen klimatischen Verhältnisse zu kräftigen sowie »widerstandsfähiger und unabhängiger von Umweltbedingungen«[2] zu machen.

Auf Bronzegefäßen aus der Shang-Dynastie (16. bis 11. Jh. v. Chr.), sind Menschen zu erkennen, die Bewegungen von Tieren nachahmen (wie Tiger, Schildkröte, Kranich). Inschriften auf einem Jadestab aus dem vierten vorchristlichen Jahrhundert besagen, »dass man den Atem den Körper hinabsteigen lassen solle, damit sich das Qi sammele und seine Lebenskräfte entfalten könne«[3].

Qi Gong im Daoismus

Im *Daodejing* finden sich Hinweise auf die harmonisierende Kraft des Qi, und im *Zhuangzi* wird die positive Wirkung von Übungen herausgestellt, die Tierbewegungen nachahmen:

> Schnauben und den Mund aufsperren, ausatmen und einatmen, die alte Luft ausstoßen und die neue einziehen, sich recken wie ein Bär und strecken wie ein Vogel: Das ist die Kunst, das Leben zu verlängern. So lieben es die Weisen, die Atemübungen treiben [...].[4]

Inschrift auf dem Jadestab

Der chinesische Text, der sich auf den zwölf Seiten des erwähnten Jadestabs befindet, gilt als weltweit älteste schriftliche Anleitung zu therapeutischen Körperübungen. Er wird als Beschreibung des Qi-Kreislaufs und Anleitung zum richtigen Atmen interpretiert und findet sich z.B. (mit Erläuterungen) in Frieder Anders' Buch *Taichi*.

> Beim Atmen verfahre man also:
> Man hält den Atem an, und er sei gesammelt.
> Ist er gesammelt, so dehne er sich aus.
> Dehnt er sich aus, so gehe er hinab.
> Geht er hinab, so sei er ruhig.
> Ist er ruhig, so sei er gefestigt.
> Ist er gefestigt, so keime er.
> Keimt er, so wachse er.
> Wächst er, so werde er nach oben zurückgezogen.
> Wird er zurückgezogen, so erreiche er den Scheitelpunkt.
> Im Scheitelpunkt stoße er oben an.
> Im Tiefpunkt stoße er unten an.
> Wer diesem folgt, wird leben.
> Wer diesem entgegenhandelt, wird sterben.[5]

»Der Gelbe Kaiser«

Etwa im dritten vorchristlichen Jahrhundert wurden im *Huangdi Neijing – »Der Gelbe Kaiser«* – erstmals Körperübungen (chin. *daoyin*) beschrieben, die der Erhaltung der Gesundheit dienen sollten, allerdings noch nicht in Form einer konkreten Technik und nicht unter dem Namen »Qi Gong«. Die Daoisten jener Epoche sahen in der Bewegungsmeditation eine kraftvolle Methode, Wu-wei und die Einsicht ins Dao zu verwirklichen. (Der spätere religiöse Daoismus hielt spezielle Qi-Gong-Übungen sogar für geeignet, die angestrebte Unsterblichkeit zu erreichen.) Yin und Yang, die Fünf Elemente, die Traditionelle Chinesische Medizin und andere, im Daoismus ausformulierte Vorstellungen flossen in die Bewegungslehren ein.

Auf dem »Daoyin Tu«, einer etwa 50 Zentimeter hohen und 100 Zentimeter breiten Seidenrolle aus dem Jahr 168 v. Chr., sind Menschen abgebildet, die Gesundheitsübungen betreiben. Das Tuch befand sich im Grab des Königs Ma, das 1973 entdeckt wurde, und enthält insgesamt 44 Figuren, die Atem-, Bewegungs- oder Selbstmassageübungen ausführen. In Erläuterungen werden bestimmte gesundheitliche Probleme – wie Blähungen, Nierenerkrankungen, Ängste, Rheuma – erwähnt, denen durch spezielle Körperübungen begegnet werden sollte. Die Abbildungen auf dem Daoyin Tu haben bereits große Ähnlichkeit mit den Qi-Gong-Übungen von heute.[6]

Das »Daoyin Tu«

Das Daoyin Tu

»Spiel der Fünf Tiere«

Um 200 n. Chr. entwickelte der Arzt Hua To eine Bewegungsmeditation, die er Wuqinxi, »Spiel [auch: Kunst] der Fünf Tiere«, nannte. »Darum«, wird er zitiert,

> übten die Weisen der Vorzeit die Kunst des Atmens. Sie streckten ihre Lenden und Gliedmaßen und bewegten die Muskeln des Unterbauchs. Auf diese Weise suchten sie das Altern aufzuhalten. Ich besitze eine Methode, welche die Kunst der fünf Tiere heißt, des Tigers, des Hirschen, des Bären, Affen und Vogels.[7]

Hua Tos Übung ist im China von heute eine der beliebtesten Techniken des Qi Gong.

Wenig später, im dritten Jahrhundert, taucht der Begriff »Qi Gong« erstmals auf, nämlich in einem Werk des Daoisten Xu Xun. Er meinte damit ein dem Qi inhärentes »Kampfpotenzial« im Körper des Menschen, das durch die Übungen geweckt werden könne. Ziel war es, sich auf diese Weise gegen Schläge abzuhärten und selbst schlagkräftiger zu werden.

Buddhistische Einflüsse

Ähnlich stark wie der Daoismus beeinflusste der Buddhismus der ersten nachchristlichen Jahrhunderte das Qi Gong. Der Inder Bodhidharma, 520 nach China gekommen, brachte die Lehre des Buddha mit, außerdem ein vom Yoga geprägtes Körperverständnis. Bodhidharma, der sich nach langer Wanderschaft im legendären Shaolin-Kloster niederließ, betonte das meditative Element bei den Körperübungen, weil es ihm vordringlich um Erleuchtung ging, aber auch den Aspekt des Kampfes und des Abhärtens. Daraus entwickelten sich die strengen Meditationsformen des Zhan-Buddhismus.

Über die Jahrhunderte entstanden zahlreiche Formen des Qi Gong, das sein Überleben den »Drei Lehren« Chinas – Konfuzianismus, Daoismus, Zhan-Buddhismus – sowie der Traditionellen Chinesischen Medizin und den Kampfkünsten verdankt.

Qi Gong im 20. Jahrhundert

Im 20. Jahrhundert wurde der Name »Qi Gong« in China erstmals in der heutigen Bedeutung verwendet, nämlich als Sammelbegriff für

- gymnastische Übungen, die den Fluss des inneren Qi anregen *(daoyin)*
- Atemübungen, mit deren Hilfe äußeres Qi aufgenommen und verbrauchtes Qi ausgeatmet wird *(tuna)*
- Übungen zur Unterstützung und Stabilisierung der Gesundheit *(yangshen)*
- Übungen, bei denen das Qi mit Hilfe der Vorstellungskraft im Körper verteilt wird *(xingqi)*

Mit Beginn der chinesischen Kulturrevolution in den 60er Jahren wurde das Qi Gong wie viele andere alte Traditionen – darunter die chinesische Medizin – aus dem öffentlichen Leben verdrängt. Mao Zedong hatte das Reich der Mitte mit eiserner Hand seinen wirtschaftlichen und militärpolitischen Plänen unterworfen und bekämpfte nun antikommunistische »reaktionäre« Tendenzen, indem er versuchte, jegliche Spuren althergebrachten Gedankengutes aus den Köpfen der Bevölkerung zu eliminieren.

Neue Blüte

Mit dem Ende dieser Zeit in den 80er Jahren erwachten die chinesischen Traditionen zu neuem Leben, darunter vor allem das Qi Gong. Bald wurde es als »Gesundheitsprogramm« staatlich gefördert, und zahlreiche medizinische Institute begannen verstärkt, die Übungen in ihre Therapien zu integrieren sowie die Wirkung zu analysieren. Heute soll es allein in China über 1000 Formen des Qi Gong geben (manche Autoren sprechen sogar von 3000), wobei freilich nur gut 100 offiziell anerkannt sind.

Seit den 90er Jahren drang die Lehre von der Arbeit mit der Energie auch in den Westen vor. Zwangsläufig entfernten sich die Techniken immer mehr von den chinesischen Ursprüngen, ging das Qi Gong mit seiner wachsenden Akzeptanz im Westen Verbindungen mit westlichen Errungenschaften wie der Bioenergetik, dem Autogenen Training, der Psychotherapie etc. ein. Mittlerweile gilt Qi Gong in Ost und West als eine der wichtigsten Gesundheitstechniken.

Was ist Qi Gong?

Begriffsklärung

Grundsätzlich meint »Qi Gong« jegliche Körperübung, deren Ziel die Stärkung der Lebensenergie Qi ist, oder allgemeiner gesagt: die Arbeit mit dem Qi. Im weitesten Sinne gehören auch die fernöstlichen Kampfkünste dazu, vor allem die so genannten »inneren Kampfkünste« wie Taijiquan, die wir hier aber als eigenständige Meditationstechniken behandeln.

Qi Gong zu praktizieren heißt ganz allgemein, mit Hilfe bestimmter Bewegungen, der bewussten Atemsteuerung und der geistigen Vorstellung

- äußeres Qi aus der Umgebung aufzunehmen (s. Seite 68),
- das innere Qi im Körper fließen zu lassen (s. Seite 69)
- oder das eigene Qi an Kranke abzugeben, um deren geschwächtes Qi zu stärken (was heilkundigen Qi-Gong-Meistern vorbehalten bleibt und uns deshalb in diesem Buch nicht weiter beschäftigen wird)

Körper, Atem, Vorstellungskraft

Qi Gong arbeitet mit bzw. an Körper *(shen)*, Atem *(xi)* und Vorstellungskraft (*xin*, wörtl. »Herz«). Auf der körperlichen Ebene sollen über bestimmte Bewegungen und Positionen die Entspannung und Kräftigung des Körpers erzielt sowie die Beweglichkeit verbessert werden. Im Bereich Atmung kennt das Qi Gong zahlreiche verschiedene Techniken, die vom einfachen Bauchatmen bis zum avancierten Hautatmen reichen. Mit »Vorstellungskraft« oder eben »Herz« ist die Ebene der Gedanken gemeint. Qi-Gong-Übungen bedienen sich der Autosuggestion, wenn man beispielsweise imaginiert, wie sich der Atem beim »Kleinen Energiekreislauf« über die Lunge nach unten zum zentralen Dantian bewegt, von dort auf die Rückseite und entlang der Wirbelsäule nach oben, bis er den Körper über den Kopf verlässt. Außerdem schult die Praxis die Konzentrationsfähigkeit und den Umgang mit Gedanken allgemein sowie die Wahrnehmungssensibilität für körperinnere Vorgänge.

Qingshan Liu schreibt:

> Diese Elemente stehen in ständiger Wechselwirkung. Ohne die richtige Körperhaltung kann man nicht richtig atmen, weil Körperbewegungen, wie die Dehnung des Brustkorbs und die Bewegung des Zwerchfells, das Atmen ermöglichen. Durch die richtige Atemtechnik wiederum können wir den Körper noch mehr entspannen und das Qi leicht durch den Körper führen. Um aber die korrekten Körperhaltungen und -bewegungen sowie die passende Atemtechnik zu finden, benötigen wir Konzentration. Wir müssen also gleichzeitig auf der geistigen Ebene üben. Durch autosuggestive Vorstellungen können wir unseren Körper noch mehr entspannen und positiv auf ihn einwirken.[8]

Untergruppen

Die vielen Formen des Qi Gong lassen sich nach verschiedenen Kriterien gruppieren. Man unterscheidet ganz grundsätzlich Übungen

- mit konfuzianischem Hintergrund
- mit daoistischem Hintergrund
- mit buddhistischem Hintergrund
- aus dem Bereich der Traditionellen Chinesischen Medizin
- aus dem Bereich der Kampfkünste

Außerdem spricht man von

- »passiven Übungen« (chin. *jing gong*), die im Stehen, Sitzen und Liegen ausgeführt werden und Entspannung, Atemregulierung und den Blick nach innen zum Ziel haben (»innere Übungen«, chin. *nei gong*), oder
- »aktiven Übungen« (chin. *dong gong*), die aus Bewegungsabfolgen bestehen und der Koordinierung von Atmung, Bewusstsein und Bewegungen der Extremitäten dienen (»äußere Übungen«, chin. *wai gong*)

oder von

- »weichem Qi Gong«, das den traditionellen Meditationsübungen entspricht
- »hartem Qi Gong« (auch »Eisenhemd-Qi-Gong«), das vor allem in den Kampfkünsten praktiziert wird, weil es hilft, den Körper abzuhärten. Dabei lernt man beispielsweise, das Qi in einen bestimmten Körperteil zu »schieben«, der dann gegen Schläge unempfindlich wird. In Kampfkunstschulen überprüfen die Meister dies, indem sie mit einem Stock auf die entsprechende Körperpartie schlagen.

Je nachdem, welche Aspekte im Mittelpunkt der Übung stehen, kann man das Qi Gong auch in folgende Gruppen einteilen:[9]

- Qi Gong als Meditation
- Qi Gong als reine Atemschulung
- Qi Gong der inneren Alchemie (religiöser Daoismus, Streben nach Unsterblichkeit)

Die Heilwirkung des Qi Gong

Energiesystem Mensch

In der chinesischen Medizin wird der Mensch nicht als Summe zahlreicher Einzelteile verstanden, sondern ganzheitlich, als ein »sich stets veränderndes Energiesystem«[10]. Krankheit ist eine Störung im Energiehaushalt – der Kranke hat zu viel oder zu wenig Qi in den Meridianen, jenen Leitbahnen des Körpers, in denen die Energie fließt. Ziel der meisten Qi-Gong-Übungen ist es, die körperliche und seelische Gesundheit zu kräftigen oder wiederherzustellen, indem der Fluss des Qi harmonisiert, also der Mangel respektive der Überfluss an Qi ausgeglichen wird. Außerdem können durch die Übungen Blockaden in den Meridianen aufgelöst werden, in denen sich das Qi staut. Zu einem Ungleichgewicht im Qi-Haushalt kommt es – analog zur Mikrokosmos/Makrokosmos-Entsprechung –, wenn die Harmonie zwischen Innen und Außen, zwischen dem Einzelnen und seiner Umwelt gestört ist. In China sagt man:

> Das Qi ist der Herrscher des Blutes, das Blut ist die Mutter des Qi. Wenn Qi und Blut frei zirkulieren, dann verschwinden die Krankheiten von selbst. Werden Qi und Blut blockiert, entsteht daraus eine Krankheit.[11]

Warum Qi Gong hilft

Regelmäßige Qi-Gong-Praxis soll dementsprechend unter anderem bei folgenden Beschwerden und Problemen helfen:[12]

- Verspannungen
- Kopfschmerzen
- mangelhafter Durchblutung
- ungleichmäßiger, flacher Atmung

- Unausgeglichenheit
- schwacher Muskulatur
- mangelhafter Beweglichkeit
- Blockaden in den inneren Organen
- träger Darmperistaltik
- Verdauungsproblemen
- Nierenträgheit
- Gelenkproblemen
- Gleichgewichtsproblemen
- Bluthochdruck
- Konzentrationsschwierigkeiten
- steifer oder verkürzter Rumpfmuskulatur
- Nackenverspannungen
- labiler Psyche
- Rückenschmerzen
- Schlaflosigkeit
- Stoffwechselproblemen
- Stress
- fehlender Vitalität

Auch bei Erkrankungen von Schilddrüse, Milz, Leber, Lunge sowie bei Krebs hat sich Qi Gong offenbar als hilfreich erwiesen.

Atemtechniken

Lange Jahre verstand man unter der Bezeichnung »Qi Gong« schlicht Übungen mit dem Atem. Das lag zum einen daran, dass *qi* eben auch »Atem, Hauch« bedeutet, zum anderen daran, dass der Atmung beim Qi Gong eine zentrale Funktion zukommt. Und schließlich hat es auch damit zu tun, dass Qi Gong als alte und damit »konterrevolutionäre« Tradition Mitte des 20. Jahrhunderts verboten wurde. Der Arzt Liu Guizhen verwendete Qi-Gong-Übungen damals als Therapieergänzung, deklarierte sie jedoch als »Atemübungen«, um die Behörden über ihre – geächteten – daoistischen und buddhistischen Hintergründe zu täuschen.

Das Qi Gong kennt unterschiedliche Atemtechniken (die zum Teil natürlich auch in anderen Meditationsarten geübt werden).

Bauchatmung

Die »normale« Qi-Gong-Atmung ist die Zwerchfell- oder Bauchatmung, die wesentlich gesünder ist als die vor allem im Westen verbreitete Lungen- oder Brustatmung. Wenn man ins Zwerchfell atmet, entspannt man die Muskulatur und holt den frischen Sauerstoff ein gutes Stück tiefer in den Körper hinein. Beim Atmen werden nicht die Brustmuskeln benutzt, sondern Zwerchfell und Bauchmuskeln. Die Bauchdecke wölbt sich beim Einatmen spürbar vor (was dem westlichen Schönheitsideal leider zuwiderläuft) und »schwingt« beim Ausatmen zurück. Kinder atmen auf diese natürliche Weise. Erst später, wenn sie auf soziale und psychische Erfahrungen reagieren, verändern sie ihre Atmung unbewusst hin zur oberflächlichen Brustatmung. Erwachsene finden im Schlaf zur Zwerchfellatmung zurück. (S. dazu Abbildung auf S. 32.)

Brustatmung

Für meditative Zwecke nutzen Qi-Gong-Praktizierende auch das ansonsten »verpönte« Brustatmen. Dabei gelangt der Atemstrom nur bis in die Lungen, die sich weiten und beim Ausatmen wieder schließen. Man sollte diese Atemmeditation nur unter Anleitung oder nach längerer Praxis üben, weil die Gefahr besteht, dass man zu hyperventilieren beginnt – was wiederum in manchen Meditationsformen Ziel des Ganzen ist. Eine richtige, das heißt vollständige Lungenatmung beansprucht neben der Brustmuskulatur auch Zwerchfell, Seiten- und Rückenmuskulatur und sorgt für einen durchblutungsfördernden Wechsel von Druck und Sog. Gähnen, Lachen und starkes Weinen lösen diesen Wechsel auf natürliche Weise aus.

Gegenbauchatmung

Ebenfalls nichts für Anfänger ist die Gegenbauchatmung, auch »paradoxe Bauchatmung« genannt, bei der man umgekehrt den Bauch *einzieht*, während man einatmet, und ihn nach vorn wölbt, während man ausatmet. Reimer Bürkner zufolge belebt diese Form der Atmung »den Organismus und ist geeignet, von außen Kraft anzuziehen«[13].

Körperatmung

Erfahrenen Übenden vorbehalten ist die Körperatmung, auch »Porenatmung« genannt. Sie wird unabhängig von der »normalen« Atmung praktiziert und ist die Voraussetzung dafür, dass man durch die Poren äußeres Qi »einatmet«. Qingshan Liu nennt diese Form der Atmung »Hautatmung« oder »Embryo-Atmung« bzw. »Nicht-Atmen«, weil sie nicht wahrnehmbar ist.[14]

Qi-Gong-Stile

Es gibt, wie bereits erwähnt, hunderte Qi-Gong-Stile, -Formen und -Übungen. Einige wichtige, die die Vielfalt des Qi Gong verdeutlichen, werden im Folgenden genannt, darunter die in China seit den 80er Jahren des vergangenen Jahrhunderts »wiederentdeckten« und heute sehr populären Stile Kranich, Wildgans und Guo Lin.

Hexiang Zhuang

Kranich-Qi-Gong

Den Bewegungs-Formen zugerechnet wird das Kranich-Qi-Gong, das seit vielen Jahrhunderten vor allem in Klöstern gelehrt wird. Der Kranich gilt in China als Symbol für Langlebigkeit und ist der grazile und majestätische »König der Lüfte«. Charakteristisch sind der schwerelose Flug, der sichere Stand (sogar auf einem Bein), die immense Geduld. Das Kranich-Qi-Gong ahmt typische Bewegungen dieses Tieres nach. Die heute populäre Form wurde in den 70er Jahren des vergangenen Jahrhunderts von dem Meister Zhao Jin Xiang und dem Arzt Pang Heming entwickelt und basiert auf dem »Spiel der Fünf Tiere«. Sie kombiniert in fünf Übungen stilles und aktives Qi Gong und endet zumeist mit dem Zifagong, einer »Selbstbewegungs-Form«, die vom Qi »geleitet« wird und auch »spontanes Qi Gong« genannt wird. Im Gesundheitsbereich setzt man das Kranich-Qi-Gong vor allem bei Problemen mit der Wirbelsäule und den Gelenken ein, es soll aber auch den Qi-Fluss harmonisieren und das Immunsystem stärken.

In China konnten die Kranich-Übungen früher, wenn sie von einer größeren Menschenmenge in der Öffentlichkeit praktiziert wurden, in ein regelrechtes Spektakel münden:

> Die Übenden geraten aus einem leichten Schwingen bzw. Wiegen in immer stärkere Bewegungen; sie verlassen ihren Platz, taumeln oder kreisen über das Übungsfeld. Manche geraten aus gemächlich gleitenden in immer schneller schlingernde Bewegungen, in ein Springen und Stampfen, lassen die Arme um den Körper schwingen oder beklopfen mit den Händen bestimmte Areale ihres Körpers, geraten in ekstatische Bewegungen, lassen sich zu Boden fallen, wälzen sich auf dem Boden, beginnen zu brüllen, zu fauchen, zu weinen oder zu lachen.[15]

Mittlerweile wird eine ruhigere Form des Kranich-Qi-Gong praktiziert. Der Unterschied liegt darin, dass sich die Übenden früher »ein am Steißbein befestigtes, schwingendes Pendel« vorstellen sollten, heute »ein unbewegtes, nach unten ziehendes«[16].

Dayan Gong

Wildgans-Qi-Gong

Ebenfall zu den Dong-Gong-Formen, den Bewegungsarten des Qi Gong, zählt Dayan Gong, das Wildgans-Qi-Gong. In der Wildgans vereinen sich Kraft, Energie, Ausdauer und Eleganz; ihre langen Flüge kann sie nur mit einem gehörigen Maß an Zielgerichtetheit zurücklegen. Die Wurzeln des Dayan Gong reichen ins zwölfte Jahrhundert zurück; es ist einer der ursprünglich geheimen Stile des daoistischen Qi Gong – Meister, so heißt es, mussten das 70. Lebensjahr überschritten haben, um Schüler in ihre Kunst einzuführen. Das Wildgans-Qi-Gong umfasst zwei Formen, die aus jeweils 64 Bewegungen bestehen, darunter sowohl langsame als auch schnellere, dynamische, aber auch Handbewegungen, mit denen die Meridiane, Qi-Punkte und Organe angeregt werden. Weil sich die Übungen entsprechend ihrem Namen an die Bewegungen der Wildgans anlehnen, wirken sie im Vergleich zu anderen Qi-Gong-Stilen für Laien ungewohnt. Abgeschlagenheit, Bluthochdruck, Schlafstörungen und andere gesundheitliche Probleme sollen mit dem Dayan Gong wirkungsvoll behoben werden können. Wie das Kranich-Qi-Gong gehört es heute in China zu den populärsten Qi-Gong-Stilen.

Guo-Lin-Qi-Gong

Guo Lins Neues Qi Gong

Diesen Stil entwickelte die schwer krebskranke chinesische Malerin Guo Lin Mitte des 20. Jahrhunderts in Beijing. Guo Lin litt an metastasierendem Gebärmutterkrebs und galt nach sechs Operationen als unheilbar krank und dem Tod geweiht. Daraufhin entwickelte sie aus traditionellen Qi-Gong-Übungen, die sie von ihrem Großvater erlernt hatte, eine »medizinische« Form, die sie »Neues Qi Gong« nannte und mit deren Hilfe sie – so heißt es – krebsfrei wurde und noch 38 Jahre lebte. Deshalb wird Guo Lins Qi Gong heute bei Tumorerkrankungen in China in eigenen Kliniken und im Westen in Kursen als ergänzende Therapie eingesetzt, offenbar mit Erfolg.

Der Stil besteht aus elf Basisübungen, die vor allem spezielle Geh- und Atemübungen (»Windatmung«) enthalten, sowie einer »Mittleren« und einer »Höheren Stufe« für Fortgeschrittene. Weitere Übungen werden mit einem Handstab und einem Fußstab ausgeführt, dazu kommen Kopf- und Fußmassagen sowie der Einsatz der Stimme.[17]

Die heilende Wirkung täglicher Praxis resultiere, heißt es, daraus, dass durch die spezifischen Übungen der Qi-Fluss harmonisiert, die Abwehrkräfte gestärkt und die Sauerstoffkonzentration im Blut und im Gewebe stark gesteigert werde. Dies rege die Selbstheilungskräfte an, so dass der

Körper in der Lage sei, sich wirkungsvoll gegen Krebs und andere schwere Krankheiten zur Wehr zu setzen.

Falun Gong

Auch das in China seit 1999 verbotene Falun Gong (*falun* heißt »Rad des Gesetzes«) ist eine Form des daoistischen Qi Gong. Als Übermittler gilt der populäre, umstrittene Li Hongzhi, der Anfang der 50er Jahre (es gibt zwei verschiedene Geburtsdaten) in Gongzhuling geboren wurde. Er stellte die Falun-Gong-Lehre, die der Kultivierung der unter einer stark abgesunkenen Moral leidenden Menschen dienen soll, 1992 erstmals der Öffentlichkeit vor (sie existierte angeblich schon lange vorher). Im selben Jahr zog Li in die USA, wo er heute noch lebt; China verlangt seit Längerem vergeblich seine Auslieferung. Vor dem Verbot des Falun Gong sollen in China 70 bis 100 Millionen Menschen die Formen praktiziert haben.

Umstritten ist Li, der mittlerweile sehr zurückgezogen lebt, vor allem deshalb, weil Falun Gong vielerorts als Sekte oder zumindest sektenähnlich eingeschätzt wird, aber auch, weil er sich angeblich für den lang erwarteten Buddha Maitreya hält (Li soll dem widersprochen haben).[18] Das (korrigierte?) Geburtsdatum, das er als richtig nennt, entspricht dem des Buddha Shakyamuni (allerdings soll Li erklärt haben, das er daraus keine Verbindung zwischen dem Buddha und sich ableite). Außerdem verheiße er den Falun-Gong-Übenden Vollkommenheit und Erlösung, schreibt Hubert Seiwert in *Religion – Staat – Gesellschaft*.[19] In der deutschen Öffentlichkeit mag das Falun Gong auch deshalb auf Skepsis stoßen, weil sein Emblem das alte asiatische Svastika-Symbol enthält, das im Nationalsozialismus als »Hakenkreuz« missbraucht wurde. In Hinduismus, Buddhismus und den chinesischen Kulturen symbolisiert es Glück, das Ewige oder auch das buddhistische Rad des Lebens.

Li vertritt einen Alleinführungsanspruch: »Es gibt keinen zweiten, der zurzeit wie ich den echten Kultivierungsweg auf der hohen Ebene verbreiten würde.«[20] Vielleicht aus diesem Grund gibt es nur wenige autorisierte Lehrende unter den Falun-Gong-Anhängern. Die Übenden sind nicht organisiert, man muss nicht Mitglied eines Falun-Gong-Vereins oder -Instituts sein, um an den (kostenlosen) Unterrichtsstunden teilnehmen zu dürfen (was einem Sektencharakter widerspräche). Als oberste Prinzipien gelten im Falun Gong die buddhistischen Tugenden Wahrhaftigkeit, Barmherzigkeit und Nachsicht, die im Alltag gelebt werden sollen (die Praktizierenden nennen ihre Übungen entsprechend bevorzugt Falun Da Fa, »Buddha-Gebot« oder »Großes Gebot«).
Falun Gong besteht aus fünf einfachen Übungen, die im Stehen ausgeführt werden, abgesehen von der letzten, die man im Lotossitz praktiziert: »Buddha streckt tausende von Händen aus«, »Falun-Pfahlstellung«, »Die beiden kosmischen Pole verbinden«, »Falun-Himmelskreis«, »Verstärkung des Shentong«. Die Übungen begegnen uns teilweise in anderen Qi-Gong-Stilen wieder, so der »Himmelskreis«, bei dem das Qi entlang des Oberkörpers und der Beine verteilt wird. Als Hauptwerk des Falun Gong gilt Li Hongzhis Buch *Zhuan Falun*.

Yi Qi Gong nach Zhi-Chang Li

Stilles Qi Gong

Eine Form des Nei Gong, also des »inneren Qi Gong«, ist das Stille Qi Gong oder Yi Qi Gong, das im Westen vor allem in der Variation von Zhi-Chang Li (geb. 1942) bekannt wurde.[21] Lis Stilles Qi Gong vereint daoistische und buddhistische Übungen, indem es sowohl das daoistische Meridiansystem als auch das buddhistische Kanalsystem (Haupt- und zwei Seitenkanäle) berücksichtigt. Die daoistischen Übungen sind außerdem weniger raumgreifend als die buddhistischen.

Der Kleine Energiekreislauf

Beim Stillen Qi Gong, das im Stehen, Sitzen oder Liegen praktiziert wird und vor allem die Vorstellungskraft einsetzt, wird das Qi durch bestimmte Meridianbereiche oder an bestimmte Punkte im Körper gelenkt. Bekanntestes Beispiel ist der Kleine Energiekreislauf, der auch in anderen Traditionen geübt wird. Dabei wird das Qi in der Vorstellung den Yin-Meridian »Dienergefäß« (chin. *ren mai*) in der vorderen Körpermitte hinunter- und den Yang-Meridian »Lenkergefäß« *(du mai)* entlang der Wirbelsäule hinaufgeleitet. Das Qi durchläuft bei dieser Übung neun Bereiche, so etwa das zentrale Dantian, Dammpunkt, Steißbeinpunkt, Scheitelpunkt und oberes und mittleres Dantian. Bei anderen Übungen stimuliert man Qi-Punkte oder -Bahnen durch Bewegungen beispielsweise der Hände (»Zwei Drachen spielen mit einer Perle«), die in der Vorstellung deutlicher ausgeführt werden als in der Realität.

Für Fortgeschrittene hält Lis Stilles Qi Gong hochkomplexe Imaginationsübungen bereit, z. B. die »Reinigende Dusche«, bei der man sich verschiedenfarbige Lichtkreise im Scheitel-, Kehlkopf- und Herzbereich vorstellt, durch die das Qi fließt. Bei der Übung »Nähren des Gehirns« stellt man sich vor, »durch den Dammpunkt und im mittleren Ka nal hinauf bis zum Scheitelpunkt einzuatmen und das Qi in den Kopf zu leiten«[22]. Später wird das Qi durch das »Jadekissen«, einen Punkt am Hinterkopf, »ausgeatmet«.

Qi Gong Yangsheng

Das Qi Gong des Jiao Guorui

Der bedeutende chinesische Arzt und Qi-Gong-Meister Jiao Guorui (1923–1997) entwickelte eine Form des Qi Gong, die konkret auf die Förderung der Gesundheit ausgerichtet ist und eng mit der Traditionellen Chinesischen Medizin korrespondiert. Bestandteile seines Qi Gong Yangsheng sind bekannte, traditionsreiche Übungen wie »Acht Brokate«, »Spiel der Fünf Tiere«, »Stehen wie ein Pfahl«, »15 Ausdrucksformen des Taiji-Qi-Gong«, die Jiao Guorui in seinem Sinne modifizierte. Als einer der Ersten begann er außerdem in seiner Heimat China, die gesundheitliche Wirkung des Qi Gong wissenschaftlich zu erforschen. Sein Qi-

Gong-Stil ist in seinen Büchern überliefert und wird auch in Deutschland gelehrt, wo es die Medizinische Gesellschaft für Qigong Yangsheng e.V. gibt.

Zhan Zhuang

Das Zhan Zhuang (»Stehende Säule« oder »Stehen wie ein Baum«) geht auf den Kampfkunstmeister Wang Xiangzhai (1886–1963) zurück und wird im Qi Gong in manchen Traditionen als Abschlussübung verwendet. Der Praktizierende steht »wie eine Säule« mit gebeugten Beinen aufrecht und entspannt da und hält die Arme vor den Körper, als umfasste er einen großen Ball. (Auch im Taijiquan ist dies eine beliebte Übung.) Es ist jedoch zugleich ein eigener Stil, der verschiedene Positionen umfasst, bei denen man sich nicht bewegt. Zhan Zhuang trainiert einen stabilen Stand, die Verwurzelung in der Erde und die innere Kraft, außerdem regen die Übungen den Qi-Fluss an, »bauen innere Kraft auf und lösen gleichzeitig bestehende Energieblockaden«[23]. Wie viele andere Qi-Gong-Arten wird Zhan Zhuang in chinesischen Krankenhäusern therapeutisch genutzt.

»Stehende Säule«

Yi Jin Jing und Xi Sui Jing

Auf Bodhidharma, den indischen Buddhisten, der um 520 nach China kam, gehen diese grundlegenden Qi-Gong-Stile zurück, deren Namen zugleich die Titel zweier Abhandlungen sind, die er verfasste.

Yi Jin Jing

Yi Jin Jing dient in vielen Kampfkunstschulen zum »Aufwärmen«. Übersetzt bedeutet es etwa »Methode zur Stärkung der Muskeln und Sehnen«, und das war auch der Sinn, den Bodhidharma den Übungen zumaß. Sie sollten die verweichlichten Mönche des Shaolin-Klosters, dessen Abt Bodhidharma nach langer Wanderung wurde, abhärten und ihre Glieder elastischer machen. Das klassische Yi Jin Jing umfasst etwa ein Dutzend Dehn- und Streckpositionen, später wurde es erweitert und fand in die Kampfkünste Eingang.

Die ursprünglichen Übungen sind einfach, doch effektiv, wenn sie regelmäßig praktiziert werden. So gibt es eine Übung, bei der die Arme seitlich ausgestreckt werden, eine andere, bei der die Arme mit nach oben gedrehten Handflächen über den Kopf gehoben werden. Bei einer weiteren steht man schulterbreit und drückt die Füße kraftvoll gegen den Boden, während die Arme seitlich leicht angewinkelt sind und mit nach oben gedrehten Handflächen ebenfalls kraftvoll nach unten drücken. Die Positionen werden über eine gewisse Zeit beibehalten; wichtig ist, dabei auf die korrekte Atmung und Haltung zu achten. Ziel ist es, »schlaffe und kraftlose Sehnen und Bänder in starke und stabile zu verwandeln«[24].

Xi Sui Jing

»Xi Sui Jing« bedeutet etwa »Methode des Knochenmark-Waschens«; diese Übungen konzentrieren sich auf die Wirbelsäule und die Knochen. Yi Jin Jing und Xi Sui Jing sind wegen ihres Ursprungsortes auch unter der Bezeichnung »Shaolin-Qi-Gong« bekannt. Aus diesen beiden Übungsreihen entstanden später die »Acht Brokate«.

Liu Zi Jing

»Sechs heilende Laute«

Auch diese Form des Qi Gong – »Sechs heilende Laute« –, die auf Sun Su Mao (8. Jh.) zurückgeht, gehört zu den klassischen und oft geübten Arten. Dabei stößt man zu bestimmten Bewegungen bestimmte Laute aus, die den Funktionskreisen entsprechen. Die dabei entstehenden Vibrationen im Körper stimulieren Meridiane, Organe und Funktionskreise.

Weitere Stile, die hier nicht mehr ausführlich beschrieben werden können, sind:

Zhan Mi Qi Gong

- **Zhan Mi Qi Gong.** »Geheimes Zhan-Qi-Gong«. Diese alte, aus dem Himalaja stammende Form des Qi Gong basiert vor allem auf tibetischen und buddhistischen Traditionen. Sie ist durch schlangen- bzw. wellenartige Bewegungen von Rücken, Extremitäten und Becken gekennzeichnet, außerdem werden Mantras und Mudras (bestimmte Handhaltungen) verwendet. Das heute praktizierte Zhan Mi Qi Gong geht auf Großmeister Liu Han Wen zurück, der die Übungen aus den alten Traditionen neu zusammenstellte, und wird bei Kopf- und Rückenschmerzen, Rheuma und anderen Leiden angewendet.

- **Dao Shi Qi Gong.** »Jahreszeiten-Qi-Gong«. Im zehnten Jahrhundert entwickelte der Daoist Xhen Xiyi Qi-Gong-Übungen zum chinesischen Kalender, der aus 24 Abschnitten besteht. Die leichten Übungen spiegeln die unterschiedlichen klimatischen und energetischen Eigenschaften der einzelnen Abschnitte wider. Jeweils eine Übung wird etwa 15 Tage lang wiederholt, bis der nächste Kalenderabschnitt beginnt. Bis auf zwei werden alle Übungen im Sitzen praktiziert.

Dao Shi Qi Gong

- **Daoyin Yangsheng Gong.** »Führen des Qi und Dehnen der Glieder, um das Qi zu nähren«. Von dem Beijinger Sportprofessor Zhang Guangde zusammengestellte Übungen, die je nach Bedarf und Übungsstadium sitzende und stehende Zyklen umfassen. Bestimmte Formen konzentrieren sich auf konkrete Krankheiten oder Organe (z.B. »acht Übungen gegen Tuberkulose«, »Herz-Qi-Gong«). Auch dieser Qi-Gong-Stil wird von der chinesischen Regierung gefördert.

Daoyin Yangsheng Gong

- **Fan Teng Gong.** »Methode, die es den Leuten ermöglicht zu fliegen«. Dieser Qi-Gong-Stil daoistischer Einsiedler wurde, heißt es, erst vor wenigen Jahren an die Öffentlichkeit gebracht. Er gehört zu den inneren Formen und besteht aus 14 Übungen, bei denen im Stehen durch bestimmte Bewegungen und Handhaltungen eine zum Teil sehr starke innere Wärme erzeugt wird. So wird verbrauchtes Qi ausgeleitet und frisches Qi erzeugt. Fan Teng Gong arbeitet ohne die Imagination und wird vor allem zur Vorbeugung und Heilung von schweren Krankheiten wie Krebs eingesetzt.

Fan Teng Gong

- **Jin Gang Gong.** »Diamant-Qi-Gong«. Diese traditionelle, tantrisch-tibetische Form des Qi Gong soll die Gesundheit kräftigen, das Altern verlangsamen und entspannen. Bekannteste Meisterin ist die chinesische Buddhistin Lin Shu Hua (Lama Fo Fu), die in Zentralchina in einer Tradition des tibetischen Buddhismus ausgebildet wurde und auf Vermittlung von Zhi-Chang Li (s. »Stilles Qi

Jin Gang Gong

Gong«) nach Deutschland kam. Das Jin-Gang-Qi-Gong soll auf Bodhidharma zurückgehen.

Lian Gong Shiba Fa

- **Lian Gong Shiba Fa.** »18-fache Methode der Übung«, auch »Gelenk-Qi-Gong«. 18 langsame, fließende und eher gymnastische Übungen, vom chinesischen Gesundheitsministerium empfohlen. Dem Yi Jin Jing verwandt. Wird vor allem bei Gelenk- und Wirbelsäulenproblemen eingesetzt. Ende des 20. Jahrhunderts von dem Arzt Zhuan Yuan-Ming zusammengestellt.

Medizinisches Qi Gong

- **Medizinisches Qi Gong.** Zahlreiche, eher einfache Übungen, die mit der Intention gelehrt und praktiziert werden, konkret die Gesundheit zu fördern bzw. Krankheiten zu bekämpfen oder vorzubeugen. Angeblich gibt es über 50 000 verschiedene Übungen des Medizinischen Qi Gong. Populär und auf die Bedürfnisse und Belastungen des zeitgenössischen Menschen zugeschnitten sind z. B. die Übungen nach Li Jun Feng, das Sheng Zhen Wuji Yuan Gong.

Tie Bu Shan

- **Tie Bu Shan.** »Eisenhemd-Qi-Gong«. Eine Form des harten Qi Gong, bei der die Muskeln und Sehnen gestärkt werden. Das Eisenhemd-Qi-Gong wird vor allem in Kampfkunstschulen gelehrt. In der Regel lernt man folgende sechs Übungen, wobei die Namen variieren: »Den Baum umarmen« (eine Variation davon ist die »Pferdstellung« oder »Reiterhaltung«), »Schildkröte und Wasserbüffel«, »Die Eiserne Brücke«, »Die Goldene Brücke«, »Der Phönix wäscht seine Federn« und »Die eiserne Trage«.

Wuqinxi

- **Wuqinxi.** Eine der bekanntesten und beliebtesten Übungsreihen des daoistischen Qi Gong ist das »Spiel der Fünf Tiere«, das der Arzt Hua To um 200 n. Chr. entwickelte. Tiger, Hirsch (in manchen Schulen Reh), Bär, Affe und Kranich standen Pate dafür. Wer die »Fünf Tiere« auf eine traditionelle Weise übt, versucht, nicht nur ihre Bewegungen zu imitieren, sondern auch ihre Haltung, Mimik, Gestik, ja ihren Charakter. Der Zyklus fördert den Fluss der Körpersäfte und des Qi, harmonisiert Yin und Yang und stärkt den Körper insgesamt. Die Formen sollen positive Wirkungen auf die den jeweiligen Tieren zugeordneten Organe und Funktionskreise haben:

- o Die Tiger-Form stärkt Niere und Leber.
- o Die Hirsch-Form stärkt Wirbelsäule und Leber.
- o Die Bären-Form stärkt Magen und Milz.
- o Die Affen-Form stärkt das Herz und verbessert die Konzentrationsfähigkeit.
- o Die Kranich-Form stärkt die Lunge.

Außerdem verkörpern die Tier-Formen bestimmte Eigenschaften, die man beim Training in sich verstärken kann. Zum Beispiel steht

- o der Tiger für Kraft, Würde, Energie, Mut
- o der Hirsch für innere Entspanntheit, Lebenskraft
- o der Bär für Erdverbundenheit, Stabilität, Ausgeglichenheit, Selbstbewusstsein
- o der Affe für geistige Beweglichkeit, Geschicklichkeit, Bewegungskoordination
- o der Kranich für Leichtigkeit, Eleganz, Gleichgewicht

- **Yin Qi Gong.** »Hartes Qi Gong«. Kraftvolle Übungen, die zur Abhärtung des Körpers vor allem in den Kampfkünsten praktiziert werden. Dabei wird das Qi in bestimmte Körperbereiche »gelenkt«, so dass die Übenden schier Übermenschliches vollbringen können – einen Stein mit der Hand zerschmettern, einen Speer mit gegen die Kehle gesetzter Spitze biegen etc.

Yin Qi Gong

Qi Gong in der Praxis

Im Laufe der Jahrtausende und der Verbreitung des Qi Gong in Asien und im Westen haben sich unzählige verschiedene Übungen entwickelt. Manche davon bestehen aus einer oder zwei bestimmten Bewegungen oder Positionen (»Den Baum umarmen«, »Das Qi halten«), manche aus einer mehrteiligen oder auch komplexeren Folge von Bewegungen (»Der Buddha schießt mit Pfeil und Bogen«, »Die Sonne begrüßen«). Eine Handvoll Formen gilt jedoch in vielen Stilen als zentral und kann, obwohl je nach Land, Kultur und Tradition in Variationen gelehrt und praktiziert, zum »Kern« der Qi-Gong-Praxis gerechnet werden. Dazu gehören u. a. die »Acht Brokate« (die im Folgenden anhand von Fotos erläutert werden), das »Spiel der Fünf Tiere«, die »Fünf Elemente«, der »Kleine Energiekreislauf« und die »Ernte-Übungen«.

Vor und nach den Übungen

Begonnen wird die Praxis in allen Traditionen mit einer Vorbereitungsübung, beendet mit einer Abschlussübung. Oft sind das die Übungen »Das Qi wecken« und »Das Qi beruhigen«, die unten bei den »Acht Brokaten« gezeigt werden. Aber es gibt natürlich auch andere. Jiao Guorui beginnt seine Formen mit der Übung »Stehen wie eine Kiefer«, dann folgen als Übergänge bestimmte Bewegungen der Hände (»Die fünf Finger zeichnen das Taiji«, »Zwei Bälle ins Wasser drücken«). Beendet werden die Übungen bei ihm, indem man die Nierengegend (Shenshu-Bereiche) und das zentrale Dantian mit den Händen leicht massiert.[25] Zhi-Chang Li wiederum unterrichtet bei seinem Stillen Qi Gong als vorbereitende Übungen

1. zwischen den Augenbrauen entspannen
2. kurz lauschen
3. lächeln (aus den Augen, aus dem Scheitel, aus der Brust)

Die »Acht Brokate«

Diese Übung, auch unter dem Namen »Acht Seidenweber« bekannt, wurde erstmals um das Jahr 400 n. Chr. schriftlich festgehalten und ist wohl die beliebteste und meistverbreitete Qi-Gong-Form. Auf Chinesisch heißt sie *ba duan jin*, was wörtlich »acht« *(ba)*, »sich bewegen« *(duan)* und »besticktes Seidengewebe/Brokat« *(jin)* bedeutet.

Die Übungsreihe ist so zusammengestellt, dass die Prinzipien von Yin und Yang erfüllt sind und Atmung, Qi und

Geist trainiert werden. Sie existiert in unterschiedlichen Varianten; so praktizieren Schüler einer der Kampfkünste die schwierigere, anstrengende Form, während Meditierende die einfacheren Bewegungen anwenden. Im Folgenden werden die »Acht Brokate« in der Version des thailändischen Qi-Gong- und Kung-Fu-Meisters Lao Vongvilay vorgestellt, der seit 1992 in München lebt und lehrt.[26] Sie entstammt der Tradition des thailändischen Buddhismus; Lao Vongvilay lernte sie in dem Waldkloster, in dem er als Kind und Jugendlicher 13 Jahre lebte.

Die Acht Brokate sind:

1. Den Himmel stützen
2. Mit Pfeil und Bogen schießen
3. Himmel und Erde berühren
4. Den Kopf drehen
5. Auf dem Pferd sitzen und die Faust ballen
6. Das Qi spüren und die Füße berühren
7. Den Kopf pendeln lassen
8. Die Fersen heben

Eigentlich sollte jedes Brokatstück 7-mal geübt werden, bevor man zum nächsten übergeht. Wer nicht so viel Zeit hat, kann die Brokate auch jeweils einmal praktizieren. Wichtig ist allerdings, dass der ganze Zyklus durchgeführt wird.

1. Brokatstück: »Den Himmel stützen«

Vorbereitung: Verbeugen Sie sich mit geschlossenen Beinen (»Baumstellung«), öffnen Sie die Beine mit einem kleinen Schritt nach links in den schulterbreiten Stand (»Bärenstellung«), heben und senken Sie die Arme einmal, um das Qi zu »wecken«. Nun »holen« Sie das Qi (Abb. 1) und »senken« es zum zentralen Dantian (Abb. 2).

Übung: Verschränken Sie die Hände vor dem Bauch (Abb. 3), ziehen Sie sie bis auf Brusthöhe (ohne die Schultern zu heben), und atmen Sie dabei ein (Abb. 4). Jetzt drehen Sie, während Sie ausatmen, die Handflächen nach oben und heben dabei die Hände über den Kopf. Strecken Sie sich ganz durch, und blicken Sie nach oben (Abb. 5). Öffnen Sie die Hände beim Einatmen, drehen Sie die Handflächen mit dem Ausatmen nach unten, und lassen Sie die Arme sinken (Abb. 6).

Führen Sie diese Übung 7-mal aus, anschließend beenden Sie sie, indem Sie das Qi holen, zum Dantian senken (Abb. 2) und sich verbeugen.

2. Brokatstück: »Mit Pfeil und Bogen schießen«
Vorbereitung: Verbeugen Sie sich mit geschlossenen Beinen (»Baumstellung«), öffnen Sie die Beine mit einem kleinen Schritt nach links in den schulterbreiten Stand (»Bärenstellung«), heben und senken Sie die Arme einmal, um das Qi zu »wecken«. Verlagern Sie jetzt das Gewicht nach links, und gehen Sie mit dem rechten Fuß in einem Bogenschritt in die doppelte Schulterbreite. In dieser Position holen Sie das Qi (Abb. 7) und senken es zum Dantian (Abb. 2).

Abb. 1

Abb. 2

Abb. 3

Abb. 4

Abb. 5

Abb. 6

Übung: Heben Sie anschließend den linken Arm beim Einatmen bis auf Schulterhöhe seitlich an (Abb. 8), dann kreuzen Sie die Arme vor der Brust. Die linke Hand ist vorn und zur Faust geballt, der Zeigefinger der rechten Hand wird leicht gestreckt, die anderen Finger sind im ersten Gelenk angewinkelt (Abb. 9). Spannen Sie den rechten Arm an, und schieben Sie ihn, während Sie ausatmen, zur Seite. Gleichzeitig heben Sie den linken Ellenbogen, als würden Sie einen Bogen spannen. Die linke Hand bildet nach wie vor eine Faust, der rechte Zeigefinger ist nach oben gestreckt. Drehen Sie den Kopf nach rechts, »öffnen« Sie den Brustkorb weit, und halten Sie die Spannung für einen Moment (Abb. 10).

Anschließend führen Sie die Übung auf der anderen Seite durch – also: Arme kreuzen, diesmal ist die rechte Faust vorn, der linke Zeigefinger – bei im ersten Gelenk angewinkelten übrigen Fingern – leicht gestreckt. Linken Arm anspannen und zur Seite schieben, rechten Ellenbogen heben, Kopf nach links drehen (Abb. 11). Brustkorb öffnen, Spannung halten, Arme wieder vor dem Körper kreuzen, Kopf zurückdrehen.

Führen Sie diese Übung (nach links, nach rechts) insgesamt 7-mal aus, anschließend beenden Sie sie, indem Sie in der doppelt schulterbreiten Stellung das Qi holen und zum unteren Dantian senken (Abb. 2). Dann ziehen Sie das rechte Bein mit einem Bogenschritt zum linken in die Bärenstellung, schließen die Beine und verbeugen sich in der Baumstellung.

3. Brokatstück: »Himmel und Erde berühren«

Vorbereitung: Verbeugen Sie sich mit geschlossenen Beinen (»Baumstellung«), öffnen Sie die Beine mit einem kleinen Schritt nach links in den schulterbreiten Stand (»Bärenstellung«), heben und senken Sie die Arme einmal, um das Qi zu wecken. Nun »holen« Sie das Qi (Abb. 1) und »senken« es zum zentralen Dantian (Abb. 2).

Übung: Führen Sie beide Arme parallel nach oben bis auf

Abb. 7

Abb. 8

Abb. 9

Abb. 10

Herzhöhe (die Handflächen zeigen nach oben) (Abb. 12). Nun wird die linke Hand über den Kopf gehoben (Handfläche nach oben), um den Himmel zu berühren, während die rechte nach unten neben die Hüfte sinkt (Handfläche nach unten), um die Erde zu berühren (Abb. 13). Die Arme werden gestreckt und dann wieder bis auf Herzhöhe zurückgeführt, wobei die Handflächen zueinander zeigen. Lassen Sie die Arme sinken (Handflächen zeigen zum Boden), drehen Sie die Hände an der Hüfte, so dass die Handflächen nach oben zeigen, und beginnen Sie die Übung von vorn, indem Sie dieses Mal die rechte Hand heben (Abb. 14).

Führen Sie diese Übung insgesamt 7-mal aus, anschließend beenden Sie sie, indem Sie das Qi holen, zum Dantian senken (Abb. 2) und sich verbeugen.

4. Brokatstück: »Den Kopf drehen«

Hinweis: Wenn Sie Probleme mit der Halswirbelsäule haben, bewegen Sie den Kopf vorsichtig und nicht sehr weit. Überhaupt sollte man den Kopf nicht bis zur Schmerzgrenze drehen!

Vorbereitung: Verbeugen Sie sich mit geschlossenen Beinen (»Baumstellung«), öffnen Sie die Beine mit einem kleinen Schritt nach links in den schulterbreiten Stand (»Bärenstellung«), heben und senken Sie die Arme einmal, um das Qi zu wecken. Nun »holen« Sie das Qi (Abb. 1) und »senken« es zum zentralen Dantian (Abb. 2).

Übung: Strecken Sie die Arme fast durch, und öffnen Sie die Finger. Die Handflächen zeigen zueinander (Abb. 15). Jetzt drehen Sie den Kopf langsam nach links (Abb. 16) und rechts, ohne den Oberkörper mitzubewegen.

Führen Sie diese Übung insgesamt 7-mal aus, anschließend beenden Sie sie, indem Sie das Qi holen, zum Dantian senken (Abb. 2) und sich verbeugen.

Abb. 11

Abb. 12

Abb. 13

Abb. 14

Abb. 15

Abb. 16

5. Brokatstück: »Auf dem Pferd sitzen und die Faust ballen«
VORBEREITUNG: Verbeugen Sie sich mit geschlossenen Beinen (»Baumstellung«), öffnen Sie die Beine mit einem kleinen Schritt nach links in den schulterbreiten Stand (»Bärenstellung«), heben und senken Sie die Arme einmal, um das Qi zu »wecken«. Verlagern Sie jetzt das Gewicht nach links, und gehen Sie mit dem rechten Fuß in einem Bogenschritt in die doppelte Schulterbreite. In dieser Position holen Sie das Qi (Abb. 17) und senken es zum Dantian (Abb. 2).

ÜBUNG: Ziehen Sie die Fäuste jetzt an die Hüften; die Handrücken zeigen nach unten (Abb. 18). Strecken Sie beim Einatmen den linken Arm vor, und öffnen Sie dabei die Hand (Abb. 19). Wenn der Arm fast gestreckt ist, spreizen Sie die Finger bei einer Drehung im Handgelenk nach links und bilden eine Faust, so dass die Fingerknöchel nach unten zeigen (Abb. 20). Ziehen Sie die geballte Faust beim Ausatmen an die Hüfte zurück. Spannen Sie bei dieser letzten Bewegung die seitlichen Rippenmuskeln an, und stellen Sie sich vor, dass Sie einen schweren Gegenstand zu sich herziehen wollen (Abb. 21). Wechseln Sie jetzt die Seite – also: rechten Arm strecken, Hand öffnen, Finger spreizen, drehen, Faust mit Knöcheln nach unten bilden, zurückziehen.

Dann strecken Sie den Arm zur linken Seite und öffnen die Hand (Abb. 22). Wenn der Arm fast gestreckt ist, spreizen Sie die Finger bei einer Drehung im Handgelenk nach links und bilden eine Faust, so dass die Fingerknöchel nach unten zeigen (Abb. 23). Ziehen Sie die geballte Faust beim Ausatmen an die Hüfte zurück. Spannen Sie bei dieser letzten Bewegung die seitlichen Rippenmuskeln an, und stellen Sie sich vor, dass sie einen schweren Gegenstand zu sich herziehen wollen (Abb. 24). Wechseln Sie jetzt die Seite – also: rechten Arm nach rechts strecken, Hand öffnen, Finger spreizen, drehen, Faust mit Knöcheln nach unten bilden, zurückziehen.

Führen Sie diese Übung (linker Arm vor, rechter Arm vor, linker Arm nach links, rechter Arm nach rechts) insgesamt 7-mal aus, anschließend beenden Sie sie, indem Sie in der doppelt schulterbreiten Stellung das Qi holen und zum Dantian senken (Abb. 2). Dann ziehen Sie das rechte Bein mit einem Bogenschritt zum linken in die Bärenstellung, schließen die Beine und verbeugen sich in der Baumstellung.

6. Brokatstück: »Das Qi spüren und die Füße berühren«
Hinweis: Bitte beugen Sie sich bei Herzproblemen und Bluthochdruck nicht zu weit nach vorn, und lehnen Sie sich bei Rückenproblemen (besonders im Wirbelbereich) nicht zu weit nach hinten!

VORBEREITUNG: Verbeugen Sie sich mit geschlossenen Beinen (»Baumstellung«), öffnen Sie die Beine mit einem kleinen Schritt nach links in den schulterbreiten Stand (»Bärenstellung«), heben und senken Sie die Arme einmal, um das Qi zu wecken. Nun »holen« Sie das Qi (Abb. 1) und »senken« es zum zentralen Dantian (Abb. 2).

Abb. 17

Abb. 18

Abb. 19

Abb. 20

Abb. 21

Abb. 22

Abb. 23

Abb. 24

Übung: Verschränken Sie die Hände auf Höhe des hinteren Dantians – dem Gegenpol zum zentralen Dantian vorn, das drei Fingerbreit unter dem Nabel liegt – auf dem Rücken (Abb. 25). Beugen Sie sich nach hinten, und drücken Sie dabei mit den Händen sanft massierend auf den unteren Lendenbereich (Abb. 26). Richten Sie sich auf (Abb. 27), und bücken Sie sich nach vorn. Die Handflächen streifen dabei leicht vom Oberschenkel abwärts (Abb. 28) über die Beine bis zu den Füßen, die Sie an den Zehen umfassen (Abb. 29). Spannen Sie die Muskeln kurz an. Dann richten Sie sich langsam auf und verschränken die Hände dabei wieder auf dem Rücken.

Führen Sie diese Übung insgesamt 7-mal aus, anschließend beenden Sie sie, indem Sie das Qi holen, zum Dantian senken (Abb. 2) und sich verbeugen.

7. Brokatstück: »Den Kopf pendeln lassen«

Vorbereitung: Verbeugen Sie sich mit geschlossenen Beinen (»Baumstellung«), öffnen Sie die Beine mit einem kleinen Schritt nach links in den schulterbreiten Stand (»Bärenstellung«), heben und senken Sie die Arme einmal, um das Qi zu »wecken«. Verlagern Sie jetzt das Gewicht nach links, und gehen Sie mit dem rechten Fuß in einem Bogenschritt in die doppelte Schulterbreite. In dieser Position holen Sie das Qi (Abb. 30) und senken es zum Dantian (Abb. 2).

Übung: Stützen Sie in dieser tiefen Stellung die Hände auf die Oberschenkel; die Daumen zeigen dabei nach vorn (Abb. 31). Bewegen Sie den Oberkörper leicht nach rechts, als wollten Sie »ausholen« (Abb. 32), dann in einem weiten Bogen nach vorn (Abb. 33) und schließlich nach links. Strecken Sie den Körper, bis Kopf, Rumpf und rechtes Bein eine Linie bilden. Die Hände sind weiterhin auf den Oberschenkeln (Abb. 34). Kehren Sie nun mit waagerechtem Oberkörper zur Mitte zurück, und richten Sie ihn auf (s. Abb. 33 und 31). Bewegen Sie den Oberkörper leicht nach links, als wollten Sie »ausholen« (Abb. 35), dann in einem weiten Bogen nach

Abb. 25

Abb. 26

Abb. 27

Abb. 28

Abb. 29

Abb. 30

Abb. 31

Abb. 32

Abb. 33

Abb. 34

Abb. 35

Abb. 36

Abb. 37

Abb. 38

vorn und schließlich nach rechts. Strecken Sie den Körper, bis Kopf, Rumpf und linkes Bein eine Linie bilden. Die Hände sind weiterhin auf den Oberschenkeln (Abb. 36). Kehren Sie dann mit waagerechtem Oberkörper zur Mitte zurück (s. Abb. 33), und richten Sie ihn auf (s. Abb. 31).

Führen Sie diese Übung (rechts/links gestreckt, links/rechts gestreckt) insgesamt 7-mal aus, anschließend beenden Sie sie, indem Sie in der doppelt schulterbreiten Stellung das Qi holen und zum unteren Dantian senken (Abb. 2). Dann ziehen Sie das rechte Bein mit einem Bogenschritt zum linken in die Bärenstellung, schließen die Beine und verbeugen sich in der Baumstellung.

8. Brokatstück: »Die Fersen heben«

VORBEREITUNG: Verbeugen Sie sich mit geschlossenen Beinen (»Baumstellung«), öffnen Sie die Beine mit einem kleinen Schritt nach links in den schulterbreiten Stand (»Bärenstellung«), heben und senken Sie die Arme einmal, um das Qi zu wecken. Nun »holen« Sie das Qi (Abb. 1) und »senken« es zum zentralen Dantian (Abb. 2).

Übung: Verschränken Sie die Hände mit dem Einatmen auf dem Rücken, und gehen Sie auf die Zehenspitzen (Knie nicht durchstrecken) (Abb. 37). Strecken Sie den Körper, und lassen Sie ihn beim Ausatmen leicht »fallen« (Abb. 38). Er bleibt trotz Streckung die ganze Zeit entspannt.

Führen Sie diese Übung insgesamt 7-mal aus, anschließend beenden Sie sie, indem Sie das Qi holen, zum Dantian senken (Abb. 2) und sich verbeugen.

3 Taijiquan

Entstehung und Entwicklung

Taijiquan hat dieselben spirituellen und »medizinischen« Ursprünge wie Qi Gong, entwickelte sich anfangs aber stärker unter dem Einfluss der Kampfkünste, zu denen es gehört, wie das Wort *quan* verdeutlicht, »Faust«. Auch seine Formen reichen historisch in die Zeit des »Gelben Kaisers« Huangdi zurück, entstanden letztlich aus den ersten Körperübungen unter Gesundheitsaspekten, wie sie aus dem späten dritten vorchristlichen Jahrtausend überliefert sind. Für die spirituellen Aspekte des Taijiquan bilden altchinesische Traditionen, Daoismus und Buddhismus den Hintergrund.

Zhang Sanfeng

Die Taijiquan-Übungen, die heute in der ganzen Welt populär sind, entstanden allerdings »erst« vor etwa 400 Jahren und später. Ihr mythologischer Ursprung liegt der Legende zufolge in den Wudang-Bergen, wo der daoistisch-konfuzianistische Mönch und Gelehrte Zhang Sanfeng, ein Meister der harten, äußeren Kampfkünste, vermutlich im 13./14. Jahrhundert als Eremit lebte. Dort soll Zhang die Grundlagen für ein neues Bewegungssystem geschaffen haben, bei dem die Kraft aus dem unteren Dantian geholt und keine äußere Energie mehr angewendet wurde, also eine »weiche« oder »innere« Form – eben das spätere Taijiquan.

Der Kampf zwischen Schlange und Kranich

Auslöser war ein Kampf zwischen einer Schlange und einem Kranich (bei manchen Autoren eine Elster), den Zhang beobachtet haben soll. Während der Kranich die Schlange immer wieder mit harten, schnellen Hieben des Schnabels attackierte, wich sie mit eleganten, geschmeidigen Bewegungen ein ums andere Mal aus – bis der Kranich erschöpft von ihr abließ und davonflog.

Zhang zog aus diesem Kampf den Schluss, dass das Harte (Kranich) niemals das Weiche (Schlange) besiegen kann, wohl aber umgekehrt – ganz der daoistischen Philosophie entsprechend. Denn im *Daodejing* heißt es:

> Schwaches besiegt das Starke;
> Weiches besiegt das Harte;
> Niemand auf Erden, der das nicht weiß,
> Niemand, der ihm zu folgen vermag.[1]

Also entwickelte Zhang, basierend auf seinem Wissen über die äußeren Kampfkünste, Bewegungen einer weichen, inneren Kampfkunst, die dem ständigen Wechsel von Yin und Yang Rechnung trug. Diese so genannten »13 Grundstellungen und Bewegungs-Formen«[2] entsprachen Zhangs Überzeugung, dass Muskelkraft durch die innere Energie, das Qi, ersetzt werden müsse. Das innere Qi galt im Daoismus ja als mikrokosmisches Pendant zur äußeren Energie des Makrokosmos Universum, und indem man es durch stille Meditation und die Übungen aktivierte bzw. nutzte, entstand die angestrebte Einheit von Mikro- und Makrokosmos.

Zhang als Patron des Taijiquan

In anderen Quellentexten wird Bodhidharma (6. Jh.) als Beobachter eines ähnlichen Kampfes zwischen Schlange und Kranich genannt, doch nichtsdestotrotz gilt Zhang Sanfeng als »Patron des Taijiquan«[3]. Eine jener Schriften, die ihm zugeschrieben werden, das *Taijiquan Jin*, ist ein Klassiker des Taiji. An Zhangs »Ruhm« ändert auch die Tatsache nichts, dass es keinerlei gesicherte Nachweise eines konkreten Geburtsdatums oder generell seiner Existenz gibt, dafür zahlreiche offensichtliche Versuche der Mystifizierung vor allem im China der frühen Neuzeit, die womöglich den Zweck hatten, dem buddhistischen Inder Bodhidharma, der das legendäre Shaolin-Kloster gegründet hatte, einen daoistischen Chinesen vom heiligen Berg Wudang gegenüberzustellen.[4]

Die fünf Familien

Wer sich mit den Hintergründen des Taijiquan befasst, wird immer wieder auf die Namen von fünf chinesischen Familien stoßen, denen die heute im Westen praktizierten Taijiquan-Stile mehrheitlich zugeschrieben werden – Chen, Yang, Wu, Wu Hao und Sun. Zwischen dem 17. und dem 19. Jahrhundert bildeten sich unter Führung jeweils einer dieser Familien fünf große Taijiquan-Schulen heraus. Aus diesem Grund spricht man noch heute vom »Chen-Stil«, vom »Yang-Stil« etc.

Von Qi Jiguang zum Stil der Familie Chen

Der älteste der fünf Stile ist jener der Familie Chen, der auf Chen Wangting (1600–1680) zurückgeht. Er gilt aus diesem Grund als der eigentliche Begründer des Taijiquan, und sein Dorf, Chenjiagou in der Provinz Henan, wird »als *der* Taiji-Ort in China«[5] von vielen Taiji-Touristen besucht.

Chen berief sich auf die Kampfkunst eines Generals der Ming-Dynastie, Qi Jiguang (1528–1587), der aus den zahlreichen Schulen der äußeren Künste seiner Zeit einen eigenen Stil abgeleitet und das Werk *Ji Xiao Xin Shu (Klassiker der Kampfkunst*, auch: *Buch des Boxkampfes)* verfasst hatte. Bewegungen daraus kombinierte Chen unter daoistischen Prinzipien mit in seiner Familie bereits geläufigen Kampfkunstformen, dem gymnastischen Daoyin und Tuna-Atemtechniken. Er griff dazu auf den »Klassiker des gelben Hofes über die innere und äußere Jadelandschaft« – *Huang Ting Nei Wai Yu Jing Jing* – zurück, einen aus dem dritten Jahrhundert stammenden »Klassiker der daoistischen Energiearbeit und Lebensführung«[6]. Erst kürzlich hat man herausgefunden, dass dieses Werk offensichtlich von einer Frau geschrieben oder zumindest kompiliert wurde, und zwar von Wei Huacun Furen (»Frau des Wei Huacun«). Der Taijiquan-Experte Jan Silberstorff zieht daraus den Schluss:

> Daher kann man sagen, dass das spätere Taijiquan sich in seiner ursprünglichen Quelle auf die Arbeit eines Mannes über die Kampfkunst und auf die Arbeit einer Frau über

> die innere Energiearbeit stützt. Diese Arbeiten wurden von Chen Wangting zu einem System zusammengefügt. Taijiquan war geboren, schöpferisch zu gleichen Teilen von Mann und Frau.[7]

Der damaligen Tradition entsprechend war Chens Kunst – der erste auf die Erhaltung der Gesundheit ausgerichtete innere Stil der Kampfkünste – esoterisch: Sie war geheim und durfte fast zwei Jahrhunderte lang nur innerhalb der Familie übermittelt werden. Doch gibt es in der klassischen Literatur Hinweise darauf, dass Chen nicht der Einzige war, der sich zu jener Zeit mit einer neuen Form einer inneren Kampfkunst beschäftigte. Wang Lizhou, ein Gelehrter aus dem 17. Jahrhundert, schrieb:

> Es gibt nun die so genannte innere Kampfkunst, welche dem Angriff mit Ruhe begegnet. Der Gegner wurde meist bei der ersten Berührung der Hände zu Boden geworfen. Das ist anders als bei der harten, äußeren Schule der Shaolin.[8]

Chang Naizhou

Und bereits im 18. Jahrhundert waren weitere weiche Stile entstanden, beispielsweise der des konfuzianischen Gelehrten Chang Naizhou, der auf dem *Yijing* und alten Kampfkünsten basiert und heute kaum noch praktiziert wird. Chang Naizhous Theorien über Yin und Yang, Dao und ihre Integration in einen weichen Kampfstil könnten »kaum näher an der Theorie des Taijiquan liegen«[9]. Deshalb wird er bisweilen als Vorläufer des Taiji gesehen.

Auch das bekanntere Tongbeiquan scheint auf das 18. Jahrhundert zurückzugehen (ungesicherte Quellen und Legenden siedeln es freilich wesentlich früher an, nämlich um das zwölfte Jahrhundert), während die neben dem Taijiquan populärsten inneren Kampfkünste, Baguazhang und Xingyiquan, Schöpfungen des 19. Jahrhunderts sind.

Verbreitung durch die Familie Yang
Zurück zum Taijiquan: Der erste Schüler, der nicht der Familie Chen angehörte, war Yang Luchan (1799–1872). Allerdings erlernte er den Chen-Stil, wie es heißt, nur durch einen Trick: Angezogen von den Gerüchten um die Chens und ihre geheimnisvollen Übungen, bot er sich der Familie in Chenjiagou als vermeintlich taubstummer Diener an.

> Jahrelang soll er heimlich die Übungen der Familienmitglieder beobachtet und nachts in seiner Kammer geübt haben. Er wurde nach vielen Jahren heimlichen Übens entdeckt, aber aufgrund seiner hochentwickelten Fähigkeiten vom Meister als Schüler aufgenommen.[10]

Der alte Wu-Stil

Mit Yang Luchan, der Chenjiagou 30 Jahre später verließ und unter anderem in Beijing am Kaiserhof lehrte, und seinen Söhnen verbreitete sich das Taijiquan allmählich in China. Das hatte zur Folge, dass sich die Formen allmählich veränderten und sich ein Yang-Stil samt Variationen entwickelte, aber – da der esoterische Charakter der Chen-Lehre aufgehoben war – auch andere Traditionen entstanden. Dazu gehörte beispielsweise der Wu-Stil (auch: Wu-Hao-Stil und alter Wu-Stil) des Wu Yuxiang (1812–1880), der sowohl im Chen- als auch im Yang-Stil ausgebildet worden war.

Von der Kampfkunst zur populären Meditation
Die wichtigste Veränderung, die sich um die Jahrhundertwende vollzog, war zweifellos, dass die gesundheitlichen und meditativen Aspekte des Taijiquan immer dominanter wurden, während sich die Kampfelemente immer stärker verloren. Das Tempo wurde langsamer, Sprünge entfielen, Schläge wurden abgeschwächt – die Kampfkunst entwickelte sich zur Meditation in Bewegung. Die Gründe für diese Entwicklung sind sicherlich vielfältig. Ein wichtiger scheint jedoch gewesen zu sein, dass in dieser Zeit in China die Schusswaffen an Verbreitung gewannen. Sie waren dem Taijiquan wie den anderen Kampfkünsten in jeder Hinsicht überlegen, wie vor allem der Boxeraufstand im Jahre 1900

zeigte. Folgerichtig verbreitete sich das Taijiquan nun auch über den eingeschränkten Zirkel der Kampfkünstler hinaus und fand zahlreiche Anhänger, die von seinem meditativen Charakter angezogen wurden.

Ein Meilenstein in seiner Entwicklung hin zur »Massenbewegung« vollzog sich 1912, als der Leiter der »Forschungsgesellschaft für Leibeserziehung« von Beijing berühmte Taiji-Meister als Lehrer gewann.

> Damit war das Taijiquan »aus der Tür gegangen«, das heißt, von diesem Zeitpunkt an trat es erstmals aus einem begrenzten privaten Bereich heraus an eine breite Öffentlichkeit. Die Forschung und der Austausch in dieser Periode sind ein wichtiger Grund, warum Taijiquan in China so populär wurde.[11]

Der neue Wu-Stil und der Sun-Stil

Im Zuge dieser Entwicklung begründete Wu Jianquan (1870 bis 1942), dessen Vater Wu Quanyou in Beijing von Yang Luchan noch im ursprünglichen, der Kampfkunst verschriebenen Taijiquan unterrichtet worden war, den langsameren Wu-Stil, in Abgrenzung zu Wu Yuxiangs altem auch neuer Wu-Stil genannt. (Die Namensgleichheit besteht nur in der Transkription. Im Chinesischen werden für die beiden *wu* unterschiedliche Schriftzeichen verwendet.) Aus dem alten Wu-Stil entwickelte sich durch Wu Yuxiangs Schüler schließlich der Sun-Stil von Sun Lutang (1861–1932), der als einer der Ersten das Taijiquan offiziell auch für Frauen zugänglich machte.[12]

Weitere Stile

Neben den Stilen der Familien Chen, Yang, Wu, Wu Hao und Sun bildeten sich in China natürlich andere Schulen heraus. Der Taijiquan-Experte Helmut Oberlack nennt als wichtigste

> den Li-Stil und den Fu-Stil sowie Stile, die nach Orten benannt sind, wie das Zhaobao-Taijiquan und zwei unterschiedliche Wudang-Stile[13]

von denen einer unmittelbar in der Tradition Zhang Sanfengs stehen soll, des legendären Patrons des Taijiquan. Im Laufe des Jahrhunderts entstanden zahlreiche Weiterentwicklungen, Mischformen und neue Variationen. Grob gesagt lassen sie sich zwei Strömungen zuordnen:

- Stile, die in der Tradition der fünf Familien oder noch älterer Vorbilder stehen
- Stile, die Bewegungen verschiedener Schulen enthalten, sozusagen das (aus Sicht ihrer Gründer) »Beste« der einzelnen Traditionen kompiliert haben.[14]

Dazu kommen Stile aus anderen Ländern und Kulturen, die zumeist auf einem der genannten chinesischen Vorbilder basieren, im Laufe der Jahrzehnte jedoch als eigene Traditionen und Schulen in den Kanon eingingen.

Der Stil von Zheng Manqing

Einer der herausragenden Meister des traditionellen Yang-Stils war Zheng Manqing (1900–1975), der um 1935 aus einer langen Yang- eine Kurz-Form mit 37 Positionen (»Bildern«, wie es korrekt heißt) entwickelte. Zweck dieses Schrittes war, dass ungeübte Menschen leichter Zugang zum Taijiquan fanden und es auf diese Weise wesentlich zur Verbesserung der Gesundheit beitragen konnte. Zheng ging in den 60er Jahren nach New York, und von dort verbreitete sich sein Taijiquan auch im Westen.

Der Beijing-Stil und andere moderne Formen

Wie das Qi Gong wurde das Taijiquan während der Kulturrevolution als antikommunistische »reaktionäre« Tendenz verboten (bis 1974). Wenige Jahre davor war es noch von der chinesischen Regierung als gesund propagiert und gefördert worden. 1955 stellte das nationale Sportkommittee im offiziellen Auftrag die auf dem Yang-Stil basierende Beijing-Form zusammen, eine aus 24 Positionen bestehende Bewegungsreihe. Anfang der 60er Jahre folgte eine längere Variante der Beijing-Form, die 48 Positionen aus allen fünf

Familienstilen enthält. Später entstanden weitere »moderne« Formen mit beispielsweise 56, 45, 73, 42 und 40 Positionen (entsprechend »56er Form« etc.), die zum Teil jedoch ausschließlich für Wettkämpfe gedacht waren, außerdem verschiedene Waffen-Formen (wie die 32er Schwert-Form, die 42er Schwert-Form), die auf den traditionellen aufbauten.

Klassische Texte des Taijiquan[15]
Folgende fünf Texte gelten als »Kernklassiker« des Taiji und wurden 1912 von Guan Baiyi publiziert (die Autorenschaft ist teilweise umstritten):

- *Taijiquan Lun* (»Abhandlung zum Taijiquan«) von Zhang Sanfeng (vermutl. 13./14. Jh.)
- *Taijiquan Jing* (»Der Klassiker des Taijiquan«) von Wang Zongyue (1736–1795)
- *Shisanshi Xingong Xinjie* (»Erklärungen zum Ausführen der 13 Grundbewegungen«) von Wu Yuxiang (1812–1880)
- *Shisanshi Gejue* (»Das Lied der 13 Grundbewegungen«), Verfasser unbekannt
- *Dashouge* (»Das Lied der schlagenden Hände«), Verfasser unbekannt

Weitere Klassiker:

- *Taijitu Shuo* (»Erklärung des Taiji-Diagramms«) von Zhou Dunyi (1017–1073)
- *Ji Xiao Xin Shu* (»Klassiker der Kampfkunst«, auch: »Buch des Boxkampfes« und »32 Formen des Kanonen-Boxen«) von Qi Jiguang (1528–1587)
- *Chen Shi Taijiquan Tushuo* (»Chen-Stil Taijiquan mit Illustrationen«) von Chen Pinsan (auch Chen Xin, 1849–1929)
- *Taiji fashuo* (»Erklärung der Methode des Taiji«) von Wu Gongzhao (20. Jh.)

Was ist Taijiquan?

Die chinesischen Zeichen und ihre Bedeutung

»Die Faust des höchsten Letzten«

Der Begriff »Taijiquan« (alte Transkription: Tai Chi Chuan bzw. T'ai Chi Ch'uan) lässt sich wörtlich mit »Die Faust des höchsten Letzten/Einen« übersetzen. Im Chinesischen besteht er aus den folgenden drei Schriftzeichen:

太 *»Tai«*

Das Zeichen für »Tai« bedeutet »das Höchste«, »das Allergrößte« und findet sich oft als Bestandteil von Wörtern wie »Kosmos«, »Weltraum« oder auch »Lehrer«.

極 *»Ji«*

»Ji« heißt etwa »ganz außen«, »äußerster Punkt«, »letztes Ende«, aber auch »Firstbalken«. Es ist nicht zu verwechseln mit »Qi«, einem anderen Schriftzeichen, das jedoch in der Wade-Giles-Transkription ebenfalls »Chi« geschrieben wurde. Im *Yijing* finden sich die Zeichen für »Tai« und »Ji« als »Taiji« zusammengesetzt, das Zeichen für die Einheit der Gegensätze, für Yin und Yang. »Taiji« ist das »höchste Letzte« bzw. das »höchste Eine« und meint den Urgrund allen Seins, aus dem die beiden Grundkräfte Yin und Yang entstehen. (Wenn im Folgenden das Wort »Taiji« ohne weiteren Hinweis verwendet wird, ist es als Kurz-Form von »Taijiquan« gemeint, nicht in der Bedeutung »Einheit der Gegensätze«.)

拳 *»Quan«*

Das Zeichen für »Quan« schließlich wird in der Regel mit »Faust« übersetzt.

Für den Begriff »Taijiquan« gibt es in der Literatur verschiedene Übersetzungen/Interpretationen – »Die Faust des höchsten Letzten/Einen«, »Die höchste Kunst, mit der Faust zu kämpfen« oder auch »Kampfkunst in der Harmonie von Yin und Yang«[16].

Erste Nennung des Begriffs

Wann das Wort in der klassischen Literatur erstmals auftaucht, ist umstritten. Freya und Martin Bödicker nennen das Werk *Taijiquan Tushuo* von Chen Pinsan (1849–1929), wo Chen Wangting als Begründer des neuen Stils angeführt wird.[17] Bei anderen Autoren heißt es, der Begriff werde erstmals in einem Text des Taiji-Meisters Wang Tsungyue (17. Jh.) erwähnt.[18] Um Wang Tsungyue ranken sich ähnliche Mythen wie um den Wudang-Eremiten Zhang Sanfeng. Er gilt manchen Autoren als der wahre Begründer des Taijiquan und soll im Chen-Dorf Chenjiagou so beeindruckend gegen Vertreter der Bewohner gekämpft haben, dass man ihn bat, zu bleiben und seine Kunst zu unterrichten. Aus einer Synthese von Wangs und dem ursprünglichen Stil der Chen habe Chen Wangting dann den Chen-Stil entwickelt.

Taiji heute

Meditative Kampfkunst

Doch was ist Taijiquan nun eigentlich? Wie beschrieben, war es als weiche, innere Kampfkunst entstanden und orientierte sich im Lauf der Jahre immer mehr an gesundheitlichen Aspekten. Im 20. Jahrhundert wurde es schließlich ganz zu einer Technik der Meditation, sieht man von Wettkämpfen ab, in denen es natürlich als Kampfkunst praktiziert wurde und wird und die uns an dieser Stelle nicht interessieren sollen.

Die Kraft des Gegners aufnehmen

Auch den rein meditativen Taiji-Formen sieht man die Ursprünge an – je nach Stil mal mehr, mal weniger deutlich. Taiji war einst für den Kampf geschaffen, und so erklären sich seine Bewegungen, Bilder, Formen, Abläufe. Sie sind eine Zusammensetzung von Ausweichbewegungen, Faustströßen, Blocks, Tritten, Griffen, Waffenstößen und -hieben, die sehr langsam und weich ausgeführt werden (das Weiche überwindet das Harte) und deshalb einen stark meditativen Charakter haben. Auf den Kampf bezogen, heißt das auch beim meditativen Taiji: »Die Kraft des Gegners aufnehmen, sie zum Boden leiten und dem Gegner zurückgeben«[19], ihn also mit der eigenen Kraft »bezwingen«.

Die Formen

Die einzelnen Bewegungen sind festgelegt und werden in verschiedenen Sequenzen, den »Formen«, durchgeführt. Zumeist übt man Einzel-Formen, doch kennt fast jede Taiji-Schule auch Partnerübungen, darunter das bekannte Tuishou (verbreitete Übersetzung: »Schiebende Hände«, besser: »Klebende Hände«). Wichtig ist neben der korrekten Übung dieser Formen eine ruhige, natürliche Atmung.

Da im Vorhergehenden und im Folgenden immer wieder von Kampf/Kampfkunst und Waffen die Rede ist, soll eines noch einmal verdeutlicht werden: Taijiquan wird heute in aller Welt überwiegend als Form der Meditation geübt, als Meditation in Bewegung. Neben der allgemeinen Förderung der Gesundheit steht – wie bei den meisten Meditationstechniken – die Auseinandersetzung mit sich selbst im Vordergrund, der Versuch, durch Meditation tiefer in sich hineinzublicken. Wer Taiji ernsthaft praktiziert, fördert automatisch die Harmonisierung von Seele, Geist und Körper, Selbstdisziplin, innere Ruhe, Konzentrationsfähigkeit, Achtsamkeit, Selbstbewusstheit und Selbstbewusstsein

Meditation in Bewegung

Taiji und seine Waffen

Nach wie vor werden in fast allen Taiji-Stilen und -Schulen auch Waffen-Formen unterrichtet, wenn man erst einmal die waffenlosen Grund-Formen beherrscht. Traditionellerweise arbeitet das Taiji mit Schwert, Doppelschwert, Holzschwert, Säbel, Doppelsäbel, Fächer, Kurzstock, Langstock, Speer, Messer und Hellebarde, die allein oder mit einem Partner in ebenfalls festgelegten Abläufen trainiert werden. Den Reiz einer Waffentechnik im meditativen Taijiquan erläutert Helmut Oberlack wie folgt:

Martialische Erinnerung an den Ursprung

> Wir haben plötzlich einen Gegenstand in der Hand, der uns an den martialischen Ursprung des Taijiquan erinnert. Und mit diesem Gegenstand [...] sollen wir uns verbinden und ihn harmonisch in unsere Bewegungen einbeziehen. Unser Gleichgewicht muss sich neu arrangieren, unsere Aufmerksamkeit geht über die Hand hinaus bis zum Ende der Waffe, und unser Bewegungsraum wird größer.[20]

Die Atmung

Wie wichtig die korrekte Atmung prinzipiell und vor allem bei der Meditation ist, wurde schon mehrfach angesprochen. Im Kapitel über das Qi Gong finden sich auch unterschiedliche Atemtechniken. Deshalb sollen hier nur die Taiji-typischen Schwerpunkte zur Atmung genannt werden.

Prinzipien

Grundsätzlich gilt wie beim Qi Gong: Bauchatmung statt Brustatmung. Da das Taiji ursprünglich eine Kampfkunst war, wendet man häufig auch die Gegenbauchatmung oder »umgekehrte Bauchatmung« an, bei der der Bauch während des Einatmens »eingezogen« und während des Ausatmens vorgewölbt wird. Im Kampf kann bei dieser Atmung mehr Kraft erzeugt werden, und das Qi wird »härter«.

Atmung während des Übens

Hier variieren die Anweisungen je nach Schule und Stil. So kennt man in manchen Taiji-Varianten die Regel, dass bei Bewegungen nach hinten eingeatmet, bei Bewegungen nach vorn ausgeatmet wird. Eine andere Regel: Hebt man die Arme, atmet man ein, senkt man sie, atmet man aus. Oft heißt es, man solle gleich lang ein- und ausatmen und die Bewegungen der eigenen Atemfrequenz anpassen.

Die Heilwirkung des Taiji

War es früher vordringliche Intention der Praktizierenden, eine effektive Art der Selbstverteidigung zu erlernen und bis hin zum Automatismus einzustudieren, so ist heute das Üben an sich der Zweck, weil es »nachgewiesenermaßen zu verschiedenen positiven Einflüssen auf den Gesundheitszustand«[21] führt. Wie beim Qi Gong, gilt im Hinblick auf die psychische Wirkung auch für das Taiji: Es

Wirkungen auf die Psyche

- fördert die innere Ruhe und entspannt
- erhöht die Belastbarkeit in stressigen Situationen
- kräftigt das »Nervenkostüm«
- steigert Selbstbewusstsein und Selbstvertrauen
- sorgt für Wohlbefinden und innere Ausgeglichenheit
- erhöht die Vitalität und die Lebenslust

Der stete Wechsel zwischen Anspannen und Loslassen (gemäß dem Yin/Yang-Prinzip) fördert den Fluss des inneren Qi, übt aber auch Konzentrations- und Entspannungsfähigkeit. Man lernt, sich bewusst zu bewegen und bewusst zu atmen.

Da man sich beim Taiji in der Regel jedoch viel mehr bewegt als beim »statischeren« Qi Gong, trainiert es den Körper entsprechend anders und intensiver. Das beginnt schon beim Aufwärmen, das häufig ähnlich verläuft wie bei einer Kampfkunst – also laufen, dehnen, ein paar Kraftübungen wie Liegestütze und Sit-ups etc. –, nur zumeist kürzer und weniger anstrengend ist. Ganz allgemein lässt sich sagen, dass Taiji, wenn es richtig und regelmäßig geübt wird, sich in körperlicher Hinsicht positiv auswirkt auf

Wirkungen auf den Körper

- Muskulatur (wird kräftiger und elastischer)
- Bänder und Sehnen (werden gedehnt, gelockert, entspannt)
- Gelenke
- Körperkoordination
- Knochenbau (wird gekräftigt)
- Immunsystem
- Gleichgewichtssinn (Standfestigkeit)
- Kreislauf (wird stabilisiert)
- Cholesterinspiegel (sinkt)
- Rücken/Wirbelsäule
- das innere Qi (»Kraftreservoir« auffüllen)
- Atmung (tief, ruhig, erweitertes Lungenvolumen)
- Gang (aufrecht, elastisch)
- Verdauung
- Schlaf (tiefer, besser, erholsamer)

Taiji-Stile

Wie schon erwähnt, sind die wichtigsten historischen und zugleich aktuell populärsten Stile des Taijiquan jene der fünf genannten Familien bzw. Varianten davon, wie sie beispielsweise Zheng Manqing lehrt, die Beijing-Form und andere. Petra Kobayashi spricht von 20 Hauptstilen, die zumeist in der neueren Zeit aus dem Chen- und dem Yang-Stil entstanden sind.[22] Selbstverständlich gab und gibt es daneben zahlreiche andere, kleinere Schulen.

Gemeinsame Techniken[23]

Die unterschiedlichen Stile haben einige grundlegende Gemeinsamkeiten, wie die folgenden Hand- und Schritttechniken, die in ihrer Ausführung von Stil zu Stil variieren können:

- acht *ba men*, wörtlich »Pforten«, »Tore«, gemeint sind Grundtechniken mit den Händen, auch »Kraftmethoden« oder »Grundenergien« genannt
- fünf *wubu*, Schrittarten bzw. Bewegungsrichtungen, die den Fünf Elementen zugeordnet werden

Diese acht Handtechniken und die fünf Schrittarten zusammen nennt man »13 Stellungen«, *shisan shi*. Sie gehen, so heißt es, auf Zhang Sanfengs »13 Grundstellungen und Bewegungs-Formen« zurück.

Grundtechniken

Die Grundtechniken:

Handtechnik	**Bewegung**	**Richtung**
Peng	»abwehren«, die gegnerische Kraft wird zurückgelenkt	Süden
Lü	»zurückrollen«, der Gegner wird in eine andere Richtung gelenkt	Westen
Ji	»drücken«, die Verteidigung erfolgt gegen eine »schwache« Stelle des Gegners	Osten
An	»stoßen«, »schieben« mit Händen, Armen, Schultern, Ellenbogen, Rumpf oder Hüfte	Norden
Cai	»entwurzeln«, also den Gegner aus dessen Mitte ziehen	Nordwesten

Handtechnik	Bewegung	Richtung
Lie	»spalten«, einen Gegner, der aus der eigenen Mitte gebracht wurde, durch die Beine weiter bedrängen	Südosten
Zhou	»Ellenbogenstoß«, Anwendung von Peng, Lü, Ji oder An mit Ellenbogen oder auch Knie	Nordosten
Kao	»Schulterstoß«, Anwendung von Peng, Lü, Ji oder An mit Schulter, Hüfte oder Rücken	Südwesten

Die Schrittarten:

Schrittarten

Schrittart	Bewegung	Element
Jin Bu	»vordringen«, also dem Gegner folgen, während man ihn berührt	Metall
Tui Bu	»zurückweichen«, während man Kontakt hält	Holz
Zuo Gu	»nach links sehen«, die Aufmerksamkeit auf die linke Seite richten bzw. sich nach links bewegen	Wasser
You Pan	»nach rechts sehen«, die Aufmerksamkeit auf die rechte Seite richten bzw. sich nach rechts bewegen	Feuer
Zhong Ding	»in der Mitte ruhen«, »sich im Gleichgewicht befinden«. Beim Taiji befindet sich der Körper immer im Gleichgewicht, kommt jede Kraft aus dem Zentrum	Erde

»Rahmen«

Im Taiji stößt man immer wieder auf den Begriff »Rahmen« (chin. *jia*) – »großer Rahmen«, »kleiner Rahmen«, »mittlerer Rahmen« etc.[24] Damit sind der Bewegungsumfang gemeint, in dem sich die Schritte und Techniken abspielen, aber auch die Anforderungen ans Üben selbst. Ganz allgemein gesagt, müssen Taiji-Übende für Formen des großen Rahmens – sozusagen um ihn zu »füllen« – körperlich mehr trainieren, um die Techniken zu beherrschen und effektiv umzusetzen. Das meint der chinesische Begriff Wai Gong, etwa »äußere Arbeit« – das Üben der Formen. Im Gegensatz dazu braucht man für den kleinen Rahmen, der im Hinblick auf die Bewegungen weniger komplex ist, mehr Nei Gong (»innere Arbeit«), um das Taiji effektiv anwenden zu können. Unter Nei Gong versteht man in erster Linie die Arbeit mit dem und am Qi, Kräftigung des unteren Dantian und Meditation. Die Entwicklung vom großen Rahmen einer Tradition zum kleinen oder neuen Rahmen impliziert also, dass die Bewegungen vereinfacht oder »verkleinert« wurden, der Schwerpunkt vom Wai Gong auf das Nei Gong verlegt wurde. Umgekehrt kennt die Taiji-Geschichte auch den Schritt vom kleinen zum großen Rahmen, bei dem das Waigong dann eine größere Rolle spielte.

Die zehn Regeln des Taijiquan

Yang Chengfu (1883–1936) formulierte folgende zehn Regeln, die nicht nur für das Yang-Taiji gültig sind, sondern für das Taijiquan allgemein.[25]

1. Halte den Kopf entspannt aufrecht.
2. Nimm die Brust zurück und halte den Rücken gerade.
3. Achte darauf, dass der Bereich Lendenwirbelsäule, Becken, Hüfte locker ist.
4. Verteile das Gewicht richtig auf die beiden Beine.
5. Entspanne Schultern und Ellenbogen.
6. Benutze nicht die Kraft deines Körpers, sondern die Kraft des Yi (»Bewusstsein«)
7. Achte darauf, dass Unter- und Oberkörper perfekt koordiniert werden.
8. Bringe Geist und Körper in Harmonie.
9. Führe die Bewegung in einem steten Fluss aus.
10. Bewege dich mit Ruhe.

Der Chen-Stil

In Chenjiagou entstand im 17. Jahrhundert der erste Taiji-Stil, der den fünf Familienstilen zugerechnet wird. Als Begründer gilt Chen Wangting.

Charakteristika

Charakteristisch für den Chen-Stil von heute sind sanfte, fließende Bewegungen, die sich mit schnellen, sprunghaften abwechseln – also eine »Mischung aus ruhigen und explosiven Elementen«[26]. Das Element Kampf steht stärker im Vordergrund als bei anderen Stilen, und die Formen sind in der Regel relativ lang – so bestanden sie im traditionellen Chen-Stil aus 71 bis 89 Bewegungen. Weitere Besonderheiten sind »die ausgeprägten, spiralförmigen Bewegungen des Körpers und seiner Extremitäten, die aus dem zentralen Bereich von Hüfte und Taille geleitet werden«[27]. Analog dazu bewegt sich auch das innere Qi spiralförmig, und es ist die Aufgabe des Übenden, diese beiden Bewegungen miteinander zu koordinieren. Darüber hinaus hat der Chen-Stil nicht wie die anderen Taiji-Stile acht Grundtechniken (Ba Men), sondern 13. Es kommen folgende fünf dazu:[28]

- Teng, »von unten nach oben schlagen«
- Shan, »von oben nach unten ausweichen«
- Zhe, »winden, zerbrechen«
- Kong, »leer werden«
- Huo, »im Prinzip bleiben«

Bekannteste Bilder und Formen

- alter Rahmen (Laojia) mit zwei Hand-Formen
- neuer Rahmen (Xinjia) mit zwei Hand-Formen
- Seidenübungen (Chansi Gong)
- 38er Form
- 19er Form
- 18er Form
- Waffen-Formen (Schwert, Doppelschwert, Säbel, Doppelsäbel, Stock, Speer, Hellebarde)
- Partner-Formen

- Abwandlung des Chen-Stils: u. a. das Xinyi Hunyuan Taijiquan von Feng Zhiqiang, einem Schüler von Chen Fake

Bedeutende Meister des Chen-Stils

CHEN WANGTING (1600–1680), neunte Generation, begründete den Chen-Stil

CHEN CHANGXING (1771–1853), 14. Generation, führte den Chen-Stil öffentlich vor (alter Rahmen), orientierte die beiden Chen-Hand-Formen an den Prinzipien des Yin und Yang, schrieb verschiedene Bücher über Taiji

CHEN PINSAN (auch Chen Xin, 1849–1929), 16. Generation, verfasste ein wichtiges Taijiquan-Lehrbuch

CHEN FAKE (auch Chen Fusheng, 1887–1957), 17. Generation, Begründer des neuen Rahmens

CHEN XIAOWANG (geb. 1949), 19. Generation, entwickelte die Kurz-Form mit 38 Bewegungen, heute offizielles Oberhaupt der Chen-Tradition

Der Yang-Stil

Der Erste, der im Chen-Stil unterrichtet wurde und nicht der Familie angehörte, war, Yang Luchan. Er und vor allem seine Söhne Yang Banhou und Yang Jianhou entwickelten das Chen-Taiji zu einem eigenen Stil weiter und sorgten für dessen Verbreitung in China.

Charakteristika

Das Taiji der Familie Yang orientierte sich im Gegensatz zum kampfbetonten Chen-Stil mehr an den Formen des legendären »Urvaters« des Taijiquan, Zhang Sanfeng. Sprünge und Schläge entfielen weitgehend, die Bewegungen wurden langsamer. Sie sind ruhig, fließend und weich, wirken dabei grazil und harmonisch und sehen aus, »als ob jemand unter Wasser – wie in Zeitlupe – kämpfe«[29]. Die Schritte sind etwas größer, die Arme bewegen sich in einem weiteren Radius (großer Rahmen). Eine Ausnahme ist der kleine Rahmen von Yang Luchans Sohn Yang Banhou, einem hochgeachteten

Kämpfer, dessen Form schneller und kraftbetonter ist und auch Sprünge einsetzt. Typisch für den Yang-Stil ist der stete Wechsel von Yin- und Yang-Bewegungen.

Bekannteste Bilder und Formen

- kleiner Rahmen (Xiaojia)
- mittlerer Rahmen (Zhongjia)
- großer Rahmen (Dajia), die heute vermutlich am häufigsten praktizierte Taiji-Form überhaupt
- alte Form mit 108 Bildern
- lange Form (nach Yang Chengfu) mit 85 Bildern (manchmal als 103 Bilder gewertet)
- Partner-Formen
- Waffen-Formen (Schwert, Säbel, Stock, Speer)
- Abwandlungen des Yang-Stils: Beijing-Form, Stil von Zheng Manqing (beide s. u.), zum Teil Tung-Stil

Bedeutende Meister des Yang-Stils

YANG LUCHAN (auch Yang Fu Kui, 1799–1872), erster Vertreter des Yang-Stils

YANG BANHOU (1837–1892), zweite Generation, entwickelte den kleinen Rahmen

YANG JIANHOU (1839–1917), zweite Generation, entwickelte den mittleren Rahmen

YANG CHENGFU (1883–1935), dritte Generation, entwickelte den großen Rahmen und die Lang-Form

YANG ZHENMING (1910–1985), vierte Generation, Sohn von Yang Chengfu

FU ZHONGWEN (1905–1994), Schüler von Yang Chengfu

YANG ZHENDUO (geb. 1924), vierte Generation, Sohn von Yang Chengfu, heute offizielles Oberhaupt der Yang-Tradition

YANG ZENHE (geb. 1953), fünfte Generation

Der alte Wu-Stil

Wu Yuxiang (1812–1880), Schüler von Yang Luchan und einem Mitglied der Chen-Familie, schuf aus deren Stilen eigene Formen, die später in erster Linie sein Neffe Li Liyu einer breiteren Öffentlichkeit zugänglich machte. Aus Wu Yuxiangs Taiji gingen durch Li Yiyu der Li-Stil (s. u.) und durch Hao Weizheng der Hao-Stil hervor.

Charakteristika

Auch der alte Wu-Stil enthält keine Sprünge oder tiefe Stellungen mehr; die Bewegungen sind sehr kompakt, kreisförmig und benötigen wenig Raum, der Körper bleibt aufrecht. Den Hao-Stil des Wu-Taiji kennzeichnen rasche, kurze Schritte und Bewegungen. Der alte Wu-Stil wird heute nur noch selten praktiziert.

Bekannteste Bilder und Formen

- Partner-Formen
- 46er Form

Bedeutende Meister des alten Wu-Stils

WU YUXIANG (1812–1880), Begründer

LI YIYU (1832–1892), entwickelte aus dem Wu- den Li-Stil

HAO WEIZHENG (1849–1920), entwickelte aus dem Wu- den Hao-Stil

Der neue Wu-Stil (auch Wu-Jianquan-Stil)

Ebenfalls auf einen Schüler von Yang Luchan geht der neue Wu-Stil zurück, nämlich auf Wu Quanyou (1834–1902). Dessen Sohn, Wu Jianquan, verfeinerte und vereinfachte die neuen, ursprünglich sehr komplexen Formen und sorgte dafür, dass sie einer größeren Öffentlichkeit zugänglich gemacht wurden – nach der Jahrhundertwende »wurde die Strategie der ›verschlossenen Tür‹ von vielen Mitgliedern der Taijiquan-Familien aufgegeben«[30]. Wu Jianquans Stil wird auch als »südlicher Wu-Stil« bezeichnet, in Abgrenzung zum »nördlichen Wu-Stil« des Wang Maozhai, der ebenfalls vom Begründer, Wu Quanyou, unterrichtet worden war.

Charakteristika

Beim Wu-Stil ist der Körper oft leicht nach vorn geneigt, die Bewegungen sind langsam, flüssig, geschmeidig, entspannt, »einfacher« und weniger raumgreifend, außerdem steht man höher als beispielsweise beim Yang-Taiji. Beide Wu-Stile gelten als Formen des kleinen Rahmens (Xiaojia).

Bekannteste Bilder und Formen

- traditionelle, schnelle Hand-Form
- langsame Hand-Form nach Wu Jianquan
- 16er Form
- 37er Form
- Partner-Formen
- Waffen-Formen (Säbel, Lanze, Schwert)
- Freikampf

Bedeutende Meister des neuen Wu-Stils

WU QUANYOU (1834–1902), Begründer

WU JIANQUAN (1870–1942), zweite Generation, südlicher Wu-Stil

WANG MAOZHAI (1862–1940), zweite Generation, nördlicher Wu-Stil

WU GONGYI (1900–1970), dritte Generation, Sohn von Wu Jianquan

WU YINGHUA (1907–1996), dritte Generation, Tochter von Wu Jianquan

MA YUELIANG (1901–1998), dritte Generation, Ehemann von Wu Yinghua und einer der größten Taiji-Meister des 20. Jahrhunderts, verbreitete den Wu-Stil u.a. in Deutschland

MA JIANGBAO (geb. 1941), vierte Generation, südlicher Stil

XIA DAO (1949–2000), fünfte Generation, nördlicher Stil

Der Sun-Stil
Sun Lutang (1861–1932) war bereits ein herausragender Meister in den inneren Kampfkünsten Xingyiquan und Baguazhang, als er Hao Weizheng traf und von ihm den alten Wu-Stil lernte. Später entwickelte er einen eigenen Stil, der die besten Elemente aus diesen drei Künsten vereinen sollte und deshalb auch »Kristall der traditionellen Kampfkunst«[31] genannt wird.

Charakteristika
Auffälligstes Merkmal des Sun-Stils ist, dass er das Taijiquan mit den beiden anderen inneren Kampfkünsten Xingyiquan und Baguazhang kombiniert. Vom Xingyiquan flossen vor allem die direkten, auf den Gegner ausgerichteten Bewegungen und das schnelle Zurückweichen ein, vom Baguazhang kreisförmige Elemente und vom alten Wu-Stil die sanfte Körperarbeit. Bei vielen Positionen ist das Gewicht auf einem Bein. Der Sun-Stil ist insgesamt schneller und weniger raumgreifend als andere Taiji-Stile.[152] Die raschen, stoßenden Bewegungen werden nach vorn und nach hinten ausgeführt.

Bekannteste Bilder und Formen
- lange Form (93 Bewegungen)
- 73er Form
- kurze Form (42 Bewegungen)
- Partner-Formen
- Schwert-Form

Bedeutende Meister des Sun-Stils
SUN LUTANG (1861–1932), Begründer des Sun-Stils, integrierte Elemente aus den inneren Kampfkünsten Baguazhang und Xingyiquan ins Taiji
SUN JIANYUN (1914–2003), zweite Generation, Tochter von Sun Lutang
SUN CUNZHOU (1893–1963), zweite Generation, Sohn von Sun Lutang
SUN SHURONG (1918–2005), dritte Generation, Enkelin von Sun Lutang

Der Li-Stil

Begründer des Li-Stils war Wu Yuxiangs Neffe Li Yiyu, der erst den alten Wu-Stil lehrte, bevor er einen eigenen Stil entwickelte. Die Familie Li und ihre Schüler sehen Li Ho Hsieh, der etwa 1000 Jahre vor der Zeitenwende lebte, als Urvater ihrer Lehre. Das Taijiquan ist innerhalb des Li-Systems nur eine von mehreren Disziplinen; andere sind die Kampfkünste Fengshou (eine weiche Art des Kung Fu) und Chi Shu (Werfen, manchmal »chinesisches Aikido« genannt) sowie »heilende Künste« wie Qi Gong. Heute ist der Li-Stil vor allem in Westeuropa verbreitet.

Charakteristika

Elemente dieser anderen Disziplinen flossen in den Li-Stil des Taiji mit ein; so erkennt man in der »Fliegende-Hände-Form« Anleihen aus Fengshou und Chi Shu. Wichtig im Li-Taiji ist ein stabiler Stand, die Formen werden im mittleren Rahmen geübt. Unter Fachleuten heißt der Li-Stil »Quadratmeter-Taiji«, weil man sich während der großen Form kaum vom Zentrum fortbewegt, oder auch »Yin-und-Yang-Stil des Taiji«, weil viel Wert auf Balance und Harmonie gelegt wird. In manchen Schulen wird das Li-Taiji durch Übungen aus den anderen Disziplinen der Li-Künste ergänzt.[33]

Bekannteste Bilder und Formen

- zwei Hand-Formen (»Fliegende-Hände-Form«, »Taiji-Form«)
- kleine Form (Beginnsequenz der Taiji-Form)
- Partner-Formen
- Seidentuch-Form
- Waffen-Formen (Schwert, Stock)

Bedeutende Meister des Li-Stils

LI YIYU (1832–1892), Begründer
LI KAM ZHAN (gest. 1954), letzter Erbe der Familie Li
CHEE SOO (vermutl. 1920–1994), Adoptivsohn von Li Kam Zhan

Der Stil von Zheng Manqing

Die von Zheng Manqing (1900–1975) Mitte der 30er Jahre des vergangenen Jahrhunderts aus dem Yang-Stil entwickelte kurze Form (37 Bilder) ist mittlerweile eine der beliebtesten Taiji-Formen. Zheng, Schüler von Yang Chengfu und guter Freund von Ma Yueliang, floh 1949 vor Chinas Kommunisten nach Taiwan und ging 1964 nach New York. Er gilt als der Meister, der das Taiji im Westen populär machte. Dort und vor allem in Deutschland ist der Yang-Stil nach Zheng Manqing verbreitet.

Charakteristika

Der Yang-Stil von Zheng ist weniger raumgreifend als der ursprüngliche, und man steht betont aufrecht. Da die Arme in dieser Haltung dichter am Körper sind, wirken die Bewegungen kürzer. Eine Besonderheit von Zhengs Stil ist, dass die Hand – abgesehen von wenigen Übungen – als Verlängerung des Unterarms bewegt wird. »So bilden Hand und Unterarm eine Einheit, die nicht von Bewegungen des Handgelenks gestört oder sogar unterbrochen wird.«[34] Auf diese Weise soll auch der Fluss des Qi in die Hand und die Finger verbessert werden. (Im traditionellen Yang-Stil hält man die Hand in einem Winkel von 45 bis 60 Grad zum Unterarm.)

Bekannteste Bilder und Formen

- 37er Form (»Kurz-Form des Yang-Stils«)
- Partner-Formen
- Schwert-Form

Bedeutende Meister von Zheng Manqings Stil

Zheng Manqing (1900–1975)
Huang Xiangxian (1910–1992), Malaysia
Benjamin Pang Jeng Lo (geb. 1927), San Francisco
Dao Pingsiang (geb. 1919), Taiwan

Beijing-Form
Eine Vereinfachung und Verkürzung der Yang-Form nach Yang Chengfu ist die schon erwähnte Beijing-Form, die das nationale chinesische Sportkommittee der Öffentlichkeit 1955 vorstellte. Weil u.a. einige Wiederholungen entfielen, umfasst sie nur noch 24 Positionen statt 85 und dauert gut fünf Minuten statt um die 20. Sie wird deshalb auch »Jianhua Taijiquan« genannt, »vereinfachtes Taijiquan«. Sinn dieser Veränderungen war, dass man das Taiji einer breiteren Öffentlichkeit erschließen wollte, um den allgemeinen Gesundheitszustand des Volkes zu verbessern. Selbst Taiji-Experten empfehlen die Beijing-Form als Einstieg für Anfänger, weil sich »in ihr sehr viele der grundlegenden Bewegungs- und anderer Prinzipien«[35] des Taijiquan finden.

Ma Yueliangs fünf Aspekte des Taijiquan
Der große Taiji-Meister des neuen Wu-Stils, Ma Yueliang, Ehemann von Wu Yinghua, formulierte folgende fünf Punkte, die beim Üben des Taiji beachtet werden sollten:[36]

1. **Ruhe.** Körper, Seele, Geist, Bewegungen und Atmung sind ruhig und entspannt.
2. **Leichtigkeit.** Die Bewegungen vollziehen sich fließend und scheinbar ohne den Einsatz von Kraft.
3. **Langsamkeit.** Die Übungen strömen ohne Unterbrechung dahin. Auf schnelle Angriffe reagiert man schnell, auf langsame reagiert man langsam.
4. **Gewissenhaftigkeit.** Die Bewegungen werden gewissenhaft ausgeführt und Fehler korrigiert.
5. **Ausdauer.** Die Übungen werden regelmäßig und mit der notwendigen Intensität praktiziert.

4 Weitere chinesische Meditationen

Neben den im Osten wie im Westen so populären Meditationsformen Qi Gong und Taiji gab und gibt es in China natürlich zahlreiche andere Techniken. Im Folgenden sollen eine Handvoll vorgestellt werden.

Neidan und die innere Alchemie

Rückkehr ins Dao

Ein ähnliches Ziel wie die Daoisten haben die Anhänger des Neidan, das vermutlich im zehnten Jahrhundert entstand und in China noch heute praktiziert wird: ins Nichts, ins Dao zurückzukehren, indem Yin und Yang in eine vollkommene Harmonie gebracht werden. Ihr Weg allerdings ist ein anderer und für Menschen aus dem Westen nur schwer zu gehen – Neidan (chin., »innerer Zinnober«, »inneres Elixier«, »innere Alchemie«) ist ein komplexes System aus Philosophie und Meditation, mit deren Hilfe der Übende in sich einen »neuen« Menschen bzw. eine unsterbliche Seele entstehen lassen will, den »Heiligen Embryo«.

Transformation der »drei Schätze«

Jing, Qi, Shen

Durch die Sammlung der Gedanken und bestimmte Atemtechniken arbeiten die Schüler des Neidan daran, die »drei Schätze des Menschen« *jing* (Grundessenz des Lebens), Qi und *shen* (»Geist«) – sozusagen analog zu einem materiellen alchemistischen Prozess – auf eine bestimmte Weise zu transformieren. Die »normalen« Abläufe des menschlichen Lebens sollen verändert werden, indem »die Lebenskräfte im Inneren konzentriert, geläutert und unabhängig von der sinnlichen Welt werden«[1]. Jing wird »gereinigt« und in Qi umgewandelt, anschließend wird Qi »gereinigt« und in Shen umgewandelt. Nachdem letztendlich auch Shen »gereinigt«

wurde, ist die Vereinigung mit dem Dao vollzogen. Die Seele ist unsterblich und geht beim Tod des Menschen als Heiliger Embryo oder »Goldene Blüte« in den Himmel ein. Das unten abgebildete »Diagramm des Unbedingten« von Zhen Duan stellt den Verlauf dieser meditativen Arbeit dar. Laozis »Tor der Dunklen Weiblichkeit« symbolisiert darin »die Grundlage von Himmel und Erde«[2].

Himmlischer Kreislauf

Am Beginn dieses Prozesses und der meditativen Übung steht der Versuch, in sich den so genannten »Kleinen Himmlischen Kreislauf« herzustellen. Dabei wird das Qi in Entsprechung zu den Prinzipien der Fünf Elemente vom Herzen zur Niere bewegt. Wer diesen Kleinen Kreislauf beherrscht, übt den Großen, bei dem das Qi von der Körpermitte entlang der Wirbelsäule in den Kopf gelenkt wird, von dort über Gesicht, Brust und Bauch zum Anfang zurück.

Meister und Texte des Neidan

Das Neidan beruft sich auf das *Yijing* und andere klassische Texte des Daoismus, das *Dai jing hua zong zhi* (»Das Geheimnis der Goldenen Blüte«, auch »Die Erfahrung der Goldenen Blüte«) sowie das *Cantong Qi* (etwa »Verwandschaft der drei«, in Deutschland auch unter dem Titel »Über die Vereinigung der Entsprechungen« bekannt). Bedeutende Meister sind u. a. Wei Boyang (2. Jh. n. Chr.), Verfasser des *Cantong Qi*, Zhen Duan (906–989) und Wang Zhe (1123–1170).

Dai Xi, die Embryonalatmung

Ähnlich komplex und schwierig wie die Neidan-Meditation ist Dai Xi (wörtl. »Embryonalatmung«), das der Lebensverlängerung dient und ebenfalls noch praktiziert wird.

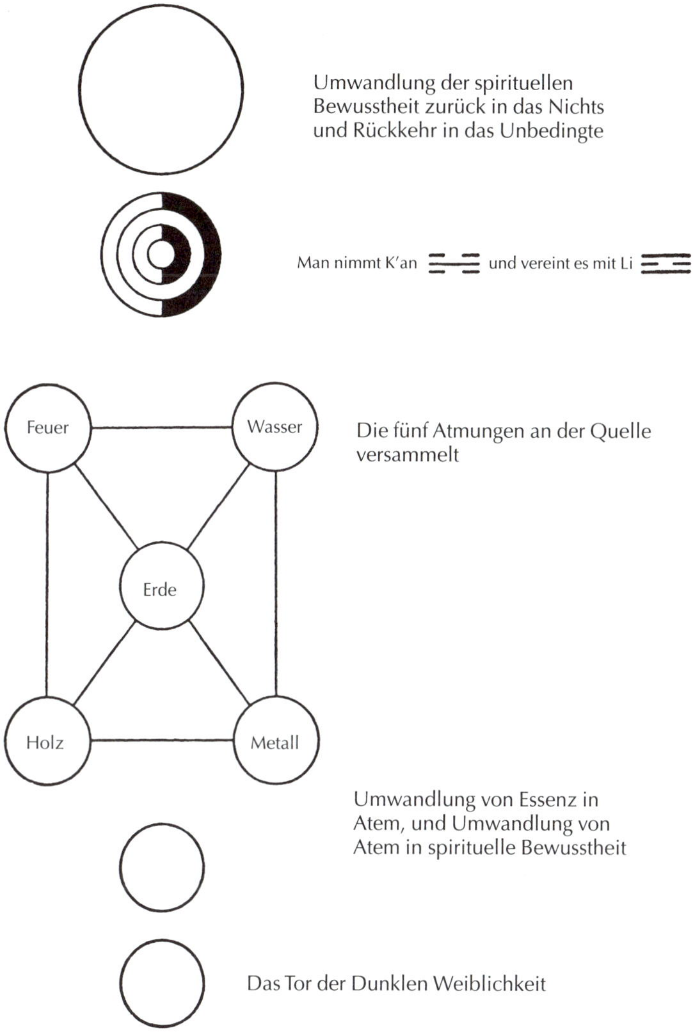

Das »Diagramm des Unbedingten« von Zhen Duan

Atem anhalten und lenken

Nach daoistischem Glauben besteht der Mensch aus Qi, das ja nicht nur mit »Lebensenergie« übersetzt werden kann, sondern auch mit »Atem« oder »Hauch«. Ziel der Dai-Xi-Praktizierenden ist es, wieder zu lernen, wie ein Embryo zu atmen und auf diese Weise einen »›Unsterblichkeitskörper‹, der vom Atem getragen wird, zu schaffen«[3]. Sie üben, den Atem immer länger anzuhalten – beginnend mit drei Puls-

Der Bodhisattva Kuanyin (chin. Manifestation des Avalokiteshvara). Die Schriftzeichen entsprechen Formeln, mit deren Hilfe sich die Embryonalatmung herstellen lassen soll

schlägen bis hin zu 1000 – und ihn anschließend zu bestimmten Bereichen im Körper zu lenken. Fortgeschrittene leiten durch Herz, Milz, Leber, Nieren und unteres Dantian zu den Fußsohlen und von dort über die Wirbelsäule zum oberen Dantian in der Mitte der Stirn, zum mittleren Dantian und über die Lunge in die Kehle. Dort schluckt man ihn nach und nach: »Man ernährt sich vom Atem.«[4] Zhuangzis Beschreibung des »Wahren Menschen«, der durch die Fersen atme, bezieht sich auf die Embryonalatmung.

Speichel produzieren

Während der Atem durch den Körper geführt wird, produziert der Dai-Xi-Übende möglichst viel Speichel, indem die Zunge gegen den Gaumen gedrückt wird. Der Speichel wird in kleinen Portionen mit dem Atem geschluckt, denn: »Atem und Speichel sind die beste Nahrung für den nach Unsterblichkeit Strebenden: Der Körper wird leicht und transparent, so dass er auf Wolken reiten kann.«[5] »Speichel« heißt im Chinesischen *yu jiang*, was wörtlich übersetzt »Jadeflüssigkeit« bedeutet, und gilt allgemein im Daoismus als für die Lebenskraft wichtige Körperflüssigkeit. Er nährt das Gehirn und stärkt das Immunsystem.

Sitzen und vergessen: Zuo Wang

Als vollkommenste Stufe daoistischer Meditation gilt das Zuo Wang, wörtlich »sitzen und vergessen«. Ohne Meditationshilfen wie Gegenstände, Vorstellungen, Begriffe versenkt sich der Praktizierende, bis der Geist vollkommen frei »schwebt« und der Zustand des Wu-wei, des »Nicht-Eingreifens«, erreicht ist. Alle Begierden und Beschränkungen sind überwunden, die Einheit mit dem Dao ist hergestellt.[6]

Im *Zhuangzi* gibt es eine Unterhaltung zwischen dem mythischen Yen Hui und Konfuzius (Kung Dsi, in der Pinyin-Umschrift Kong Zi), die auf das Zuo Wang anspielt:

> Yen Hui sprach: »Ich bin vorangekommen.«
> Kung Dsi sprach: »Was meinst du damit?«
> Er sagte: »Ich habe Güte und Gerechtigkeit vergessen.«
> Kung Dsi sprach: »Das geht an, doch ist's noch nicht das Höchste.«
> An einem andern Tag trat er wieder vor ihn und sprach: »Ich bin vorangekommen.«

Kung Dsi sprach: »Was meinst du damit?«
Er sprach: »Ich habe Umgangsformen und Musik vergessen.«
Kung Dsi sprach: »Das geht an, doch ist's noch nicht das Höchste.«
An einem andern Tag trat er wieder vor ihn und sprach: »Ich bin vorangekommen.«
Kung Dsi sprach: »Was meinst du damit?«
Er sagte: »Ich bin zur Ruhe gekommen und habe alles vergessen.«
Kung Dsi sprach bewegt: »Was meinst du damit, dass du zur Ruhe gekommen und alles vergessen?«
Yen Hui sprach: »Ich habe meinen Leib dahinten gelassen, ich habe abgetan meine Erkenntnis. Fern vom Leib und frei vom Wissen bin ich Eins geworden mit dem, das alles durchdringt. Das meine ich damit, dass ich zur Ruhe gekommen bin und alles vergessen habe. »
Kung Dsi sprach: »Wenn du diese Einheit erreicht hast, so bist du frei von allem Begehren; wenn du dich so gewandelt hast, so bist du frei von allen Gesetzen und bist weit besser als ich, und ich bitte nur, dass ich dir nachfolgen darf.«[7]

Techniken der Visualisierung – Shangqing und Shou Yi

Der Daoismus kennt zahlreiche Visualisierungsmeditationen, darunter Techniken der Shangqing-Schule und das Shou Yi, die – vor allem in Klöstern – heute noch verbreitet sind.

Die Shangqing-Schule

»Höchste Reinheit«

Auf den mythologischen Yang Xi (4. Jh.) geht die Shangqing-Schule zurück, die als erste strukturierte und »offizielle« daoistische Bewegung mit Vorschriften, Regularien und einem Textkanon gilt. Vor allem in den gesellschaftlich höher stehenden Schichten des damaligen China war das Shangqing verbreitet. Das Wort »Shangqing« lässt sich mit »höchste Reinheit« übersetzen. Erzielt werden soll diese Reinheit weniger durch die traditionellen körperlichen Übungen oder Heilkräuter als vielmehr durch besondere Techniken der Imagination und Visualisierung.

Innere Reisen

Wie bei den meisten religiös-daoistischen Meditationsschulen geht es auch dem Shangqing – dessen Hauptkloster auf dem Berg Maoshan liegt – um die Vereinigung mit dem Dao. Weil die Anhänger zu diesem Zweck auch Talismane verwenden, rechnet man das Shangqing den »Schulen der Talismane« (chin. *fu-lu bai*) zu, von denen es im religiösen Daoismus zahlreiche gibt. Mit Hilfe von solchen Talismanen, von Karten und Lehrern begibt sich der Meditierende auf innere »Reisen« zu mystischen Paradiesen, Gottheiten, Reichen, um sich

> zu vergöttlichen und zu kosmisieren, so dass sein mikrokosmisches Wesen ein Abbild des Makrokosmos wird und er somit das Dao verwirklicht. Das Ziel des Shangqing besteht darin, die Vielheit des menschlichen Geistes und Körpers zu einer komplexen Einheit zu verschmelzen und zur Harmonie zu bringen und so zur ursprünglichen Einheit zurückzukehren.[8]

Die Meditationen gleichen schamanischen Reisen, bei denen auch Yin und Yang sowie äußeres und inneres Qi visualisiert werden. Als wichtigste Meister des Shangqing gelten Dao Hongjing (456–536) und Sima Chengzhen (647–735), als grundlegende Texte das *Shangqingjing* (»Buch der höchsten Reinheit«) und das *Dadong Zhenjing* (»Der wahrhaftige Klassiker der großen Höhle«).

Shou Yi

Langes Leben

Shou bedeutet »langes Leben« und gilt im Daoismus als Voraussetzung für die Unsterblichkeit. Meditation, Atem- und körperliche Übungen, eine bestimmte Ernährung und in manchen Schulen auch sexuelle Praktiken sind Methoden, dieses »lange Leben« zu verwirklichen, also die normale Lebenszeit zu verlängern.

Ein Talisman (fu-lu), *wie ihn die Schulen des religiösen Daoismus benutzen*

Beim Shou Yi, wörtlich etwa mit »das Eine (bzw. Letzte) bewahren« zu übersetzen, werden Gottheiten visualisiert, die man sich im Inneren des Körpers vorstellt. Allen Körperteilen und Organen sind Götter zugeordnet, mit denen man durch Meditation in Kontakt treten kann. Wichtigste Gottheit ist das abstrakte »höchste Eine« – eben Taiji –, manchmal als die anfängliche Einheit erklärt, aus der Yin und Yang entstanden, manchmal als jene Einheit, die die Gegensätze von Yin und Yang in sich vereint. Mit diesem höchsten Einen sich zu verbinden und damit Unsterblichkeit zu erreichen ist das Ziel der Übenden.[9]

II

Meditation im Buddhismus

Während der Daoismus in erster Linie »nur« ein – wenn auch immens großes – Land geprägt hat, ging der Buddhismus in Form verschiedener Ausprägungen um die Welt. Als Hauptrichtungen etablierten sich u. a. das Zen in China, Japan, Korea, der Theravada in Thailand, Kambodscha, Myanmar, Sri Lanka, das Mahayana in Indonesien, Vietnam, der tibetische Buddhismus in Tibet, der Mongolei – und natürlich alle im Westen. Entsprechend zahlreich sind die Varianten buddhistischer Meditationstechniken, zumal deren »Urform« – das kontemplative Sitzen – auf den Buddha selbst zurückgeht. Siddharta Gautama hat meditierend Erleuchtung erlangt und das Sitzen in Versunkenheit daraufhin zum Königsweg aller spirituellen Wege erklärt. Dieses Ereignis steht am Beginn der Geschichte der buddhistischen Meditation, und es ist folglich kein Wunder, dass das Sitzen diese Geschichte über zwei Jahrtausende maßgeblich geprägt hat: Bodhidharma meditierte neun Jahre lang vor einer kahlen Wand, im Zazen sitzt man mit eiserner Disziplin, in den Tantra-Meditationen des tibetischen Buddhismus ruht der Körper sitzend und arbeitet der Geist. Wie schon beim Daoismus nähern wir uns den unterschiedlichen Meditationsformen über historische und theoretische Aspekte an – über die Entstehungsgeschichte des Buddhismus, die Kernbegriffe Karma, Kreislauf der Wiedergeburten, Nirvana, Leid (im Buddhismus der zentrale Begriff schlechthin). Die sich anschließenden Kapitel stellen in einer Auswahl die wichtigsten, populärsten und/oder interessantesten buddhistischen Meditationstechniken vor.

5 Der Buddha und seine Lehre

Siddharta Gautama wird zum Buddha

Kindheit und Jugend im Luxus

Als Siddharta Gautama (in Pali: Siddhattha Gotama), der spätere Buddha, vermutlich im Jahre 563 v. Chr. im heutigen Südnepal geboren wurde, schrieb man das vedische Zeitalter, das etwa im Jahre 1500 vor unserer Zeitrechnung begann und durch den Buddhismus beendet wurde (s. dazu Teil III, »Meditationen Indiens«).

Ferngehalten vom realen Leben

Gautama kam der Buddhismusforschung zufolge als Sohn des Gouverneurs oder höheren Verwaltungsbeamten Suddhodana in Lumbini am Fuße des Himalaja zur Welt. Seine Mutter, Maya, starb sieben Tage nach der Geburt; an ihre Stelle trat ihre Schwester, Prajapati, ebenfalls mit Suddhodana verheiratet, und kümmerte sich um die Erziehung Gautamas, der in üppigem Luxus aufwuchs. Die Legende besagt, dass er aufgrund des Rates eines Astrologen von der Mühsal und dem Leid des Lebens außerhalb des Palastes ferngehalten werden sollte und in den ersten 29 Jahren seines Lebens deshalb die königlichen Mauern kaum einmal verließ. Man gab ihm, als er 16 war, seine wunderschöne Cousine Yashodhara zur Frau. Er wurde im Umgang mit Waffen unterrichtet und darauf vorbereitet, einmal Nachfolger seines Vaters zu werden.

Die Frage nach der Vergänglichkeit

Doch Gautama war nicht zufrieden; ihn quälte der Gedanke, dass sein Glück, sein Reichtum vergänglich waren und auch ihn Alter, Krankheit, Tod heimsuchen würden. Alle Freude und Annehmlichkeit konnte mit einem Schlag dahin sein. Was, fragte er sich, bedeutete ein solches Leben dann? Was blieb davon? Gab es denn gar nichts, das von allem Leid frei war? Das *nicht* verloren ging?

Folgt man der Legende, so wurde die innere Entwicklung

durch äußere Ereignisse ausgelöst. Viermal soll Gautama den Palast verlassen haben, jedes Mal wurde er mit dem Leid und der Vergänglichkeit des menschlichen Daseins konfrontiert – Kranke, die am Straßenrand dahinvegetierten, Arme, die am Verhungern waren, alte, gebrechliche Männer, die kaum noch gehen konnten, Bettler, Aussätzige. Die Überlieferung ordnet jedem dieser vier Ausflüge eine besondere Begegnung zu, die als Symbol für die unterschiedlichen Formen menschlichen Leids, aber auch seiner möglichen Überwindung stehen: Beim ersten Ausflug habe Gautama einen Greis getroffen, beim zweiten Mal einen Kranken, dann einen Leichnam und schließlich einen Asketen, den er als Vorbild für den Heilsweg sah.

Hauslosigkeit

In der Nacht, die auf die vierte Ausfahrt folgte, verließ der 29-jährige Gautama seine Frau, seinen neugeborenen Sohn, Rahula, und seine Heimat, um in der »Hauslosigkeit«, der dritten Lebensphase eines Brahmanen, den Weg zur Erlösung von allem Leid zu suchen.

Askese und Meditation

Jahre der Suche

In den sechs Jahren bis zur Erleuchtung war Gautama, anfangs noch in Begleitung seines Wagenlenkers Chandaka, zumeist unterwegs. Er hatte sich das Haar geschoren, die Fürstengewänder abgelegt und trug die Kleidung der Asketen. Leidenschaftlich suchte er nach der Wahrheit, probierte unterschiedliche Wege aus, folgte unterschiedlichen Lehrern, darunter Yogis, Mystiker, bekannte Asketen, und musste schließlich einsehen, dass er sein Ziel auf diesem Weg – mit einem Lehrer – nicht erreichen würde.

Allein ging er ins nordindische Gaya – eine der sieben heiligen Städte der Hindus –, wo er sich schwor, so lange zu meditieren, bis seine Fragen beantwortet waren. Er hatte sich daran erinnert, dass er Jahre zuvor eben durch die Versenkung einen Moment des Glücks »ohne Lüste und ungute Dinge« erlebt hatte. Im *Majjhima-Nikaya* findet sich eine Passage, in der er davon berichtet:

Gautama als Asket. Steinskulptur aus Gandhara, 2. Jh.

> Ich erinnere mich, bei den Feldarbeiten meines Vaters [...], im Schatten eines Jambu-Baumes sitzend, freigeworden von Lüsten, freigeworden von unguten Dingen, im Besitz der mit Eindrücken und Erwägungen verbundenen, Einsamkeit-entstandenen, freudvoll-beglückenden ersten Gedankenstufe geweilt zu haben. Sollte das nicht der Weg zur Erwachung sein?[1]

Meditation unter dem Bodhi-Baum

Gautama setzte sich unter jenen Feigenbaum, der später als »Bodhi-Baum« (*bodhi:* Skrt./Pali, »Erwachen, Erleuchtung«) berühmt werden sollte, und begann zu meditieren.

Der Buddha meditiert unter dem Bodhi-Baum. 3./4. Jh., Sri Lanka (Foto: Ananda K. Coomaraswamy)

Sieben Wochen verbrachte er so, immer wieder in Versuchung geführt von Mara (»Mörder, Zerstörer«), dem hundertarmigen Herrn des sechsten Himmels der Sphäre der Begierden. Weil Mara Gautama daran hindern wollte, den Weg zur Überwindung des menschlichen Leids zu erkennen, sandte er zahllose Teufel, um ihn zu ängstigen, und seine schönsten Töchter, um ihn zu verführen. Doch Gautama fürchtete die Teufel nicht, und die Töchter verwandelten sich vor seinen Augen in hässliche Frauen.

Nach 49 Tagen ununterbrochener Meditation erlangte Gautama – der mittlerweile »Shakyamuni«, »Weiser aus dem

Geschlecht der Shakya«, genannt wurde – die »Vollkommene Erleuchtung« und wurde zum Buddha. Der Überlieferung zufolge soll er ausgerufen haben:

> Wunder über Wunder! Ihrem innersten Wesen nach sind alle Geschöpfe Buddhas, begabt mit Weisheit und Vollkommenheit, da aber ihr Geist von verblendeter Unwissenheit verkehrt wurde, können sie dessen nicht innewerden.[2]

Fortan galt ihm die Meditation als Königsweg für alle Menschen, um diese Unwissenheit zu überwinden und die »Buddha-Natur« in sich zu erkennen und zu verwirklichen.

Der Mittlere Weg
Nachdem der Buddha Shakyamuni sowohl das Leben in Sinnenfreuden (vor der Hauslosigkeit) als auch das in vollkommener Askese und Selbstkasteiung kennen gelernt hatte, begriff er, dass der Weg zur Erlösung nicht in einem Extrem bestehen konnte, sondern dazwischen lag, in der Mitte zwischen den beiden Polen. Sie ermöglichte es dem Menschen, seine inhärenten Kräfte zu entdecken und zu fördern, die in den Extremen verschüttet oder zerstört wurden. Das ist die ursprüngliche Bedeutung des berühmten buddhistischen Begriffs »Mittlerer Weg« (Skrt.: *Madhyama-Pratipad*, Pali: *Majjhimapatipada*), der später vor allem im Mahayana-Buddhismus weiterentwickelt wurde.

Die buddhistische Gemeinde entsteht

Erste Anhänger

Kurz darauf stieß der Buddha in Benares wieder auf fünf Gefährten, die sich vor der Reise nach Gaya mit ihm in der Askese geübt hatten und nun sofort begriffen, dass er den Weg zur Befreiung von der Mühsal des Lebens gefunden hatte. Sie baten ihn um Unterweisung, und obwohl ihm bewusst war, dass seine Erleuchtungserfahrung mit Worten nicht übermittelt werden konnte, kam er der Bitte nach. So entstanden seine Lehre von den »Vier Edlen Wahrheiten«, vom »Gesetz des Bedingten Entstehens« und dem Karma. Die fünf wurden seine ersten Jünger, ihre Unterweisung im Gazellenhain von Benares ging als »Inbewegungsetzen des Rades der Lehre« in die buddhistische Überlieferung ein.

Der Sangha wächst

Wanderjahre

An der Spitze des rasch wachsenden Sangha (Pali: *samgha*, wörtl. »Menge, Schar«), wie die buddhistische Gemeinde genannt wird, zog Shakyamuni durch das heutige Nordindien und verkündete seine Lehre. Nicht nur Mönche, Nonnen und Novizen folgten ihm, sondern auch Laien, von denen manche für die Verbreitung und Anerkennung des Buddha-Dharma eine große Rolle spielten. König Bimbisara aus dem nordindischen Magadha beispielsweise schenkte dem Buddha Shakyamuni ein Kloster in einem Bambuswald, und der

Mönche und Laien[3]

Mönche und Laien lassen sich wie folgt beschreiben und voneinander unterscheiden:

- Mönche legen Gelübde ab und versuchen, die Buddha-Natur zu verwirklichen, das Nirvana zu erreichen, dem sie aufgrund ihrer Anstrengungen in früheren Existenzen näher sind.
- Laien tun Wohltätiges in dem Bemühen, gutes Karma anzusammeln, um in einer »besseren« Existenzform wiedergeboren zu werden, die es ihnen ermöglicht, das Nirvana zu verwirklichen.

Mönche und Laien waren durch Geben und Nehmen miteinander verbunden: Die Mönche überbrachten den Laien den Dharma, die Laien finanzierten die Mönche durch ihre Spenden.

reiche Kaufmann Anathapindika ließ im Jetavana-Hain eines erbauen, in dem der Buddha 19 Regenzeiten verbrachte (zwischen Juni und Oktober regnete es in Nordindien oft so stark, dass die Wanderung unterbrochen werden musste).

Sangha und Kastensystem

Shakyamunis früheste Laienanhänger stammten vorwiegend aus der Kriegerkaste. Doch aus anderen Kasten strömten ihm die Menschen ebenfalls zu, darunter Fischer und Hirten; sogar ein ehemaliger Räuber und Unberührbare waren darunter. Auch Brahmanen gewann der Buddha während seiner jahrzehntelangen Wanderschaft für sich, obgleich er deren Herrschaftsanspruch nicht anerkannte und das Kastensystem an der Schwelle des Sangha endete. Die Kasten sah der Buddha nicht als göttliche, sondern als menschliche Einrichtung, Tieropfer lehnte er ab, genauso die zentrale Auffassung der Brahmanen, dass bestimmte Sünden durch bestimmte Handlungen aufgehoben werden konnten, sowie die Vorstellung von einem unabhängigen Selbst.

Organisation des Sangha

Bald begann Shakyamuni, seiner Gemeinde eine Struktur zu verleihen, und installierte eine Ordinationszeremonie mit drei rituellen Handlungen, der sich die Mönche unterziehen mussten. Erst wurden ihnen Haupt- und Barthaar geschoren, dann zogen sie eine gelbe Robe an und sprachen die *trisharana* (*tisarana*, »Dreifache Zuflucht«), die berühmte buddhistische Zufluchtsformel: »Ich nehme meine Zuflucht zum Buddha, ich nehme meine Zuflucht zur Lehre des Buddha, ich nehme meine Zuflucht zur Gemeinde des Buddha.«

Drei Kostbarkeiten

Die drei Bestandteile der Trisharana, zu denen die zu Ordinierenden Zuflucht nehmen – Buddha, Dharma, Sangha – nennt man im Buddhismus *triratna (tiratana)*, was mit »Drei Kostbarkeiten«, »Drei Juwele« oder »Drei Kleinodien« übersetzt werden kann.

Bhikshus und Bhikshunis

Die vollordinierten Mönche des Sangha nannte man *bhikshus (bhikkhus)*, die vollordinierten Nonnen *bhikshunis (bhikkunis)*. Nur wer der Welt entsagt hatte, in die Hauslosigkeit gegangen war, ein Leben in Armut, Ehelosigkeit und Friedfertigkeit führte, konnte ordiniert werden. In den Anfängen des Sangha bildeten die Bhikshus dessen Kern, weil man der Ansicht war, dass nur diejenigen das Nirvana erlangen konnten, die der Welt den Rücken gekehrt hatten. Ihre Aufgaben waren Meditation und Lehre, arbeiten durften sie nicht. Auch Besitz war ihnen verboten, abgesehen von dem, was sie für das tägliche Leben benötigten: Wanderstab, Almosenschale, Wasserfilter, Rasiermesser, Zahnbürste, Nähnadel. Während spätere Mönche und Nonnen auch sesshaft werden konnten, verbrachten die ersten Bhikshus und Bhikshunis ihr Leben, wie Shakyamuni, wandernd. Nur während der Regenzeit hielten sie sich in Klöstern auf.

Der Tod des Buddha

Jahrzehntelang wanderte Shakyamuni mit seinen Anhängern durch das heutige Nordindien, sprach vor immer größerem Publikum – bei der berühmten Rede auf dem Geierberg sollen 80 000 gezählt worden sein –, wurde immer bekannter. Schließlich ereilte ihn als Achtzigjährigen ein sehr menschlicher Tod. Nach einer längeren Krankheit geschwächt, erlitt er durch eine verdorbene Speise eine Vergiftung. In einem Wäldchen nahe Kushinagara (Kusinara), dem heutigen Kasia in Uttar Pradesh, einer der vier heiligen Stätten des Buddhismus, ließ er sich das »Sterbebett« richten. Sein Cousin und persönlicher Diener Ananda, der in den letzten Stunden bei ihm wachte, bat ihn, einen Nachfolger zu bestimmen. Shakyamuni jedoch erwiderte der Überlieferung zufolge, der Dharma – die »Buddha-Lehre« – solle den Mönchen und Nonnen Lehrer sein:

> Ananda, selber seid euch Schutz, selber Zuflucht. Nicht seien andere eure Zuflucht; die Lehre sei euch Schutz, die Lehre Zuflucht, nicht seien andere eure Zuflucht.[4]

Kurz darauf – vermutlich im Jahr 483 vor der Zeitenwende – starb Shakyamuni. Seine Anhänger verbrannten die sterblichen Überreste außerhalb von Kushinagara; die verbliebenen Knochen verteilte man als Reliquien und errichtete *stupas*, die buddhistischen Grab- oder Erinnerungsdenkmäler, darüber.

Der Buddhismus in Indien nach Gautama

Das Erste Konzil

Grundlagen für den Pali-Kanon

Etwa vier Monate später hielten Shakyamunis Schüler, wenn man der in dieser Hinsicht lückenhaften Überlieferung glauben kann, nahe Rajagriha das erste buddhistische Konzil ab. Einberufen hatte es einer der Hauptjünger, Mahakashyapa, dessen Anspruch auf die Leitung des Sangha nicht von allen Mönchen anerkannt wurde, nachdem der Buddha unmittelbar vor seinem Tod bewusst darauf verzichtet hatte, einen Nachfolger zu bestimmen. In erster Linie ging es jedoch darum, Auflösungstendenzen der Glaubensgemeinschaft vorzubeugen und die bis dato nicht niedergeschriebenen Reden des Buddha zu wiederholen, bevor sie verfälscht werden konnten.

Bei diesem Ersten Konzil entstanden aus mündlichen Vorträgen, die auswendig gelernt wurden, die Grundlagen für zwei der bedeutendsten buddhistischen Quellentexte, die Jahrhunderte später niedergeschrieben wurden und zum so genannten »Pali-Kanon« gehören:

- der *Vinaya-Pitaka* (Pali, *Korb der Disziplin*), in dem die Geschichte des Sangha sowie die Regeln für das Zusammenleben seiner Mitglieder und Strafen bei Verstoß gegen die Verordnungen festgehalten sind
- der *Sutta-Pitaka* (Pali, *Korb der Schriften*), in dem die Lehrreden des Buddha festgehalten waren.

> **Der Tipitaka**
> Zu *Sutta-* und *Vinaya-Pitaka* kam später der *Abhidhamma-Pitaka* (Pali, *Korb der besonderen Lehre*), eine systematische Anordnung der Äußerungen Shakyamunis und seiner Hauptschüler mit Interpretationen, Analysen und Erklärungen. Diese drei »Körbe« bilden den buddhistischen Pali-Kanon, den *Tipitaka* (Skrt.: *Tripitaka*, *Dreikorb*).

Das Zweite Konzil

Vorwürfe und Schuldsprüche

50 bis 100 Jahre nach dem Ersten Konzil erforderten Auseinandersetzungen innerhalb der buddhistischen Gemeinschaft um die rechte Disziplin das Zweite Konzil, von dem ebenfalls der *Vinaya-Pitaka* berichtet. Es fand in der zwischen Ganges und Himalaja gelegenen Stadt Vaishali (Vesali) – dem heutigen Basarh – statt, wo Shakyamuni bedeutende Lehrreden gehalten hatte. 700 Mönche kamen zusammen. Ein Komitee untersuchte Vorwürfe gegen die Ordensmitglieder von Vaishali, sie hätten gegen die Regeln des *Vinaya-Pitaka* verstoßen (Nahrungsaufnahme zu unrechter Zeit, Alkoholgenuss, Verteilung von Geldspenden unter den Mönchen und anderes). Schließlich wurden die Mönche von Vaishali für schuldig befunden.

Das »Große« Konzil

Auseinandersetzungen

Das acht Monate währende Zweite Konzil führte, obwohl die Beschuldigten das »Urteil« letztlich akzeptierten, zur ersten gravierenden Spaltung der buddhistischen Gemeinschaft. Der Orden von Vaishali organisierte der sri-lankischen Überlieferung zufolge ein »Gegenkonzil« (Skrt.: *mahasanghiti*, »Das große Konzil«), an dem angeblich 10 000 Mönche teilnahmen, die so genannten *mahasanghikas* (»Anhänger der großen Gemeinde«). Sie setzten sich dafür ein, dass die Lehre des Buddha weniger streng ausgelegt wurde, als es die *sthaviras* (Pali: *theras*, etwa »Anhänger der Ältesten«) taten, die während des Zweiten Konzils an den ursprünglichen Sangha-Regeln festgehalten hatten. Aus dem

Mahasanghika entwickelte sich später der Mahayana-, aus einer Sthavira-Strömung der Theravada-Buddhismus.

Blüte unter Ashoka

Allen Auseinandersetzungen innerhalb der Ordensgemeinde zum Trotz erlebte der Buddhismus im dritten vorchristlichen Jahrhundert eine Blütezeit, die er dem schillernden Ashoka (Regierungszeit 272–236) verdankte, dem König des nordindischen Maurya-Reichs. Ashoka, einst ein brutaler Tyrann, vollzog die innere Umkehr, wurde Buddhist und tat als Laie wohltätige Werke. Er stiftete Krankenhäuser und Klöster, förderte Tugend und Rechtschaffenheit und sorgte für die Verbreitung der Lehre des Buddha unter anderem nach Myanmar und Sri Lanka (unter britischer Herrschaft »Ceylon« genannt).

Die beiden Dritten Konzile von Pataliputra

Die Spaltung wird verkündet

Doch die Meinungsverschiedenheiten innerhalb der buddhistischen Gemeinschaft bezüglich der wahren Auslegung des Buddha-Dharma wuchsen. Als 253 v. Chr. in Pataliputra aufgrund eines erneuten Streits das Dritte Konzil stattfand, wurde offenbar, wie sehr sich die einzelnen buddhistischen Schulen um Mahasanghikas und Sthaviras in der Interpretation der Lehre auseinanderentwickelt hatten. Eine Einigung in Bezug auf die strittigen Thesen konnte nicht erreicht werden, die Kluft zwischen Mahasanghikas, die den Dharma für neues Gedankengut öffnen wollten, und Sthaviras, die die ursprünglichen Traditionen bewahren wollten, vertiefte sich. Dem Konzil blieb nichts anderes übrig, als offiziell die Spaltung zu verkünden.

Synode der Pali-Schule

Die Pali-Schule von Sri Lanka bezeichnet eine andere Zusammenkunft als drittes buddhistisches Konzil, nämlich ihre Synode von 244 v. Chr. ebenfalls in Pataliputra. Damit die Lehre des Buddha unmissverständlich festgelegt werden und nicht weiter zu unterschiedlichen Interpretationen Anlass geben konnte, hatte König Ashoka den Mönch Moggaliputta Tissa beauftragt, eine Pali-Synode einzuberufen. 1000 Sthavira-Mönche kamen in einem Kloster zusammen und trugen den gesamten Hinayana-Kanon vor, um ihn dann in fünf *Nikayas* (»Sammlungen«) zu ordnen. Diese Nikayas bildeten den *Korb der Lehre (Sutta-Pitaka)*, einen von drei Teilen des Pali-Kanons.

Der Buddhismus erreicht Sri Lanka

Die Pali-Synode von Pataliputra ist aus einem weiteren Grund von Bedeutung: Sie gilt aufgrund der schriftlichen Niederlegung der Lehre im *Sutta-Pitaka* als Gründungsdatum des Theravada-Buddhismus. Unmittelbar nach diesem Konzil begann die »organisierte« – wenn auch anfangs schleppend vorangehende – Verbreitung der Lehre Shakyamunis in Länder außerhalb Indiens.

Hinayana

Der Sanskrit-Begriff »Hinayana« (»Kleines Fahrzeug«) umfasst die Schulen des Frühbuddhismus. Neben Mahayana und Tantrayana ist das Hinayana eine Hauptströmung innerhalb der buddhistischen Lehrhäuser. Es nimmt für sich in Anspruch, den ursprünglichen, von Shakyamuni praktizierten, »reinen« Buddhismus zu verkörpern. Sein Ideal ist ein *arhat*, der dem Weg des Buddha gefolgt ist und, von allen Begierden und Leiden befreit, ins Nirvana eingeht. Nur eine Schule des Hinayana existiert heute noch, der Theravada.

Mahayana

Aus den hinayanischen Schulen Mahasanghika und Sarvastivada bildete sich seit dem letzten vorchristlichen Jahrhundert das Mahayana (»Großes Fahrzeug«) heraus, neben dem hinayanischen Theravada die zweite bedeutende, noch existierende buddhistische Strömung rein indischer Provenienz.

Bodhisattva und Arhat

Ideal des Mahayana ist der *bodhisattva* (Skrt., wörtl. »Erleuchtungswesen«), ein Mensch, der sich ganz der Lehre des Buddha verschrieben hat und auf dem Weg zur Erleuchtung weit vorangekommen ist, seine Aufgabe jedoch darin sieht, den anderen Lebewesen auf diesem Weg voranzuhelfen. Wesenszüge des Bodhisattva sind Erbarmen, Einsicht und Weisheit. Er nimmt das Leid anderer auf sich und verzichtet darauf, das Nirvana zu verwirklichen, solange andere Wesen noch nicht aus dem Kreislauf der Wiedergeburten erlöst sind. Der Bodhisattva tritt im Mahayana an die Stelle des

Der Bodhisattva der Weisheit, Manjushri

Ein Arhat

hinayanischen Arhat (Skrt., »Heiliger«), der das eigene »Erlöschen« (im Nirvana) nicht zugunsten anderer aufschiebt.

Madhyamaka und Yogachara

Wohl im zweiten/dritten Jahrhundert nach der Zeitenwende begründete der berühmte indische Philosoph Nagarjuna die Madhyamaka-Schule, im vierten/fünften Jahrhundert entstand um die Gelehrten Asanga, Vasubandhu und Maitreyanatha der Yogachara. Der Hauptunterschied zwischen den beiden einflussreichen mahayanischen Richtungen liegt vor allem in ihrer Ausrichtung – das Madhyamaka gilt eher als »logisch-skeptische«, der Yogachara als »psychologische« Schule, in der das Absolute als »Geist, Denken, Bewusstsein« gesehen wurde.[5]

Der Trikaya

Der wichtigste Beitrag des Yogachara zur buddhistischen Philosophie ist, dass er die Lehre von den drei Körpern des Buddha, *trikaya* (Skrt., »drei Körper«), in ihre endgültige Form brachte. Der Trikaya besagt, dass der Buddha auf drei unterschiedlichen Ebenen präsent ist:

- der abstrakten als das Absolute, die Wahrheit
- der überirdischen, auf der er von Bodhisattvas und anderen übermenschlichen Wesen gesehen wird
- der irdischen, auf der er den Menschen die Lehre überbringt

Tantrayana

Das Tantrayana entsteht

Etwa im vierten nachchristlichen Jahrhundert entwickelte sich auf der Basis von Madhyamaka und Yogachara eine Strömung, die von dem Bedürfnis gekennzeichnet war, alte »magische« Praktiken aufzunehmen und verstärkt eigene Rituale auszubilden. So entstand eine Tradition, in der Elemente des Yoga, der alten indischen Naturreligion, des Hinduismus und des Mahayana miteinander verschmolzen: das *tantrayana* (Skrt., »Fahrzeug der geheimen Texte«).

Die Entstehung des Tantrayana verlief in drei Phasen:

1. *mantrayana* (»Geheimes Mantra-Fahrzeug«) ab dem dritten/vierten Jahrhundert
2. *vajrayana* (»Diamant-Fahrzeug«) ab dem sechsten Jahrhundert
3. *kalachakra* (»Rad der Zeit«) ab dem neunten Jahrhundert

Der Begriff »Tantra«

Das Sanskrit-Wort *tantra* bedeutet ursprünglich »Gewebe«, »Zusammenhang«. Im Buddhismus sind damit zum einen das tantrische Meditationssystem, zum anderen die grundlegenden Texte des Tantrayana gemeint. Im Zentrum der meisten dieser Texte und der Rituale, die sie lehren, steht ein bestimmter Buddha, und entsprechend trägt das Tantra seinen Namen (wie *Hevajra-Tantra*). Die Wissenschaft datiert die frühesten Tantras etwa auf das fünfte nachchristliche Jahrhundert. Allerdings liest man in zahlreichen Tantras – und viele Tibeter erachten das für wahr –, sie gingen direkt auf Shakyamuni oder einen anderen Buddha zurück. Der tibetische Buddhismus löst diesen Widerspruch mit dem Argument, die Tantras seien früher lediglich nicht bekannt gewesen, weil sie geheime Lehren enthielten.

Während die Vorstellung von der Erleuchtung im frühen Buddhismus eine ausgeprägt ethische Natur besaß und im Mahayana zusätzlich eine philosophische Komponente bekam, betonte das Tantrayana das eigene Erleben und die esoterische Übung. Eines der wichtigsten »Hilfsmittel« der tantrayanischen Praxis ist die Vorstellungskraft des Meditierenden.

Der Siddha

Der Sangha verliert an Bedeutung

Auch im Tantrayana – jedenfalls in seiner ursprünglichen Form – ging es darum, die Buddhaschaft zu erreichen, doch wandte es andere Methoden an als Hinayana oder Mahayana. Außerdem stellte es statt des Arhat (»Heiliger«) aus dem Hinayana oder des Bodhisattva (»Erleuchtungswesen«) aus dem Mahayana den *siddha* (»Vollkommener«, »Vollendeter«) in den Mittelpunkt. Die Folge war, dass der Sangha stark an Bedeutung verlor, da sich um die zahlreichen Siddhas »Kleingruppen« bildeten. Diese Zersplitterung gilt neben der Invasion der Moslems als Hauptgrund dafür, dass der Buddhismus im 13. Jahrhundert in seinem Ursprungsland Indien fast völlig erlosch.

Kalachakra

»Rad der Zeit«

Im neunten Jahrhundert entstand in Indien das letzte Tantrasystem, das *Kalachakra* (»Rad der Zeit«), das sich nach seiner Einführung in Tibet im Jahr 1027 dort weiterentwickelte und noch heute für den tibetischen Buddhismus von großer Bedeutung ist. Ein König aus dem mythischen, in Nordindien vermuteten Reich Shambhala, der »Quelle des Glücks«, soll das Tantra verfasst haben, auf dem das Kalachakra basiert. Es gilt als hochkomplex, obwohl seine Sprache weit weniger geheimnisvoll ist als die anderer tantrischer Texte und immer wieder Kalachakra-Initiationen für große Menschenmengen durchgeführt wurden/werden.

Die bedeutendsten Schriften des frühen Buddhismus

Hinayana, Pali-Kanon:

- ***Vinaya-Pitaka*** (dt. *Korb der Disziplin*). Geschichte und Regeln des Sangha, mündlich dargelegt im 5. Jh. v. Chr.
- ***Sutta-Pitaka*** (dt. *Korb der Schriften*). Erörterungen und Lehrgespräche, mündlich dargelegt im 5. Jh. v. Chr., 244 v. Chr. während der Pali-Synode von Pataliputra zusammengestellt
- ***Abhidhamma-Pitaka*** (dt. *Korb der besonderen Lehre*). Äußerungen Shakyamunis und seiner Hauptschüler mit Interpretationen, Analysen, Erklärungen. 4./5. Jh. n. Chr.

Hinayana, nichtkanonische Pali-Literatur:

- ***Milindapanha*** (dt. *Die Fragen des Königs Milinda*). Dialog über die Grundlehren des Buddhismus zwischen dem Mönch Nagasena und Milinda; um die Zeitenwende
- ***Mahavibhasha*** (dt. *Große Exegese*). Kommentare, Darlegung der Sarvastivada-Lehre; etwa 100 n. Chr.
- ***Visuddhi-Magga*** (dt. *Weg der Reinheit*). Darstellung des Dharma, wie man ihn im sri-lankischen Theravada-Kloster Mahavihara lehrte; 5. Jh.
- ***Abhidhammakosha*** (dt. *Schatzkammer des Abhidhamma*). Kompendium der Sarvastivada-Lehre; 5. Jh.

Mahayana:

- ***Lalitavistara*** (dt. *Ausführliche Darstellung des Spiels* [d.h. des Lebens des Buddha Shakyamuni]). Die Lebensphasen Shakyamunis bis zur ersten Lehrrede. 2. Jh. v. Chr. bis 2. Jh. n. Chr.
- ***Ratnakuta-Sutra*** (dt. *Sutra der Anhäufung von Kostbarkeiten*). Lehre des Mittleren Weges, Gedanken zur transzendenten Weisheit. Eines der ältesten Sutras des Mahayana, nur in chinesischen und tibetischen Übersetzungen erhalten
- ***(Maha-)Prajnaparamita-Sutra*** (dt. *[Großes] Sutra der das andere Ufer erreichenden [= transzendenten] Weisheit*). Ca. 40 mahayanische Sutras über die Verwirklichung von Prajna (Weisheit); um die Zeitenwende
- ***Mahaprajnaparamita-Hridaya-Sutra*** (dt. *Herz-Sutra*). Lehre von Shunyata; um die Zeitenwende
- ***Vajrachchedika-Prajnaparamita-Sutra*** (dt. *Diamant-Sutra*, eigtl. *Sutra vom Diamantschneider der Höchsten Weisheit*). Erläuterungen v. a. zum Illusionscharakter der phänomenalen Erscheinungen; um die Zeitenwende
- ***Saddharmapundarika-Sutra*** (dt. *Sutra des Lotos des guten Gesetzes*, kurz: *Lotos-Sutra*). Rede des Buddha Shakyamuni auf dem Geierberg; 1. Jh.

- ***Lankavatara-Sutra*** (dt. *Sutra über das Herabsteigen nach Ceylon*). Sutra über die »innere Erleuchtung« und die Scheinhaftigkeit des Sichtbaren; vermutlich 4./5. Jahrhundert
- ***Bodhicharyavatara*** (dt. *Eintritt in das Leben zur Erleuchtung*). Weg des Bodhisattva, Meditationsformen; 7./8. Jh.
- ***Mahaparinirvana-Sutra*** (dt. *Großes Sutra über das Parinirvana*). Zentrale Lehren des Mahayana; nur in einer chinesischen Übersetzung (4. Jh.) erhalten

Tantrayana:

- ***Guhyasamaja-Tantra*** (dt. *Tantra des Geheimbundes*). Tantrische Lehren, Meditationen, Anweisungen; 5. Jh.
- ***Dohakosha*** (dt. *Schatz von Doha-Liedern*). 280 Strophen über die Inhalte des Tantrayana; 8./9. Jh.
- ***Caturasitisiddha-Pravirtti*** (dt. *Bericht von den 84 Siddhas*). Biografien von 84 Siddhas; 11./12. Jh.
- ***Kalachakra-Tantra*** (dt. *Rad der Zeit-Tantra*). Ausführungen zur physischen und psychischen Welt sowie zu Gottheiten; Niederschrift der Legende nach durch den mythischen König Suchandra, 10. Jh.

Grundlegende Begriffe des Buddhismus

Gemeinsame Basis unterschiedlicher Strömungen

In den Jahrhunderten vor und nach der Zeitenwende hatte sich der Buddhismus in zahlreichen asiatischen Ländern verbreitet. Während der Theravada in Sri Lanka schon im dritten Jahrhundert vor Christus heimisch geworden war, erreichte er später u.a. auch Java, Sumatra, Myanmar, das heutige Thailand und Kambodscha. Das Mahayana gelangte vermutlich noch vor dem zweiten nachchristlichen Jahrhundert nach China und Zentralasien, später nach Korea, Japan, Tibet – das sich im achten Jahrhundert auch den Einflüssen des Tantrayana öffnete – und in die Mongolei. Mit dem chinesischen Zhan und dem japanischen Zen oder dem tibetischen Buddhismus, die auf das Mahayana zurückgehen, bildeten sich buddhistische Schulen mit vollkommen neuen Aspekten. Der Kern aller jedoch, die Parameter des ursprünglichen frühbuddhistischen Dharma, blieb weitgehend gleich – wie beispielsweise die Lehre von den Vier Edlen Wahrheiten, dem Achtfachen Pfad, vom Gesetz des Bedingten Entstehens, vom *samsara (Sansara)*, dem Rad des Lebens. Um diesen Nukleus buddhistischer Philosophie und Weltsicht, die Essenz der Lehre Shakyamunis, geht es im Folgenden.

Karma

Das *karma* (*Kamma*, »Tat«) galt in Indien schon in vorbuddhistischer Zeit als universelles Gesetz von Ursache und Wirkung. Während der frühen vedischen Epoche, also zwischen 1500 und 1000 v. Chr., bezog sich der Begriff auf religiöse Opferriten, mit dessen Hilfe die Priester in den Lauf des Schicksals eingreifen konnten.

Tat und Tatabsicht

Später weitete sich die Bedeutung. Zum einen meinte »Karma« nun jegliche Tat und Tatabsicht körperlicher, geistiger oder sprachlicher Art, die ein Wesen im Laufe seines Lebens angehäuft hatte. Zum anderen stellte es die kausale Verbindung zwischen den unterschiedlichen Erscheinungsformen – sprich Leben – der Wesen her. Vereinfacht gesagt bedeutete dies: Wer in diesem Leben gutes Karma angesammelt hatte, wurde im nächsten in einer höheren Existenzform wiedergeboren, wer schlechtes angesammelt hatte, in einer niederen.

Seele und Wiedergeburt

Dieses Verständnis von den karmischen Zusammenhängen übernahm der Buddha Shakyamuni in seine Lehre. Doch im Gegensatz zum vedischen Glauben vertrat er die Haltung, dass es keine ewige Seele gebe. Wiedergeburt ist im Buddhismus nicht gleichbedeutend mit Reinkarnation, heißt also nicht, dass sich dieselbe »Seele« in einer anderen Erscheinungsform manifestiert. Nur das angesammelte Karma überdauert den Tod, nicht aber die Seele (die es nach der Erfahrung des Buddha ohnehin nicht gibt). Das wiederum bedeutet nicht, dass man sich nicht an frühere Inkarnationen erinnern könnte, was allerdings Menschen vorbehalten bleibt, die (wie Shakyamuni) Erleuchtung erlangt haben oder über besondere psychische Fähigkeiten verfügen.

Gute und schlechte Taten

Da *jegliches* Karma das Wesen im Kreislauf der Wiedergeburten hält, ganz gleich, ob gute oder schlechte Taten begangen werden oder beabsichtigt waren, ist die Befreiung aus dem Kreislauf also nicht etwa Belohnung für ein vorbildliches Leben im Sinne guten Karmas. Sie kann vielmehr erst dann realisiert werden, wenn *gar kein* Karma mehr angehäuft wird.

Karma heißt nicht »Determinismus«

Doch Karma hat nichts mit Determinismus zu tun, im Gegenteil: Dem Einzelnen kommt ein hohes Maß an Verantwortung zu. In der Form seiner Existenz ist beispielsweise ein Mensch durch die Taten in der früheren Daseinsform festgelegt; in seinen Handlungen in diesem Leben aber ist er frei.

Rad des Lebens

Samsara

Im Kreislauf der Wiedergeburten, dem »Rad des Lebens« (Skrt.: *bhava-chakra*) oder *samsara* (»Wanderung«), sind alle Wesen »gefangen«, bis mit dem Nirvana die Erlösung daraus erreicht wird. Solange dies nicht geschehen ist, werden sie in unterschiedlichen Existenzformen wiedergeboren; in welcher, entscheidet eben das Karma des Einzelnen.

Nirvana

Zustand ohne Leid

Der Begriff *nirvana* (Skrt., wörtl. »Verlöschen«) bezeichnet die für westliche Leser vielleicht am schwersten zu greifende buddhistische Vorstellung. Er kann, heißt es bei dem bedeutenden Buddhologen John Snelling,

> sicherlich nicht mit Worten beschrieben werden. Dies zu versuchen wäre, als wollte man einem Blinden die Farbe Rot zu beschreiben versuchen. Weil es völlig außerhalb unseres normalen Erfahrungsbereiches liegt, können und müssen wir zu ihm durch unmittelbare Erkenntnis kommen.[6]

Bhava-Chakra, das Lebensrad

Hinayana und Mahayana definieren das Nirvana auf unterschiedliche Weise, doch allen Schulen gilt es als das Ziel des buddhistischen Meditationsweges: der Zustand, in dem kein Leid mehr existiert, das Verlöschen. Im Nirvana existieren kein Entstehen und kein Vergehen, sind die Leid bringenden Eigenschaften Gier, Hass und Verblendung überwunden. Grundsätzlich gibt es zwei Arten von Nirvana: zum einen jene Sphäre, die mit der Erleuchtung erreicht wird, zum anderen den Tod, das vollkommene Verlöschen, *parinirvana*.

Nirvana und das nihilistische Nichts

Im Westen wird Nirvana oft fälschlicherweise mit dem Nichts der Nihilisten – der »Vernichtung« – gleichgesetzt, doch hat es damit nichts zu tun, denn: »Nihilisten leugnen, was sie sehen; die [Buddhisten] sehen nichts, und deshalb bejahen sie weder etwas, noch leugnen sie etwas.«[7]

Erscheinungformen: Die Gati

Kostbarer Mensch

Der Buddhismus kennt sechs unterschiedliche Formen der Wiedergeburt, die als Mensch ist eine davon. Weil nur der Mensch Gier, Hass und Unwissenheit als Ursachen allen Leides erkennen und damit nur ihm die Erlösung aus dem Samsara gelingen kann, kommt dieser Existenzweise eine Sonderstellung zu: Sie steht über der göttlichen und gilt als »kostbar«. Doch darf man dies nicht missverstehen. Auch die menschliche Inkarnation ist leidvoll und vom Nirvana ähnlich weit entfernt wie die anderen fünf.

Folgende drei höhere und drei niedere *gati* (Skrt., »Existenzweisen«) werden unterschieden (wobei die Aufteilung je nach Schule variieren kann):

Höhere Gati

Menschen	Weil der Samsara nur in der Inkarnation als Mensch verlassen werden kann, gilt sie als große Chance. Deshalb sind die Menschen angehalten, nach der Erleuchtung zu streben.
Götter	Auch die *Devas* (»Himmelswesen«) sind Teil des Samsara.
Asuras	Die *Asuras* (»Dämonen, böse Geister, Titanen«) gehören in manchen buddhistischen Schulen zu den niederen Gati und sind dann die Feinde der Götter. Rechnet man sie zu den höheren Gati, gelten sie als untergeordnete Götter.

Niedere Gati (auch »Drei böse Pfade«)

Tiere	Neben den Säugetieren alle Vögel, Fische, Reptilien, Insekten usw.
Hungrige Geister	Die *Pretas* (Pali: *Petas*, »Abgeschiedene«) haben in ihrer früheren Inkarnation nicht so viel Schlechtes begangen, dass sie als Höllenbewohner wiedergeboren wurden. Für höhere Existenzweisen war es jedoch zu viel (vor allem Geiz, Neid und Eifersucht fördern die Inkarnation als Hungergeist). Pretas haben in der buddhistischen Malerei als Symbol ihrer Gier überdimensionierte Bäuche, schmale, lange Hälse und winzige Münder, so dass sie ständig unter quälendem Hunger leiden.
Höllenbewohner	Wie bei allen anderen Existenzweisen entscheidet auch bei den Bewohnern der Hölle (Skrt.: *Naraka*, Pali: *Niraya*) das in diesem Fall schlechte Karma über die Dauer der Inkarnation. Die Hölle, deren Bewohner für ihre schlechten Taten ähnlich grausam büßen müssen wie die Bedauernswerten in Dantes Inferno, ist kein Ort, sondern ein Bewusstseinszustand.

Die Wurzeln des Unheilsamen

Die Drei Feuer

Dass es den fühlenden Wesen so schwerfällt, den Samsara zu verlassen, liegt daran, dass sie die »Drei Wurzeln des Unheilsamen« oder »Drei Feuer« nicht überwinden: Gier, Hass und Verblendung (im Sinne von Unwissenheit). Erst wenn ihnen das gelingt, ist das Nirvana verwirklicht. Auf bildlichen Darstellungen werden die Drei Feuer von Hahn (Gier), Schlange (Hass) und Schwein (Verblendung) verkörpert.

Gier

Mit Gier (Skrt.: *trishna,* wörtl. »Durst«, »Gier«, »Begehren«) sind alle Begierden gemeint – Lust, Verlangen, Begehren, ganz gleich, ob auf das Leben, Sexualität, Nahrung oder eine andere Daseinsform gerichtet. Trishna ist einer der zentralen Begriffe des Buddhismus. Ursprünglich galt die Gier als alleiniger Grund für das Leiden der fühlenden Wesen und damit für ihren Verbleib im Rad des Lebens – »Lust ist des Leidens Wurzel«[8], sagte Shakyamuni.

Gier und Persönlichkeit

Später gelangte er zu der Ansicht, dass die Überwindung der Gier allein nicht genügen konnte, um den Samsara zu verlassen, weil auch sie eine Ursache haben musste, die dann womöglich fortbestehen würde, einen Nährboden, auf dem erst sie gedieh. Diese Ursache erkannte er im Verständnis der Persönlichkeit, des Ichs (Skrt.: *atman*) als unabhängiges Selbst. Wer sich als von allen anderen unabhängiges und in sich unveränderliches Wesen (das Ich nach westlicher Sicht) definiert, misst allem, was mit ihm in Verbindung steht, einen Wert bei – und *begehrt.* Ein Ich aber existiert nach Auffassung des Buddhismus nicht, ist lediglich Einbildung bzw. »ein Bündel körperlicher und geistiger Bestandteile, die von der Begierde in Bewegung gehalten werden«[9]. Nur wer diese Einsicht verwirklicht, löscht die Ursache von Trishna aus. Die Gier selbst kann durch Freigebigkeit (*dana,* »Almosen«) aufgehoben werden.

Hass

Hass (Skrt.: *dvesha,* Pali: *dosa*) steht für sämtliche Formen der Aggressivität wie Zorn, Ärger, Wut, die sich bilden, wenn die Gier keine Erfüllung findet. Ein Mittel dagegen ist die Güte (Skrt.: *maitri,* Pali: *metta,* »Wohlwollen«, »Güte«), im Buddhismus eine der wichtigsten Tugenden. Die höchste Vervollkommnung von Maitri ist die Güte Wesen gegenüber, die einem fremd sind bzw. für die man nichts oder aber gar Feindseligkeit empfindet.

Verblendung

Verblendung (Skrt.: *avidya*, Pali: *avijja*, »Nicht-Wissen, Nicht-Erkenntnis«) bzw. Unwissenheit oder Wahn schließlich meint die Täuschung über die Wirklichkeit (darüber, dass alles Leben Leiden ist), die Unkenntnis der Vier Edlen Wahrheiten, des Gesetzes des Karma und der Drei Kostbarkeiten (Buddha, Dharma, Sangha).

Kausale Verbindung

Die »Drei Befleckungen« sind kausal eng miteinander verbunden: Verblendung bewirkt beispielsweise beim Menschen Gier, wenn er dem Irrglauben anhängt, dass er ein bestimmtes Objekt bekommen müsse, um zufrieden zu sein. Dieses Verlangen wiederum provoziert Aggression, wenn das Objekt nicht oder nicht sofort zu haben oder anders beschaffen ist, als es beschaffen sein sollte. Die Drei Befleckungen oder »Wurzeln des Unheilsamen« sind im Samsara die Antriebskräfte für die Kreislaufbewegung und bilden im Rad des Lebens den innersten Kreis.

Entstehen in Abhängigkeit

Kette des bedingten Entstehens

Die kausalen Zusammenhänge innerhalb des karmischen Systems werden im Buddhismus nicht zufällig in einem Kreis, dem Rad des Lebens, dargestellt (s. Abb. S. 182). Alles, besagt dieses Symbol, ist in irgendeiner Form von irgendetwas anderem abhängig und führt letztlich wieder zum Ursprung zurück. Betrachtet man eine Samsara-Abbildung, dann sieht man, dass sie im äußersten Kreisring die zwölf Glieder der »Kette des bedingten Entstehens« oder des »Entstehens in Abhängigkeit« enthält. Jedes Glied der Kette – die keine chronologische Abfolge, sondern eine essenzielle Abhängigkeit aufzeigt – bedingt das folgende. Auf den Abbildungen des Lebensrades werden die einzelnen Glieder symbolisch wie folgt dargestellt:

Symbol	*Bedeutung*
1. Blinder Mann	Avidya, das Nicht-Wissen, führt zu …
2. Töpfer	… Gestaltungen bzw. Tatabsichten (Samskara), die vor einer Tat existieren, Karma formen und damit eine Wiedergeburt bedingen.
3. Affe	Die Qualität der Tatabsichten bestimmt die Qualität des Bewusstseins, das den Anstoß zu einem neuen Leben gibt.
4. Boot mit drei Männern	Körper und Geist entstehen – das Individuum, das durch das Bewusstsein gebildet wurde und …
5. Häuser mit Türen und Fenstern	… über seine Sinnesorgane entsprechende Reize der Umwelt wahrnimmt. Das wiederum bedingt den …
6. Zwei Liebende	… Kontakt der Sinne und des Denkens mit der Außenwelt, die »Berührung«.
7. Mann mit einem Pfeil im Auge	Dadurch entstehen Gefühle, die das Individuum für den rechten Weg blind machen.
8. Trinkender Mann	So können sich Begierden und Nicht-Wissen bilden, was bedeutet, dass nach dem Tod des Wesens eine weitere Wiedergeburt bevorsteht.
9. Affe klammert sich an Baum mit Früchten	Begierden bewirken das »Anhaften« an die Dinge.
10. Schwangere Frau	Ein neues Individuum entsteht …
11. Geburt	… und wird in ein erneut leidvolles Leben hineingeboren.
12. Alter Mann mit Bürde	Auch dieses Leben endet mit Alter und Tod.

Die Glieder der Kette des bedingten Entstehens sind also[10]:

1. **Nicht-Wissen**
2. **Tatabsichten**
3. **Bewusstsein** (bezeichnet die fünf Sinne Sehen, Hören, Riechen, Schmecken, Körperbewusstsein und das Geistbewusstsein. Weil der Buddhismus das Bewusstsein nicht mit einem Ich/Selbst gleichsetzt, gilt es lediglich als eine von mehreren Komponenten, aus denen ein Individuum besteht)
4. **Körper** und **Form** (umfasst alle geistigen und körperlichen »Bestandteile« einer Person).
5. **Sinnesobjekte** (die Objekte, auf die sich die Sinnesorgane ausrichten, also Seh-, Hör-, Riech-, Schmeckobjekte, Körperreize und Geistobjekte)

6. **Berührung** (Kontakt = Berührung der Sinne mit der Außenwelt)
7. **Empfindungen** (alle Gefühle und Empfindungen)
8. **Begierden** und **Nicht-Wissen**
9. **Anhaften** (jegliche Leid bringende Bindung an Personen, Dinge, Rituale, Ideen etc.)
10. **das neu entstehende Wesen**
11. **Geburt**
12. **Alter und Tod**

Die Glieder 1 und 2 betreffen die vergangene Existenz, 3 bis 7 die Voraussetzungen/Bedingungen für die künftige, 8 bis 10 das Ergebnis dieser Bedingungen, 11 und 12 das neue Leben. Dem 3. Glied der Kette, dem Bewusstsein, kommt eine besondere Funktion zu, nämlich

> die Verbindung zwischen zwei Wiedergeburten herzustellen. Man ging davon aus, dass es, getrieben durch die Karmaformationen des letzten Lebens, erneut in einen Mutterschoß einging, um der nächsten Wiedergeburt entgegenzusehen.[11]

Trilakshana

»Drei Merkmale« *(trilakshana)* haben alle Wesen, die dem Kreislauf der Wiedergeburten unterliegen, also bedingt entstehen:

- Sie sind vergänglich (Skrt.: *anitya*, Pali: *anicca*, »Vergänglichkeit, Unbeständigkeit«).
- Sie haben kein Selbst (*anatman*, *anatta,* »Nicht-Selbst«) .
- Sie leiden (*duhkha*, *dukkha*, »Leid«).

Die Lehre vom Leid

Alles ist Leiden

»Meine Lehre handelt vom Leiden – und vom Ausweg aus dem Leiden«, sagte der Buddha. Dass alle Aspekte des Lebens (im Samsara) mit Leiden gleichzusetzen sind, ist eine der zentralen Thesen des Buddhismus. Freude, Glück, Liebe, Harmonie sind vergänglich, Alter, Krankheit, Tod beenden jedes Leben. Auf den Genuss, den es durchaus gibt, folgt der Mangel, Sehnsucht entsteht und damit Begehren. Gier, Hass und Verblendung, die Drei Feuer, bringen nur Leid. Damit geht der buddhistische Leidensbegriff über seelisch oder körperlich leidvolle Empfindungen hinaus: Alles, was dem Entstehen und Vergehen unterworfen ist, verursacht Leid, eben weil es vergeht, also auch das eigentlich Angenehme.

Dies alles hat Shakyamuni vor seiner Erleuchtung selbst erlebt – und es ist der Grund, weshalb das Verlöschen, das Nirvana, mit dem Ausscheiden aus dem Kreislauf der Wiedergeburten so erstrebenswert ist. Zu erkennen und anzuerkennen, dass alles Leiden ist, stellt eine der Voraussetzungen dar, um das leidvolle Dasein überwinden und den Kreislauf verlassen zu können.

Die Vier Edlen Wahrheiten

Bei der Predigt von Benares, die unter dem Namen »Inbewegungsetzen des Rades der Lehre« bekannt wurde, verkündete Shakyamuni die »Vier Edlen Wahrheiten« oder »Vier Heiligen Wahrheiten« (Edward Conze), die das Leiden konstatieren und zugleich seine Aufhebung propagieren. Zusammengefasst lauten sie wie folgt:

1. Das Leiden existiert (»Die Wahrheit vom Leiden«).
2. Das Leiden hat bestimmte Ursachen, nämlich Trishna, also die Begierden, den »Lebensdurst« (»Die Wahrheit von der Entstehung des Leidens«).
3. Die Ursachen des Leidens können beseitigt werden (»Die Wahrheit von der Aufhebung des Leidens«).
4. Dafür gibt es bestimmte Mittel, nämlich den »Achtfachen Pfad« (»Die Wahrheit vom Weg, der zur Aufhebung des Leidens führt«).

Die Skandhas

Der Mensch setzt sich aus fünf Faktoren zusammen, »die das Hängen an der Welt verursachen«, wie der Buddha es nannte. Das sind die *skandhas* (»Gruppen«):

1. die Bestandteile des Körpers, nämlich die vier Materien fest, flüssig, erhitzend, bewegend sowie die Sinnesorgane und die Sinnesobjekte
2. die Empfindungen
3. die Wahrnehmung
4. die Formkräfte des Geistes, wie Wille, Aufmerksamkeit, Tatabsichten
5. das Bewusstsein mit den fünf Sinnen und dem Geistbewusstsein

Vorstellung vom Individuum

Aus diesen Skandhas, die nicht dauerhaft, sondern ständigen Veränderungen unterworfen sind, konstituiert sich der Mensch, also das, was im Westen unter »Ich«, »Persönlichkeit«, »Selbst« verstanden wird. Wie soll aber, fragt der Buddhismus, ein Ich, etwas klar Definiertes, Konkretes, existieren, wenn es nichts anderes ist als ein variables Konglomerat, das sich laufend ändert? Bei Edward Conze heißt es treffend: »Das Individuum besteht nur aus einem willkürlich aus den fünf Haufen (Skandha) geformten Klumpen.«[12]

»Gruppen des Anhaftens«

Die fünf Daseinsgruppen stehen in enger Verbindung mit der Gier und deshalb mit dem »Hängen [Anhaften] an der Welt«. Sie produzieren Verlangen – das Wechselspiel zwischen Sinnesorganen, die wahrnehmen, und Sinnesreizen, die, wahrgenommen, Begierden auslösen –, solange man sie als Ich wertet statt als leere Erscheinungen. Deshalb werden sie auch »Gruppen des Anhaftens« genannt. Wie schwierig es ist, das Anhaften zu überwinden, macht ein Zitat des Zen-Meisters Takuan deutlich:

> Was wir Begierde nennen, ist nicht einfach das Haften an Reichtum, die Vorliebe für Silber und Gold.
> Wenn das Auge Farben sieht, ist das Begierde.
> Wenn das Ohr Laute hört, ist das Begierde.
> Wenn die Nase Düfte riecht, ist das Begierde.
> Wenn nur ein einziger Gedanke keimt, ist das Begierde.[13]

Der Achtfache Pfad

Jener Weg, »der zur Vernichtung des Leides führt«, wie der Buddha es in der Predigt von Benares nannte, der den Menschen also aus dem Leid und letztlich dem Samsara hinausführt, ist der »Edle Achtteilige Pfad«. Er gliedert sich wie folgt:

Der Edle Achtfache Pfad

Glieder	**Bezug**
Weisheit:	
1. Rechte Anschauung	Buddhas Lehre, v.a. die Ausführung zu den Vier Edlen Wahrheiten
2. Rechtes Denken	Selbstlosigkeit, Überwindung der Ich-Bezogenheit
Sittlichkeit:	
3. Rechtes Wort	Verzicht auf Lügen, Geschwätz, Verleumdung. Im Zentrum des Sprechens soll v.a. bei Mönchen und Nonnen die Lehre des Buddha stehen
4. Rechtes Handeln	Verhalten im Sinne des Buddha
5. Rechtes Leben	Keine Taten begehen, die anderen Lebewesen beziehungsweise der Umwelt schaden (z. B. Intrigen, Korruption; Handel mit Waffen, Giften, Rauschmitteln; Berufe wie Jäger, Metzger)
6. Rechtes Streben	Tägliche Meditation, Vermeiden von Faulheit; Wachheit, Bewusstheit
Meditation:	
7. Rechte Achtsamkeit	Achtsamkeit auf Körper, Gefühle, Denken
8. Rechte Sammlung	Sammlung des Geistes

(»Recht« ist hier nicht im Sinne von »richtig« zu verstehen, es bedeutet »vollkommen, vollständig«.)

Reihenfolge der Pfad-Glieder

Die Nummerierung der Glieder entspricht nicht der tatsächlichen Reihenfolge: Zuerst werden die Aspekte der *Sittlichkeit* verwirklicht (3–6: rechtes Wort, rechtes Handeln, rechtes Leben, rechtes Streben), dann die der *Meditation* (7, 8: rechte Achtsamkeit, rechte Sammlung), am Ende die der *Weisheit* (1, 2: rechte Anschauung, rechtes Denken, die Voraussetzung für das Nirvana). Sittlichkeit, Meditation und Weisheit sind jene drei Bereiche, in denen sich der Buddhist schulen muss, um das Leiden zu überwinden und damit die Befreiung aus dem Samsara und den Eingang ins Nirvana zu erlangen.

Vor allem fünf Eigenschaften, die so genannten »Fünf

Hindernisse«, stellen sich dem Menschen, der den Achtfachen Pfad geht, in den Weg. Sie verwirren seinen Geist und verhindern so die für die Erkenntnis notwendige Sammlung. Dies sind:

- Gier
- Bosheit
- Trägheit/Starrheit
- Erregung
- Zweifel

Die Vier Versenkungsstufen

Die Fünf Hindernisse lassen sich unter anderem durch die Lektüre der heiligen Schriften, durch Meditation, Reue und Fasten ausschalten. Ihre Überwindung ist die Voraussetzung dafür, die »Vier Versenkungsstufen« zu durchlaufen, über die sich höchste Erkenntnis erreichen lässt. Mit Hilfe der Vier Versenkungsstufen erinnert man sich an seine früheren Geburten, erlangt Einsicht in das Entstehen und Vergehen (der Wesen) und überwindet die Drei Befleckungen Gier, Hass und Verblendung. Damit ist der Weg für die Erlösung aus dem Samsara bereitet.

***Die Vier Versenkungsstufen*[14]**

Stufe	Kennzeichen	Methode	Zustand
1. Stufe	Loslösung von Begierden und unheilsamem Wirken *(Akushala)*	Nachdenken *(Vitarka)* und Überlegen *(Vichara)*	Freude *(Priti)* und Wohlbehagen *(Sukha)*
2. Stufe	Gedanken kommen zur Ruhe	Die Konzentration richtet sich auf ein Meditationsobjekt	Freude und Wohlbehagen
3. Stufe	Freude schwindet, Gleichmut *(Upeksha)* entsteht	Wachsamkeit, Bewusstheit	Wohlbehagen
4. Stufe	Gleichmut, Wachsamkeit		

Shunyata oder Die leere Wirklichkeit

Einer der zentralen Aspekte buddhistischer Weltsicht ist *shunyata* (jap. *ku*, »Leere, Leerheit«), wenn Mahayana und Hinayana ihn auch unterschiedlich weit fassen. Shunyata meint die Leerheit einer Person (Hinayana) bzw. all dessen, das bedingt entstanden ist (Mahayana). Alle Menschen bzw. Dharmas sind nicht nur vergänglich, haben kein Selbst und leiden, sie sind auch leer im Sinne von: lediglich Erscheinungen. Sie besitzen keine »Selbstnatur«, existieren nicht außerhalb der Leere. Dieses Freisein von einer Selbstnatur, das man im Moment der Erleuchtung begreift, ist Shunyata.

Buddhistische Ethik

Die grundlegende Ethik des Buddhismus ruht auf vier Säulen, den »Vier Erhabenen Zuständen«, die zugleich Ziel der Meditation sind:

- **Güte** allen Wesen gegenüber
- **Mitleid/Mitgefühl bzw. Erbarmen** mit den Leidenden
- **Freude** darüber, dass andere vom Leid erlöst wurden, denn es wird (vor allem im Mahayana) als das eigene erlebt.
- **Gleichmut**, doch nicht im Sinne von Gleichgültigkeit. Wer das höchste Maß an Upeksha erreicht hat, ist von Freude und Leid unabhängig und verfügt über einen Geist, der sich im vollkommenen Gleichgewicht befindet, nicht mehr unterscheidet, nicht mehr bewertet.

Shila Der ethische Kanon, der das Verhalten von buddhistischen Mönchen, Nonnen und Laien regelt und dessen Einhaltung für das Erreichen des Nirvana grundlegend ist, heißt *shila* (»Verpflichtung«, »Gebot«). Dazu gehören die folgenden zehn Vorschriften:

1. nicht verletzen oder töten
2. nicht stehlen
3. niemanden missbrauchen
4. nicht lügen
5. keine berauschenden Mittel zu sich nehmen
6. keine feste Nahrung nach der Mittagsstunde
7. Verzicht auf Vergnügungen wie Musik, Tanz
8. kein Schmuck oder Parfüm
9. nicht in weichen Betten schlafen
10. kein Geld besitzen

Diese und viele weitere Vorschriften, Regeln und Gebote, die vor allem Ordinierte zu befolgen haben, sind – um eine durch und durch abendländische Formulierung zu gebrauchen – Mittel zum Zweck, keine weltanschaulichen Dogmen: Sie dienen dem Ziel, das Leid zu beenden, das der Kreislauf der Wiedergeburten bedingt. Und darum ging es ursprünglich auch bei allen Techniken der buddhistischen Meditation.

6 Frühbuddhistische Meditationen

Meditation bedeutet im Buddhismus mehr als in allen anderen spirituellen und religiösen Weltanschauungen, Achtsamkeit zu lernen, also ganz in der Gegenwart zu sein. Im Augenblick zu leben führt dazu, dass der Geist ruhig wird, und ein ruhiger Geist kann die Welt wahrnehmen, wie sie ist, weil er nicht mehr abgelenkt wird von Gedanken und Bildern, Projektionen, Verzerrungen. Entsprechend beschreibt Rob Nairn, von hohen tibetischen Lamas initiierter simbabwischer Buddhist, Meditation als Folge von vier Schritten:[1]

1. Regelmäßige Meditation lässt die Achtsamkeit wachsen.
2. Die zunehmende Achtsamkeit bewirkt Veränderungen im Geist, und zwar:
3. Der Geist löst sich von Ablenkungen und wird ruhig.
4. Ein ruhiger Geist wird klarer, der Meditierende erhält Einblick in seinen Geist, in die Natur des Geistes, und das führt zu innerem Wachstum.

Indisches Sprichwort
In einem indischen Sprichwort kommt auf einfache, schöne Weise zum Ausdruck, wie der Blick des Menschen auf die Dinge vom eigenen Streben und Nutzen verzerrt wird:

Wenn ein Taschendieb einen Heiligen trifft, so sieht er nur die Taschen des Heiligen.[2]

In den unterschiedlichen Strömungen des Buddhismus verschieben sich die Schwerpunkte naturgemäß, doch diese vier Schritte lassen sich in beinahe allen als Basis der Meditation erkennen.

Bereits zu Lebzeiten des Buddha im sechsten und fünften Jahrhundert vor der Zeitenwende wurden eine ganze Reihe verschiedener Meditationen entwickelt, die heute in der Mehrzahl überwiegend in Klöstern praktiziert werden. Mit diesen frühbuddhistischen Techniken, in denen die Inhalte des Dharma und die religiöse und philosophische Lebenshaltung Shakyamunis und seiner Zeitgenossen vielleicht am stärksten lebendig sind, beginnt dieser Teil des Buches.

Vipassana-Meditation

Allgemeine Erläuterungen

Einsicht in die Drei Merkmale

Eine der ursprünglichsten buddhistischen Meditationen ist *vipassana* (Pali, Skrt.: *Vipashyana*), was wörtlich mit »Einsicht«, »Hellblick« und im übertragenen Sinn mit »die Dinge sehen, wie sie sind« übersetzt werden kann (deshalb spricht man auch von der »Einsichtsmeditation«). Um Missverständnissen vorzubeugen: Vipassana ist keine Erfindung des Buddhismus; er hat sich diese Technik, die schon vorher bekannt war, lediglich anverwandelt. »Vipassana«, wie wir es heute verstehen, meint die im Buddhismus grundlegende Erkenntnis, dass alle Wesen, die dem Kreislauf der Wiedergeburten unterliegen, jene schon erwähnten Drei Merkmale (Trilakshana) haben:

- Sie sind vergänglich (Anitya).
- Sie haben kein Selbst (Anatman).
- Sie sind dem Leid unterworfen (Duhkha).

Wer dies intuitiv erkennt (also nicht nur weiß, sondern von diesem Wissen durchdrungen ist), hat einen wichtigen Schritt getan, um den Kreislauf der Wiedergeburten dereinst verlassen zu können. Das gilt jedoch auch umgekehrt: Vipassana ist eine *Voraussetzung* dafür.

Die Probleme an der Wurzel angehen

Entsprechend sind die Inhalte der Vipassana-Meditation auf die Drei Merkmale und die anderen Aspekte im Leben ausgerichtet, die dieser Erkenntnis entgegenstehen, beispielsweise Gier und Hass. Wer die Meditation regelmäßig praktiziert, so heißt es, reinige sich von allen Begierden und Empfindungen, die ja wiederum für das Leid ursächlich sind. Die Vipassana-Meditation gilt folglich als Technik, die die menschlichen Probleme an der Wurzel angeht.

Regeln einhalten

Viele zeitgenössische Vipassana-Lehrer wissen um diese tiefe Einbindung in die buddhistische Tradition und verlangen deshalb von den Lernenden, dass sie sich an den schon erwähnten ethischen Kanon halten, also nicht verletzen (geschweige denn töten), nicht stehlen, niemanden missbrauchen bzw. sexuell enthaltsam sind, nicht lügen, keine berauschenden Mittel zu sich nehmen. Dazu kommen zumeist: keine feste Nahrung nach der Mittagsstunde, Verzicht auf Vergnügungen wie Musik, Tanz sowie auf Schmuck und Parfüm, nicht in weichen (sprich: verweichlichenden) Betten schlafen. Damit die Meditation erfolgreich sein kann, hat man in der Regel außerdem auf Hilfsmittel wie Mantras, Räucherstäbchen, Musik etc. zu verzichten. Vipassana-Meditation heißt: So bewusst wie möglich sein.

Vier Methoden

Das Vipassana, wie man es heute praktiziert, gilt als Theravada-Meditation und wurde zu Beginn des 20. Jahrhunderts »wiederentdeckt«. Die vier bedeutendsten asiatischen Meister der Neuzeit stehen für die vier Hauptrichtungen, die heute geübt werden[3]:

- Satya Narayan Goenka (geb. 1924), Indien/Myanmar: »Körperdurchkehren« oder »Body Sweeping« (s. u.)
- Ajahn Chah (1918–1992), Thailand: »Weg der Ordensgemeinschaft« (s. u.)
- Ajahn Buddhadasa (1906–1993), Thailand: »Naturmethode«
- Mahasi Sayadaw (1904–1982), Myanmar: »Technik des Benennens«

Die bekanntesten westlichen Vipassana-Vertreter sind

- die US-Amerikaner Jack Kornfield (geb. 1945) – Ajahn Chah/»Weg der Ordensgemeinschaft« – und Joseph Goldstein (geb. 1944) – Mahasi Sayada/»Technik des Benennens« –, die in Indien ausgebildet wurden
- die deutsche Theravada-Nonne Ayya Khema (1923 bis 1997), mit bürgerlichem Namen Ilse Ledermann. Sie wurde vor allem in Sri Lanka ausgebildet und wirkte in den USA, Australien und Deutschland. 1979 erhielt sie auf Sri Lanka die Ordination, später gründete sie im Allgäu ein Waldkloster.

S. N. Goenka und die Technik des Körperdurchkehrens

Body Sweeping

Wohl die bekannteste Strömung des Vipassana ist die Schule des burmesisch-indischen Meditationsmeisters S. N. Goenka, der in Myanmar bei U Ba Khin lernte. Ihre Anhänger sehen die Technik des »Körperdurchkehrens« bzw. »Körperdurchfließen« *(body sweeping)* als »die authentischste, reinste Form der Technik, wie sie Gotama der Buddha gelehrt hat«[4].

Die Achtsamkeit lenken

Man lernt dabei, den Kontakt zur inneren Weisheit, der Intuition, zu stärken, indem man das Körperinnere mit der Vorstellung abtastet. Die Achtsamkeit wird systematisch durch den ganzen Körper gelenkt und verweilt bei allen Bereichen, an denen eine noch so geringe »Spannung«, Blockade oder Empfindung auftritt. Diese Spannungen gelten als von Emotionen verursacht, vor allem von den beiden »Feuern« Gier und Hass, von Angst und Neid. Wenn man diese Emotionen über ihre physiologische »Verortung« bewusst wahrnimmt und benennt, kann man sich von ihnen lösen und reagiert nicht mehr unbewusst darauf.

Goenkas Body Sweeping wird im Westen mit großem Erfolg beim Stressabbau und der Bearbeitung von Traumata verwendet, beispielsweise von dem Verhaltensmediziner Jon Kabat-Zinn in seiner »Stress Reduction Clinic« des University of Massachusetts Medical Center.

Ajahn Chah und der »Weg der Ordensgemeinschaft«

Für die Entwicklung des Vipassana im Westen war vor allem der thailändische Mönch und Lehrer Ajahn Chah von großer Bedeutung. In den 60er Jahren des vergangenen Jahrhunderts hielten sich viele Hippies, Suchende, Aussteiger aus dem Westen in seinem Waldkloster auf, Ende der 70er Jahre besuchte Ajahn Chah England und initiierte den Bau von Theravada-Klöstern auf der Insel. Das Leben in den auf ihn zurückgehenden Klöstern – weitere befinden sich z.B. in den USA, Italien, Neuseeland, der Schweiz – orientiert sich strikt an den traditionellen Gemeinschaftsregeln des frühen Buddhismus.

Nicht-Anhaften

Neben diesen Vorschriften für das Zusammenleben im buddhistischen Sangha steht das Nicht-Anhaften, das Loslassen, im Zentrum von Ajahn Chahs Vipassana-Lehre, die allerdings weniger eine Lehre ist als gelebter Alltag. Nicht anhaften, das gilt für alle Lebensbereiche – den Alltag im Kloster, anderswo, die Beziehung zu anderen, auch dem Lehrer, die Meditation. In Ajahn Chahs Worten ausgedrückt:

> Es gibt einen Punkt, zu dem letztlich jede gute Praxis führen muss – das Nicht-Festhalten. Denn am Ende müssen sämtliche Meditationssysteme losgelassen werden. Auch am Lehrer kann man sich nicht festhalten. [...] Unternimm einfach alles mit einem Geist, der loslässt.[5]

Voraussetzung dafür, das Loslassen zu lernen, ist die Achtsamkeit in jedem Moment, bei allem, was man tut. Achtsamkeit meint hier nicht nur Aufmerksamkeit, Konzentration auf die Tätigkeit, sondern Beobachtung des Geistes, der Sinneswahrnehmungen, die es zu durchschauen gilt. »Beobachte [...] deinen Geist. Untersuche, wie die Gedanken und Gefühle ständig kommen und gehen.«[6] Auf diese Weise kann man sich von Fixierungen lösen und letztlich zum »›Wahren‹ oder ›Ursprünglichen Geist‹ gelangen«[7], also die Einsicht verwirklichen.

Bewusstheit und Natürlichkeit

Ajahn Chah sieht alles, was man tut, als eine Form der Meditation, wenn man es mit der richtigen Haltung tut.

> Glaube nicht, dass du bloß dann praktizierst, wenn du mit verschränkten Beinen dasitzt und still meditierst. [...] Dies ist deine Meditation: Bewusstheit und Natürlichkeit in allem, was du angehst.[8]

Beobachtung des Atems

Eine Meditationsübung, die in vielen Vipassana-Schulen praktiziert wird (so auch bei Mahasi Sayadaws »Technik des Benennens«), ist die Beobachtung des Atems, die auf den Buddha zurückgeht. Das *Majjhima-Nikaya* zitiert ihn dazu wie folgt:

> Da begibt sich, ihr Mönche, ein Mönch in den Wald oder an den Fuß eines Baumes oder in ein leeres Gebäude und lässt sich dort nieder, mit gekreuzten Beinen, den Körper grade aufgerichtet, die Achtsamkeit voll gewärtig haltend. Achtsam atmet der ein, achtsam atmet der aus. Wenn er tief einatmet, so weiß er: Ich atme tief ein; wenn er tief ausatmet, so weiß er: Ich atme tief aus. Wenn er kurz einatmet, so weiß er: Ich atme kurz ein; wenn er kurz ausatmet, so weiß er: Ich atme kurz aus.[9]

Hilfreich ist es, den Atem an einer bestimmten Körperstelle zu beobachten, also beispielsweise an den Nasenlöchern, in der Lunge oder im Bauch, und mit der Achtsamkeit dort zu verweilen, dem Weg des Atems hinein oder hinaus nicht zu folgen.

Satipatthana

Diese Übung – nämlich den Atem zu beobachten – ist zugleich eine Basispraxis des *satipatthana* (Pali; wörtl. »Vier Erweckungen der Achtsamkeit«), das ebenfalls als Vipassana-Meditation gilt und auch im Westen oft geübt wird. Beim Satipatthana richtet man die Achtsamkeit nach bestimmten Kriterien auf

- Körper und körperliche Vorgänge (u. a. Atem, Körperteile)
- Empfindungen (die Gefühle werden z. B. als angenehm oder unangenehm erkannt)
- Geist (Bewusstseinszustände werden z. B. als gierig oder gierlos, voller Hass oder frei von Hass erkannt)
- und schließlich die Geistobjekte (man weiß z. B. um die Vergänglichkeit aller Dinge)

Auf diese Weise wird das Denken »geläutert« und von »seinen Inhalten geleert«[10]. Dem Buddha zufolge lässt sich nur mit dieser Meditationstechnik das Nirvana verwirklichen. Genaue Anleitungen dazu enthält das *Satipatthana-Sutta (Lehrrede über die Erweckung der Achtsamkeit)*, das im *Majjhima-Nikaya* und im *Digha-Nikaya* zu finden ist.[11]

Nivarana-Meditation

Die Fünf Hindernisse

Nivarana werden die so genannten »Fünf Hindernisse« Gier, Bosheit, Trägheit/Starrheit, Erregung und Zweifel genannt. Sie beeinflussen den Geist negativ, indem sie ihn verwirren und den Klarblick trüben, was dazu führt, dass die Sammlung unmöglich wird. Statt sie zu unterdrücken oder zu verurteilen, »arbeitet« der Buddhismus mit ihnen, um auf produktive Weise mit ihnen umzugehen, sie anzunehmen, zu verstehen und letztendlich zu überwinden.

Dies kann in Form einer Meditation geschehen, bei der man eines der Fünf Hindernisse auswählt und es mehrere Tage lang meditierend beobachtet. Dabei helfen beispielsweise folgende Kriterien: Wann und bei welcher Gelegenheit taucht es auf? In welchen Zusammenhängen? Wie lange dauert das Hindernis an? Vergeht es von selbst? Verstärkt es sich? Wie reagiert der Körper auf das Hindernis? Verspannt er sich? Wenn ja, wo und mit welcher Intensität? Wie reagiert der Geist auf das Hindernis? Wehrt er sich dagegen? Verurteilt er es? Wenn man das Hindernis eine Weile auf diese

Weise »untersucht« hat, gelingt es besser, es anzunehmen wie einen guten Bekannten, wenn es auftritt.

Brahma-Vihara-Meditation

Die Vier Erhabenen Zustände

Die »Vier Erhabenen Zustände« *(brahma-viharas)* wurden oben schon erwähnt (s. S. 192). Sie sind eine besondere Form der Meditation und gleichzeitig im Idealfall die Grundtugenden eines Buddhisten. Die Meditierenden versuchen bei dieser Übung,

- Güte
- Erbarmen
- Freude (wenn anderen die Befreiung vom Leid gelingt)
- Gleichmut

in sich zu wecken und auszustrahlen. Diese Tugenden muss ein Bodhisattva in sich vereinen, um anderen auf dem Weg des Buddha helfen zu können. Die Lehrgrundlage dieser Meditationsform findet sich im *Majjhima-Nikaya*, wo es heißt:

> Da weilt, Bruder, ein Mönch mit in Liebe gerüstetem Geist, mit in Mitleid gerüstetem Geist, mit in Mitfreudigkeit gerüstetem Geist, mit in Gleichmut gerüstetem Geist die ganze Welt durchstrahlend. Das, Bruder, nennt man unbegrenzte Befreiung in Erleben.[12]

Durchstrahlung der Welt

Der Meditierende weckt in sich eine von Güte, Erbarmen, Freude und Gleichmut geprägte Haltung und »durchstrahlt« damit nacheinander die vier Himmelsrichtungen und damit die ganze Welt. Immer wieder berichten Ordinierte, dass diese Ausstrahlungen eine besänftigende Wirkung auf in der Nähe befindliche Menschen und Tiere hätten. Der Buddha Shakyamuni soll mit Hilfe der Brahma-Viharas sogar einen aggressiven Elefanten beruhigt haben.

Metta-Meditation

Güte ausstrahlen

Dem Buddhismus zufolge kann der Hass (sprich: die Aggressionen), eines der drei Leid bringenden Feuer, am besten mit Metta bekämpft werden, der »Güte«, einer der buddhistischen Grundtugenden. Die Metta-Meditation ist eine häufig praktizierte Technik und gerade im Westen recht beliebt. Anders als bei den voranstehenden Meditationen verwendet der Übende formelartige Sätze, »um liebende Güte, Freundlichkeit und Wohlwollen zu sich selbst und zu anderen Wesen zu entwickeln und zu vertiefen«[13].

Man beginnt mit sich selbst, sagt sich lautlos immer wieder Affirmationen vor wie

»Möge ich in meinem Herzen wohnen.«
»Möge ich sicher und geborgen sein.«
»Möge ich Heilung und Frieden finden.«
»Möge ich glücklich sein.«

Die positiven Aussagen sollen Freude, Zufriedenheit, Dankbarkeit, Wohlwollen erzeugen, Gefühle, die man später auf einen anderen Menschen überträgt, den man schätzt, vielleicht liebt. Jetzt ersetzt man »ich« durch »du«:

»Mögest du in deinem Herzen wohnen.«
»Mögest du sicher und geborgen sein.«
»Mögest du Heilung und Frieden finden.«
»Mögest du glücklich sein.«[14]

Anschließend stellt man sich einen Menschen vor, den man weniger schätzt bzw. der einem gleichgültig ist, und spricht diese Sätze an ihn gerichtet. Hat man sich eine Weile darin geübt, nimmt man eine Person, die man nicht mag, und bezieht schließlich mehrere Personen – die Familie, Kollegen, Freunde – und am Ende alle Lebewesen ein, indem man die wohlwollenden Gefühl auf sie richtet. Sinn dieser Übung ist es nicht, destruktive Emotionen mit einem Zuckerguss zu überziehen oder sich problematische Beziehungen schönzureden, sondern aufzuhören, »Feindschaften als Selbstzweck zu hegen und mit Vernichtungsabsicht auszutragen«[15].

Der Meditierende baut ein Reservoir an Güte, Wohlwollen und guten Gefühlen auf, die er gelassen anderen Menschen geben kann.

Zwei Meditationen des frühen chinesischen Buddhismus

Reines-Land-Schule und Tiantai-Schule

Der Buddhismus war in China seit den ersten nachchristlichen Jahren in Wort und Schrift bekannt und fand neben Daoismus und Konfuzianismus Verbreitung. Seit dem dritten Jahrhundert wurden buddhistische Sanskrit-Texte ins Chinesische übertragen, und zwar sowohl hinayanische als auch mahayanische (allerdings setzten sich später mahayanische Lehren durch). Zwei der neben dem Zhan wichtigsten Strömungen des chinesischen Buddhismus sind die »Reines-Land-Schule« und die Tiantai-Schule, deren zentrale Meditationstechniken im Folgenden kurz vorgestellt werden.

Meditation der Reines-Land-Schule

Die mahayanische Reines-Land-Schule (auch »Lotos-Schule«) wurde zu Beginn des fünften Jahrhunderts von dem Gelehrten Hui Yuan (334–416) gegründet, der ursprünglich vom Daoismus und Konfuzianismus kam. Als einer der ersten chinesischen Mönche sprach er der Versenkung – *dhyana* (Skrt.) – für die Erleuchtung eine besondere Bedeutung zu. Ziel seiner Lehre war die Wiedergeburt im so genannten »Reinen Land« des Buddha Amitabha. Der Lotos-Schule, die wegen der Amitabha-Verehrung dem Amida-Buddhismus zugerechnet wird, gehören heute in China die meisten Buddhisten an. Besondere Kennzeichen sind die Anrufung des Amitabha und die Visualisierung seines Paradieses. Die Schule gelangte im neunten Jahrhundert nach Japan, wo im zwölften Jahrhundert die Schule des Wahren Reinen Landes aus ihr hervorging.

Amitabha, seit den ersten Jahrhunderten nach der Zeitenwende im Mahayana einer der wichtigsten Buddhas, spielte im indischen Frühbuddhismus noch keine Rolle. Erbarmen und Weisheit sind seine Merkmale, er »herrscht« über das »Westliche Paradies« Sukhavati, wie alle anderen buddhistischen Paradiese kein Ort, sondern ein Bewusstseinszustand. Wer aufrichtig an Amitabha glaubt, der wird, so hat es der Buddha der Legende nach versprochen, in jenem Westlichen Paradies wiedergeboren.

Buddha des »Westlichen Paradieses«

Zentrale Meditationspraxis der Reines-Land-Schule ist die Rezitation des Namens Amithabas, denn Hui Yuan und seine Schüler gingen davon aus, dass der Gläubige der Hilfe des Buddha bedürfe, um die Erleuchtung zu verwirklichen. Wer voller Vertrauen in die Kraft und Hilfe Amitabhas dessen Namen rezitiere, werde von ihm erlöst und im Reinen Land Sukhavati wiedergeboren. Ziel der Meditation ist es, den Buddha schon zu Lebzeiten zu »sehen«. Die Anzahl der Wiederholungen von »Amitabha«, die die Schüler selbst festlegen können, ist sehr hoch – »von 50 000 bis 500 000 und mehr«. Indem sie das Wort wieder und wieder aussprechen (lautlos oder kaum hörbar), ganz gleich, wo sie sich aufhalten, lernen sie, »alle andern Gedanken abzuschneiden und ihren Geist ohne Schwierigkeiten zu reinigen«[16].

Rezitation von »Amitabha«

Meditation der Tiantai-Schule

Als Begründer der »Schule der himmlischen Plattform« gilt Zhi-yi (538–597), der die Lehre des Buddha als erster chinesischer Buddhist vollständig und systematisch klassifizierte. Noch heute ist die von ihm entwickelte Meditationsübung Zhi-guan, die der Gemütsruhe und der Einsicht dient, unter chinesischen und japanischen Buddhisten verbreitet.

Seit 576 lehrte Zhi-yi mit großem Erfolg auf dem Berg Tiantai; dort schrieb er u.a. das Werk *Tong-meng zhi-guan (Shamatha-Vipashyana für Anfänger)*, das mit seinen anderen Schriften »in China zu den meistgelesenen Werken über Meditation«[17] gehört. Von zentraler Bedeutung sind für den Tiantai-Buddhismus das *Lotos-Sutra* und ein den ethischen Geboten gehorchendes Leben. Im neunten Jahrhundert gelangte die mahayanische Tiantai-Lehre nach Japan, wo sie unter dem Namen *tendai* weiterentwickelt wurde.

Zhi und Guan

Die Zhi-guan-Meditation besteht aus zwei Teilen. Zhi-yi beschreibt sie in *Tong-meng zhi-guan* wie folgt (»chih« ist die alte Transkription von »zhi«, »kuan« von »guan«):

> Das Nirvana ist auf vielfältige Weise zu erreichen, von denen aber keine in ihrem Wesen die Übung von Chih (samatha) und Kuan (vipasyana) übertrifft. Chih ist der erste Schritt, um aller Bindungen ledig zu werden, während Kuan erforderlich ist, um alle Täuschungen zu beseitigen.[18]

Beim ersten Schritt, Zhi (Shamatha), geht es darum, den ruhelosen Geist zu beruhigen und sich von dualistischen Unterscheidungen zu reinigen. Zhi-yi nennt drei Methoden:

- Die Achtsamkeit wird auf die Nasenspitze konzentriert.
- Alle Gedanken werden schon im Ansatz unterbrochen.
- Man meditiert über das Bedingte Entstehen (alle Dinge existieren in Abhängigkeit voneinander) und Shunyata, die Leere (die Dinge haben keine Selbstnatur, sind bloße Erscheinungen).

Beim Guan wiederum meditiert man beispielsweise über

- die Güte (und überwindet so den Hass)
- die Beschränkungen, denen man in den unterschiedlichen Existenzweisen unterliegt (und löst sich so vom Glauben an ein Ich).

Weitere Schritte schließen sich an (Überprüfung der Sinnesorgane, »Meditation des Unwirklichen«). Ziel der Zhi-guan-Meditation ist es, alles Dasein als unwirklich zu erkennen und frei von Begierden und Abneigungen zu werden.[19]

Diese Tiantai-Meditation gründet auf der Überzeugung, dass alle Dinge nicht nur voneinander abhängig sind, sondern sich gegenseitig durchdringen: »Das Ganze und seine

Teile sind eins, alle Dharmas (hier: »Dinge«) sind so miteinander verschmolzen, dass jedes die anderen mitenthält.«[20] Der ganze Kosmos, heißt es, sei in einem Senfkorn enthalten. Und zu dieser intuitiven Einsicht soll die Zhi-guan-Meditation den Übenden führen.

7 Zen-Meditationen

Wie schon erwähnt, gelangte der Buddhismus in den ersten Jahrhunderten nach der Zeitenwende von Indien nach China. Dort entstand in Verbindung mit Daoismus und Konfuzianismus eine eigene buddhistische Strömung, das Zhan, das im zwölften Jahrhundert als Zen seinen Weg nach Japan fand. Im Folgenden wird diese Entwicklung skizziert, daran schließen sich Erklärungen der wesentlichen Begriffe des Zen an.

Eine kurze Geschichte des Zen-Buddhismus

Das chinesische Zhan

Begründer des chinesischen Zhan (von *zhan-na*, der chinesischen Übertragung des Sanskrit-Wortes Dhyana, »Versenkung«) und damit des Zen-Buddhismus überhaupt ist der indische Mahayana-Buddhist Bodhidharma (chin.: Putidamo oder Damo, jap.: Bodaidaruma oder Daruma). Der Sohn eines südindischen Brahmanen-Königs lebte vermutlich von 470 bis 543 und reiste um 520 per Schiff nach China, wo er im heutigen Kanton an Land ging.

Vorläufer des Zazen: Dhyana

Mittelpunkt von Bodhidharmas Form des Buddhismus war das Dhyana. So verbrachte er, nachdem er sich im Shaolin-Kloster im Norden Chinas niedergelassen hatte, der Legende zufolge neun Jahre meditierend vor einer Felswand. Bodhidharmas Meditationslehre bildete die Grundlage des für das Zen so wichtigen *zazen* (jap., »Sitzen in Versunkenheit«), das der japanische Zen-Meister Dogen »Torweg zur vollkommenen Befreiung« nannte.

Grundlage *Lankavatara*

Bodhidharmas Lehre war stark im indischen Buddhismus verankert und stellte nur den »Humus« dar, auf dem in den Jahrhunderten danach unter den Einflüssen des Daoismus

Bodhidharma (Tuschmalerei von Bokkei, 15. Jh.)

das Zhan/Zen entstehen konnte. Grundlage seiner Unterweisungen bildeten die traditionellen Sutras des Mahayana, vor allem das *Lankavatara (Sutra über das Herabsteigen nach Ceylon)*. Darin werden sowohl die Bedeutung der inneren Erleuchtung betont, die alle Dualität aufhebe, als auch der Gedanke, dass die Lehre nicht ausschließlich durch Worte zu übertragen sei.

Vier wesentliche Merkmale

Wie stark der Dhyana-Bodhidharma dem indischen Mahayana verwandt war und wie er sich auf der anderen Seite davon unterschied, zeigen die vier wesentlichen Charakteristika des Zhan, die Bodhidharma formulierte:

1. Zhan sei eine besondere Überlieferung außerhalb der orthodoxen Lehre, die,
2. von heiligen Schriften unabhängig,
3. über das unmittelbare Deuten auf des Menschen Herz
4. zur Einsicht in das eigene Wesen und zur Buddha-Werdung führe.

Herausbildung einer eigenständigen Lehre

Anpassung des Zhan

Ob Bodhidharma in China starb oder nach Indien zurückkehrte, lässt sich aus der Überlieferung nicht eindeutig erschließen. Seine Lehre jedenfalls fand wie andere buddhistische Schulen im China dieser Jahrhunderte starken Zulauf. Unter den auf Bodhidharma folgenden chinesischen Patriarchen bildeten sich allmählich die konstitutiven Merkmale der späteren Zhan-Schule(n) heraus. Die mystischen Züge des indischen Buddhismus gingen unter dem Einfluss der praktischen, von Daoismus und Konfuzianismus geprägten Mentalität der Chinesen weitgehend verloren. Dao und Wuwei, der »Weg« und das »absichtslose Handeln«, wurden zu zentralen Konzepten des Zhan. Eine weitere Wesensart des Daoismus, die ins frühe Zen Eingang fand, war der zunehmende Verzicht auf theoretische Erörterungen; die Meister unterwiesen anhand konkreter Beispiele und Anekdoten.

Rückführung auf das Wesentliche

Das damalige Zhan glich zunehmend einer Rückführung des weitschweifigen, vielfarbigen indischen Mahayana auf das Wesentliche, nämlich das Moment der Erleuchtung, die selbst in den alltäglichsten Beschäftigungen möglich sei. Welche überragende Bedeutung dem konkreten Handeln nun für den Erleuchtungsgedanken zuerkannt wurde, verdeutlichen folgende Beispiele: Eine Handbewegung, eine Ohrfeige, ein Ballwurf lösten den Überlieferungen zufolge *satori* (die japanische Übersetzung von *bodhi*, »Erleuchtung«, »Erwachen«) aus, genauso ein Beinbruch, ein herabfallender Ziegelstein oder das Ausblasen einer Kerze. Selbst die Unterweisung in den kanonischen Texten trat in ihrer Bedeutung hinter das Handeln, das Erleben zurück. Es gibt eine berühmte, sinnfällige Tuschzeichnung, die zeigt, wie der sechste Patriarch des Zhan, Hui-neng (638–713), ein Sutra zerreißt …

Hui-neng zerreißt ein Sutra

Allmähliche und plötzliche Erleuchtung
Die Frage, wann sich Erleuchtung einstelle, ist eine der Grundfragen von allen verschiedenen Schulen des Buddhismus, und es gibt darauf naturgemäß zwei Antworten. Im indischen Buddhismus sowie in der frühen Periode des Zhan galt die Überzeugung, dass Bodhi/Satori langsam erreicht werde, während sich der Schüler anhand der Schriften und der meditativen Übungen fortentwickle. Mit Hui-neng und seiner Schule kam die These auf, dass Erleuchtung – nach entsprechender, langer Vorbereitung – ganz plötzlich geschehen könne, und die Mehrheit der späteren Zhan- beziehungsweise Zen-Meister favorisierte diese Haltung.

Das neue Zhan

Selbständigkeit des Menschen

Kennzeichnend für das Zhan des achten und neunten Jahrhunderts war vor allem, dass es sich nun mehr oder weniger radikal von dem Gedanken abwandte, allein selig machend sei die stumme, introvertierte Versenkungspraxis des Dhyana. Die äußere und innere Freiheit des Menschen stand zunehmend im Mittelpunkt des Interesses, und die Frage, wie man sich aus Abhängigkeiten religiöser Natur und von anderen Autoritäten lösen könne, gewann immer mehr an Bedeutung. Das »neue« Zhan propagierte die Selbständigkeit des Menschen. Entsprechend zeigten sich viele der in jener Zeit lehrenden Meister stark realitätsbezogen.

Rabiate Hilfsmittel

Immer mehr Lehrer griffen auch zu – bisweilen rabiaten – Hilfsmitteln, um ihren Schülern aus der Verblendung und zur Erleuchtung zu verhelfen: Sie schrien sie überraschend an, schlugen sie mit dem Stock, traten sie mit dem Fuß. Sinn dieser überfallartigen »Unterweisungen« war es vor allem, den Schülern zu helfen, das dualistische Denken zu überwinden, qua Schockerlebnis die Mauern zu Fall zu bringen, die der Erleuchtung reifer Buddhisten noch im Wege standen.

Beginn der monastischen Tradition

Bislang waren die Zhan-Mönche überwiegend Gäste in Einrichtungen anderer buddhistischer Schulen – vornehmlich mahayanischer –, deren Regeln und Konventionen hinsichtlich des Tagesablaufs und des Gemeinschaftslebens auch für sie galten. Im Laufe des achten Jahrhunderts entstanden die ersten reinen Zhan-Klöster. Federführend bei dieser Entwicklung war Bai-zhang (720–814), der als Erster Regeln für das Leben in einer Zhan-Gemeinde erarbeitete und damit die monastische Tradition begründete, die noch heute in Zen-Klöstern gilt.

Zentrale Aspekte des Zhan

Als Grundpfeiler des Lebens in der Zen-Gemeinschaft galten von nun an mehr und mehr die meditative Übung sowie Kloster- beziehungsweise Feldarbeit. Dazu kamen

- das *takuhatsu* (jap., »bitten mit der Ess-Schale«), der traditionelle Bittgang buddhistischer Mönche zu den Dorfhäusern, vor denen sie Sutras zum Wohl der Bewohner rezitieren. Die gläubigen Laien, denen auf diese Weise die Lehre des Buddha dargebracht wird, danken es ihnen in Form von Geld oder ungekochtem Reis

- *sesshins* (jap., »Sammeln des Herz-Geistes«), regelmäßige Zazen-Sitzungen, die nicht von körperlicher Arbeit, Takuhatsus oder anderem unterbrochen sind – abgesehen von kurzen Essens- und Schlafenszeiten – und sich über mehrere Tage hinziehen können
- *teishos* (jap.), kurze Lehr-Darlegungen der Meister
- das *dokusan* (jap.), Einzelunterweisungen

Das japanische Zen

Bereits im ersten Jahrtausend nach der Zeitenwende reisten verschiedene japanische Mönche nach China und kamen dort mit dem Zhan in Kontakt. Doch erst Eisai (1141–1215) gelang es, das Zen nach seiner Rückkehr in der Heimat »anzusiedeln«. Unter seiner Federführung wurde das Zen institutionalisiert, die ersten Klöster entstanden. 1204 wurde Eisai von Shogun Minamoto Yoriie zum ersten Abt des Kennin-ji-Klosters in Kioto berufen, in dem er aus Rücksicht auf die dort ebenfalls beheimateten Tendai- und Shingon-Schulen ein Zen lehrte, das stark von Elementen der traditionellen Schulen des japanischen Buddhismus geprägt war. Noch zu Lebzeiten Eisais entstanden weitere Zen-Klöster; er selbst gründete das Jufuku-ji in Kamakura, dem Sitz des Shogunats. Die Zen-Klöster gewannen in kultureller Hinsicht zunehmend an Bedeutung. Ihre Mönche wurden vor allem von Regierungsmitgliedern als Schreiber, Erzieher und Ratgeber herangezogen, die Klöster dienten als Refugien der Ruhe und Sammlung.

Zen und die Samurai

Die Unterstützung Eisais beziehungsweise des Zen und allgemein des Buddhismus durch Krieger wie Minamoto und viele andere war keineswegs zufällig. Vor allem das karge Zen, dem Selbstdisziplin, innere Reinigung, Beharrlichkeit und Genügsamkeit so wichtig waren, übte auf die *bushi* oder *samurai*, wie man die Militäraristokraten auch nannte, mit ihren Idealen Loyalität, Ehrgefühl und Furchtlosigkeit eine starke Faszination aus.

Absichtsloses Handeln

Im Kampf kam ihnen – vorausgesetzt, sie waren auf dem Zen-Weg so weit fortgeschritten – besonders das absichtslose Handeln zugute, eines der wesentlichen Praxisziele des Zen. Krieger, deren Handeln nicht mehr von logisch-intellektuellem Vorgehen bestimmt war, sondern seinen Ursprung, wie John Snelling es formulierte, »jenseits des Denkens [...] hatte und sich spontan und in vollkommener Harmonie mit dem Geist des Augenblicks äußerte«[1], waren natürlich für den Gegner wesentlich schwerer auszurechnen und deshalb gefährlicher. Viele Samurai zogen sich nach ihrem Ausscheiden aus dem Kriegsdienst als Laien in Zen-Klöster zurück.

Die »Dienenden«

Ursprünglich stellten die Bushi oder Samurai (»Dienende«) die bewaffnete Begleitung von Adligen; später wurden die Mitglieder des Kriegerstandes so bezeichnet. Ihr Wirkungsbereich beschränkte sich lange Zeit auf die Provinzen, deren Verwaltung ihnen oblag, doch im zwölften Jahrhundert wuchs ihr Einfluss auf die Landespolitik. Kennzeichnend für die Samurai waren die unbedingte Loyalität dem Feudalherrn beziehungsweise dem politischen Führer gegenüber, die sogar vor der eigenen Familie kamen, und ein empfindsamer Nationalstolz.

Die bedeutendsten Meister des Zen

Eine Reihe von Zen-Lehrern dieser Zeit errangen weit über Japan hinaus große Bedeutung und sind vielen Praktizierenden der Zen-Meditationen auch heute noch ein Begriff. Die wichtigsten werden im Folgenden kurz vorgestellt.

Meister des Zazen: Dogen

Begründer der Soto-Schule des Zen – neben der Rinzai-Schule nach wie vor die größte und bedeutendste japanische Zen-Schule – war Dogen (1200–1253), der während eines Aufenthaltes in einem chinesischen Kloster Erleuchtung erfuhr. Nach seiner Rückkehr unterrichtete er im Kennin-ji-

Kloster in Kioto zahlreiche Schüler, doch am Ende seines Lebens zog er sich in die Einsamkeit einer kleinen Tempelanlage in den Bergen zurück, in deren Nähe ein Mäzen und Freund kurz darauf ein Kloster erbauen ließ. Das Eihei-ji (»Kloster des ewigen Friedens«) ist für das Soto heute eines der wichtigsten Klöster. Hier verbrachte Dogen, inzwischen eine im ganzen Land geachtete Autorität, die letzten zehn Jahre seines Lebens.

Dogens Zazen

Dogen lehrte ein Zazen weitgehend ohne Hilfsmittel wie Koans, Atemzählung, Anschreien, wie es noch heute für die Soto-Schule charakteristisch ist. Das Zazen hatte für ihn eine fundamentale Bedeutung – es galt ihm als »Verwirklichung und Erfüllung des ganzen Buddha-Gesetzes«[2]. In seinen Schriften erläuterte er, welche Körperhaltung, Atmung, Vorbereitung und innere Einstellung für das Zazen richtig seien. Stille, einfache Mahlzeiten, leichte, lockere Kleidung waren weitere Voraussetzungen, damit das Zazen gelang, das heißt der Körper in ein vollkommenes Gleichgewicht kam. Dogen sah im Zazen keine Methode, um zur Erleuchtung zu gelangen; aus seiner Sicht verwirklichte sie sich in der richtigen Übungshaltung. Beim Zazen – für ihn eine zutiefst religiöse Handlung – waren im Idealfall der Körper in Balance und die Seele von Gefühlen wie Wut, Hass, Egoismus gereinigt. Es sollte nicht Mittel zum Zweck sein, sondern Ziel – »sinne nicht darauf, ein Buddha zu werden!«[3] Absichtslosigkeit also auch hier als ein Grundelement des Zen.

Shobogenzo

Dogens Hauptwerk ist das berühmte *Shobogenzo (Das Schatzkammer-Auge des Wahren Dharma)*, in dem Unter-

> Ein berühmter Spruch von Dogen lautet:
>
> Zen zu ergründen bedeutet, uns selbst zu ergründen,
> uns selbst zu ergründen bedeutet,
> uns selbst zu vergessen,
> uns selbst zu vergessen bedeutet,
> die Buddha-Natur, unsere ursprüngliche Natur, zu finden.[4]

weisungen und Texte aus den letzten beiden Jahrzehnten seines Lebens enthalten sind. Das *Shobogenzo* ist eines der bedeutendsten Werke des Zen und der religiösen Literatur Japans überhaupt.

Eremit und Künstler: Muso

Der bedeutendste Zen-Meister im Japan des 14. Jahrhunderts war der vom Shingon-Buddhismus zum Rinzai-Zen »übergetretene« Muso Soseki (1275–1351), dem sieben Kaiser zu Lebzeiten den Titel *kokushi*, »Landesmeister«, verliehen. Muso liebte die Stille und Abgeschiedenheit über alles und geriet unfreiwillig doch immer wieder mitten in die politischen Unruhen der Zeit. Zweimal übernahm er den Vorstand großer Zen-Tempel für jeweils ein Jahr, zog sich dann aber wieder zurück, um sich allein im Zazen zu üben. Er gründete mehrere Zen-Klöster, brachte andere, in denen Disziplin und Lehre gelitten hatten, wieder auf den rechten Weg, erbaute Pagoden und gestaltete Gärten, so den berühmten »Moosgarten« des Saiho-ji in Kioto, für den Muso über zwanzig verschiedene Moosarten benutzte und der noch heute als einer der schönsten Zen-Gärten Japans gilt.

Musos Lehre

Wie es der Rinzai-Tradition eigen war, gründete sich Musos Lehrstil auf Sutra und Koan, die er als Hilfsmittel auf dem Weg zur Erleuchtung wertete, jedoch nicht dogmatisch eingesetzt sehen wollte, sondern entsprechend dem Grad der Reife des Schülers. Obwohl er die angemessene mehrstündige Übungszeit einforderte, sah er das Zen-Ideal in einem Mönch verwirklicht, der auch außerhalb der Übungsstunden die richtige Haltung nicht missen ließ, im Alltag wie beim Zazen sich im rechten Weg übte.

Musos Bescheidenheit, Güte und Toleranz bescherten ihm viele Sympathien auch außerhalb der Klöster und der Aristokratenkreise. Er stellte seine Lehre und das Zen nicht über alles andere, verurteilte andere Wege – Tendai, Shingon – nicht als falsch. Über sein Wirken als Zen-Meister und Gartenbauarchitekt hinaus war er als Dichter bekannt.

Ein zeitgenössisches Porträt Musos

Der große Zweifler: Bassui

Noch mehr als Muso stand Bassui Tokusho (1327–1387), ein Rinzai-Meister, für ein Zen, in dem sich auch das Volk wiederfinden konnte. Als »Spätberufener« wurde er erst mit 28 Jahren Mönch, beeindruckte auf seiner Wanderschaft seinen Meister jedoch derart, dass der ihm den Namen *bassui* – »Hoch über dem Durchschnitt« – gab.

Was ist die Seele?

Kennzeichnend für Bassuis Leben war die Frage nach dem Wesen der Seele.

> Wenn die Seele nach dem Tode die Qualen der Hölle erleidet oder sich der Wonne des Paradieses erfreut, was ist denn dann das Wesen dieser Seele? Und wenn es keine

Seele gibt, was ist denn das da in mir, das in eben diesem Augenblick sieht und hört?[5]

Der große Zweifel

Im Zen ist eine solche Art zweifelnden Fragens hoch erwünscht und als *dai-gidan* bekannt, was wörtlich »großer Zweifel« bedeutet. Diese innere Haltung – Beleg für die Tiefe der Überzeugung – gilt als zweite der drei grundlegenden Voraussetzungen für das Zazen. Der Glaube, dass jedes Geschöpf von Anfang an vollkommen ist (*dai-shinkon*, »große Glaubenswurzel«), und die Entschlossenheit, den Zweifel zu überwinden (*dai-funshi*, »große, unbeugsame Entschlossenheit«), sind die anderen. Bassui fand, wie in seiner Biografie zu lesen ist, eines Tages im Zustand der Selbstvergessenheit plötzlich eine Antwort auf seine grundlegenden Fragen – es gab nichts Derartiges wie Seele, Körper, Geist, nur fruchtbare Leere.

Mahayana-Ideal

Mit zunehmendem Alter und zunehmender geistiger Reife spielte das Mahayana-Ideal, ein Buddha-Mönch habe sich nicht in erster Linie um das eigene Heil, sondern um das aller zu bemühen, eine immer größere Rolle für Bassui. Deshalb versagte er sich den Rückzug in die kontemplative Einsamkeit, um sich seinen Schülern widmen zu können, und verfasste seine wenigen Schriften in einem für alle verständlichen Stil.

Dichter, Maler und Schriftkünstler: Takuan

Der wichtigste Zen-Meister der frühen japanischen Neuzeit und zugleich ein großer Dichter, Maler und Schriftkünstler war Takuan Soho (1573–1645). Mit zehn Jahren wurde er Mönch in einem Kloster der buddhistischen Schule des Reinen Landes, mit 14 begann er, sich mit dem Zen zu befassen, und schon mit 35 erhielt er die Berufung zum Abt des Daitoku-ji in Kioto. Seit 1638 war Takuan Gründerabt des Tokai-ji. Wie die meisten anderen japanischen Zen-Meister unterhielt auch er rege und zumeist gute Beziehungen zu Shogunat und Kaiserhaus.

Zeit seines Lebens war Takuan bemüht, in seinen Aktivitäten den – bei ihm durchaus konfuzianisch geprägten –

Geist des Zen umzusetzen. Seine größte Leistung für die Weiterentwicklung der Schule war, dass er aufzeigte, wie das Zen in Kalligrafie (*shodo*, »Schrift-Weg«), Dichtkunst, Gartenbau und Schwertkampf (*kendo*, »Schwert-Weg«), denen sein Hauptinteresse galt, zu verwirklichen war.

Takuan und der Schwert-Weg

Von Takuan sind neben zahlreichen Gedichten drei Texte überliefert, in denen er sich an die Klasse der Samurai wandte und die Verbindung von Schwertkampf und Zen untersuchte: *Die geheimnisvolle Aufzeichnung von der bewegungslosen Weisheit*, *Annalen des Schwertes Taia* und *Der klare Juwelenlaut*. Alle drei veranschaulichen, dass es auch beim Kampf im Sinne des Zen um nichts anderes geht, als das eigene Wesen und die Wahre-Natur zu erkennen.

Der »größte Weise«: Hakuin

Hakuin Ekaku (1686–1769) war der überragende Rinzai-Meister der Neuzeit und eine der wichtigsten Persönlichkeiten in der Geschichte des Zen-Buddhismus überhaupt. Das heute praktizierte Rinzai-Zen basiert weitgehend auf seinen Reformen. Hakuin, auch als Maler, Schriftmeister und Bildhauer berühmt, vollendete, was innovativen früheren Meistern nur ansatzweise gelungen war: Er hauchte dem Rinzai neues Leben ein und verlieh ihm auf der Grundlage der alten Zen-Traditionen ein »zukunftsfähiges« Gepräge. In Japan nennt man ihn den »größten Weisen in fünfhundert Jahren« und den »Patriarchen, der Zen neu belebte«[6].

Koan und Zazen bei Hakuin

Im Zentrum von Hakuins Renovierungsbestrebungen standen drei Aspekte. Zum einen brachte er die Koan-Schulung in ein System, das bis heute Bestand hat, und schuf zu diesem Zweck weitere Koans wie das berühmte »Ton der einen Hand«: »Wenn man mit beiden Händen klatscht, hört man einen Ton. Was ist der Ton der einen Hand?«[7]

Zum anderen betonte er die Bedeutung des Zazen gegenüber der Textlektüre, die im Alltag der Mönche mittlerweile eine größere Rolle spielte. In seiner kurzen Schrift *Zazenwasan (Preisgesang des Zazen)*, die noch heute in vielen Rinzai-Klöstern gesungen oder gelesen wird, heißt es beispielsweise:

Hakuin, in der Hand einen Fliegenwedel. Selbstporträt

Verdienst von auch nur einmal geübtem Zazen
tilgt Schuld, zahllos gehäuft in der Vergangenheit.[8]

Drittens setzte er sich für die Rückkehr zum strengen Klosterleben ein, das seiner Ansicht nach zusammen mit der körperlichen Arbeit ein wesentlicher Bestandteil des Zen-Weges war. Auf diesen drei Säulen sollte das Leben im Zen wieder ruhen.

Die wichtigsten Begriffe des Zen

Dualismus

Von der dualistischen Weltsicht, die es in den meisten Meditationstechniken und ganz besonders im Zazen zu überwinden gilt, war in der Einführung zu diesem Buch schon die Rede (S. 37). Genauso davon, dass der Meditierende, damit ihm dies gelingt, lernen muss, die Vorstellung vom Ich abzulegen: wo ein Ich, da auch ein Du, und dies eben ist die Welt dualistischer Gegensätze. Im Zen wird das Ich entsprechend der buddhistischen Tradition als Einbildung gesehen, als Konstrukt, das in Wahrheit nichts weiter sei als die fünf Skandhas, nämlich die Bestandteile des Körpers, die Empfindungen, die Wahrnehmung, die Formkräfte des Geistes, das Bewusstsein (s.a. S. 189).

Diese Ansicht spiegelt sich in den »Vier Sichtweisen« des chinesischen Zhan-Meisters Lin-ji (jap.: Rinzai) wider, die Grundlage aller Theorie und Praxis des Zen sind:

1. Es gibt kein Subjekt ohne Objekt.
2. Die gesamte Welt ist eine bloße Projektion des eigenen Bewusstseins.
3. Es gibt einen Zustand, in dem die Dualität von Subjekt und Objekt aufgehoben ist.
4. Letztlich gibt es weder Subjekt noch Objekt.[9]

Koan

Bedeutung für das Zen

Koans und Zazen sind die wichtigsten originären Schöpfungen des Zen, und ihre grundlegende Bedeutung kann kaum überschätzt werden. Ohne diese beiden Aspekte wäre Zen nicht denkbar. Daisetz T. Suzuki hat die Rolle des Koan in seinem Buch *Koan. Der Sprung ins Grenzenlose* so beschrieben:

> Die Entwicklung des Koan-Systems im Zen-Buddhismus stellt einen einzigartigen Beitrag des Zen zur Geschichte des religiösen Bewusstseins dar. Wir könnten sagen: Ist die Bedeutung des Koan erfasst, so ist bereits mehr als die Hälfte des Zen erfasst.[10]

Das japanische Wort *koan* bedeutet wörtlich »öffentlicher Aushang«, das chinesische *guan (gong-an)* steht für einen juristischen Präzedenzfall. In der Zen-Meditation wird der Begriff auf eine ganz eigene Weise verwendet. Hier ist sein Hauptzweck, anhand eines Sutras oder eines Dialogs originäre Zen-Erfahrung zu vermitteln und die Übenden so auf dem Zen-Weg voranzubringen. Hakuin formulierte die Aufgabe eines Koan so:

Aufgabe eines Koan

> Den Geist zur Satori-Erfahrung zu erwecken ist das erklärte Ziel des Zen, und dazu dient die ungeteilte Sammlung auf ein Koan; es ist nicht Gegenstand der Meditation und dient nicht dem Zweck, den Geist in einem Zustand der Empfänglichkeit zu halten, sondern soll als eine Art Stange benutzt werden, mit der man über den Strom der Relativität ans andere Ufer, das Ufer des Absoluten, springt.[11]

Geist und Wille

Wer sich unaufhörlich mit einem Koan beschäftigt – in der Meditation, aber auch zu anderer Zeit –, dessen Geist werde, so schrieb Hakuin, sterben, dessen Wille zerstört werden. Ein unermesslicher Abgrund tue sich vor dem Übenden auf, und er finde keinen Halt mehr. »Du glaubst, dem Tod ins Auge zu sehen, und fühlst dein Herz in Flammen aufgehen. Dann bist du plötzlich eins mit dem Koan, und Leib und Geist sind abgelegt.«[12] Das ist der Moment, in dem die eigene Natur geschaut wird, zu deren Grund man im weiteren Verlauf des Zen-Lebens vordringen muss.

Paradoxes Rätsel

Zentrale Eigenschaft eines Koan ist sein paradoxer, rätselhafter Charakter, der jeglichem Versuch, es mit Logik zu durchdringen, widersteht. Nur intuitive, dem Zen gemäße Einsicht bringt Verstehen, ein Verstehen, das jedoch ebenso wenig mit Logik zu tun hat wie das Koan selbst. Es ist nur auf anderen Ebenen des Begreifens als der begrifflich-logischen zu verstehen und zeigt dem Übenden so die Grenzen des Denkens auf, die es zu durchbrechen gilt.

Einige Beispiele für Koans

Aus der Koan-Sammlung *Wu-men-guan* (jap. *Mumonkan*):[13]

»Die drei Pfund Flachs des Dong-shan« (18. Beispiel)
Ein Mönch fragte Meister Dong-shan: »Was ist Buddha?«
Dong-shan sagte: »Drei Pfund Flachs.«

»Weder der Wind noch die Fahne« (29. Beispiel)
Eine Tempelfahne flatterte im Wind. Zwei Mönche diskutierten darüber. Der eine sagte, die Fahne bewege sich; der andere meinte, der Wind wehe. Sie diskutierten hin und her und konnten sich nicht einigen. Der Sechste Patriarch sagte: »Weder der Wind noch die Fahne bewegt sich. Es ist euer Geist, der sich bewegt.«

Aus der Koan-Sammlung *Bi-yen-lu* (jap. *Hekiganroku*):[14]

»Zhao-zhou und der Große Tod« (41. Beispiel)
Zhao-zhou fragte Tou-zi: »Wie ist das, wenn einer nach dem Großen Tod [Überwinden des Ichs] wieder lebendig wird?«
Tou-zi erwiderte: »Da sollte man nachts nicht umherwandern, sondern die Tageshelle abwarten, um sicher anzukommen.«

Koans von Yun-men:[15]

Schüler: »Was ist der Kern der korrekten Lehre?«
Yun-men: »Der Duft von Reisbrei!«

Schüler: »Was ist die allerdringlichste Aussage?«
Yun-men: »Iss!«

Ein Koan von Fu-dai-shi:[16]

> Mit leeren Händen halte ich ein Schwert.
> Ich laufe zu Fuß, aber auf dem Rücken eines Ochsen reite ich.
> Während ich über die Brücke Lo komme,
> Fließt das Wasser nicht, es ist die Brücke, die fließt.

Die beiden bekanntesten Koan-Sammlungen sind

- das *Bi-yen-lu* (dt. *Niederschrift von der blaugrünen Felswand*, jap. *Hekigan-roku*) aus dem 11./12. Jahrhundert
- das *Wu-men-guan* (dt. *Die torlose Schranke*, jap. *Mumonkan*) aus dem 13./14. Jahrhundert

Umstritten ist die 1916 in Japan erschienene Sammlung *Gendai Sojizen Hyoron* (wörtl. »Eine Kritik des heutigen Pseudo-Zen«), weil sie Antworten bzw. Lösungen enthält, die bis dato als Geheimnis zwischen Meistern und Schülern galten und nicht niedergelegt waren (im traditionellen Zen ist das immer noch so). Die Identität des Autors, der das Buch unter dem Pseudonym Hauhoo – etwa »Erz-Zerstörer der bestehenden Ordnung« – veröffenlicht hatte, wurde nie geklärt. Eine deutsche Ausgabe von Teilen des Werkes mit 281 Koans samt überlieferten Kommentaren erschien 1978 unter dem Titel *Der Ton der einen Hand* (herausgegeben von dem Übersetzer des Originals ins Englische, Yoel Hoffmann).

Satori

Selbst-Wesensschau

»Zen beginnt mit Satori und endet mit Satori. Wo kein Satori ist, ist kein Zen«, schreibt Daisetz T. Suzuki in *Koan.* Das japanische Wort *satori* (Skrt.: *bodhi*) stammt von dem Verb *satoru* und bedeutet wörtlich »Erkenntnis«. Es meint das Erwachen aus dem Jedermanns-Bewusstsein, also die Selbst-Wesensschau, »das Öffnen des Geistigen-Auges, das Erwachen zum eigenen Wahren-Wesen und damit zum Wesen alles Daseins«[17]. Das Ich ist überwunden, die Einsicht in Shunyata, die Leere, verwirklicht.

Das ursprüngliche Gesicht

Im Zen heißt es, wer Erleuchtung erlange, der schaue »das Ur-Antlitz«, eine Metapher für das Buddha- oder Wahre-Wesen, also die eigene Natur. Das Zen nimmt einen Zustand vollkommener Unschuld an, den es »erste Natürlichkeit« nennt, »Antlitz eines neugeborenen Mädchens«. Aufgrund seiner Verblendung verliert der Mensch diese Unschuld. Wer im Satori des Ur-Antlitzes gewahr wird, die Erleuchtungserfahrung weiter vertieft und das Buddha-Wesen im täglichen Leben verwirklicht, erreicht eine »zweite Natürlichkeit«, die vollendeter ist als die erste und nicht mehr verloren geht.

Zen-Geist und -Praxis

Nirgendwo kommt das Wesen des Zen so deutlich zum Ausdruck wie in der japanischen Kultur, die es für Jahrhunderte entscheidend prägte. Schriftkunst, Tuschmalerei, Teezeremonie, Gartenbau, Blumenstellen und viele andere folgten dem Weg (jap. *do*) des Zen und erhielten dadurch einen stark meditativen Charakter. Dem Ausführenden kommt es nicht in erster Linie auf das ästhetische Ergebnis an. Wichtig ist ihm vielmehr, in einem Werk seinen »Herz-Geist« auszudrücken. Das Zen-Kunstwerk ist verdichtete, in höchstem Maße abstrahierte Einsicht ins Wahre-Wesen der Dharmas.

Zeugnis der Erleuchtungserfahrung

Gleich ob Blumenstellen, Schriftkunst oder Teezeremonie: Das Ergebnis gilt als spontane Manifestation der Erleuchtungserfahrung des Künstlers. Schriftzeichen werden nicht bewusst gemalt, Blumen nicht überlegt platziert, denn das hieße, der Ausführende wäre noch dem Jedermanns-Bewusstsein verhaftet, in dem ein Subjekt (der Künstler) und ein oder mehrere Objekte (Pinsel, Papier, Blume, Vase) existieren. Im Zen-Kunstwerk soll jedoch idealerweise ein nichtdualistischer Bewusstseinszustand zum Ausdruck kommen.

Die bedeutendsten Schriften von Zhan und Zen

Zhan:

- ***Xin-xin-ming*** (dt. *Meißelschrift vom Glauben an den Geist*, jap. *Shinjinmei*). Gedichte zu den Grundprinzipien des Zhan von Seng-can, 7. Jh.
- ***Liu-zu-da-shi fa-bao-dan-jing***, kurz ***Dan-jing*** (dt. *Des sechsten Patriarchen Sutra [gesprochen] vom Hohen Sitz des Dharma-Schatzes*, kurz *Sutra des sechsten Patriarchen* oder *Podium-Sutra*, jap. *Rokuso Daishi Hobodan-gyo*, kurz *Dan-gyo*). Darlegungen, Sprüche, Biografie von Hui-neng, 7./8. Jh.
- ***Can-dong-zhi*** (dt. *Das Zusammenfallen von Verschiedenheit und Gleichheit*, jap. *Sandokai*). Gedichte zum Zhan von Shi-tou, 8. Jh.
- ***Jing-te zhuan-deng-lu*** (dt. *Aufzeichnung über die Weitergabe der Leuchte, verfasst in der Jing-te-Zeit*, jap. *Keitoku Dento-roku*). Kurzbiografien und Anekdoten von frühen Zhan-Meistern, herausgegeben von Dao-yuan um 1004.
- ***Bi-yen-lu*** (dt. *Niederschrift von der blaugrünen Felswand*, jap. *Hekigan-roku*). Koan-Sammlung, im 11. Jh. von Xu-dou zusammengestellt, 1128 in der heutigen Form von Yuan-wu herausgegeben.
- ***Zong-rong-lu*** (dt. *Buch des Gleichmuts*, jap. *Shoyoroku*). Sammlung von 100 Koans, im 12. Jh. von Hong-zhi zusammengestellt.
- ***Wu-men-guan*** (dt. *Die torlose Schranke*, jap. *Mumonkan*). Koan-Sammlung, 1229 von Wu-men zusammengestellt, 1405 im japanischen Koon-ji von Shun'o Reizan in der heutigen Form herausgegeben.

Zen:

- ***Kozen Gokoku-ron*** (dt. *Schrift über die Verbreitung des Zen zum Schutz des Landes*). Darlegungen zum Zen von Eisai, 1198.

- ***Fukan Zazengi*** (dt. *Allgemeine Darlegung der Prinzipien des Zazen*). Einführung ins Zazen, von Dogen, 1227.
- ***Shobogenzo*** (dt. *Das Schatzkammer-Auge des Wahren Dharma*). Unterweisungen und Schriften Dogens, Mitte 13. Jh.
- ***Keizan Osho Denko-roku***, kurz ***Denko-roku*** (dt. *Aufzeichnung des Mönchs Keizan über die Weitergabe des Lichts*). Episoden zur Übertragung des Patriarchats von den Zeiten des Buddha bis Dogen, von Keizan Jokin übermittelt, von seinen Schülern aufgeschrieben, 14. Jh.
- ***Fudochishinmyoroku*** (dt. *Die geheimnisvolle Aufzeichnung von der bewegungslosen Weisheit*). Briefe von Takuan an den Schwertmeister Yagyu Munenori über Kampfkunst und Zen, 17. Jh.
- ***Taiaki*** (dt. *Annalen des Schwertes Taia*). Briefe von Takuan an den Schwertmeister Yagyu Munenori über Kampfkunst und Zen, 17. Jh.
- ***Reiroshu*** (dt. *Der klare Juwelenlaut*). Natur des Menschen, Schwertkampf, rechtes Handeln, von Takuan, 17. Jh.
- ***Zazen-wasan*** (dt. *Preisgesang des Zazen*). Bedeutung des Zazen für die Buddha-Werdung des Einzelnen; von Hakuin, 18. Jh.

Meditation für den Einstieg: Die Hua-dou-Technik

Lu K'uan Yü, chinesischer Meditationsexperte und Schüler von C. G. Jung, stellt in seinem Buch *Die Geheimnisse der chinesischen Meditation* eine Technik vor, die im traditionellen Zhan als Vorbereitung auf das Zazen und Vorbedingung für die Erleuchtung gilt. Ziel dieser Übung ist es, »den Strom der Gedanken versiegen zu lassen«[18], um mit den eigentlichen Zhan-/Zen-Meditationen beginnen zu können.

Die Bezeichnung »Hua-dou« wird in der Zen-Literatur bisweilen mit dem japanischen Begriff *wato* gleichgesetzt, der wörtlich »Wort-Kopf« bedeutet und sich auf das Kernwort bezieht, in das ein Koan mündet, wenn man lange und intensiv genug darüber nachgedacht hat. Yü erklärt »Hua-dou« dagegen als den »Geist vor seiner Bewegung durch einen Gedanken oder einen mentalen Wortbegriff. Man könnte es ›Vor allen Worten‹ und ›Vor allen Gedanken‹ nennen«[19].

Bedeutung von »Hua-dou«

Die Übung besteht darin, sich auf den Geist zu konzentrieren, der vor allen Worten und Gedanken steht, indem man alle Worte, Sätze, Ereignisse durch Hinterfragen auf ihn zurückführt. Ein bekanntes Koan ist dafür eine Art Anleitung: »Alle Dinge gehen auf das Eine zurück. Worauf geht das Eine zurück?«[20] In diesem Sinne ist alles zu hinterfragen, um am Ende in das Hua-dou zu »schauen«, den wahren Geist, die Selbstnatur. Yü zitiert als Beispiele folgende Fragen des Zhan-Meisters Xu Yun (1840–1959):

»Worauf geht das Eine zurück?«

Wer rezitiert ein Sutra?
Wer bekommt ein Mantra?
Wer verehrt den Buddha?
Wer isst?
Wer schläft?

Die Antwort auf diese Fragen lautet jedes Mal gleich: der Geist. Wer die Hua-dou-Technik übt, wird sich im Wachzustand deshalb so oft wie möglich mit der Frage beschäftigen, was der Geist ist bzw. wie er beschaffen ist, bevor er diese Fragen denkt oder stellt.

Geist und Zweifel

Das Hua-dou ist ein Hilfsmittel, das dem Schüler dabei helfen soll, allmählich die anderen aufkommenden Gedanken »abzuschneiden«, indem er sich auf einen einzigen Gedanken konzentriert. Dorthin gelangt er, indem er permanent hinterfragt: »Wer oder was steht hinter dem, das gerade getan oder gesagt wird?« Diese Form eines »feinen Zweifels« soll kultiviert werden. Xu Yun verdeutlicht dies wie folgt:

> Wird man z. B. gefragt: »Wer wiederholt den Namen des Buddha?«, so weiß jeder, dass er selbst es tut. Wird aber der Buddha-Name vom Mund oder vom Geist wiederholt? Ist es der Mund, warum tut er es nicht auch im Schlaf? Ist es der Geist, wie sieht dieser Geist aus? Da der Geist nicht fassbar ist, wird es schwer sein, sich über ihn klar zu werden. Logischerweise erhebt sich daraus der Zweifel über das »WER?«. [...] Es muss dies wie ein beständiger Strom sein, ohne dass ein zweiter Gedanke dazukommt.[21]

»Königsweg« Zazen

Bedeutung und Zweck

Zazen (chin. *zuo-zhan*), das »Sitzen in Versunkenheit«, gilt im Zen als der ursprünglichste, aber auch härteste Weg zur Erleuchtung und stellt die grundlegende Übung dar. Im traditionellen Zazen liegt der Kern, der Weg des Zen, es ist die »Grundlage jeglicher ernsthafter Beschäftigung mit Zen«[22].

Doch obwohl – oder gerade weil? – ihm eine so fundamentale Bedeutung zukommt, lässt es sich mit einfachsten Worten beschreiben: Zazen ist eine »Übung, bei der der Schüler sitzt und es lernt, seinen Körper und seinen Geist zu beherrschen«[23]. Taisen Deshimaru nennt Zazen ein »uninteressiertes Sitzen«, denn: »Das Geheimnis des Zen besteht darin, in einer Haltung tiefer Konzentration einfach zu SITZEN, ohne Ziel und ohne Streben nach Nutzen.«[24]

Der Dualismus wird überwunden

Das traditionelle Zazen, wie es im Zen überwiegend unterrichtet wird, entspricht keiner »herkömmlichen« Meditation, man meditiert also nicht über ein Objekt (Begriff, Bild, Mandala, Eigenschaft), einen Buddha, beobachtet auch nicht den Prozess des Atmens etc. Ziel ist es, den Geist vollkommen zu leeren und so zum *samadhi* (Skrt., »das Fixieren«, »das Festmachen«) zu gelangen, jenem Zustand, in dem keine Gedanken mehr existieren und absichtslos gehandelt wird. Die dualistische Sicht auf die Welt und ihre Dinge und damit der verzerrte Blick unter dem Aspekt des Nutzens

Ein Mönch beim Zazen in der traditionellen Zen-Halle

sind im Samadhi überwunden, Subjekt und Objekt eins geworden, Ich und Selbst vergessen.

> Der reife Zen-Schüler hat sich vermöge langer Praxis des Gewebes von Gedanken, Begriffen, Fehleinschätzungen, Verfälschungen und Tagträumen entledigt, das unser Geist normalerweise spinnt. Er erfährt den gegenwärtigen Augenblick, so wie er ist, in seiner ganzen Fülle, und er ist imstande, wirklich das zu sehen, was er vor Augen hat. Seine Wahrnehmung der Welt ist klar und unverzerrt.[25]

Nur der Augenblick zählt

Er befindet sich vollkommen im Hier und Jetzt, Taisen Deshimaru zufolge im Zen »der Schlüsselbegriff überhaupt«[26]. Das heißt, der Praktizierende befasst sich nur noch mit dem, was er gerade tut, sei es nun im Zazen sitzen, den Hof kehren, essen, wie der Buddha Shakyamuni es forderte:

> Bei dem, was gesehen wird, darf es nur das Gesehene geben; bei dem, was gehört wird, darf es nur das Gehörte geben; bei dem, was empfunden wird (wie bei Geruch, Geschmack, Berührung), darf es nur das Empfundene geben; bei dem, was gedacht wird, darf es nur das Gedachte geben.[27]

Achtsamkeit im Zen
Für die besondere, immer währende, ungeteilte Achtsamkeit, die der Buddha verlangte, hat das Zen den japanischen Ausdruck *gyo-ju-za-ga*, »gehend-stehend-sitzend-liegend«. Im weiteren Sinne bedeutet Zazen nicht nur »in Versunkenheit sitzen«, sondern steht für jede Tätigkeit in Zen-Achtsamkeit, jedes Handeln »in Versunkenheit«.

Das Ego auslöschen

Zazen ist keine kleine Aufgabe, schon gar nicht für Menschen, die im Westen aufgewachsen sind, wo Zweck und Nutzen, Ego und Ich eine Hauptrolle in der Persönlichkeitsentwicklung spielen. Während das Ego hier Tag für Tag genährt, gepflegt, stabilisiert wird, wird es im Zen durch das Zazen ausgelöscht, denn Ego bedeutet Subjekt, und wo ein Subjekt, da ein Objekt, sprich: dualistische Weltsicht.

Katsuki Sekida, einer der bedeutenden Zen-Meister des 20. Jahrhunderts, erklärt in seinem Buch *Zen-Training*, was es mit diesem »Auslöschen« auf sich hat:

Ego-loses Ego

> Sooft es uns gelingt, ein schäbiges oder kleinkariertes Ego zu verscheuchen, rückt an seine Stelle ein großzügigeres, weitsichtigeres Ego und womöglich sogar eines, das wir als selbstloses, ›Ego-loses Ego‹ bezeichnen könnten. Wenn es Ihnen gelungen ist, ein Ego-loses Ego zu erlangen, hören al-

ler Hass, alle Angst, alle Eifersucht auf; Sie erfahren einen Zustand, in dem Sie alles so sehen, wie es wirklich ist. Das ist ein Zustand, in dem Sie sich an nichts hängen und von nichts abhängig sind. Das muss nicht heißen, dass Sie dann wunschlos wären, aber Ihre Wünsche und Ihre Zuneigung sind dann von der Art, dass Sie innerlich frei bleiben.[28]

Drei Stufen

Der Deutsche Hugo Enomiya-Lassalle, der seit 1929 in Japan lebte, in Zen-Klöstern unterwiesen wurde und schließlich in Kamakura in den Stand des Zen-Meisters erhoben wurde, erlebte den Weg des Zazen als dreistufig. Auf der ersten Stufe bemüht man sich, die Gedanken auszuschalten, nicht an ihnen zu haften, die Tätigkeit des Verstandes allmählich abzustellen. Anfangs benutzt man Hilfsmittel wie ein Koan oder das Atemzählen. Die schwierige Aufgabe ist es zu lernen, Gedanken und andere Ablenkungen wahrzunehmen, ihnen geistig aber nicht mehr zu folgen. Anfangs wird man sie immer wieder bewusst beiseite schieben, was dem Sinn der Übung zuwiderläuft, weil auch das ein Akt des Bewusstseins ist. Ziel muss sein, in keiner Weise mehr mit den Störungen zu interagieren, Gedanken und Gefühle kommen und gehen zu lassen, ohne an ihnen zu haften.

Teuflische Phänomene

Die zweite Stufe ist nach Enomiya-Lassalle dadurch gekennzeichnet, dass der Übende immer wieder von *makyo* (jap., etwa »teuflisches Phänomen«) heimgesucht wird. Darunter versteht das Zen halluzinierte Erscheinungen, Empfindungen, Geräusche, Gerüche, Bewegungen etc.

> Dann war mir, als zögen dunkle Schatten vor meinen Augen vorbei. Auch sah ich violette Flecken oder Funken auseinanderstieben wie bei einem Feuerwerk. Das wiederholte sich viele Male.[29]

Auf der richtigen Fährte

Andere Praktizierende sahen Enomiya-Lassalle zufolge wilde Tiere, überdimensionale Augen, Prozessionen der buddhistischen Bodhisattvas und Buddhas. Diese Phänomene werden als Ausdruck des Unterbewusstseins gewertet, das immer mehr zur Geltung kommt, weil die normale Verstandestätigkeit, wie es ja intendiert ist, nachlässt. Wie man aufsteigenden Gedanken nicht weiter nachgeht, lässt man auch die Makyos auftreten und vergehen, ohne sie zu beachten – in dem Bewusstsein,

> dass man auf der richtigen Fährte ist. [...] Auf der zweiten Stufe beginnt der Geist die Oberhand über den Leib mit seinen Sinneseindrücken zu gewinnen. Aber das geschicht nicht auf dem Umweg über Erkenntnis und Willensentschlüsse, sondern direkt und unmittelbar.[30]

Erleuchtung Auf der dritten Stufe der Zen-Meditation schließlich vollzieht sich die Erleuchtung, ein Vorgang, der naturgemäß nicht beschreibbar ist, »weil nur der sie verstehen kann, der sie selbst erlebt hat«[31], und weil sie sich bei jedem anders abspielt. Enomiya-Lassalle beschreibt das Ereignis als »Hineingerissen in die Leere«, »Hinaufgerissensein auf eine höhere Ebene« – »der Strom des Bewusstseins im gewöhnlichen Sinne ist abgerissen«, das Denken hört auf.

> Und doch ist es eine wahre Befreiung des menschlichen Geistes, eine Befreiung aus der Welt der Sinne und eine Befreiung aus der auf diesen beruhenden Welt der Begriffe.[32]

Ganz ähnlich hat es, schreibt Thich Nhat Hanh, der Buddha nach seiner 49-tägigen Sitzmeditation erlebt – als wäre ein Gefängnis aufgebrochen, das ihn tausende Lebzeiten umschlossen hatte.[33] Lu K'uan Yü weist darauf hin, dass der Dualismus noch nicht aufgehoben ist, »wenn ein Meditierender beschreiben kann, was er erfahren hat«. Dies sei »nicht der absolute, sondern noch der relative Zustand. Es ist die Hälfte des Weges.«[34] Denn wenn man beschreibt, gibt es ein Subjekt (das beschreibt) und ein Objekt (das beschrieben wird). Der absolute Zustand, von dem Lu K'uan Yü spricht, bedeutet, dass diese Trennung aufgehoben ist: »[...] man wird, was man wirklich ist, anstatt es nur zu beobachten«.[35]

An westliche Bedürfnisse angepasst

Während das Zazen heute in den asiatischen Zen-Klöstern, aber auch bei manchen asiatischen Lehrern im Westen nach wie vor strengen Regeln unterliegt, da es auf die Erleuchtung ausgerichtet ist, lehr(t)en andere Meister im Westen eine an hiesige Bedürfnisse »angepasste« Meditation. Ziel ist es, das Zazen als Entspannungsmeditation in den von spezifischen Abläufen und Anforderungen geprägten Alltag des Westlers, der dafür vielleicht nur eine beschränkte Zeitspanne aufbringen kann/will, zu integrieren. Eine solche Form des Zazen wird im Folgenden beschrieben.

Vorbereitungen

Für das Zazen gelten ähnliche Grundregeln wie für andere Formen der Meditation:

- Lockere, bequeme Kleidung, damit Blut und Qi fließen können, natürlich keine Schuhe, am besten auch keine Socken. Sinnvoll ist es, keine Alltagskleidung für das Zazen zu benutzen, sondern nur für diesen Zweck reservierte Meditationsgewänder. Damit wird dem Sitzen die ihm gebührende Ehrerbietung erwiesen.
- Ein weder zu warmer noch zu kalter, leicht abgedunkelter Raum mit einem weichen Teppich, einer Meditationsmatte oder einer ähnlich bequemen Unterlage. Wer das Zazen ernsthaft betreiben möchte, sollte den Übungsraum sauber halten und mit einem frischen Blumenstrauß schmücken. Gesessen wird vor einer leeren Wand, auch ein Vorhang erfüllt den Zweck. Der Abstand zu den Augen sollte etwa 50 bis 80 Zentimeter betragen. Während des Meditierens bleiben die Augen geöffnet.
- Ruhe ist wichtig. Potenzielle Störquellen wie Telefon oder Verkehrslärm sollten entschärft, Partner, Kinder und Haustiere anderweitig beschäftigt sein. Wen natürliche Geräusche wie Vogelgezwitscher, das Rauschen des Windes oder eines Bachs, Regengeprassel nicht ablenken, der kann ein Fenster geöffnet lassen und damit der engen Verbindung von Zen und Natur Rechnung tragen.

- Wichtig ist, dass die Meditationszeit zur persönlichen Leistungskurve passt. Zwischen 13 und 15 Uhr sackt sie bei den meisten Menschen in den Industrienationen auf einen Tiefstand; in dieser Phase ist die Gefahr, dass man einschläft oder sich nicht konzentrieren kann, groß. Auch die Zeit unmittelbar nach großen körperlichen Anstrengungen, einem hektischen Arbeitstag oder einer Auseinandersetzung ist fürs Zazen nicht geeignet. Die besten Zeiten sind morgens vor dem Frühstück und abends, bevor man ins Bett geht. Als Dauer der Meditation sollte man fünf bis 30 Minuten ansetzen – täglich.
- Räucherstäbchen und Kerzen helfen oft, eine der Meditation förderliche Atmosphäre zu schaffen. Ihr spezifischer Duft birgt jedoch genauso wie Meditationsmusik die Gefahr, dass die Gedanken in bestimmte Bahnen gelenkt und die Gefühle beeinflusst werden, und das widerspräche dem Ziel, sich an eine innere Leere anzunähern. Solange das Außen in Form von Düften oder Klängen allzu präsent ist, wird das schwerfallen.

Position

In der Regel praktizieren die Zen-Mönche Zazen im Lotossitz, der als ideale Haltung gilt, unter anderem deshalb, weil er ikonografischen Darstellungen des Buddha entspricht. Der rechte Fuß befindet sich dabei auf dem linken Oberschenkel, der linke Fuß auf dem rechten Oberschenkel, der Rücken ist gerade, die Hände liegen mit nach oben gerichteten Handflächen (links auf rechts) auf den Fersen. So, erläutert Taisen Deshimaru in dem von ihm übertragenen und kommentierten *Can-dong-zhi* (jap. *Sandokai*), drücken bei dieser Haltung

> die Füße auf jedem Oberschenkel auf Zonen mit wichtigen Akupunkturpunkten, die den Leber-, Blasen- und Nierenmeridianen zugehören. Früher haben die *samurai* diese Energiezentren automatisch durch den Druck der Schenkel auf das Pferd angeregt.[36]

Außerdem symbolisiert der Lotossitz die Einheit des Körpers: Die zwei Beine werden eins. Wem diese Position nicht möglich ist, der sitzt in der Halblotoshaltung (nur ein Fuß auf einem Oberschenkel) oder im *seiza* (jap., »still sitzen«), also kniend auf den Fersen. In dieser Position besteht bei längerem Meditieren allerdings die Gefahr, dass die Füße nicht ausreichend durchblutet werden und »einschlafen« oder dass die Knie zu schmerzen beginnen. Manchmal hilft es, wenn man zwischen Gesäß und Füße sowie unter die Knie ein Kissen legt. Für das in diesem Kapitel beschriebene »Alltags-Zazen« sind auch der Schneidersitz sowie Hilfsmittel wie Sitzkissen, Sitzbänkchen oder ein Stuhl legitim.

Einheit des Körpers

Hände
Beide Hände werden geöffnet und mit den Handflächen nach oben in den Schoß gelegt, die rechte unter der linken, und zwar so, dass sich die Daumenspitzen leicht berühren und zusammen mit den Händen ansatzweise ein Oval formen.

Haltung
Meditationsformen wie das Zazen selbst in dieser vereinfachten Form können ihre positive Wirkung auf Geist und Körper nur dann entfalten, wenn die Rückenhaltung richtig ist. Das heißt: Wirbelsäule und Rücken müssen gerade gehalten werden, Hohlkreuz oder »Buckel« sind unter allen Umständen zu vermeiden. Die Schultern bleiben locker, die Hüften drückt man ganz leicht nach vorn, der Kopf ist aufrecht und trägt in der Vorstellung den Himmel. Wer eine Stütze braucht, um sich über längere Zeit aufrecht zu halten, der kann sich – mit geradem Rücken – an eine Wand lehnen.

Der Bauch wird »losgelassen«, nach außen gedrückt, also nicht eingezogen, selbst wenn das dem ästhetischen Empfinden widerspricht. Beim Zazen geht es nicht um Ästhetik. Zieht man den Bauch ein, verkrampft man; das Blut und das Qi fließen nicht mehr ungehindert, die Atmung wird beeinträchtigt. Fortgeschrittene Übende können versuchen, im Energiezentrum (drei Fingerbreit unter dem Nabel) eine leichte, stabilisierende Spannung zu erzeugen, auf der der Oberkörper ruht.

Die Mittelachse finden

Um den Körper in der vertikalen Mittelachse »einrasten« zu lassen, empfiehlt Hakuun Ryoko Yasutani, ihn hin und her zu bewegen.[37] Sobald man sich in der richtigen Haltung befindet, schwenkt man den Körper so weit wie möglich nach rechts, dann so weit wie möglich nach links, dann wieder nach rechts, aber nicht mehr ganz so weit – und so fort, etwa sieben- bis achtmal. Auf diese Weise pendelt sich der Körper in der vertikalen Mittelachse ein. Entsprechend pendelt man den Körper entgegengesetzt »aus«, wenn man das Zazen beendet.

Atmung

»Tor der Sinne«

Der richtigen Atmung (s. dazu S. 32) kommt auch im Zen eine überragende Bedeutung zu. Die Seele gewinnt dadurch Halt, das »Tor der Sinne« wird geschlossen, die Überwindung der dualistischen Sichtweise unterstützt. Die Kehle als Bindeglied zwischen innerer und äußerer Welt ist eine »Pendeltüre«[38]. *Ko* und *kyu*, Einatmen und Ausatmen, sind, wie schon erwähnt, *kokyu*, was nicht einfach nur der Vorgang des Atmens ist, sondern die »Atemkraft«, mittels derer der Mensch Qi aufnimmt. Mit dem Atem wird Qi in den Körper geholt und dort verteilt.

Atemrhythmus

Der Atemrhythmus sollte vor allem am Anfang dem individuellen Bedürfnis angepasst sein; man atmet also beispielsweise nicht so lange aus, bis man keine Luft mehr bekommt, sondern in Intervallen, die den Körper entspannen, nicht belasten. Ein häufig gelehrter Rhythmus beim Zazen ist: einmal möglichst tief ausatmen und dann fünf- oder sechsmal normal ein- und ausatmen.

Konzentration auf das Atmen

Vor allem im traditionellen Rinzai-Zen lernt man oft von Beginn an das »unbewusste« Atmen; Ziel ist ja, den Geist vollkommen zu leeren. Wer jedoch Schwierigkeiten hat, nach einem womöglich hektischen Arbeitstag zu Ruhe und Konzentration zu finden, kann sich folgender Hilfsmittel bedienen:

- **Atemzüge zählen:** Am besten bis zehn, dann von vorn beginnen. Ein- und Ausatmen werden dabei als Einheit gewertet.
- **Den Weg des Atems verfolgen:** Es gibt unterschiedliche Möglichkeiten, sich vorzustellen, wie der Atem den Körper beim Ein- und Ausatmen durchströmt. Man kann im Geist dem Atem beim Einatmen beispielsweise die Wirbelsäule entlang nach unten bis zum Körperzentrum folgen, beim Ausatmen von der Lunge nach oben bis zum Mund oder umgekehrt (s. o. »Kleiner Energiekreislauf«, S. 96).
- **Qi aufnehmen und zur Körpermitte transportieren:** Beim Einatmen visualisiert man, wie mit der Luft Qi in den Körper strömt, beim Ausatmen, wie es sich langsam hinuntersenkt bis zum Energiezentrum drei Zentimeter unterhalb des Nabels, wo es »gespeichert« wird.

So zentral das Zazen für das Zen, so zentral ist die Atmung für das Zazen. Taisen Deshimaru nennt die korrekte Zazen-Atmung »das *om*, der Samen, das *pneuma*, die Quelle allen Lebens«[39]. Da eine korrekte Atmung nur bei einer korrekten Haltung möglich ist, sollten interessierte Laien sich beides unbedingt von erfahrenen Zen-Lehrern zeigen lassen. Auch wenn sich das Zazen mit einfachen Worten beschreiben lässt, gehört es doch zu den komplexesten und wirkungsintensivsten Formen asiatischer Meditation.

Im Gehen meditieren: Kinhin

Eine sehr schöne Zen-Meditation ist *kinhin* (jap., chin. *jingxing*), die Gehmeditation. Man kann sie ans Zazen anschließen bzw. zwischen den Zazen-Sitzungen praktizieren, wie es in vielen asiatischen Klöstern gemacht wird. Grundsätzlich jedoch ist das Kinhin eine eigenständige Form der Meditation und kann deshalb auch für sich allein geübt werden.

Zazen im Gehen

Letztendlich ist Kinhin nichts anderes als Zazen im Gehen, das heißt, Konzentration, Atmung, Achtsamkeit, Einstellung bleiben gleich. Die Augen sind wie beim Zazen geöffnet, der Blick bewegt sich – etwa zwei Meter vor den Füßen – auf dem Boden mit. Die Hände berühren sich ungefähr vor dem Solarplexus, so dass die Unterarme in der Waagerechten eine Gerade bilden. Im Rinzai-Zen (das Hilfsmittel wie Koans, Atemzählung, Anschreien verwendet) und im Soto-Zen (das weitgehend auf Hilfsmittel verzichtet) kennt man unterschiedliche Handhaltungen:

- Rinzai: Beide Hände sind offen, die rechte befindet sich innen, die linke bedeckt sie von außen. Die Daumen liegen entweder mit den Spitzen aneinander oder sind gekreuzt.
- Soto: Die linke Hand bildet eine lockere Faust, die rechte bedeckt sie von außen.

Beim Gehen wird die Ferse zuerst aufgesetzt, dann rollt man den Fuß in einer gleichmäßigen, sanften Bewegung ab. Das Gewicht wird auf diesen Fuß verlagert, so dass der andere den Boden nur noch leicht mit dem Ballen berührt. Auf diese Weise geht man mit geradem Rücken und lockeren Schultern im Kreis durch den Meditationsraum, im Rinzai traditionell gegen den, im Soto im Uhrzeigersinn. Das Rinzai lehrt ein rascheres, das Soto ein sehr langsames, fast der Zeitlupe angenähertes Gehen. Zeitgenössische Meister, die im Westen unterrichten, lassen in mittlerem Tempo gehen, beispielsweise an den Atemrhythmus angepasst: jeweils ein Schritt

Die Unterschiede zwischen Rinzai und Soto

Hier noch einmal in der Übersicht die Unterschiede beim Kinhin zwischen Rinzai- und Soto-Zen:

	Rinzai	Soto
Hände	beide Hände offen, rechte innen, Daumen berühren sich an den Spitzen oder sind gekreuzt	linke Hand bildet Faust, rechte umschließt sie von außen
Richtung	gegen den Uhrzeigersinn	im Uhrzeigersinn
Tempo	mittelschnell bis schnell	langsam, fast in Zeitlupe

beim Ein- und beim Ausatmen. In manchen Schulen bleibt man für einen (kürzeren oder längeren) Moment auf dem Standbein stehen, bevor man den nächsten Schritt macht.

Die Koan-Meditation

Zu Koans wurde schon einiges gesagt (s. S. 222), auch Beispiele solcher paradoxer oder rätselhafter Sprüche und Dialoge finden sich weiter oben. In diesem Abschnitt soll es deshalb ausschließlich um die Praxis der Koan-Meditation gehen, unabhängig davon, ob sie als Teil des Zazen geübt wird oder nicht.

Grenzen des logischen Denkens

Koans werden seit dem zehnten Jahrhundert verwendet, um dem Zen-Schüler die Grenzen des logischen Denkens aufzuzeigen und ihm zu helfen,

> sie in einem intuitiven Sprung zu transzendieren, durch den er sich in der Welt jenseits aller logischen Widersprüche und dualistischen Denkweisen wiederfindet.[40]

Und bei Daisetz T. Suzuki heißt es: »Ein Koan ist dazu bestimmt, in jenen Schlupfwinkeln des Verstandes genährt zu werden, die von einer logischen Analyse niemals erreicht werden können.«[41]

Das Koan »Mu«

Schon das vermeintlich »simpelste« Koan, über das Zen-Meister gern weniger erfahrene Zazen-Praktizierende meditieren lassen, hat es in sich und ist mittels »logischer Analyse« nicht zu verstehen – es ist das berühmte Koan »Wu« (jap. *mu*):

> Ein Mönch fragte Meister Zhao-zhou: »Hat ein Hund Buddha-Natur oder nicht?«
> Zhao-zhou erwiderte: »Wu!«[42]

Wu bzw. das japanische *mu* bedeutet »nichts«, »das Nichts«. Das Koan erhält seine Komplexität vor allem dadurch, dass dem Buddha Shakyamuni zufolge alle Wesen – also auch Hunde – die Buddha-Natur in sich haben und dies sowohl dem Mönch als auch Zhao-zhou bekannt war. Natürlich kann man Zhao-zhous Antwort genauso als eine Art »Hundeknurren« verstehen – was es nicht einfacher macht. Der Kompilator der berühmten Koan-Sammlung *Wu-men-guan*, der chinesische Zhan-Meister Wu-men, befasste sich sechs Jahre lang mit diesem Koan, das ihn schließlich zur Erleuchtung führte.

»Ton der einen Hand«

Ebenfalls berühmt und Anfängern gern aufgetragen ist Hakuins Koan »Sekishu« (jap., »eine Hand«), im Deutschen bekannt unter der Bezeichnung »Ton der einen Hand«:

> Wenn man mit beiden Händen klatscht,
> hört man einen Ton.
> Was ist der Ton der einen Hand?[43]

Koan-Praxis

Wer mit einem Koan meditieren möchte, sollte nicht willkürlich eines auswählen. Der Zen-Tradition entspricht es, dass der Lehrer dem Schüler eines »zuweist«, welches er in Bezug auf den Charakter des Schülers und dessen Übungsfortschritt für passend hält.

Zwiegespräche mit dem Lehrer

Das Rinzai-Zen unterteilt die Koans in fünf Schwierigkeitsgrade; Koans der ersten Stufe wie die beiden eben genannten sind für erfahrenere Schüler, die bereits kurz vor einer ersten Erleuchtungserfahrung stehen. Im Westen wird das weniger strikt gehandhabt, doch auch hier sollte man nur unter Anleitung eines Lehrers mit einem Koan meditieren. Zur Koan-Praxis gehören Zwiegespräche mit dem Lehrer, bei denen der Schüler von seinen Erfahrungen mit dem Zazen und dem Koan spricht und seine Gedanken in Bezug auf den Sinn des Koans darlegt. Nur der Lehrer ist imstande, anhand dieser Gespräche zu erkennen, wieweit der Schüler auf dem Weg vorangekommen ist, wie es weitergehen soll etc.

Die Beschäftigung mit einem Koan findet ihre Fortsetzung im Unterbewusstsein, »sobald das Koan von Herz und Geist Besitz ergriffen hat«, wie Philip Kapleau schreibt[44]. In diesem Zustand erst ist Erleuchtung möglich, das Gewahrwerden der eigenen Buddha-Natur, die »leer, allgegenwärtig, still und rein« ist, »herrliche und geheimnisvoll friedvolle Freude«[45].

Fortsetzung im Unterbewusstsein

Katsuki Sekida gibt in *Zen-Training* genaue Anweisungen, wie man mit einem Koan meditiert; als Beispiel hat er das Koan »Wu/Mu« gewählt. Beginnen sollte man (Stufe 1), indem man mit Hilfe der Atemzählung die Gedanken unter Kontrolle bringt. Der Mund ist dabei geöffnet, und man kann beim Ausatmen lautlos »Mu« sagen.

Sind die Gedanken einigermaßen gebändigt, geht man zu einer »feineren« Atemweise über (Stufe 2). Jetzt ist der Mund geschlossen. Erst in diesem Stadium der Meditation bedeutet das »Mu«, welches das Ausatmen begleitet, »nichts« und kann als Koan gelten. Sekida weist darauf hin, dass der Sinn einer Koan-Meditation nicht ist, über das Koan *nachzudenken*. Das »Mu« soll *erfahren* werden, und dies wird möglich, indem

> Sie Mu lediglich als den Laut Ihres eigenen Atems nehmen und keine andere Vorstellung davon haben. [...] Wenn Ihnen diese Übung gelingt, wird Ihnen eines Tages aufgehen, dass Sie die Antwort schon bekommen haben; Sie werden in die Hände klatschen und in lautes Lachen ausbrechen. Wenn Sie hingegen anfangen, über den Sinn von Mu nachzudenken, verlieren Sie den Bezug zu Ihrer eigenen Unmittelbarkeit; schließlich treiben Sie hilflos auf hoher See umher, hin und her geworfen von den Fluten zahlloser Begriffe und Ideen.[46]

Längere Atempausen

Nachdem man ausreichend intensiv geübt hat, werden die Pausen zwischen den Atemzügen automatisch länger (die abschließende Stufe 3); bis zu 60 Sekunden können dazwischen liegen. Man beendet die Wiederholungen von »Mu«, der Geist ist ohne Gedanken. Auf dieser Ebene ist das Erkennen möglich, kann sich Samadhi einstellen.

8 Meditationen des tibetischen Buddhismus

Eine kurze Geschichte des tibetischen Buddhismus

Obwohl vergleichsweise nah an den heiligen Stätten des Buddhismus gelegen, adapierte Tibet die Lehre des Buddha verhältnismäßig spät: Die so genannte »Erste Verbreitung« fand ab dem siebten/achten Jahrhundert statt, die »Zweite Verbreitung« – nachdem die einheimische Bön-Religion den Buddhismus 200 Jahre später verdrängt hatte – ab dem elften.

Die vier Hauptschulen des tibetischen Buddhismus – Nyingma-pa, Sakya-pa, Kagyü-pa, Gelug-pa – basieren auf dem Mahayana, übernahmen jedoch die alten Mönchsregeln des hinayanischen Sarvastivada und kultische Methoden des Tantrayana. Außerdem flossen Elemente des auf schamanische Traditionen zurückgehenden Bön (Totenzeremonien, Orakel, Mysterienspiele, Rauchopfer, Gebetsfahnen etc.) in ihre Lehren ein. Heute gelten diese vier Schulen und das Bön gleichberechtigt als die fünf spirituellen Haupttraditionen Tibets. Allerdings hat die Gelug-Schule mit dem Dalai Lama seit dem 17. Jahrhundert die politisch-geistige Führung inne.

Songtsen Gampo

Der tibetische König Songtsen Gampo (gest. 649 oder 650) brachte das Mahayana in seine Heimat, als er Mitte des siebten Jahrhunderts aus politischen Gründen eine chinesische und eine nepalesische Buddhistin heiratete. Mit ihnen gelangten buddhistische Statuen und Texte nach Tibet, und auf ihren Wunsch hin ließ Songtsen Gampo buddhistische Tempel erbauen. Er selbst scheint der Lehre des Buddha gegenüber aufgeschlossen gewesen sein, während die anderen Angehörigen des Königshauses und das tibetische Volk dem Bön verhaftet blieben. Songtsen Gampo gilt den Tibetern heute als Emanation des Bodhisattva Avalokiteshvara (tibet.: Chenrezi).

Emanation

»Emanation« bedeutet im ursprünglichen buddhistischen Sinne »Ausstrahlungskörper« (tibet. *tulku*). Gemeint ist der irdische Körper, in den ein Buddha oder Bodhisattva nach seinem Tod freiwillig ins Leben zurückkehrt, um den Wesen auf ihrem Weg zu helfen oder seine Belehrungen fortzusetzen. Das tibetische »Tulku« bezeichnet in seiner anderen Bedeutung auch die bewusste Wiedergeburt eines hochverwirklichten Meisters. Bei manchen Personen treffen beide Bedeutungen zu: So ist der Dalai Lama gleichzeitig eine Emanation des Avalokiteshvara und die Wiedergeburt seines Vorgängers als Dalai Lama.[1]

Die Erste Verbreitung

Shantirakshita und Padmasambhava

Erst unter König Trisong Detsen (742–797) allerdings gewann der Buddhismus in Tibet an Bedeutung; mit ihm begann die Erste Verbreitung. Trisong Detsen, ein Anhänger der neuen Lehre, bat den berühmten indischen Gelehrten Shantirakshita (750–802) nach Tibet, um dort den Buddha-Dharma zu erläutern. Wenig später ließ er auch den Yogi und Tantriker Padmasambhava (»Der im Lotos Geborene«, achtes Jahrhundert) kommen, dem es gelang, Buddhismus und Bön fürs Erste miteinander auszusöhnen, indem er Elemente des Bön auf eine neue Weise interpretierte und für den Buddhismus adaptierte.

> Alte Bön-Götter und -Geister wurden als untergeordnete, durch einen Eid gebundene Beschützer in den Buddhismus integriert und konnten weiterhin vom Volk verehrt werden. So legte Padmasambhava den Grundstein für die typisch tibetische Form des Buddhismus.[2]

Mit Padmasambhava fasste der Buddhismus in Tibet Fuß, bald darauf wurde er zur Staatsreligion. Aufgrund seiner Verdienste genießt Padmasambhava als Guru Rinpoche

(»Kostbarer Lehrer«) und Vater des tibetischen Buddhismus noch heute höchste Verehrung.

Verfolgung unter König Langdarma

Repressalien gegen Buddhisten

Doch bereits im ersten Drittel des neunten Jahrhunderts verlor der Buddhismus gegenüber dem Bön wieder an Boden. König Langdarma (803–842), der den Bön-Priestern nahestand, setzte um 840 Repressalien gegen die tibetischen Buddhisten in Gang, die vom Adel, seit alters dem Bön verpflichtet, aktiv unterstützt wurden und in eine regelrechte Verfolgung mündeten. Klöster wurden enteignet, heilige Schriften verbrannt, tibetische Mönche zwangsweise in den Laienstand zurückversetzt, ausländische Mönche vertrieben. Nur Angehörige der buddhistischen »Weißen Gemeinde« – verheiratete Laien mit weißen Gewändern – verschonte man.

Die Zweite Verbreitung

Mit Beginn des elften Jahrhunderts kehrte der Buddhismus ins öffentliche und politische Leben zurück, als die westtibetische Königsfamilie sich zum Buddha-Dharma bekannte und damit die Zweite Verbreitung initiierte. Aus Indien und Kaschmir holten die Herrscher buddhistische Gelehrte, deren bedeutendster Atisha Dipamkara Shrijnana (ca. 982 bis 1055) war.

Atisha

Atishas Lehre gründete auf einer exakten Auslegung der kanonischen Texte und einer strengen Auffassung vom Weg des Bodhisattva, für den er »stufenweises Üben, strikte Tugendhaftigkeit, Studium der Schriften und Meditation«[3] vorschrieb. Außerdem versuchte Atisha, den Buddhismus ein Stückweit von Bön-Elementen zu befreien, brachte das *Kalachakra-Tantra* nach Tibet und sorgte für die Verbreitung des Kultes der Tara (Skrt., »Retterin«), einer Emanation von Avalokiteshvara. Die Göttin Tara, im tibetischen Buddhismus außerordentlich populär, symbolisiert den weiblichen Aspekt des Erbarmens und existiert in 21 Formen. Zwei davon, die Grüne und die Weiße Tara, waren, so heißt es, in den beiden buddhistischen Gattinnen von Songtsen Gampo verkörpert.

Atisha verfasste das *Bodhipathapradipa* (»Lampe des Weges zur Erleuchtung«), in dem er sein Verständnis des Mahayana darlegte und die praktizierenden Buddhisten in drei Kategorien einteilte: Die unterschiedlichen Ziele seien

1. eine gute Wiedergeburt
2. die eigene Erleuchtung
3. das Heil aller Wesen

Die Kadam-Schule

Lo Jong

Aus dem Wirken Atishas ging um 1056 die Kadam-Schule hervor (tibet. *ka* heißt »Lehre des Buddha«, *dam* »Worte, die, das Herz berührend, das Denken verändern«, *pa* »Schüler«, »Praktizierende«, »Schule«). Ihr Hauptziel war es anfangs, die korrekte Exegese der buddhistischen Schriften sicher zu stellen. Die Kadam-pa kombinierte die Mönchsregeln und die Lehre des Yogachara-Madhyamaka mit den Tantra-Praktiken, was die späteren großen tibetischen Schulen übernahmen. Ihre zentralen Lehren sind unter der Bezeichnung *lo jong* (tibet., »Läuterung des Geistes«) zusammengefasst. Noch heute werden bestimmte, am Bodhisattva-Ideal ausgerichtete Meditationsübungen der Kadam-Schule praktiziert, um den Geist zu läutern und den so genannten »Erleuchtungsgeist« (Skrt.: *bodhichitta*) zu erzeugen, Kennzeichen des Bodhisattva.

Wichtigster Vertreter der Kadam-pa nach Atisha war dessen Schüler Dromtön (1008–1064). Die Kadam-pa hatte bis ins 14. Jahrhundert großen Einfluss auf das buddhistische Leben Tibets, ging dann jedoch in der Gelug-Schule des Tsongkhapa auf.

Der Kanon des tibetischen Buddhismus

Kangyur und Tengyur

Im 14. Jahrhundert, als die Zweite Verbreitung des Buddhismus in Tibet ihrem Ende entgegenging, erstellte der Gelehrte Butön aus den über 4500 ins Tibetische übersetzten heiligen Texten Indiens zwei Kompendien, *Kangyur* und *Tengyur*. Sie gelten als die kanonischen Werke des tibetischen Buddhismus.

- Der *Kangyur* (»Übersetzung der Verkündigung des Buddha«) enthält die Unterweisungen des Buddha Shakyamuni und umfasst 1055 Texte bzw. 92 Bände.
- Der *Tengyur* (»Übersetzung der Lehre des Buddha«) enthält die indischen Kommentarwerke und umfasst 3626 Texte bzw. 224 Bände.

Die Rolle des Lama

Die tibetische Anrede »Lama« (»Höherstehender«) wird in zweierlei Bedeutungen verwendet. Zum einen ist damit ein spiritueller Meister gemeint, der den Buddha-Dharma auf reinste Weise verkörpert und von seinen Schülern verehrt wird. Voraussetzung dafür, diesen Titel tragen zu dürfen, war ursprünglich die jahrelange Ausbildung in buddhistischer Theorie und Praxis (Meditation), außerdem mindestens drei Jahre Leben in Zurückgezogenheit. Zum anderen benutzt man »Lama« mittlerweile allgemein als höfliche Anrede für einen tibetischen Mönch. Auf die große Bedeutung des Lama im ursprünglichen Sinne geht die Bezeichnung »Lamaismus« für den tibetischen Buddhismus zurück.

Die vier großen Schulen

Die vier neben dem Bön bedeutendsten spirituellen Traditionen Tibets sind

- Nyingma-pa
- Sakya-pa
- Kagyü-pa
- Gelug-pa

Sie entstanden während der Ersten (Nyingma) und Zweiten Verbreitung (die drei anderen). Die Unterschiede liegen vor allem in der »Heraushebung bestimmter Lehrelemente und Methoden«[4], weniger im Fundament: Alle basieren auf den Ordensregeln des *Vinaya-Pitaka*, den Theorien der großen indischen Buddhisten Nagarjuna (Madhyamaka) und Asanga (Yogachara) sowie dem Tantrayana als erfahrungspraktischer Anwendung der Theorie und »Abkürzungsweg zum Nirvana«[5]; dazu kommen Elemente des Bön.

Die Nyingma-Schule

»Schule der alten Lehren«

Die »Schule der alten Lehren« ist die älteste der vier Strömungen. Sie sieht ihre Wurzeln bei Padmasambhava und Shantirakshita und bildete sich während der Ersten Verbreitung im achten Jahrhundert. Den Mönchen und Laien, die sich dieser Tradition zugehörig fühlten, gelang es, ihre Lehre trotz aller Repressalien unter König Langdarma am Leben zu erhalten. Als Schule im eigentlichen Sinne kann man die Nyingma-pa dieser frühen Periode nicht bezeichnen, denn zahlreiche ihrer »Angehörigen«

> lebten als tantrische Yogis in Höhlen und kleineren klösterlichen Gemeinschaften. Viele anderen [...] waren Laien, hatten Familien und übten gewöhnliche Berufe aus. Sie traten lediglich zu bestimmten Anlässen in Erscheinung, um Rituale für das Wohlergehen der Gemeinschaft durchzuführen.[6]

Dzogchen

Zentraler Bestandteil der Nyingma-Schule ist das Meditationssystem *dzogchen* (tibet., »Große Vollendung«), manchmal auch *ati-yoga* (»Außergewöhnlicher Yoga«) genannt. Das Dzogchen, von Padmasambhava und seinem Lehrer Vimalamitra nach Tibet gebracht, gilt als geheime und erhabenste (deshalb »große«) Unterweisung Shakyamunis, die keine stufenweise, sondern eine spontane Bewusstwerdung anstrebt (zur Dzogchen-Praxis s. u.).

Die Sakya-Schule

Im 1073 gegründeten südtibetischen Kloster Sakya (»Graue Erde«) entwickelte sich seit Ende des elften Jahrhunderts die Sakya-Schule. Die Sakya-Äbte gehörten der Khön-Familie an, deren Ahne Lui Wangpo Sungwa ein Schüler von Padmasambhava und einer der ersten sieben in Tibet ordinierten

Mönche gewesen sein soll. Auch die Gründung des Klosters Sakya geht auf einen Khön – Könchog Gyälpo – zurück. Noch heute stellen die Khön die Oberhäupter der Sakya-pa.

Lamdre, »Weg und Ziel«

Könchog Gyälpo war Schüler des indischen Übersetzers und Tantrikers Drogmi (992–1072), der aus Indien neue Formen des Tantra gebracht hatte, das so genannte *lamdre*-System (tibet., »Weg und Ziel«). Grundlage dieses tantrayanischen Lehrzyklus war eines der ältesten buddhistischen Tantras, das die Nicht-Verschiedenheit von Samsara und Nirvana lehrte. Das Lamdre nennt drei Eigenschaften des Geistes[7]:

1. Der Geist ist klar.
2. Der Geist ist leer.
3. Der Geist ist die Einheit dieser beiden Aspekte.

Die Verwirklichung dieser drei Charakteristika bringt die (spezifisch tantrayanische) Erkenntnis, dass der Weg das Ziel ist.

Die Kagyü-Schule

Fast zeitgleich wie die Sakya-pa entstand im elften Jahrhundert als eigenständiges Schulsystem die Kagyü-pa (tibet., »Mündliche Übertragungslinie«). Ihr Gründer ist der Yogi, Übersetzer und Drogmi-Schüler Marpa (1012–1097), der tibetischen Buddhisten als Vorbild für Laien gilt, weil er, obgleich verheiratet und nicht ordiniert, sein Leben ganz den buddhistischen Lehren gewidmet hatte.

Milarepa

Einer der bekanntesten Heiligen Tibets ist der Yogi Milarepa (1052–1135). Sein Name bedeutet wörtlich »Mila, der das Baumwollgewand der Asketen trägt«, was darauf zurückzuführen ist, dass Milarepa mehrere Jahre lang, nur mit einem Baumwollgewand bekleidet, als Eremit in Himalajahöhlen lebte. Seine Erkenntnisse und Erfahrungen übermittelte er seinen Schülern später in Form von spirituellen Liedern, die als *Hunderttausend Gesänge* (tibet. *gurbum*) bekannt sind und noch heute gesungen werden.

Der Karmapa und seine Inkarnationen

Der Begründer der Karma-Kagyü-Linie, Düsum Khyenpa, wurde von seinen Lehrern als *Karmapa* (»Mann der

Buddha-Aktivität«, auch »Meister der erleuchteten Handlung«) erkannt, ein der Überlieferung zufolge von Buddha Shakyamuni und Padmasambhava angekündigter, hochverwirklichter Lama, der magische Kräfte besitze und in einer Reihe von Inkarnationen den Buddha-Dharma lehren werde. Vergleichbar mit dem Dalai Lama der Gelug-Schule, stellt der Karmapa die spirituelle Autorität der Karma-Kagyü-Schule dar. Seine Aufgabe ist es unter anderem, die Kontinuität der Lehre zu gewährleisten. Symbol der Karmapas ist eine schwarze Krone.

Mahamudra und Naro Chödrug

Mit dem Zweiten Karmapa, Karma Pakshi, begann die tibetische Tulku-Tradition der bewussten Wiedergeburt, die sich in allen Schulen des tibetischen Buddhismus etablierte (die Oberhäupter aller vier großen spirituellen Traditionen sind Tulkus).

Auf die Kagyü-Schule geht das Meditationssystem *Mahamudra* (Skrt., »Großes Siegel«, tibet. *chagya chenpo*) zurück, eine der höchsten tantrayanischen Lehren. Ebenfalls Kagyü-Praxis sind die Übungsmethoden *naro chödrug* (tibet., »Sechs Doktrinen des Naropa«) des indischen Klostergelehrten Naropa (1016–1100). Beide Meditationen werden weiter unten erläutert.

Die Gelug-Schule

Das tibetische Wort *gelug* bedeutet wörtlich »die Tugendhaften« und weist darauf hin, dass die Einhaltung der traditionellen Regeln des *Vinaya-Pitaka* und die Beschäftigung mit den kanonischen Texten für die Gelug-pas von besonderem Wert sind. Weil die Gelug-Schule die Institution des Dalai Lama hervorgebracht hat, ist sie die im Westen bekannteste Richtung des tibetischen Buddhismus. Etwa seit dem 17. Jahrhundert vertritt sie (mit dem Dalai Lama) alle buddhistischen Schulen des Landes in politischer Hinsicht. Sie geht ursprünglich auf die Tradition der Kadam-pa zurück und entstand als letzte der vier Hauptschulen des tibetischen Buddhismus mit dem Bau des Klosters Ganden (1409) nahe Lhasa.

Tsongkhapa

Gründer der Gelug-pa war Tsongkhapa (1357–1419), der »Mann aus dem Zwiebeltal« in der Provinz Amdo, wo er geboren worden war. Tsongkhapa wurde von Lehrern verschiedener Schulen ausgebildet und gilt als Emanation des Bodhisattva Manjushri. Er überarbeitete den tibetischen Kanon *(Kangyur* und *Tengyur)* und schrieb als Ergebnis dieser Arbeit seine beiden Hauptwerke, *Lamrim Chenmo* (»Große Darlegung der Stufen des Wege«) und *Ngagrim Chenmo* (»Große Darlegung des geheimen Mantra«).

Reformation durch Rückbesinnung

Die Lehre Tsongkhapas war wieder stärker am indischen Buddhismus ausgerichtet. Er gilt als bedeutendster Reformator des tibetischen Buddhismus. Das Madhyamaka war die philosophische Grundlage seiner Lehre, *Prajnaparamita-Sutra* und *Abhidhamma-Pitaka* gaben die Wege der Meditation vor, und der *Vinaya-Pitaka* reglementierte den Sangha. Als wichtigste tantrische Texte wertete Tsongkhapa das *Guhyasamaja-* und das *Kalachakra-Tantra*, andere sah er nicht im Einklang mit dem indischen Mahayana.

Der Dalai Lama

Das Oberhaupt der Gelug-pa heißt seit 1578 *Dalai Lama* (»Lehrer, dessen Weisheit so groß wie der Ozean ist«); in diesem Jahr nämlich verlieh der Mongolenfürst Altan Khan den Titel erstmals, und zwar an den dritten geistigen Führer der Schule nach Tsongkhapa, Sönam Gyatso. (Deshalb stammt die Bezeichnung »Dalai Lama« aus dem Mongolischen. Im Tibetischen heißt der »Dalai Lama« *Gyälwä Rinpoche* oder *Yeshe Norbu*, »Juwel der Weisheit«. *Gyatso* ist tibetisch und bedeutet »Ozean«). Rückwirkend nannte man dann dessen beide Vorgänger, die wie alle Dalai Lamas als Inkarnationen des Bodhisattva Avalokiteshvara gelten, ebenfalls so. Seit 1959 amtiert als Vierzehnter Dalai Lama der im Westen weithin bekannte Tenzin Gyatso (mit Geburtsnamen Hlamo Döndrup), der mit zwei Jahren als Inkarnation seines Vorgängers entdeckt und wenige Monate vor seinem fünften Geburtstag inthronisiert wurde.

Wichtige Symbole

Im Folgenden einige Begriffe und Symbole, die im tibetischen Buddhismus von grundlegender Bedeutung sind:[8]

Dorje

»Herr der Steine, Diamant«, Skrt.: *vajra*. Als Vajra ursprünglich »Blitzstrahl, Donnerkeil, Dolch«. Steht im tibetischen Buddhismus für Shunyata (Leere), Wahre-Wirklichkeit, männliche Energie, Unzerstörbarkeit, Unerschütterlichkeit, männliches Symbol des Weges zur Erleuchtung. (S. a. »Drilbu«).

Der Dorje

Drilbu
»Glocke«, Symbol des Weiblichen, steht für Prajna, den Klang und die Worte der Buddha-Lehre, aber auch für Vergänglichkeit. Dorje und Drilbu erscheinen im tibetischen Buddhismus fast immer gemeinsam und verkörpern dann Weg und Ziel jenseits aller Dualitäten/Polaritäten. Der Dorje wird in der rechten, die Drilbu in der linken Hand gehalten.

Lungta
»Gebetsfahne«, mit Mantras und Gebeten bedrucktes Papier, das seine Botschaft durch die Bewegungen im Wind in die Welt schicken bzw. an eine Gottheit gerichtete Wünsche in Erfüllung gehen lassen soll.

Tibetische Gebetsfahne

OM
Skrt., auch AUM, mantrische Silbe, Symbol der Manifestation der spirituellen Kraft, im Buddhismus vor allem im Tantrayana von großer Bedeutung. OM verkörpert die Präsenz des Absoluten in der realen Welt der Erscheinungen.

Die mantrische Silbe Om. Die Kurven symbolisieren die materielle Welt des Wachbewusstseins (1), die Ebene der Traumzustände/des Geistigen (2) und die Ebene des Schlafes/des Unbewussten (3). Der Punkt rechts oben steht für das absolute Bewusstsein

OM, MAIN PEME, HUNG
Tibet., »Om, Juwel im Lotos, hung«, Skrt.: OM, MANI PADME, HUM. Ältestes und bedeutendstes Mantra des tibetischen Buddhismus. OM und HUNG verkörpern als »Keimsilben« Anfang und Ende, »Juwel im Lotos« steht für das Absolute, den im Bewusstsein des Individuums zu erzeugenden »Erleuchtungsgeist« eines Bodhisattva. Das Mantra wird bei der Meditation rezitiert und beinhaltet den Wunsch der Befreiung aller Individuen aus dem Kreislauf der Wiedergeburten.

Das heiligste tibetische Mantra: OM, MANI PEME, HUNG

Thangka/Thanka
»Bild, Malerei«, Rollbild aus Seide oder Baumwolle mit religiösen Funktionen, z. B. der Darstellung von buddhistischen Lehrinhalten (Rad des Lebens) oder als Visualisierungshilfe bei der Meditation.

Die bedeutendsten Schriften des tibetischen Buddhismus

- ***Bardo Thödol*** (dt. *Befreiung durch Hören im Zwischenzustand*, bekannt als *Tibetisches Totenbuch*). Prozess von Tod und Wiedergeburt mit Ritualen; 8. Jh., im 14. Jh. in die endgültige Form gebracht
- ***Bodhipathapradipa*** (dt. *Lampe des Weges zur Erleuchtung*). Lehren des Mahayana; 11. Jh.
- ***Gurbum*** (dt. *Hunderttausend Gesänge*). Erkenntnisse und Erlebnisse von Milarepa; 11./12. Jh.
- ***Dagpo Thargen*** (dt. *Juwelenschmuck der Befreiung*). Lehren von Kagyü- und Kadam-Schule; 12. Jh.
- ***Kangyur/Tengyur*** (dt. *Übersetzung der Verkündigung des Buddha/Übersetzung der Lehre des Buddha*). Mahayana-Sutras, Tantras, Vinaya-Regeln in 92 Bänden/altindische Kommentare in 224 Bänden; 14. Jh.
- ***Ngagrim Chenmo*** (dt. *Große Darlegung des Geheimen Mantra*). Der tantrische Weg nach Tsongkhapa; 14./15. Jh.

Die Vajrasattva-Meditation

Für tibetische Meditationen, die in der Regel auf das Tantrayana zurückgehen, gilt grundsätzlich: Sie ohne Anleitung durch einen erfahrenen Meister zu praktizieren ist für Anfänger undenkbar. Zum einen sind beispielsweise die Visualisierungen für den Westler in aller Regel viel zu komplex und »fremd«, als dass man sie ohne Einweisung verstehen und einüben könnte; und falls das doch gelingt, hätte es nicht den gleichen Nutzen, wie wenn man unter einem Lehrer lernen würde. Zum anderen – und davon war ja schon die Rede – darf man die psychischen und physischen Wirkungen mancher Meditationen nicht unterschätzen. Nicht ohne Grund sind sie noch immer teilweise geheim und werden mündlich vom Meister an den Schüler weitergegeben.

Allgemeines zur Vajrasattva-Meditation[9]

Geistige Reinheit und Läuterung

Die Meditation des Buddha Vajrasattva stammt aus der »Vajrayana-Phase« des indischen Tantrayana, die mit dem sechsten Jahrhundert nach der Zeitenwende einsetzte (Skrt. *vajrayana* bedeutet »Diamant-Fahrzeug«), und ist heute als religiöse Praktik aller tibetischen Buddhismus-Traditionen bekannt. Der Buddha Vajrasattva (Skrt., »Diamant-Wesen«, tibet.: Dorje Semba) verkörpert geistige Reinheit und Läuterung. Auf Abbildungen hält er den Dolch (Dorje), auf das Herz gerichtet, in der rechten Hand, die Glocke (Drilbu) in der linken – Symbole für Vajrasattvas unzerstörbare Essenz, seine Weisheit, seine Barmherzigkeit und Shunyata, die Leere.[10]

Verlauf

Die Meditation des Buddha Vajrasattva dient dazu, Körper, Geist und Rede zu reinigen. Als Vorbereitung visualisiert man Vajrasattva über dem eigenen Scheitel. Die eigentliche Meditation fängt in den meisten Schulen und Traditionen damit an, dass man sich – in der entsprechenden Sitzposition – an unheilsame Handlungen und Vergehen gegen andere, aber auch gegen sich selbst erinnert und gelobt, sie fortan nicht zu wiederholen. Dieser erste Schritt endet mit der Huldigung der Buddhas und Bodhisattvas.

Vajrasattva auf dem Thron

Daran schließt sich eine konkretere Visualisierung des Vajrasattva an. Man stellt sich oberhalb des eigenen Scheitels einen Thron vor, der die Form einer Lotosblüte hat. In seiner Mitte liegt ein Kissen, in dessen Zentrum wiederum man die tibetische Silbe HUNG (Skrt.: HUM) visualisiert. Aus dieser Silbe manifestiert sich in der Halblotosposition der leuchtend weiße Vajrasattva, dessen rechter Zeh sich auf dem Kopf des Übenden befindet. In der rechten Hand hält der Buddha über dem Herzen den Vajra/Dorje, in der linken auf Taillenhöhe Drilbu, die Glocke. Von der Silbe HUNG im Herzen des Buddha geht in alle Richtungen Licht aus.

Dieser visualisierte Vajrasattva ist genauso »eine Schöpfung des Geistes, letztlich ohne echte substantielle Existenz«[11], wie man selbst. Später einmal, so schreibt der Buddhismus-Forscher John Powers, werde der Übende begreifen, dass der vorgestellte Buddha der eigene Geist sei, der sich durch Vajrasattva manifestiere.[12] Vajrasattva steht sinnbildlich für die eigene Potenzialität, zum Buddha zu werden.

Reinigung von allem Schlechten

Nun reinigt man Körper und Seele, indem man sich vorstellt, dass von der Silbe HUNG aus ein Strom Ambrosia durch den Scheitel in den eigenen Körper hinein- und nach unten fließt (das Ambrosia steht für Vajrasattvas Weisheit und Barmherzigkeit). Dabei lösen sich alle negativen Emotionen, das schlechte Karma und die Geistesplagen – in der Vorstellung eine dunkle, zähflüssige Substanz – und werden durch die Poren aus dem Körper ausgestoßen, der nun stattdessen von heilendem Ambrosia gefüllt ist.

Identifikation mit Vajrasattva

Als nächsten Schritt stellt man sich vor, der eigene Körper wäre der des Vajrasattva, und identifiziert sich mit allen Attributen, Handlungs- und Denkweisen des Buddha. Dabei spricht man ein bestimmtes Mantra, z. B. das »kurze Vajrasattva-Mantra«, »OM, VAJRASATTVA, HUNG« (am besten, so heißt es, 600 000-mal). Nun bekennt der Praktizierende seine religiösen Verfehlungen vor dem Buddha und gelobt, sie nicht zu wiederholen. Er macht sich bewusst, dass er selbst als bedingt entstandenes Wesen leer ist, ohne Selbst-Natur, und erkennt, dass aus diesem Grund auch seine Sünden, Fehltritte und Schwächen ohne Selbst-Natur, sprich ohne Substanz und durch konzentriertes Üben aufzulösen sind.

Abschluss der Übung

Die Meditation endet damit, dass man ihre positiven Wirkungen auf einen selbst allen Lebewesen zuweist, denn der

Übung sollen keine egoistischen Motive zugrunde liegen – man handelt zum Wohle aller. Nun stellt man sich vor, dass Vajrasattva zu Licht wird und in einen selbst eingeht, so dass man sich in ihn verwandelt – auf diese Weise beugt man der Gefahr der Anhaftung an das Bild des Buddha vor.

John Powers schreibt über den Hintergrund dieser Meditation:

Wirksame Praxis

> Diese Praxis ist sehr wirksam, da man die tatsächliche Verfassung der Gottheit in sich heranbildet und nicht mehr nur Eigenschaften, die mit der Gottheit vereinbar sind. Tantrische Meditation versetzt einen in den Stand eines Buddha, und man nährt in sich die Auffassung, dass man wirklich ein voll erleuchtetes Wesen ist, mit der ganzen Erhabenheit eines Vajrasattva begabt. Und indem man sich selbst als ein Wesen von Vajrasattvas erleuchtetem Wirken visualisiert, wird einem der Zustand der Buddhaschaft immer vertrauter. Buddhaschaft ist dann kein fernes Ziel mehr, sondern schon Teil der gegenwärtigen Praxis – ein Ziel, dem man schnell näher kommt.[13]

Dzogchen

Wie erwähnt, gilt dieses Meditationssystem der Nyingma-Schule als geheime und erhabenste Unterweisung des Buddha und strebt keine stufenweise, sondern eine spontane Bewusstwerdung an. Im Kern dieser Lehre – in die auch Aspekte des Zhan eingeflossen sind – steht der Gedanke,

> dass der Geist als selbstentstandenes Wissen seinem Wesen nach rein und unbefleckt ist. Da dies jedoch nicht erkannt wird, irren die Lebewesen im Kreislauf der Existenzen [...] umher.[14]

Der Geist-Vajra

Voraussetzung also, um aus dem Samsara ausscheiden zu können, ist, dass die Reinheit des Geistes erkannt wird, und dies ist die Buddha-Natur. Das Geistbewusstsein der Skandhas wird im Dzogchen, wie Hans Wolfgang Schumann schreibt, »in mehrere Schichten« unterteilt. Dzogchen bedeutet die Verwirklichung vollkommener Leerheit, ist ein Zustand, in dem die unterste Schicht des Bewusstseins erfahren wird, nämlich der zeitlose »Geist-Vajra«, der dem Zusammenwirken alles bedingt Entstandenen nicht unterworfen ist und auch als »Klares Licht«, »Geistgrund« oder »Geistwurzel«[15] bezeichnet wird. Der Dalai Lama schreibt, sogar wenn man ein Lebewesen mit Begierde, Hass und Verwirrung sei,

> bleibt der Geist-Vajra selbst völlig frei von der Verunreinigung durch all diese Beschmutzungen. Wasser kann sehr schmutzig sein, aber sein Wesen bleibt klar – seine Natur ist von dem Schmutz nicht betroffen. Ähnlich bleibt der Geistgrund selbst […] durch die Verschmutzung völlig unberührt […].[16]

Wo ist der Geist?

Teil der Dzogchen-Meditation ist die Erörterung der Frage nach dem Geist: Woher kommt er? Wohin geht er? Ist der Geist von gestern der von heute und der von morgen? Wenn nicht, wo ist dann der Geist von gestern jetzt? Diese Überlegungen gehen mit dem Versuch einher, den Geist im Körper ausfindig zu machen, potenzielle »materielle« Ursprungsorte ausfindig zu machen.

> Wenn man sich, in der Form meditativer Introspektion, lange genug mit diesen Fragen beschäftigt hat, wird man erkennen, dass der Geist nirgendwoher kommt und nirgendwohin geht. Dann kann der Geist nur Leere sein, und die Bilder des Geistes treten aus dieser Leere hervor und gehen wieder in ihr auf, ohne Spuren zu hinterlassen […][17]

Der schnellste und schwierigste Weg

Obwohl viele Texte zu und über Dzogchen existieren, ist die Initiation des Schülers durch einen Lehrer gerade bei einer so schwierigen und wirkungsvollen Meditation nicht zu ersetzen. Die Praxis beginnt nicht erst beim Dzogchen selbst,

selbst wenn sich, wie die Nyingma-Schule es lehrt, die Erkenntnis letztlich spontan einstellt. An diesen Punkt wird nur gelangen, wer seinen Geist durch Meditation geschult und vorbereitet hat. John Powers warnt, es sei

> der schnellste aller Pfade, aber nur wenige besitzen die spirituelle Befähigung, ihn zu gehen. In den Dzogchen-Texten finden sich zahlreiche Geschichten von Menschen, die auf diesem Pfad scheiterten, weil sie dachten, er erfordere keine Anstrengungen, da er ja ohne Rituale, Visualisationen und andere äußerlich sichtbare Aktivitäten auskommt. Das ist ein Irrtum, denn tatsächlich ist Dzogchen nur für sehr wenige geeignet [...][18]

Das Mahamudra-Meditationssystem

Allgemeines zur Mahamudra

»Großes Siegel«

Über die bedeutenden indischen Tantrayanins Tilopa und Naropa sowie den Tibeter Marpa gelangte das Meditationssystem *mahamudra* (Skrt., »Großes Siegel«, tibet. *chagya chenpo*) nach Tibet. Die Mahamudra – eine der höchsten tantrayanischen Lehren – weist Ähnlichkeiten mit dem Dzogchen der Nyingma-pas auf. In beiden nämlich geht es darum, »die Licht-Natur des Geistes unmittelbar zu erkennen und dadurch zu augenblicklicher Selbstverwirklichung zu kommen«[19]. Nur mit Hilfe eines erleuchteten Lama kann es dem Übenden gelingen, die Mahamudra erfolgreich zu praktizieren. Man kennt zwei Formen der Mahamudra: die »gewöhnliche« und die »außergewöhnliche«.

Tilopas berühmter »Gesang von Mahamudra« beginnt so:

> Mahamudra ist jenseits aller Worte und Bilder;
> doch dir, Naropa, dem ernst und eifrig Übenden,
> sei dies gesagt:
>
> Die Leere bedarf keiner Stütze,
> Mahamudra stützt sich auf nichts.

Ohne sich anzustrengen,
gelöst und natürlich bleibend,
kann man das Joch zerbrechen
und Befreiung erlangen.

Wenn man, in den Raum hinausstarrend,
nichts sieht, und zugleich
der Geist den Geist erschaut,
vergehen alle Unterscheidungen
und Buddhaschaft ist erreicht.[20]

Vorbereitung: Die Ngöndro

Die außergewöhnliche Mahamudra kann erst praktiziert werden, wenn man die so genannten »vorbereitenden Übungen« (tibet. *ngöndro*) absolviert hat. Das sind:

1. Zufluchtnahme zu den »Drei Juwelen«: Buddha, Dharma und Sangha
2. 100 000 Niederwerfungen, in der Regel vor einem religiösen Symbol wie Altar, Buddha-Statue, Tempel und Ähnlichem, wobei die richtige geistige Haltung wichtig ist, sonst verkommt die Niederwerfung (in der katholischen Theologie »Prostration«) zur sportlichen Übung
3. Meditation des Buddha Vajrasattva, um Körper, Geist und Rede zu reinigen
4. Mandala-Opfer, bei dem man sich vorstellt, man opferte den Buddhas, Bodhisattvas und seinem Guru etwas Wertvolles wie Gold
5. Visualisierung einer den Lama symbolisierenden Gottheit

Grundlage, Pfad und Frucht

Als weitere Voraussetzungen für die Mahamudra-Meditation nennt John Powers ein hohes Maß an Motivation, Mitgefühl, Intelligenz und Vertrauen in den Lama. Die Mahamudra – die manchmal mit dem japanischen Zen verglichen wird – basiert auf der Dreiteilung Grundlage, Pfad und Frucht:

Die Grundlage ist rechte Einsicht; man gewinnt sie dadurch, dass man die Natur des Geistes erkennt. Durch Meditation wird der Geist stabiler und ruhiger, und damit beginnt die allmähliche Ablösung vom gewohnten Denken in seiner Ziellosigkeit und Verblendung. Dies wird weitergeführt durch die Praktiken des Pfades, insbesondere die Meditation über die Natur des Geistes. Der Weg gipfelt darin, dass man das in der Natur des Geistes liegende Potenzial zur Buddhaschaft verwirklicht – und das ist es, was man »Frucht« nennt.[21]

Shamatha und Vipassana

Die »gewöhnliche Mahamudra« und der Hauptteil der außergewöhnlichen bestehen aus dem Verweilen in Ruhe (Skrt.: *shamatha*), bei dem man sich auf den Meditationsgegenstand konzentriert, um den Geist zu beruhigen. Daran schließt sich die Vipassana-Meditation an, mit deren Hilfe man die drei Merkmale des Daseins erkennt, Anitya (Vergänglichkeit), Duhkha (Leidhaftigkeit) und Anatman (Nicht-Wesenheit). Meditationen über Shunyata und weitere buddhistische Begriffe folgen.

Naro Chödrug

Der bereits erwähnte Marpa reiste im Anschluss an seine Ausbildung in Tibet ins indische Nalanda und lernte dort bei dem Klostergelehrten Naropa (1016–1100). Dessen Übungsmethoden *naro chödrug* (tibet., »Sechs Doktrinen des Naropa«), von Marpa nach Tibet übermittelt, sind noch heute zentraler Bestandteil der Kagyü-Schule. Naropa seinerseits hatte diese Meditationstechniken, die verschiedene Tantra-Systeme des indischen Buddhismus kombinieren, von seinem Lehrer erlernt, dem bedeutenden indischen Mönch und Yogi Tilopa (988–1069). Entsprechend gelten Tilopa als der Erste Patriarch des Kagyü, Naropa als der Zweite und Marpa als der Dritte, wobei Letzterer als erster tibetischer Patriarch gewertet wird.

Die sechs Naro-Chödrug-Übungen – neben der Mahamudra die wichtigsten Meditationstechniken der Kagyüpa – sind:[22]

1. **Erzeugung der »Inneren Hitze«** (tibet.: *tumo*). Durch Regulierung des Atemrhythmus, der Konzentration auf das Nabelzentrum und die Visualisierung bestimmter Silben steigert der Übende seine Körperwärme.
2. **Erfahrung des eigenen Körpers als Trugbild** *(gyulü)*. Der »Illusionskörper« ist ein feinstofflicher Körper jenseits der Skandhas, zugleich auch Teil von ihnen. Im Naro Chödrug wird bei dieser Übung der Körper geläutert.
3. **Zustand des Traumes** *(milam)*. Dabei werden Traumbilder benutzt, um sich spirituell weiterzuentwickeln, die Träume zu beeinflussen und die Wirklichkeit als Traum zu erkennen.
4. **Wahrnehmung des Klaren Lichtes** *(ösel)*. Der Meditierende gelangt beim *ösel-yoga* zu dem im Zusammenhang mit dem Dzogchen erwähnten Geistgrund bzw. Klaren Licht.
5. **Lehre des Zwischenzustandes** *(bardo)*. Bardo ist ein »Zustand« zwischen Tod und Wiedergeburt.
6. **Praxis der Bewusstseinsübertragung** *(phowa)*. »Phowa« heißt wörtlich »Wechsel des Ortes«. Bei diesem Yoga transferiert der Sterbende sein Bewusstsein im Moment des Todes in ein Reines Land. In diesem »Zwischen-Paradies«, (meist ist das Sukhavati des Buddha Amitabha gemeint), kann der »dort Wiedergeborene ohne Störung durch äußere Versuchungen […] Gier, Hass und Unwissenheit in sich aufheben und so Nirvana erreichen«[23]. Um das zu erreichen, bereiten sich die Mönche zu Lebzeiten mit Hilfe bestimmter Mantras und Meditationen auf den Moment des Sterbens vor.

Wer diese Übungen erfolgreich praktiziert, lernt, feinstoffliche Energien des Körpers zu kontrollieren und zu nutzen und erwirbt auf diese Weise übernatürliche Fähigkeiten, mit deren Hilfe die Erleuchtung verwirklicht werden kann.

Bardo-Thödol-Meditation[24]

Tibetisches Totenbuch

Im 14. Jahrhundert wurde das auf Padmasambhava zurückgehende *Bardo Thödol* (tibet., »Befreiung durch Hören im Zwischenzustand«) entdeckt, das heute unter der Bezeichnung *Tibetisches Totenbuch* bekannt ist. Darin geht es um den Prozess des Sterbens und der Wiedergeburt aus Sicht des tibetischen Buddhismus, ursprünglich in Form einer auf dem Vajrayana basierenden Meditation, die später zu einem allgemeinen Totenritual mit Zeremonien und Lesungen für den Verstorbenen erweitert wurde.

Sterben und Wiedergeburt sind im *Bardo Thödol* in drei Phasen – bzw. »Zwischenzustände« oder *Bardos* – unterteilt:

1. Bardo des Augenblicks des Todes
2. Bardo der Höchsten Wirklichkeit
3. Bardo des Werdens

Mit Hilfe der *Bardo-Thödol*-Meditation versuchen praktizierende Buddhisten, im Moment des Sterbens den Kreislauf der Wiedergeburten zu durchbrechen, indem sie die drei Zwischenzustände als vom Ego verursacht erkennen und damit die Vorstufe zum Nirvana erreichen. Als Begleitritual für einen Verstorbenen enthält das *Bardo Thödol* bestimmte Ermahnungen, die ein Lama vorliest. Sie sollen dem Toten helfen, das Wahre-Wesen zu erkennen und aus dem Kreislauf der Wiedergeburten auszuscheiden. Gelingt das nicht, weil Karma angehäuft wurde, durchläuft der Tote die drei jeweils eine bestimmte Anzahl von Tagen währenden und mit Visionen verbundenen Bardos, um dann wiedergeboren zu werden.

Phowa-Meditation

Die Bardo-Thödol-Rituale spielen in allen Traditionen des tibetischen Buddhismus eine Rolle. Bereits zu Lebzeiten bereitet man sich durch eine *phowa* (»Wechsel des Ortes«) genannte Meditation – eine der sechs Naro-Chödrug-Übungen – auf den Moment des Sterbens vor. Die Phowa-Meditation soll den Praktizierenden in die Lage versetzen, im Sterben das Bewusstsein in ein Buddha-Paradies – beispielsweise Sukhavati des Buddha Amitabha – zu transferieren.

Mantra-Meditation

Bedeutung eines Mantra

Ein *mantra* (Skrt., wörtl. etwa »Instrument des Denkens«) ist eine Silbe bzw. Silbenfolge mit besonderer »Kraft«, also eine Art Zauberspruch oder auch »Wirkwort«[25]. Im traditionellen tibetischen Buddhismus erhält der Schüler von seinem Lehrer nach langjähriger Ausbildung in einem Initiationsritus ein bestimmtes, geheimes Mantra mitgeteilt. Das kann ein einzelnes Wort sein oder auch eine Verkürzung von mehreren Wörtern oder Sätzen. Ein Mantra hat eine spezielle Bedeutung oder Konnotation und ist eine Art

»Schlüssel« zur Erleuchtung

> Schlüssel, mit dem der Sadhaka (Adept) in sich selbst den Zugang zum Absoluten und damit zur Erlösung aufschließen kann. Mantras wirken nicht nach außen, sondern als psychoaktive Medizin nach innen, indem sie zum Erlebnis der Befreiung führen.[26]

Verbindung zur Gottheit

Allerdings gelingt das nur, wenn der Schüler ein entsprechend sittliches und meditatives Leben geführt hat. Während man in manchen buddhistischen Schulen Mantras bei der Meditation ein ums andere Mal wiederholt, um sich der Hilfe beispielsweise eines Buddha zu versichern (wie Amitabha), haben sie im tibetischen Buddhismus eine weiter gehende Bedeutung:

> In der tantrischen Praxis spricht man sie, um karmische Verbindungen zu den Meditationsgottheiten zu knüpfen und durch Verinnerlichung der vom Mantra repräsentierten göttlichen Eigenschaften eine Umorientierung des Bewusstseins zu erreichen. Wer beispielsweise mehr Mitgefühl entwickeln möchte, könnte das Mantra Avalokiteshvaras rezitieren, der als Verkörperung der Barmherzigkeit gilt [...][27]

Im Klang des Mantra sind besondere Qualitäten enthalten, die der Praktizierende durch das Rezitieren im eigenen Geist verwirklichen will. Abgesehen davon denkt man während der Meditation auch über Bedeutung und Inhalt des Mantra nach. Manche Mantras haben keinen logischen Sinn, doch spielt das keine Rolle – wichtig ist dann, was der Praktizierende in dem Mantra sieht.

Klarheit des Geistes

Die Mantra-Rezitation schafft die Voraussetzung für die Erleuchtung:

> Mantras sind wirksam, weil sie dazu beitragen, den Geist still und friedvoll zu halten und ihn zu vollkommener Sammlung zu bündeln. Sie machen den Geist für sehr subtile Schwingungen empfänglich, das heißt, sie sensibilisieren die Wahrnehmung. Die Rezitation schleift alles grob Negative ab, und in der dann herrschenden Klarheit des Geistes kann sich die wahre Natur aller Dinge spiegeln. Durch die Praxis mit einem transzendenten Mantra kann man wahrhaftig alle verunreinigten Energien von Körper, Rede und Geist läutern.[28]

Die Mantra-Rezitation kann für sich stehen oder im Rahmen eines komplexen Meditationssystems angewandt werden, beispielsweise bei den Tantra-Meditationen.

Mandala-Meditation

Eines der bekanntesten tantrischen Rituale ist die Einführung in ein *mandala* (Skrt., »Kreis, Bogen, Abschnitt«), eine symbolische, bildhafte Darstellung kosmischer Kräfte, beispielsweise einer Gottheit. Grundsätzlich dient das Mandala als Visualisierungshilfe und verkörpert die Zusammenführung der unterschiedlichsten Elemente zu einer Einheit. Chaos und Komplexität werden in der bildlichen Darstellung zu einem Muster angeordnet, in dessen Reduziertheit die kosmischen Kräfte vereinfacht und erfahrbar wiedergegeben werden. Mit Hilfe des einer bestimmten Gottheit zugeordneten Mandala kann der Übende diese Gottheit visualisieren, um ihre Kräfte für sich nutzbar zu machen, sich von

Bekannte und häufig rezitierte tibetische Mantras

OM, MANI PEME, HUNG
»Om, Juwel im Lotos, hung.«

OM, MUNI MUNI MAHAMUNAYA SWAHA
Mantra des Buddha Shakyamuni

OM, NAMO AMITABHAYA, BUDDHAYA, DHARMAYA, SANGHAYA, HUNG
»Ich verneige mich vor Amitabha, vor Buddha, Dharma und Sangha.«

OM, TARE TUTTARE TURE SOHA
Mantra der Grünen Tara

OM AH HUNG
Diese Silben symbolisieren Körper, Rede und Geist des Buddha.

OM AH HUNG VAJRA GURU PADMA SIDDHI HUNG
Mantra des Padmasambhava

ihr unterweisen zu lassen und am Ende selbst zu dieser Gottheit zu werden.

Zentrum des Universums

Ganz abgesehen von dieser traditionellen Bedeutung verkörpert ein Mandala das Zentrum des Universums, ist

> Sinnbild für das Eine, das alles in sich einschließt. Ein Mandala zeigt, wie aus dem Einen die Vielfalt wächst und hinter jeder Vielfalt wieder das Eine liegt. […] Sowohl bei der Meditation als auch beim Mandala geht es um den Weg in die Mitte, aus der alles kommt, zu der alles hinstrebt, in der alles enthalten ist.[29]

Grundform des Mandala

Weitgehend unabhängig von spirituellen/traditionellen Inhalten und Praktiken ist das Mandala-Malen heute als Meditationsform im Westen sehr beliebt.

Der Traum-Yoga

Eine auf Naropa (1016–1100) und dessen Übungsmethoden Naro Chödrug zurückgehende Technik ist der Traum-Yoga, in den auch Vorstellungen des schamanischen Bön eingeflossen sind. Dabei meditiert der Praktizierende während des Schlafs und beeinflusst die Trauminhalte und -bilder. Der Traum-Yoga wird auch »Klar-Träumen« genannt und bedarf wie andere tantrische/tibetische Meditationspraktiken einer Einführung durch einen erfahrenen Lehrer.

Das Bewusstsein transzendieren

Ziel des Traum-Yoga ist es, das Bewusstsein, das im Wachzustand auf den physischen Körper ausgerichtet ist und sich beim Schlafen »ausschaltet«, bei der »feinstofflichen« Arbeit zu beobachten und zu lenken. Die tibetische Lehre geht davon aus, dass das Bewusstsein nicht an Raum und Zeit gebunden ist und als auf den Körper bezogenes Wachbewusstsein beispielsweise durch den Traum-Yoga transzendiert werden kann. Die Grenzen zwischen physischem und feinstofflichem Körper werden, so heißt es, durchlässig, der Übende kann sich bewusst in beiden bewegen.[30] Zum Traum-Yoga gehören Übungen, die man im wachen Zustand praktiziert. Viele tibetische Lamas und Lehrer weisen darauf hin, dass der Traum-Yoga für ihren spirituellen Weg von großer Bedeutung sei.

Tantra-Meditationen

Voraussetzungen für die Praxis

Gelübde und Rätsel

Die äußerst komplexe tantrische Meditationspraxis umfasst Rezitationen von Mantras und buddhistischen Texten, Visualisierungen und weitere Übungen. Für Anfänger eignen sich Tantra-Meditationen nicht, man sollte – *muss*, der Tradition zufolge – bereits verschiedene andere Meditationssysteme durchlaufen, den eigenen Geist also vorbereitet haben. Diese Voraussetzung ist nicht willkürlich: Schon die Tantrayanins wussten, dass ihre esoterische Praxis »psychisch« gefährlich sein konnte, wenn der Übende nicht bereits über ausreichend Erfahrung, Konzentrationsfähigkeit und Unerschütterlichkeit im buddhistischen Sinne verfügte. Aus diesem Grund verlangte das Tantrayana, dass die Einzuweihenden bestimmte Gelübde ablegten, und aus diesem Grund verrätselte es seine Schriften, die in ihrer grundlegenden Bedeutung nur von Tantrayanins verstanden wurden.

Initiation

Eine weitere grundlegende Voraussetzung für die Tantra-Praxis ist, dass man von einem autorisierten Guru initiiert worden sein muss. Einweihungen sind grundsätzlich aus drei Gründen von großer Bedeutung. Zum Ersten überträgt der Lehrer dabei Kraft auf den Schüler, zum Zweiten erteilt er ihm so die Erlaubnis, sich in einer Tantra-Meditation zu schulen, und zum Dritten entsteht auf diese Weise eine »karmische Verbindung«[31] zwischen Schüler, Lehrer und Gottheiten.

Vier Tantra-Klassen

Das Tantra-System umfasst vier Klassen oder Ebenen, die ein Übender je nach Befähigung beschreitet. Kennzeichen der vier Kategorien sind vor allem die Wirksamkeit ihrer jeweiligen Methoden. Auf allen Stufen erzeugt der Praktizierende in sich Glückseligkeit – jeweils auf eine andere Weise –, die er in spirituelle Einsicht transfomiert.
Die vier Ebenen sind:

1. **Kriya-Tantra** (»Handlungs-Tantra«) mit äußeren Ritualen wie Mantra-Rezitationen, Niederwerfungen, Gebeten, Opfern, Verhaltensregeln
2. **Charya-Tantra** (»Ausübungs-Tantra«) mit einer Intensivierung der Kriya-Tantra-Rituale
3. **Yoga-Tantra** mit äußeren Ritualen, vor allem aber Yoga-Übungen, Visualisierungen, Übungen zur Einsicht in die eigene Buddha-Natur
4. **Anuttara-Yoga-Tantra** (»Höchstes Yoga-Tantra«), das aus zwei Stufen besteht:
   Erzeugungsstufe: Zitieren der Gottheit aus deren Mantra oder aus Shunyata, um sie dann aufzulösen, Einsicht in Shunyata
   Vollendungsstufe: Erreichen der Buddhaschaft durch spezielle Übungen, die die Energiekanäle und Kräfte des Körpers aktivieren, manchmal mit sexuellen Ritualen kombiniert

Beispiel Yoga-Tantra

Beim Yoga-Tantra[32] visualisiert man wie bei den anderen Tantras Gottheiten, aber nicht außerhalb des eigenen Geistes, sondern innerhalb, sprich: Man visualisiert sich selbst als die Gottheit. Es gibt verschiedene Arten und Stufen des Yonga-Tantra – beispielsweise visualisiert man beim »Yoga-Tantra mit Zeichen« die Gottheit mit ihren Attributen und

Symbolen, während man sie sich beim »Yoga-Tantra ohne Zeichen« eben ohne diese Beigaben vorstellt. Bei dieser Form der Meditation verkörpert die Gottheit die vollkommene Erleuchtung. Wer ins Yoga-Tantra eingeführt wurde und sich intensiv darin übt, kann der Lehre zufolge nach drei Menschenleben zur Erleuchtung gelangen.

Erzeugung und Vollendung

Beim »Höchsten Yoga-Tantra« – der höchsten Tantra-Klasse überhaupt – unterscheidet man die Stufen »Erzeugung« und »Vollendung«. In ersterer visualisiert man die Gottheit, in letzterer »verwandelt man sich selbst in eine echte Gottheit von der erhabenen Gestalt und dem erleuchteten Bewusstsein eines Buddha«[33]. Im *Guhyasamaja-Tantra*, neben dem *Kalachakra-Tantra* der wichtigste Text des Höchsten Yoga-Tantra, heißt es zu diesem Moment:

> Alle Lebewesen und alle anderen Phänomene lösen sich in klares Licht auf und gehen dann in dich ein; dann löst du dich selbst, als die Gottheit, in dein Herz auf ...[34]

Der Tantra-Yoga

Auf dem *Guhyasamaja-Tantra (Tantra des Geheimbundes)* basiert der Tantra-Yoga – auch Guru-Yoga genannt –, der ebenfalls als eine der höchsten Formen der tibetisch-buddhistischen Meditationen gilt und Ähnlichkeiten mit der Mahamudra hat. Voraussetzung für den Unterricht ist, dem Dalai Lama zufolge, eine Einweihung in das Höchste Yoga-Tantra (Anuttara-Yoga-Tantra, s. S. 272), was wiederum verlangt, dass man »eine richtige Schulung in den allgemeinen Pfaden durchlaufen«[35] und Wissen um Entsagung, Bodhichitta (Skrt., »Erleuchtungsgeist«, s. S. 248) und Shunyata, die Leere (s. S. 192), erworben hat.

Hilfsmittel

Die Meditation des Tantra-Yoga kann (muss aber nicht) mit Hilfe einer Statue von Buddha, einem Bodhisattva, Heiligen oder Guru durchgeführt werden. Unbedingt notwendig sind bestimmte Texte, so von Tsongkhapa (s. S. 253), Nagarjuna (s. S. 175) oder anderen, die auf eine bestimmte Weise platziert werden. Auch Vajra und Drilbu – Dolch und Glocke – sowie ein Mandala helfen bei der Meditation.

Die Übungen

Es folgen die »allgemeinen vorbereitenden Übungen« und die »außergewöhnlichen vorbereitenden Übungen«. Erstere bestehen aus der Entwicklung der richtigen Motivation, Mantra-Rezitationen, Reflexionen über bestimmte Themen, Erzeugung einer altruistischen Geisteshaltung und anderem mehr. Daran schließen sich bestimmte Opferhandlungen und Visualisierungen an, die zunehmend komplexer werden.

Lu Jong

Grundlagen

In den letzten Jahren gelangte, vom jungen Tulku Lama Lobsang übermittelt, eine sehr traditionsreiche Form der tibetisch-buddhistischen Meditation in den Westen: das *lu jong* (tibet. *lu* = »Körper«, *jong* = »Schulung«). Manche Bewegungen und Übungen dieser »Körperschulung« ähneln denen des indischen Yoga, doch ist Lu Jong tief in der tibetischen Kultur verwurzelt.

Grundlage sind die Theorien der Traditionellen Tibetischen Medizin in Bezug auf Natur, Geist und Körper, das Wechselspiel zwischen Natur und Mensch. Aspekte dieser Naturmedizin weisen Analogien zur Traditionellen Chinesischen Medizin auf (Fünf Elemente), aber die Systeme sind bisweilen auch sehr unterschiedlich. Wie das Qi Gong orientiert sich das Lu Jong stark an Bewegungen von Tieren, denn durch deren Beobachtung »erlebten [die Meister] die heilenden Kräfte der Natur«[36].

Gesunder Geist und Körper

Auch das Lu Jong soll den Praktizierenden helfen, gesund zu bleiben bzw. zu werden. Es

> schenkt nicht nur unserem Körper Gesundheit, sondern auch unserem Geist. Mit den Übungen können wir Krankheiten wirksam bekämpfen, uns von negativen Gefühlen wie Hass und Gier befreien und ein emotionales Gleichgewicht erreichen. Die meisten Probleme, die wir

> selbst erzeugen, entstehen durch ein Übermaß an Gier und Egoismus. Durch die Lu Jong-Übungen können wir den Geist so beeinflussen, dass er frei und mitfühlend wird.[37]

Einsicht in die wahre Natur

Doch auch die Einsicht in die Wahre-Natur kann mit Hilfe des Lu Jong erreicht werden. Wer regelmäßig und über Jahre übt, wird eines Tages seinen Atem so beherrschen, dass er ihn »für Stunden oder Tage anzuhalten« vermag.

> Auf diese Weise können wir den Geist so beeinflussen, dass er uns seine wahre Natur offenbart. Dann werden wir erkennen, dass alle Erscheinungen, selbst Leben und Tod, nur Illusionen des Geistes sind. Wenn wir dies erkannt haben, sind wir erwacht und haben den Zustand eines Buddha erreicht.[38]

Lu Jong basiert auf dem Tantra und war wie viele andere Tantra-Lehren über Jahrhunderte geheim, durfte nur mündlich vom Lama an den Schüler übermittelt werden. Tulku Lama Lobsang ist der Erste, der im Westen einige ausgewählte Übungen des Lu Jong einem breiten Publikum vorstellt, weil sie »unmittelbar mit der tibetischen Medizin zu tun haben. Als tibetischer Arzt bin ich verpflichtet, mit meinem Wissen anderen zu helfen«.[39]

Einige Begriffe der Traditionellen Tibetischen Medizin[40]

Krankheiten

Die tibetische Medizin kennt drei Arten von Krankheiten:

- Wind-Krankheiten
- Galle-Krankheiten
- Schleim-Krankheiten

Ihnen werden alle Störungen im Körper zugeordnet. Körper und Geist befinden sich dann im Gleichgewicht, wenn der Wind harmonisch im Körper zirkulieren kann.

Meridiane

Ob ein Mensch gesund oder krank ist, hängt von den Meridianen ab. Insgesamt gibt es über 72 000 Meridiane (oder »Kanäle«), darunter die drei zentralen

- mittlerer Hauptkanal
- rechter Seitenkanal
- linker Seitenkanal.

Störungen in den Meridianen

In den Kanälen zirkulieren Blut und Wind (feinstoffliches Prinzip), der wiederum die drei »Säfte« Wind, Galle und Schleim transportiert. Störungen in den Meridianen haben zur Folge, dass sich das Verhältnis dieser drei Säfte zueinander verändert, und das führt zu Krankheiten. Und hier setzt das Lu Jong an, denn:

> Durch die richtigen Bewegungen jener Körperstellen, an denen sich die Hauptpunkte der Meridiane befinden, können wir die Kanäle weich und durchlässig halten. Mit Hilfe täglicher Übung werden sie ständig sensibilisiert und gestärkt.[41]

Dem Hauptkanal – auch »Lebenskanal« und »mystischer Kanal« genannt – ist das Denken zugeordnet. Können die Säfte in diesem Kanal nicht ausbalanciert fließen, entstehen psychische Probleme.

Die fünf Elemente

Voraussetzung dafür, dass in den Meridianen keine Blockaden oder anderen Störungen entstehen, ist die Ausgeglichenheit der Fünf Elemente im Körper,

- Erde
- Wasser
- Feuer
- Wind (Luft)
- Raum

Diese Ausgeglichenheit hängt vom Wind ab – fließt er harmonisch, tun dies auch die anderen Elemente. Aus den Fünf Elementen bilden sich alle Bestandteile und Phänomene des Körpers, z. B. Knochen und Fleisch (Erd-Element), Atem, Denken, Bewegungen (Wind-Element), Körperwärme (Feuer-Element) etc. Ähnlich daoistischen Vorstellungen sieht die traditionelle tibetische Kultur den Körper als Mikrokosmos, in dem sich der Makrokosmos Universum spiegelt. »Weil alles zusammengehört, nichts voneinander getrennt ist, fließen die Elemente außerhalb von uns und in uns.«[42]

Mikrokosmos und Makrokosmos

Die drei Säfte

In den Prinzipien Wind, Galle und Schleim, den drei Säften, manifestieren sich die Lebensenergien, in denen wiederum die Fünf Elemente enthalten sind. Jedes der drei Prinzipien wird durch bestimmte Eigenschaften charakterisiert, die im Verbund mit den Fünf Elementen alle Körperphänomene regulieren.

Manifestation der Lebensenergien

- Wind verkörpert die Luft (Gedanken, Vernunft, Atmung, Bewegungen, Ausscheidungen, Körperöffnungen)
- Galle verkörpert das Feuer (Körperwärme, Verdauung, Stoffwechsel, Mut, Wille)
- Schleim verkörpert die Erde und das Wasser (Körperstruktur, Flüssigkeiten, Geschmeidigkeit des Körpers und der Gelenke, Geduld, Schlaf)

Sind diese Prinzipien/Säfte harmonisch ausbalanciert, dann ist der Mensch gesund. Entsteht ein Ungleichgewicht, wird man krank.

Wirkungen des Lu Jong

»Wenn wir den Wind ›beherrschen‹«, schreibt Tulku Lama Lobsang, »können wir alle Krankheiten heilen.« Durch die Übungen des Lu Jong kommen die Meridiane in Bewegung, was zur Folge hat, dass der Wind harmonisch fließen kann – die Grundlage körperlicher und geistiger Gesundheit.

Außerdem verbessert Lu Jong Atmung, Muskulatur, Gelenkigkeit, Stabilität, Kraft, Kondition, Sinnesorgane, geistige Klarheit und vieles mehr.

> Wenn wir die Lu Jong-Übungen praktizieren, können wir alle Leiden im Samsara, dem Kreislauf des Daseins, überwinden. Durch die Lu Jong-Übungen lassen wir also nicht nur die Leiden des Körpers und des Geistes hinter uns, sondern erlangen letztendlich auch die höchste Entwicklung des Geistes, die Erleuchtung.[43]

Einteilung des Systems

Die 28 Lu-Jong-Übungen, die Tulku Lama Lobsang bislang im Westen vorgestellt und unterrichtet hat, sind in fünf Gruppen untergliedert:

- fünf Grundübungen
- fünf Übungen für die Beweglichkeit
- fünf Übungen für die Vitalorgane
- acht Heilungsübungen
- fünf Übungen für die Reinigung der Chakras

Vor allem die letzten fünf Übungen gleichen Sitz-Meditationen, allerdings werden dabei sanfte, auf die einzelnen Chakras ausgerichtete Bewegungen gemacht. Die anderen Übungen praktiziert man überwiegend ebenfalls im Lotossitz (bzw. einer dem Einzelnen angemessenen Position), zum Teil im Stehen. Diese ersten 28 Übungen des Lu-Jong-Systems sind weniger kompliziert als viele Qi-Gong- oder vor allem Taiji-Übungen und weniger anstrengend als viele Yoga-Übungen. Doch wie immer bei der Meditation gilt: Will man eine Übung korrekt ausführen, benötigt man ein Höchstmaß an Konzentration und muss sich – gerade bei Bewegungsmeditationen – um Exaktheit bemühen.

III

Meditationen Indiens

Wie die Meditationen des Buddhismus wurzelt auch der Yoga, das bedeutendste Übungs- und Meditationssystem Indiens, im vedischen Denken des Jahrtausends vor der Zeitenwende, und auch sein Weg ist der der Weisheitssuche. Das beiden zugrunde liegende Welt- und Kosmosbild ist das gleiche, und zahlreiche Kernelemente sind gleich oder zumindest ähnlich. Auch die Ziele beider Meditationssysteme werden auf ähnliche Weise formuliert: den Geist von jeglicher Täuschung zu befreien. Doch während sich die buddhistischen Meditationen mit der Buddha-Lehre über Asien verbreiteten und zahlreiche Varianten hervorbrachten, blieb der Yoga weitgehend ein indisches Phänomen. Und: Dem Yoga »fehlt«, was die buddhistische Praxis entscheidend prägte – ein Religionsstifter. Noch ein Unterschied lässt sich feststellen: So früh und stabil wie kaum ein anderes östliches Übungs- und Meditationssystem hat der Yoga auch im Westen Fuß gefasst. Doch indische Meditation ist nicht nur einer der traditionellen Yoga-Wege. Auf dem Subkontinent blüht das Versenkungsritual von jeher und hat zahlreiche unterschiedliche, bisweilen auch sehr kritisch zu betrachtende Formen der Meditation hervorgebracht. Einige davon werden im Anschluss an die Kapitel über das vedische Zeitalter und den Yoga vorgestellt.

9 Das vedische Zeitalter und seine Philosophie

Zurück also ins arisch-vedische Zeitalter, das in Teil II schon erwähnt wurde, jene Epoche Indiens zwischen 1500 und 500 vor der Zeitenwende, in die um 563 der Buddha Siddharta Gautama hineingeboren wurde und in der die Frühzeit des Yoga vermutlich anzusiedeln ist. Über diese Zeit gibt es kaum gesichertes historisches Wissen; Fantasie, Überhöhung einzelner Personen und Neigung zur Legendenbildung bestimmten die Epoche, die für glaubwürdige, realistische Überlieferungen nicht viel übrig hatte. Das änderte sich mit Shakyamuni, einer der ersten historisch belegten Persönlichkeiten Indiens.

Die indogermanischen Arier

Noch geheimnisvoller ist die Zeit *vor* der Einwanderung der vedischen Arier (von Skrt. *arya*, »gastfrei«, »edel«) aus Zentralasien um die Mitte des zweiten Jahrtausends vor Christus: »Es scheint unmöglich, in das Dunkel vorgeschichtlicher Wanderungen Licht zu bringen, denn die Indizien, linguistische wie ethnologische, reichen nicht aus.«[1] Nur eines ist wohl sicher – mit den vedischen Ariern kam das »indogermanische Element«[2] nach Indien, und mit ihm kamen andere Sprachen, andere Religionen, andere Lebensformen, als sie bis dato auf dem Subkontinent vorgeherrscht hatten. Aus dieser Vermengung entstand eine völlig neue Gesellschaft, in der ein Gutteil der asiatischen Kultur und Philosophie ihren Ausgangspunkt hat.

Die drei Götter der Hindu-Trinität

Brahma

Drei Hauptgottheiten »regierten« die spirituellen Welten der vedischen Zeit: Brahma, Vishnu und Shiva.[3] Die Bedeutung, die ihnen die Menschen zumaßen, änderte sich im Laufe der Jahrhunderte. Anfangs standen sie in der Wertschätzung auf

Brahma, dargestellt mit vier Gesichtern und vier Armen (Sandsteinskulptur, Kambodscha, 10. Jh.)

einer Stufe, mittlerweile hat Brahma an »Einfluss« auf das geistige Leben Indiens verloren. Brahma galt und gilt als Schöpfer des Universums und verkörpert entsprechend Leidenschaften und Wünsche, »durch die die Welt in Erscheinung trat«[4]. Wie Vishnu und Shiva ist Brahma Teil der Welt der Täuschungen, entspricht also nicht der letztgültigen Wahrheit wie etwa die Götter anderer mono- oder polytheistischer Religionen.

Vishnu

Der Name »Vishnu« leitet sich von dem Sanskrit-Wort *vish* ab, das »wirken« bedeutet, und so ist Vishnu »der Wirkende«. Als einer der drei Götter des *trimurti* (Skrt., »dreigestaltig«, Hindu-Trinität) verkörpert er Barmherzigkeit und

Vishnu in seiner Inkarnation des Ebers Varaha (Relief, Vishnu-Tempel, Belur)

Güte, »durch die die Welt erhalten wird«[5]. Wenn deren Fortbestand auf dem Spiel steht, kommt Vishnu der Menschheit mit Rat und Tat zu Hilfe. Oft wird er mit seiner Gemahlin Lakshmi und seinem Gefährten, dem Garuda, abgebildet.

Shiva

Shiva (Skrt., »der Gütige«, »der Freundliche«) ist in der Trinität der Gott der Zerstörung, doch nicht in materieller, sondern in spiritueller Hinsicht: Shiva zerstört das Unwissen, die Nicht-Erkenntnis, die Weltlichkeit und ermöglicht

Shiva

damit Weisheit. Seine Haupteigenschaften sind Entsagung und Mitleid, seine Gemahlin ist Shakti.

Gesellschaft in Kasten

Die Varna

Herren der realen Welt waren im vedischen Zeitalter die Brahmanen (Skrt., »Priester«). Begünstigt wurden sie durch das Kastensystem *Varna*, das vermutlich die Arier nach Indien gebracht hatten. Die Varna teilte die Bevölkerung – in jenen Jahrhunderten allerdings nicht so rigide wie später – in vier Gesellschaftsgruppen mit klar umrissenen Aufgaben, Pflichten, Rechten und vielen Untergliederungen. Die Wahl von Beruf und Ehepartner beispielsweise war durch die jeweilige Kaste festgelegt, die Kaste wechseln konnte man nicht. Nur wer die ihm auferlegten, kastenspezifischen Pflichten als Hingabe an Gott erfüllte, überwand im spirituellen Sinn alle sozialen Beschränkungen.

Führung durch die Brahmanen

An der Spitze der Varna standen die Brahmanen als intellektuelle und geistliche Elite. Dieser gebildeten Kaste folgte die Kriegerkaste: Politiker, Feldherrn, Offiziere und weltliche Machthaber, die in teils erbitterten Auseinandersetzungen um die Vormachtstellung den Brahmanen unterlegen waren. Händler und Bauern (die Versorger) gehörten der dritten Hauptkaste an, den Abschluss der Varna bildeten die Arbeiter und Diener. Außerhalb des Kastensystems lebten als Unterschicht der Hindu-Gesellschaft die *parias*, die Unberührbaren.

Die Veden

Die Brahmanen sangen als Priester die »Hymnen« der *Veden* und gaben sie mündlich an ihre Söhne oder Nachfolger weiter. Das Volk hatte keinen eigenen Zugang zu diesen heiligen Texten, und so stiegen Ansehen und Macht der Brahmanen rasch. Sie galten als Bewahrer, Vermittler und Interpretatoren der heiligen Worte, die von der Entstehung der Welt, der kosmischen Ordnung und der Bedeutung der einzelnen Götter berichteten. Die *Veden* ermöglichten den Kontakt mit den Göttern, und zwar in Verbindung mit komplexen Opferhandlungen, die ebenfalls nur die Brahmanen – privilegiert durch ihre Geburt und ihr Wissen – ausführen durften. Beispiel für solche Opferrituale ist das »Pferdeopfer«, das mehrere Monate dauerte, zahllose Brahmanen beschäftigte und etliche Tiere das Leben kostete.

»Heilige Lehre«

Das Sanskrit-Wort *veda* bedeutet wörtlich »Wissen«, »heilige Lehre«; unter der Bezeichnung »Veden« subsumiert man alle altindischen Texte. Die *Veden* – die ältesten indogermanischen Schriften[6] – sind dem Hinduismus bzw. dem Brahmanismus zufolge übermenschlichen Ursprungs und haben göttliche Autorität.

»Sehen und wissen«
Im Sanskrit-Begriff *veda* begegnen sich etymologisch gesehen Ost und West: *Veda* ist eine Ableitung von Sanskrit *vid*, »sehen und wissen«, auf das wiederum das lateinische *videre* (»sehen«), das englische *witness* (»Zeuge«) und das deutsche »wissen« zurückgehen.[7]

Man unterscheidet vier *Veden*:

1. den *Rigveda* (von Skrt. *rig*, »Verse«); der älteste *Veda*, entstanden zwischen dem zwölften und achten Jahrhundert vor Christus
2. den *Samaveda* (Lieder)
3. den *Yajurveda* (Opfersprüche)
4. den *Atharveda;* der *Veda* des mystischen Feuerpriesters Atharvan; Sammlung von Zaubersprüchen, bis heute von der Brahmanenkaste nicht anerkannt

Alle vier *Veden* lassen sich in einen Werkteil *(karma-kanda)* mit Ritualen, Opferhandlungen und Zeremonien und einen Erkenntnisteil *(jnana-kanda)* untergliedern.

Hinduismus
Unter dem Begriff »Hinduismus« werden im Westen die traditionellen religiösen und gesellschaftlichen Systeme jener Inder subsumiert, die keine Moslems, Jainisten, Buddhisten oder Sikhs sind, während in Indien selbst die Bezeichnung *Sanatana-Dharma* (»Ewige Religion«) verwendet wird. Hintergrund dieses Namens ist, dass der Hinduismus auf keinen Religionsstifter zurückgeht. Auch einen unveränderlichen Kanon kennt er nicht. Zentrale Lehre ist trotz zahlreicher unterschiedlicher lokaler Kulte und Ausprägungen die vom Gesetz des Karma. Als heilige Schriften gelten *Veden*, *Upanischaden, Ramayana* und *Mahabharata.*

Die Upanishaden

Die *Upanishaden* sind der Schlussteil des geoffenbarten Teils der *Veden* und Basis der Vedanta, deren philosophischer Auslegung. Der Name leitet sich von Sanskrit *upanishad* ab, »sich nahe bei jemandem [dem Guru] niedersetzen«, um in der Lehre unterwiesen zu werden. Zentrale Begriffe der *Upanishaden* sind Brahman – das unvergängliche Absolute – und Atman – das unsterbliche Selbst (s. u.). Außerdem kreisen sie um die heilige Silbe OM und deren Bedeutung, befassen sich mit Prana, dem Atem, und den Organen des Körpers. Doch was sie »besonders auszeichnet und für den Weisheitssucher so wertvoll macht, ist ihre gewaltige Gedankenfreiheit und Ausweitung in die Transzendenz«[8].

Die Legende vom Rangstreit der Organe
Folgende Legende um einen erhellenden Disput findet sich in den *Upanishaden*:

Om! Fürwahr, wer da kennet den edelsten und besten, der wird zum edelsten und besten. Der Lebenshauch, wahrlich, ist der edelste und beste.
2. Fürwahr, wer da kennet den reichsten, der wird zum reichsten unter den Seinen. Die Rede, wahrlich, ist der reichste.
3. Fürwahr, wer da kennet den Standort, der findet einen Standort in dieser Welt und in jener. Das Auge, wahrlich, ist der Standort.
4. Fürwahr, wer da kennet die Erlangung, der erlangt die Wünsche, die göttlichen sowohl als die menschlichen. Das Ohr, wahrlich, ist die Erlangung.
5. Fürwahr, wer da kennet den Stützpunkt, der wird zum Stützpunkte der Seinen. Das Manas [Denkfähigkeit], wahrlich, ist der Stützpunkt.
6. Es geschah einmal, dass die Lebenshauche um den Vorrang miteinander stritten und sprachen: »Ich habe den Vorrang; nein, ich habe den Vorrang.« Da gingen

diese Lebenshauche hin zum Vater Prajapati [»Herr der Geschöpfe«] und sprachen: »Ehrwürdiger, wer hat unter uns den Vorrang?«

7. Und er sprach zu ihnen: »Derjenige unter euch, nach dessen Auszuge sich der Leib am allerübelsten befindet, der hat unter euch den Vorrang.«

8. Da zog die Rede aus, weilte ein Jahr lang in der Fremde, kehrte zurück und sprach: »Wie habt ihr ohne mich leben können?« – »So wie die Stummen«, sprachen sie, »die nicht reden und doch mit dem Odem atmen, mit dem Auge sehen, mit dem Ohre hören, mit dem Manas denken.« – Da fuhr die Rede wieder hinein.

9. Da zog das Auge aus, weilte ein Jahr lang in der Fremde, kehrte zurück und sprach: »Wie habt ihr ohne mich leben können?« – »So wie die Blinden«, sprachen sie, »die nicht sehen und doch mit dem Odem atmen, mit der Rede reden, mit dem Ohre hören, mit dem Manas denken.« – Da fuhr das Auge wieder hinein.

10. Da zog das Ohr aus, weilte ein Jahr lang in der Fremde, kehrte zurück und sprach: »Wie habt ihr ohne mich leben können?« – »So wie die Tauben«, sprachen sie, »die nicht hören und doch mit dem Odem atmen, mit der Rede reden, mit dem Auge sehen, mit dem Manas denken.« – Da fuhr das Ohr wieder hinein.

11. Da zog das Manas aus, weilte ein Jahr lang in der Fremde, kehrte zurück und sprach: »Wie habt ihr ohne mich leben können?« – »So wie die Narren«, sprachen sie, »die ohne Verstand sind und doch mit dem Odem atmen, mit der Rede reden, mit dem Auge sehen, mit dem Ohre hören.« – Da fuhr das Manas wieder hinein.

12. Da wollte der Odem ausziehen, aber gleichwie ein edles Ross [wenn es sich losreißt] die Pflöcke der Fußfesseln mit herausreißt, also riss er die andern Lebenshauche mit heraus. Da kamen sie alle zu ihm und sprachen: »Ehrwürdiger, sei du es! Du hast den Vorrang über uns, nur ziehe nicht aus!«

13. Da sprach zu ihm die Rede: »Womit ich die reichste bin, damit bist du der reichste.«
Da sprach zu ihm das Auge: »Womit ich der Standort bin, damit bist du der Standort.«
14. Da sprach zu ihm das Ohr: »Womit ich die Erlangung bin, damit bist du die Erlangung.«
Da sprach zu ihm das Manas: »Womit ich der Stützpunkt bin, damit bist du der Stützpunkt.«
15. Darum nennt man sie nicht die Reden, die Augen, die Ohren, die Verstande, sondern die Lebenshauche nennt man sie, denn der Odem ist sie alle.[9]

In den *Upanishaden* finden sich grundlegende hinduistische Meditationen, die auch im Westen nach wie vor praktiziert werden, darunter OM-Übungen und die »Herz-Meditation«.[10]

Höchste Wahrheit: Brahman

Brahman (nicht identisch mit Brahma!) ist das unvergängliche Absolute, die höchste Wahrheit jenseits der dualistischen Welt der Erscheinungen, das absolute Bewusstsein. Niemand kann eine Vorstellung von Brahman entwickeln, weil er »ein Zustand reiner Transzendenz«[11] und zu abstrakt ist, um vom Denken erfasst werden zu können.

Herr des Universums

Konkretisiert er sich in der Welt der Erscheinungen, wird er Ishvara (»Herr des Universums«), der die Welt erschaffen hat. In dieser Form kann Brahman verehrt und angebetet werden. »Ishvara ist die höchstmögliche Lesart des Absoluten (Brahman) durch das menschliche Denken«[12], sagte Swami Vivekananda (1862–1902), einer der bedeutendsten Weisen Indiens. Einer Aussage von Vivekanandas nicht minder großem Meister Ramakrishna (1836–1886) zufolge habe keine Zunge Brahman jemals befleckt.

In der *Kena-Upanishad* wird Brahman wie folgt beschrieben:

Brahman in der *Kena-Upanishad*

Wer bewegt denn den Geist und entsendet ihn? Wer bringt den Lebensatem als Erster hervor? Wer bewegt die Menschen dazu, Worte zu reden? Wer, welcher Gott lenkt Auge und Ohr? Das Gehör des Ohres ist er, der Geist des Geistes, das Wort des Redens, der Atem des Atems, er ist die Sehkraft des Auges.

Was man durch Worte nicht aussprechen kann, das, durch das Worte ausgesprochen werden, das sollst du als Brahman erkennen, nicht das, was hier verehrt wird.

Was man durch Denken nicht denken kann, das, durch das das Denken möglich wird, das sollst du als Brahman erkennen, nicht das, was hier verehrt wird.

Was man durch das Auge nicht sehen kann, das, durch das das Auge sieht, das sollst du als Brahman erkennen, nicht das, was hier verehrt wird.

Was man durch das Ohr nicht hören kann, das, durch das das Ohr hört, das sollst du als Brahman erkennen, nicht das, was hier verehrt wird.

Was man durch Atmen nicht einatmen kann, das, durch das das Atmen möglich wird, das sollst du als Brahman erkennen, nicht das, was hier verehrt wird.[13]

Ramakrishna und Vivekananda

RAMAKRISHNA, Sohn armer bengalischer Eltern, gilt als Erneuerer hinduistischen Gedankengutes und wird in Indien als Heiliger und Inkarnation des göttlichen Bewusstseins (Skrt.: *avatara*, wörtl. »Herabkunft«) verehrt. 1836 geboren, wurde er mit 20 Jahren Priester in einem Kali-Tempel. Über viele Jahre hinweg ließ er sich in den spirituellen Praktiken verschiedener Religionen unterweisen, darunter auch Islam und Christentum, und vollendete alle mit der Erleuchtung. Ramakrishna verkörpert als Avatara die (göttliche) Botschaft, dass alle Religionswege zur Erkenntnis der höchsten Wahrheit führen können. Im Indien seiner Zeit hatten das Christentum der englischen Kolonialmacht und die vor allem aus dem Westen kommende materielle Weltsicht den Hinduismus zurückgedrängt. Ramakrishna (der 1886 starb) und seine Schüler belebten die indische Spiritualität mit neuen Impulsen.

Wohl der wichtigste dieser Schüler war **Vivekananda**, der von Ramakrishna zum Mönch ordiniert wurde. Vivekananda wurde 1863 in eine den spirituellen Traditionen, aber auch der skeptischen Philosophie verbundene Familie geboren. Diese beiden Haltungen dem Göttlichen und der Welt gegenüber begleiteten ihn sein Leben lang und befruchteten sich gegenseitig. So ist folgende Anekdote überliefert: Während der Schule und des Studiums habe er auf seine Frage, ob der jeweilige Gesprächspartner Gott gesehen habe, immer nur ein Nein oder eine ausweichende Antwort erhalten. Nur Ramakrishna habe erwidert: »Ja, ich habe Gott gesehen, so wie ich dich vor mir sehe, nur viel wirklicher.«[14]

Vivekananda begründete 1887 mit anderen Mönchen den Ramakrishna-Orden. Jahrelang wanderte er als Sadhu (Mönch, Heiliger) durch seine Heimat. 1893 flog er zur Weltausstellung nach Chicago, wo er auf dem internationalen Religionskongress sprach. Wie die stark beachteten Reden verschiedener buddhistischer Vertreter für den Buddha-Dharma, bereitete Vivekanandas Rede für die Lehre des Ramakrishna den Boden in den USA und damit auch in Europa. Er starb 1902.

Atman, das wahre Selbst

Neben Brahman der zweite Kernbegriff vedischer Philosophie und Spiritualität ist der schon mehrfach erwähnte Atman (»Hauch«, »Seele« im Sinne von »wahres Selbst«). Während der Buddhismus nicht an einen Atman im Sinne von »unabhängiges Selbst« glaubt, bezeichnet der Begriff in den hinduistischen Kulturen nicht das illusorische, irrende Selbst der Welt der Erscheinungen, sondern das wahre Selbst des

Menschen. Häufig wird Atman als mit Brahman identisch betrachtet; wie Brahman ist er als außerkörperlich zu begreifen: Atman existiert losgelöst von Jiva (Skrt., von *jiv*, »leben«), dem sterblichen, in einem Körper »hausenden« Selbst, das die Ursache des Ego und des dualistischen Denkens ist.

Von dem Weisen Ashtavakra (3./2. Jh. v. Chr.) ist folgende Beschreibung überliefert:

> Atman ist der einzige Zeuge, das alles durchdringende, vollkommen freie Bewusstsein – tatenlos, ungebunden, wunschlos und in Frieden mit sich selbst. Nur in der Illusion scheint er in der Welt verstrickt zu sein.[15]

Die heilige Silbe OM

Bedeutung

Das Absolute in der Welt

Die später im Buddhismus so bedeutsame Silbe OM spielte bereits in der vedischen Zeit eine große Rolle für das spirituelle Leben (s. Abbildung auf S. 256). Sie galt als heilig, als »Manifestation der spirituellen Kraft«[16], und repräsentierte schon in der Vorstellung der frühen Hindus die Anwesenheit des Absoluten in der Welt der Täuschungen. Patanjali (2. Jh. v. Chr.), auf den der Yoga als Lehrsystem zurückgeht, beschreibt das OM in einer seiner berühmten Sutras als jenen Namen, der Gott offenbare.[17] In den Yoga-Schulen Indiens und des Westens ist das OM-Zeichen eines der am häufigsten verwendeten Symbole überhaupt.

Form und Klang

Das Zeichen OM

Im Symbol des OM werden Körper, Geist und Unbewusstes durch die Kurven des Buchstabens symbolisiert, der Punkt rechts oben entspricht dem höchsten Bewusstsein, das die anderen Bestandteile regiert und ihnen seine Weisheit vermittelt:

> Der Punkt beleuchtet die drei Zustände. Er selbst leuchtet durch sein eigenes Licht und wird nur von Menschen erfahren, die über die drei Kurven hinausgelangt sind, den Punkt erreicht haben und mit ihm verschmolzen sind.[18]

Ständiges Bewusstsein des OM

Die Qualität des OM wird nicht nur durch seine Form ausgedrückt, sondern schwingt auch im Klang des Mantras OM mit. Gebete und Opferungen werden mit »OM« begonnen und beendet. Es verliert jedoch seine Kraft, wenn es lediglich mechanisch ausgesprochen wird – wirkliches Gebet setze ein »ständiges Bewusstsein dieses OM«[19] voraus, schreibt P. Y. Deshpande. Als gesungenes Mantra ist das OM ein Hilfsmittel, um zur vollkommenen Weisheit zu gelangen.

> Denn diese Silbe ist das Brahman, denn diese Silbe ist das Höchste. Wer sie begriffen hat, erreicht jeglichen Wunsch. Sie ist die beste Stütze, die höchste Stütze. Wer sie begriffen hat, wird erhöht in Brahmans Welt.[20]

Die Philosophie des Samkhya

Samkhya und der mythologische Kapila

Daten und Texte

Als geistiger Nährboden des Yoga gilt die alte hinduistische Samkhya-Philosophie, die wohl von dem Dichter und Heiligen Kapila begründet wurde, zu dem es keine biografischen Daten gibt. Während man die wichtigsten Samkhya-Texte auf die ersten nachchristlichen Jahrhunderte datiert, muss Kapila wesentlich früher gelebt haben, da er »nur als mythologische Gestalt aus grauer Vorzeit bekannt«[21] ist. Kapila wird das verlorene *Samkhya-Sutra* zugeschrieben, von dem in anderen, späteren Schriften die Rede ist. Grundlage heutigen Wissens über das Samkhya ist die *Samkhya-Karika* von Ishvarakrishna, die zwischen 350 und 450 n. Chr. entstand.[22] Als Blütezeit des Samkhya gelten die Jahrhunderte zwischen 400 vor und 700 nach Christus. Später erlosch es als eigenständige Tradition, es lebt aber in vielen indischen Lehren – wie dem Yoga und Ayurveda – fort.

Prakriti und Purusha

Grundlage: Unterscheidung

Kern und Ursprung des Samkhya ist, so Mircea Eliade, die mystische Frage danach, was vom Menschen nach seinem Tod übrig bleibe, was das absolute Selbst, »das unsterbliche Element des menschlichen Wesens bildet«[23]. Dem Samkhya zufolge gibt es keinen göttlichen Weltenherrscher; der Kosmos unterliegt »einem natürlichen und moralischen Gesetz«[24]. Während der Buddhismus und andere hinduistische Traditionen die Welt der Erscheinungen nicht für wirklich halten, sondern für eine Täuschung, wertet das Samkhya sie in dualistischer Tradition als tatsächlich real. Deshalb sieht es die Fähigkeit, zwischen

- dem, was unvergänglich ist (Skrt.: *purusha*, »Mensch«)
- und dem, was vergänglich ist (Skrt.: *prakriti*, »Natur«, »Materie«)

zu unterscheiden, als grundlegend an. (Mircea Eliade nennt »Diskriminierung« – im Sinne von »Unterscheidung« – als »Sinn des Terminus *samkhya*«[25].)

Purusha und Prakriti

Purusha steht für das Absolute, das reine Bewusstsein, das in allen Wesen vorhanden ist und Empfindungen und Bewusstseinsprozesse ermöglicht. Es ist die »wahre und ursprüngliche Identität«[26] des Menschen. Prakriti steht für das schöpferische Prinzip jenseits der Materie, des Seins. Peter Michel und Wolfgang Wellmann fassen die beiden Prinzipien in ihrem Buch *Das Yoga der Fünf Elemente* wie folgt zusammen:[27]

Das Prinzip Purusha steht für
- das nicht-objekthafte Wesen, das reine Subjekt
- die Essenz
- den Sehenden

Das Prinzip Prakriti steht für
- die objekthaften Erscheinungen
- die Natur
- das Gesehene

Das Verhängnis des Menschen liegt dem Samkhya zufolge darin, dass er die Fähigkeit, zwischen diesen beiden Aspekten zu unterscheiden, nicht beherrscht. Er – der ja an sich Purusha ist – begreift die objekthaften Erscheinungen, die er wahrnimmt – Prakriti – als zu ihm selbst gehörend.

Wie das Leiden entsteht

> Er verwechselt dabei zwei Realitäten, die völlig autonom und einander entgegengesetzt sind und zwischen denen es keine wirkliche Verknüpfung gibt, sondern höchstens illusorische Beziehungen.[28]

Durch diesen Irrtum (die Unwissenheit) entsteht das Leiden, und der Weg aus dem Leiden heraus führt über die Fähigkeit der Diskriminierung. Erlösung aus dem omnipräsenten Leiden – darum dreht sich das ganze Lehrsystem des Samkhya, heißt es in der *Samkhya-Karika* von Ishvarakrishna.[29] Und hier setzt auch der Yoga an: »Das Ziel des Yoga [...] ist, *Purusha* als unser wahres, vollkommenes *Ich* zu erkennen.«[30]

Das Samkhya und der Yoga

In der Forschung gibt es zur Verbindung von Samkhya und Yoga unterschiedliche Ansichten. Häufig heißt es, die beiden seien auf eine besondere Weise miteinander verbunden – das Samkhya nämlich liefere die Theorie, der Yoga die Praxis dazu (»Samkhya-Yoga«[31]). Mircea Eliade schreibt, die beiden Systeme glichen einander »so weit, dass die meisten Sätze des einen auch für das andere gelten«. Die wenigen bedeutsamen Unterschiede benennt er wie folgt: 1. Das Samkhya ist atheistisch, der Yoga theistisch. Mit dem Ishvara (s. o.) kennt er einen höchsten Gott. 2. Das Samkhya sieht als Heilsweg die metaphysische Erkenntnis, der Yoga die Meditation.[32]

10 Yoga

Was ist Yoga?

Begriffsklärung

Ins Joch gespannt

Das Sanskrit-Wort »Yoga« leitet sich von der Wurzel *yui* ab, »zusammenbinden«, »anschirren«, »ins Joch spannen«[1], und wird entsprechend mit »Joch« übersetzt.

Mircea Eliade interpretiert diese Bedeutung in dem Sinne, dass sie auf die Anstrengung des Menschen verweise, der ins Joch gespannt werde und sich daraus befreien müsse, um den Kreislauf der Wiedergeburten zu verlassen. »Die Loslösung von der Materie, die Emanzipation von der Welt [...] die Einung des Geistes« – dies sei das Ziel der Anstrengung.[2] Andere erklären das »Joch« im Sinne von »Anschirren an Gott, Vereinigung mit ihm suchen«[3] oder als »Unterjochung« der Regungen des Bewusstseins, als Selbstbeherrschung[4] also. In einer Einführung zur indischen Schrift *Bhagavad-Gita* (s. u.) heißt es zur Bedeutung des Wortes »Yoga«:

> Es bezeichnet das Anjochen aller Kräfte des Körpers, des Verstandes und der Seele an Gott. Yoga setzt die Zucht des Denkens, des Bewusstseins, der Empfindungen, des Willens voraus. Es bedeutet Ausgeglichenheit der Seele, die den Menschen befähigt, gleichmütig das Leben in allen seinen Aspekten zu betrachten.[5]

Der Gelehrte Patanjali, der den Yoga im zweiten Jahrhundert vor der Zeitenwende systematisierte, beschreibt diese »Ausgeglichenheit« so: Yoga sei »jener innere Zustand, in dem die seelisch-geistigen Vorgänge zur Ruhe kommen«[6].

Wort und Wirklichkeit

Welchen Weg der Yoga geht, um dorthin zu gelangen, schildert P. Y. Deshpande in seinem Kommentar zu den *Yoga-Sutras* von Patanjali:

> Yoga zerstört die Welt, die bloß aus einer Beschreibung besteht. Er entwurzelt den Menschen aus seinem animalischen und gesellschaftlichen Erbe und konfrontiert ihn unmittelbar mit der Wirklichkeit, die in ihm atmet, einer Wirklichkeit, die ihn vital und existenziell mit der Welt verbindet, deren er durch seine Sinne gewahr wird. Dabei verwendet der Yoga nicht die Vermittlung der Worte und Erfahrungen, die von verbalem Wissen bestimmt und daher substanzlos und wirklichkeitsleer sind. [...] Es gibt keine Möglichkeit, einen dem Wort verfallenen Menschen von der Wirklichkeit der Welt zu überzeugen, wenn es ihm nicht gegeben ist zu erkennen, dass das Wort nicht die Sache ist und dass es ihn mit der Welt der Wirklichkeit nicht verbinden kann.[7]

In seiner ursprünglichen Verwendung meint »Yoga« übrigens *jeden* Weg, der zur göttlichen Erkenntnis führt. Praktizierende eines solchen Weges sind Yogis.

Techniken des Yoga

Der Yoga als praktisch-philosophische Lehre ist (wie das oben beschriebene Samkhya) eines der sechs klassischen Systeme der indischen Philosophie (Skrt.: *darshana*, »Anblick«, »Anschauen«, »System«), die alle dasselbe Ziel haben: Befreiung aus dem Kreislauf der Wiedergeburten und damit Vereinigung mit dem Göttlichen oder Absoluten. Zu diesem frühen Yoga – dem Yoga des Patanjali, später »Raja-Yoga« genannt – gehören unterschiedliche geistige, ethisch-moralische und spirituelle, aber auch körperliche Übungen, die Geist und Körper reinigen und zur Ruhe bringen sollen. Dazu kamen im Verlauf der Jahrhunderte weitere Techniken. Die wichtigsten Übungen der Yoga-Wege sind

- Meditation
- Atemübungen
- Körperübungen
- Askese
- ethische Verhaltensweisen

- Studium der heiligen Schriften
- Hingabe an Gott
- innere Reinigung
- Beherrschung der Begierden
- Rezitation heiliger Begriffe
- bestimmte Handhaltungen/Gesten

Der Guru

Guru-Stufen

Im klassischen Yoga bedarf es eines Lehrers oder Meisters (Skrt.: *guru*), der den Übenden initiiert. Der Hinduismus verwendet den Begriff »Guru« in verschiedenen Bedeutungen, die zugleich als Stufen zu verstehen sind:[8]

Ist es sinnvoll, einen Guru zu haben?

Die im gesamten asiatischen Raum so selbstverständliche Rolle des Guru auf dem spirituellen Weg wird im Westen oft mit Skepsis betrachtet – schlechte Beispiele mögen sie genährt haben. Eine sehr pragmatische Erklärung zur Funktion eines Guru hört man häufig von indischen Lehrern (sie stammt aus einer Zeit, als es noch keine Stadtpläne gab!):

> Wenn man in eine fremde Stadt kommt und eine bestimmte Straße aufsuchen will, kann man das auf zweierlei Weise tun: Man kann entweder Straße für Straße ablaufen, bis man zu der gesuchten kommt, die, wenn man Pech hat, die letzte ist; man kann aber auch einen Einheimischen fragen. Der wird einem den kürzesten Weg zu dem gesuchten Ziel zeigen. Ein Guru ist ein Einheimischer, der sich auf dem Gebiet der Spiritualität in allen Wegen auskennt.[9]

Wer einen der Yoga-Wege geht, wird die Frage nach dem Sinn eines Guru ohnehin nicht stellen: Die Übungen – seien es nun Atem-, Körperübungen oder Meditationen oder was auch immer – sind in der Regel so komplex, ungewohnt und wirkungsreich, dass es in jedem Fall eines Lehrers bedarf.

1. Stufe: die Eltern, die den Menschen zeugen, ihn erziehen, ihn den Umgang mit dem Leben lehren
2. Stufe: Lehrer von Schule und Universität, Ausbilder etc., die dem Menschen Bildung und/oder Handwerk vermitteln
3. Stufe: der spirituelle Lehrer, der den Sinn des Lebens und den Weg zur Selbstverwirklichung kennt, aber auch weiß, welche Gefahren und Hindernisse auf diesem Weg lauern
4. Stufe: der kosmische Guru (ein Avatara), eine göttliche, vollkommene Inkarnation, zu der der Mensch mit Hilfe des spirituellen Lehrers gelangt

Grundlagen

Patanjali und die Yoga-Sutras

Wie schon deutlich wurde, reichen die spirituellen Ursprünge des Yoga als Lehr- und Übungssystem weit in die vedische Epoche zurück und vielleicht auch darüber hinaus in die vorarische Zeit Indiens. Zusammengestellt wurden die Übungen und Theorien erstmals von dem Gelehrten Patanjali (2. Jh. v. Chr.). Seine *Yoga-Sutras* gelten als grundlegende Schrift. Darin beschreibt er den Weg zur Erkenntnis, die Auswirkung der Übungen, die Hindernisse, derer man gewahr sein muss, schließlich die vollständige geistige »Freiheit«. Diese Sutras sind die Basis der zahlreichen Yoga-Wege, die sich im Laufe der Jahrhunderte entwickelten.

Die klassischen Yoga-Wege

Zu Zeiten Patanjalis war der Yoga überwiegend geistig-spirituell und auf die Meditation ausgerichtet. Jene Körperübungen, die man im Westen allgemein mit dem Begriff Yoga verbindet, kamen erst später hinzu. Patanjalis meditativ-spirituelles Yoga wird seit dem 15. Jahrhundert »Raja-Yoga« genannt (von Skrt. *raja*, »königlich«), die anderen klassischen Schulen sind Jnana-Yoga, Karma-Yoga und Bhakti-Yoga. Alle haben dasselbe Ziel – Vereinigung mit dem Göttlichen –, setzen dabei aber unterschiedliche Schwerpunkte:

- **Raja-Yoga (»Yoga der Könige«):** ethische/moralische Regeln, Atemübungen, Konzentration, Meditation, Versenkung (s. u.)
- **Jnana-Yoga (»Yoga der Erkenntnis«):** Unterweisung durch den Lehrer, intellektuelle Reflexion, Meditation über Brahman. Geschult wird vor allem die Fähigkeit der Unterscheidung zwischen Vergänglichem und Unvergänglichem. Manche Yoga-Lehrer sehen den Jnana-Yoga »strenggenommen nicht als einen Weg oder eine Technik. Vielmehr ist es ein Erkenntniszustand«.[10] Durch Beobachtung und Studium der Schriften hat der Übende Wissen über Purusha angesammelt, das ihn bisweilen auch zu einem Samadhi-Erlebnis führt.
- **Karma-Yoga (»Yoga der Tat«):** selbstloses Handeln, jegliche Tat wird Gott dargebracht in dem Sinne, dass sie vom Ich, von weltlichen Zwecken abgelöst ist. »Auf diese Weise erreicht der Mensch die Letzte Wahrheit durch Arbeit, ohne sich um ihre Früchte zu sorgen«, heißt es in der *Bhagavad-Gita*.[11] Der Karma-Yoga übt vor allem das Nicht-Anhaften, um größtmögliche Selbstlosigkeit zu erreichen.
- **Bhakti-Yoga (»Yoga der Hingabe«):** Hingabe an/Verehrung von Gott oder auch eines Guru, der als Verkörperung von Gott gilt. Der Schüler entwickelt ein Höchstmaß an spiritueller Liebe zu dem Angebeteten. Methoden des Bhakti-Yoga sind z. B. Rezitation des Namens des Gottes/Guru, Mantras, Wechselgesänge zwischen Guru und Schülern, religiöse Lieder, symbolische Opfer (Reis, Früchte u. a.).

Später entwickelte sich aus dem ursprünglichen Yoga als eigene Schule der Hatha-Yoga, der Körperübungen ins Zentrum seiner Praxis stellte (s. u.).

Die Bhagavad-Gita

»Gesang des Erhabenen«

Ein weiterer früher Text, der sich mit dem Yoga beschäftigt, ist die *Bhagavad-Gita* (Skrt., »Gesang des Erhabenen«), ein philosophisches Lehrgedicht in Dialogform mit immenser Bedeutung für den Hinduismus. Die *Bhagavad-Gita* ist das sechste Buch des indischen Nationalepos *Mahabharata*, das in den Jahrhunderten um die Zeitenwende entstand, und wurde von Wilhelm von Humboldt »das Schönste [...], das alle uns bekannten Literaturen aufzuweisen haben«[12], genannt.

Krishna und Arjuna

In dem Text unterweist der Gott und Avatara Krishna, Inkarnation von Vishnu, während einer Schlacht den Anführer eines der beiden Heere, Arjuna. Die kriegerische Auseinandersetzung, die ein blutiges Ende findet, steht hier sinnbildlich für das unablässige Ringen des Menschen um Erlösung. Krishna erläutert Arjuna, wie die »Vereinigung mit der Höchsten Wirklichkeit«[13] realisiert werden kann, erklärt, was Brahman ist (»ew'ges, höchstes Sein, sein Wesen ist das höchste Selbst«[14]), und zeigt die Wege auf, darunter Erkenntnis (Jnana-Yoga), Hingabe an Gott (Bhakti-Yoga), selbstloses Handeln (Karma-Yoga), Meditation (Raja-Yoga).

Die *Bhagavad-Gita* ist genauso praktische Anleitung für den nach Erkenntnis Strebenden, wie sie rätselhaft und hoch philosophisch ist. So sagt Krishna beispielsweise:

> Wer das Nicht-Handeln (Akarma) im Handeln (Karma) sieht und das Handeln im Nicht-Handeln, der ist der Weiseste unter den Menschen, einer, der den Yoga verwirklicht hat, der alles vollendet hat.[15]

Der Raja-Yoga

Patanjali und sein Ashtanga-Yoga

Bis in die Zeit Patanjalis – also vermutlich ins zweite vorchristliche Jahrhundert – waren die Techniken des Yoga geheim und Asketen, Mystikern und Heiligen vorbehalten. Wie so viele asiatische Lehren wurden sie ausschließlich mündlich vom Meister an den Schüler weitergegeben. Patanjali systematisierte die Übungen und philosophischen Theorien des Yoga und bündelte sie in acht Stufen. (Aus diesem Grunde heißt sein Yoga auch »Ashtanga-Yoga«, von Skrt. *ashtanga*, »achtgliedrig«.) In den für das Yoga nach wie vor grundlegenden *Yoga-Sutras* – 195 Sanskrit-Versen – legte er sie erstmals schriftlich nieder. Darin erklärt er den Yoga, wie es in einer Interpretation heißt, als

> methodische Anstrengung zur Erlangung von Vollkommenheit durch die Beherrschung der verschiedenen Elemente der menschlichen Natur, der physischen wie der psychischen. Der physische Körper, der aktive Wille und das wahrnehmende Denken müssen unter Kontrolle gebracht werden.[16]

Aus folgenden »Etappen« besteht der Yoga des Patanjali:[17]

1. Übungen der Selbstbeherrschung
2. Übungen der ethischen Vorbereitung
3. Übungen der Körperhaltung
4. Atemübungen
5. Vorbereitende Übungen für die Konzentration
6. Konzentrationsübungen
7. Meditation
8. Vereinigung mit dem Göttlichen oder Absoluten

Die acht Stufen des Ashtanga-Yoga

1. Übungen der Selbstbeherrschung

Yama

Skrt.: *yama* (wörtl. »Selbstbeherrschung«)
Zum Yama gehören fünf ethische Verhaltensweisen:

- niemanden durch Gedanken, Worte oder Taten verletzen (Skrt.: *ahamsi*, wörtl. »Nicht-Verletzen«, ein Begriff, der durch Mahatma Gandhis gewaltlosen Widerstand weltbekannt geworden ist)
- Wahrhaftigkeit, Aufrichtigkeit
- nicht stehlen

- sexuelle Enthaltsamkeit
- Begierdelosigkeit, Besitzlosigkeit (in dem Sinne, dass man die Begierden nach Dingen, Menschen, Besitz überwindet)

Niyama *2. Übungen der ethischen Vorbereitung*
Skrt.: *niyama* (»Regel«)

Auch Niyama ist eine ethische Vorbereitung. Dazu gehören

- Hygiene, Gesundheit, geistige Klarheit
- Zufriedenheit, Genügsamkeit, Bescheidenheit
- Selbsterforschung, Strenge gegen sich selbst
- Studium der heiligen Texte
- Hingabe an Gott

Asana *3. Übungen der Körperhaltung*
Skrt.: *asana* (»der Sitz«)

Diese Stufe gilt als Beginn der eigentlichen Yoga-Übungen. »Asanas« heißen im jüngeren Hatha-Yoga sämtliche Körperhaltungen, bei Patanjali ist damit die Körperhaltung während der Meditation gemeint, die man üben und erlernen muss. Die korrekte Haltung ist unbedingte Voraussetzung für die weiteren Stufen und letztlich die Vereinigung mit dem Göttlichen. Patanjali beschreibt sie nicht konkret – lediglich mit den Worten »fest und angenehm«[18] –, vermutlich weil sie zu seiner Zeit Bestandteil der spirituellen Alltagskultur Indiens war und man sie niemandem erklären musste.

Pranayama *4. Atemübungen*
Skrt.: *pranayama* (»Beherrschung des Atems/Lebensodems«)

Das Sanskrit-Wort Prana meint dasselbe wie das chinesische Qi oder das japanische Ki: Atem, Hauch, Lebensenergie. Auf dieser Stufe praktiziert man Übungen wie beispielsweise bewusstes Atmen, Zählung der Atemzüge und Veränderung des Verhältnisses Einatmung/Pause/Ausatmung etc. Mit Hilfe dieser Übung wird, schreibt Patanjali,

»der Schleier, der die innere Erleuchtung bedeckt, entfernt«[19].

5. Vorbereitende Übungen für die Konzentration

Pratyahara

Skrt.: *pratyahara* (»abziehen«, »«zurückziehen«, »zurückhalten«)

Der Praktizierende übt, die Sinne von den Sinnesobjekten »abzuziehen«, indem er wahrnimmt, ohne wahrzunehmen. Ziel ist, das Denken so zu beherrschen, dass man sich auf der nächsten Stufe ohne Ablenkung auf das Meditationsobjekt konzentrieren kann. Pratyahara im Sinne Patanjalis ist der Zustand, »wenn die Sinne sich von ihren Objekten zurückziehen und sozusagen in das Eigenwesen des Geistes eingehen«. Nach entsprechender Übung »entsteht eine vollkommene Beherrschung der Sinne«.[20]

6. Konzentrationsübungen

Dharana

Skrt.: *dharana* (»Konzentration«)

Hat man Pratyahara gelernt, praktiziert man die von Sinneswahrnehmungen ungetrübte Konzentration, indem man den Geist auf ein Objekt fokussiert und darüber meditiert. P. Y. Deshpande erläutert diesen Vorgang so:

> Der Mensch sieht die Objekte nur, wenn seine Sinne tätig sind. Aber wenn sie aufhören, sich zu betätigen, und ihre Neigung, sich auf die ihnen eigenen Gegenstände hinzubewegen, zum Stillstand kommt [...], wird die objektive Welt wie von allen Sinnesgegenständen entblößt.[21]

7. Meditation

Dhyana

Skrt.: *dhyana* (»Meditation«)

»Dhyana« ist einer der zentralen Begriffe der östlichen Meditationstechniken. Wie weiter oben schon erwähnt, wurde er im Chinesischen zu »Zhan-na«, kurz »Zhan«, im Japanischen zu »Zen«. Gemeint ist eine Form der Versenkung, die frei von Sinnesanhaftungen ist und in der das Selbst, das Ego, die Gedanken keine Rolle mehr spielen. Die Distanz zwischen Beobachtendem und Beobachtetem, zwischen Subjekt und Objekt, ist aufgehoben. Der Geist des Praktizierenden befindet sich in einer allumfassenden Leere, die von Sinneswahrnehmungen und wahrgenommenen Gegenständen frei und »wie der eigentliche Schoß der Wirklichkeit«[22] ist.

Samadhi

8. Vereinigung mit dem Göttlichen oder Absoluten
Skrt.: *samadhi* (»fixieren«, »festmachen«)

Samadhi ist die Folge von Dhyana – der Praktizierende geht völlig im Gegenstand der Betrachtung auf, zumeist also dem Göttlichen oder Absoluten. Samadhi ist »ein Bewusstseinszustand, der über Wachen, Träumen und Tiefschlaf hinausgeht«[23]. Patanjali schreibt: »Nur die Meditation, die den Gegenstand allein zum Leuchten bringt und wobei man sozusagen der eigenen Identität entblößt wird, ist Versenkung.«[24] Zeit, Ort, Raum, Individuum lösen sich auf, es bleibt »die leuchtende Objektivität in ihrer existenziellen Wahrheit«[25].

Die einzelnen Stufen dieses achtgliedrigen Systems bauen aufeinander auf – jede ist also Voraussetzung für die nächsthöhere. Die Stufen 1 bis 5 sind vorbereitende Übungen, die Stufen 6 bis 8 nennt Patanjali »Sammlung«, deren Meisterung »zur Wesensschau«[26] führe. B.K.S. Iyengar, ein zeitgenössischer Yoga-Meister, beschreibt die Sammlung als »Suche nach der Seele«:

> Dharana, Dhyana und Samadhi führen den Yogi in die innersten Tiefen seiner Seele. Der Yogi blickt nicht zum Himmel auf, um Gott zu finden. Er weiß, dass Gott in ihm ist als Antaratma, das innere Selbst. Die letzten drei Stufen bringen ihn in Harmonie mit sich selbst und dem Schöpfer.[27]

Folgen des Samadhi

Der Yogi ist nun in der Lage, die essenzielle Unterscheidung vorzunehmen, nämlich die zwischen unvergänglichem Purusha (Mensch, reinem Bewusstsein) und vergänglicher Prakriti (Materie). Er betrachtet die Welt im Bewusstsein in ihrer Unterschiedlichkeit, genauso wie er »Wort, Gegenstand und Vorstellung«[28] voneinander zu unterscheiden vermag.

Patanjali beschreibt weitere Auswirkungen des Ashtanga-Yoga. Wenn man die »Sammlung« auf die entsprechenden Aspekte richte, erlange der Yogi

- »Wissen von den früheren Existenzen« durch die Erfahrung der unterbewussten Eindrücke (Sutra III, 18)
- »Wissen von den Gedanken anderer« (III, 19)
- Unsichtbarkeit (III, 21)
- »Vorauswissen vom (eigenen) Tod oder Unglück«, weil der Yogi sein Karma erkannt hat (III, 22)
- »Wissen vom Kosmos« (III, 26)
- »Wissen von der (inneren) Ordnung des Körpers« (III, 29)

und viele weitere Fähigkeiten und Kenntnisse.

Aus den Yoga-Sutras des Patanjali

Patanjalis Verse sind für Menschen, die mit dem indischen Denken nicht vertraut sind, zum Teil auch ohne ausführliche Kommentierung überraschend verständlich – zumindest in modernen Übersetzungen und natürlich nur auf eine oberflächliche Weise. Im Folgenden die ersten Sutras nach dem Band Patanjali: *Die Wurzeln des Yoga*:[29]

1. Nun folgt die Disziplin des Yoga.
2. Yoga ist jener innere Zustand, in dem die seelisch-geistigen Vorgänge zur Ruhe kommen.
3. Dann ruht der Sehende in seiner Wesensidentität.
4. Alle anderen inneren Zustände sind bestimmt durch die Identifizierung mit den seelisch-geistigen Vorgängen.
5. Es gibt fünferlei seelisch-geistige Vorgänge, leidvoll oder leidlos.

6. Gültiges Wissen, Irrtum, Vorstellung, Schlafbewusstsein und Erinnerung.
7. Das gültige Wissen besteht aus direkter Wahrnehmung, Schlussfolgerung und Überlieferung.
8. Irrtum ist eine verkehrte Erkenntnis, die sich auf etwas gründet, das dem Wesen der Sache nicht entspricht.
9. Vorstellung ist eine Erkenntnis, die bloß auf Worten beruht, die bar jeder Wirklichkeit sind.
10. Der Schlaf ist ein Bewusstsein, in dem der Gegenstand der Wahrnehmung abwesend ist.
11. Die Erinnerung ist das Nicht-Abhandenkommen von früher erfahrenen Sinnes-Gegenständen.
12. Das Zur-Ruhe-Kommen der seelisch-geistigen Vorgänge erreicht man durch Übung und Loslösung.
13. Die intensive Bemühung um diesen Ruhezustand ist die Übung.
14. Wenn diese Übung eine lange Zeit ununterbrochen und mit einer Haltung der Hingabe vollzogen wird, bereitet sie eine feste Grundlage.
15. Das Nicht-Begehren nach allen gesehenen und gehörten Gegenständen ist die Loslösung, die auch Selbstbeherrschung genannt wird.
16. Das Nicht-Begehren nach den Grundelementen [der Erscheinungswelt], das zu der Schau des ursprünglichen Menschen [Purusha] führt, ist die höchste Form der Loslösung.

Und damit man sich eine Vorstellung vom Sanskrit machen kann, hier die ersten vier Verse im Original:

1. atha yoga-anusasanam.
2. yogas citta-vrtti-nirodhah.
3. tada drastuh svarupe' vasthanam.
4. vrtti-sarupyam itaratra.

Der Hatha-Yoga

Ist heute in den westlichen Ländern von Yoga die Rede, geht es meistens um den Hatha-Yoga. Das Sanskrit-Wort *hatha* bedeutet »Kraft«, »Hartnäckigkeit«, »Strenge«, entsprechend liegt der Schwerpunkt dieses Yoga-Weges auf den berühmten Körperübungen.

Svatmarama

Erstmals wurde die Bezeichnung »Hatha-Yoga« in der Schrift *Hatha-Yoga Pradipika* (»Leuchte [Erläuterung] des Hatha-Yoga«) von Svatmarama (15. Jh.) verwendet, wo sie zur Abgrenzung der Körperübungen vom Raja-Yoga verwendet wird, die dort als eine Art Vorstufe oder Basis betrachtet werden. Svatmarama führt den Hatha-Yoga im ersten Vers auf Shiva zurück und nennt ihn »Treppe« auf dem Weg zum Raja-Yoga.[30] Mittlerweile gilt der Hatha-Yoga aufgrund seiner Beliebtheit vor allem im Westen längst als eigener Yoga-Weg.

Er verwendet in erster Linie Asana- und Pranayama-Übungen, die den Stufen 3 und 4 von Patanjalis achtgliedrigem Weg entsprechen, wird aber auch mit Meditationen kombiniert. In traditionelle Schulen wurden und werden außerdem *mudras* (Skrt., »Siegel«, »Zeichen«) verwendet, symbolische Gesten, denen spirituelle Energie innewohnt und die die Konzentration stärken. (Eine »christliche Mudra« wäre das Falten der Hände beim Gebet.)

Kundalini-Energie

Ziel war es ursprünglich, durch die Asanas die Chakras zu aktivieren, um die Kundalini-Energie zu wecken und zu höheren Ebenen des Bewusstseins aufsteigen zu lassen. »Kundalini« (Skrt., »Schlange«, »Schlangenkraft«) bezeichnet eine Form der spirituellen Kraft oder Energie, über die prinzipiell jeder Mensch verfügt, die jedoch – am unteren Ende der Wirbelsäule »aufgerollt« wie eine schlafende Schlange – zumeist inaktiv ist.

Wenn es gelingt, diese Energie zu »wecken«, steigt sie durch die verschiedenen Chakras nach oben und ermöglicht dem Übenden dabei spirituelle Erkenntnisse und mystische Visionen.[31] Heute dienen die Hatha-Yoga-Übungen im

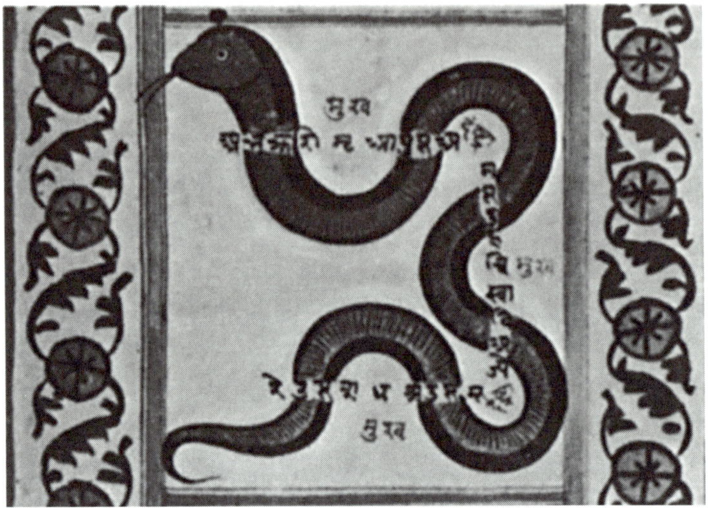

Kundalini, Symbol spiritueller Energie

Westen in erster Linie dem Erhalt der Gesundheit und werden vieltausendfach in Yoga-Schulen, Volkshochschulen, Kursen und Seminaren angeboten, ohne dass explizit auf die Kundalini-Energie Bezug genommen würde.

B.K.S. Iyengar

Doch auch heute noch gibt es im Osten wie im Westen selbstverständlich Gurus und Meister, die den Hatha-Yoga in einem traditionellen Rahmen lehren. Zu ihnen gehört der Inder B.K.S. Iyengar (geb. 1918) – Lehrer unter anderem von Yehudi Menuhin, Jiddu Krishnamurti und Nehru –, dessen Yoga-Schule weltweit zu den meistverbreiteten gehört.

Raja- und Hatha-Yoga

Iyengar erklärt seinen Hatha-Yoga als »zeitlose, pragmatische Wissenschaft, die sich [...] mit dem körperlichen, moralischen, mentalen und geistigen Wohlbefinden des menschlichen Wesens«[32] beschäftige. Diese »Wissenschaft« umfasst 200 Asanas und verschiedene Pranayama-Übungen und steht in engem Bezug zum Ashtanga-Yoga des Patanjali.

> Es wird allgemein angenommen, dass Raja-Yoga und Hatha-Yoga vollkommen verschieden, gesondert und einander entgegengesetzt sind, dass die *Yoga-Sutras* des Patanjali sich mit geistiger Disziplin und die *Hatha-Yoga-*

Pradipika des Svatmarama sich allein mit körperlicher Disziplin beschäftigen. Dies stimmt nicht; denn Hatha-Yoga und Raja-Yoga ergänzen sich und bilden einen einzigen Zugang zur Befreiung.[33]

Um die »Höhen des Raja-Yoga zu erreichen, von denen Patanjali spricht«, bedürfe es »des Wissens und der Disziplin des Hatha-Yoga des Svatmarama«[34]. Iyengars Hatha-Yoga basiert auf den ethischen und spirituellen Aspekten des Raja-Yoga und integriert als wichtigen Bestandteil auch Atemübungen und Meditationen.

Indische Ehrentitel und Anreden[35]

Acharya (Skrt., »Lehrer«, »Meister«) Spiritueller, verwirklichter Meister, wird als Titel Teil des Namens wie bei Shankara (Shankaracharya) oder dem Namen vorangesetzt

Bhagwan/Bhagawan (Skrt., »derjenige, der Glückseligkeit besitzt«, »Gesegneter«) Ehrentitel für einen spirituelle Lehrer

Guru (Skrt., »Lehrer«) Spiritueller Lehrer, Meister (zu den vier Guru-Stufen s. o., S. 301)

Guru Dev (Skrt.) »Göttlicher Lehrer«

Maharishi (Skrt., »große Seher«) Ursprünglich ein Seher oder Heiliger, dem die *Veden* enthüllt wurden; heute als Ehrentitel für Erleuchtete gebräuchlich

Osho (jap.) »Meister«

Rishi (Skrt.) »Seher«, »Heiliger«

Sadhu (Skrt., von *sadh*, »zum Ziel führen«) Ein Heiliger oder der Welt entsagender Mönch

Siddha (Skrt., »vollkommen«, »vollendet«) Erleuchteter Heiliger, verfügt in tantrischen Traditionen über übernatürliche Fähigkeiten

Sri/Shri/Shree (Skrt., »spirituell reich«) Ehrentitel für verwirklichte Meister, auch einfach ehrerbietig »Herr«

Swami (Skrt., »Herr«) Anrede vor dem Mönchsnamen bzw. Ehrentitel eines Lehrers oder Heiligen

Weitere Yoga-Schulen

Im Lauf der Jahrhunderte kamen zum »ursprünglichen« Yoga – dem Raja-Yoga des Patanjali – und den genannten klassischen weitere Schulen hinzu, die mehr oder weniger starke Bezüge zu den spirituellen Traditionen Indiens aufweisen. Einige werden im Folgenden kurz vorgestellt.

Kriya-Yoga

Yogananda

In Patanjalis *Yoga-Sutras* und den *Upanishaden* beschriebener Yoga-Weg, der auf Askese, Textstudium und Hingabe zu Gott beruht. Yogananda (1893–1952) etablierte diesen Yoga, der Selbstverwirklichung, Hingabe zu Gott, Erkenntnis und Liebe zu allen Wesen lehrt, im Westen. Im Zentrum der nur für Eingeweihte zugänglichen Übungen stehen vor allem Atemübungen.

Yantra-Yoga

Dieser Yoga nutzt als Meditationsunterstützung *yantras* (Skrt., »Stütze«, »Unterstützung«), Mandala-ähnliche Diagramme, die Götter oder Göttliches repräsentieren. Der Yantra-Yoga gilt als eine tibetische Erweiterung des Hatha-Yoga.

Kundalini-Yoga

Bhajan

Der indische Sikh Bhajan führte den Kundalini-Yoga Ende der 60er Jahre im Westen ein. Im Zentrum dieses Systems stehen Asanas, aber der Kundalini-Yoga umfasst auch Atemübungen, Reinigungsrituale, Mudras sowie verschiedene Heiltechniken (wie die yogische Massage) und die Sikh-Kampfkunst Gatka. Zu diesem traditionsbewussten Yoga gehören zugleich Ernährung und Lebensführung nach der indischen Heilkunst Ayurveda (Skrt., »Wissen vom Leben«). Ziele des Kundalini-Yoga sind Gesundheit, Ausgeglichenheit und Selbstentfaltung, die mit der Erweckung der Kundalini-Energie einhergehen. Bei der Meditation, die ein wichtiger Bestandteil ist, geht es vor allem darum, das »Bewusstsein für den eigenen Körper sowie für geistige und seelische Vorgänge«[36] zu vertiefen.

Der integrale Yoga

Sri Aurobindo

Der indische Philosoph und Mystiker Sri Aurobindo (1872–1950) entwickelte eine komplexe Lehre, in deren Zentrum die Identität des Menschen mit dem Absoluten steht. Mit Hilfe des integralen Yoga – der Jnana-, Karma- und Bhakti-Yoga vereint – sollen »alle Kräfte und Anlagen, die in unserem Wesen verborgen sind«, ausgedrückt werden. Auf diese Weise wird der Mensch mit dem »universalen und transzendenten Sein«[37] geeint. Die Bezeichnung »integral« bezieht sich nicht nur auf die Kombination der unterschiedlichen Yoga-Wege, sondern auch darauf, dass die Welt nicht abgelehnt wird oder überwunden werden soll. Vielmehr versucht der Übende, sie mit dem Göttlichen zu durchdringen, indem alles Menschliche in Göttliches transformiert wird. Für Sri Aurobindo ist das Nirvana jedoch nicht das endgültige Ziel, sondern der Anfang des Weges, der nicht mit dem Aufstieg des Menschlichen zum Göttlichen ende, sondern mit der Herabkunft des Göttlichen in die Welt.

Kum Nye

Tarthang Tulku

Ein Heil-Yoga, der auf tibetischen Erkenntnissen und Techniken basiert und Meditation, Körperübungen, Selbstmassage und Mantra-Rezitation beinhaltet. Kum Nye ist eine auf den Westen zugeschnittene Form des Yoga, die Tarthang Tulku Rinpoche (geb. 1935), Leiter des Nyingma-Institutes in Berkeley/Kalifornien, entwickelte. Es verbindet jahrtausendealte tibetische sowie buddhistische Traditionen mit »modernen westlichen humanistischen und transpersonalen Methoden der Körpertherapien und Energiearbeit«[38] und dient der »Entspannung, Anregung der psycho-physischen Energien und zur Lösung von Blockaden im Energiesystem«[39]. Mit einfachen Worten: Kum Nye arbeitet vor allem mit Emotionen, die wahrgenommen, freigesetzt und in Energie umgewandelt werden. Tarthang Tulku schreibt:

> Der Schlüssel sowohl zu unserer inneren Integration als auch einer ausgeglichenen Beziehung zur Umwelt liegt in unseren Gefühlen und Empfindungen. Wir können Kör-

per und Geist dadurch stärken und heilen, dass wir unsere Gefühle ganz tief empfinden und den fließenden Rhythmus ausweiten, den sie uns vermitteln, denn sie sind verbunden mit der Vitalität des gesamten Universums. Durch Entspannung erwecken wir Gefühle zum Leben, die sich dann ausweiten und verstärken, bis wir allmählich ein tiefes, alles durchdringendeses Energiefeld wahrnehmen können, das sich sowohl innerhalb unseres Körpers als auch jenseits seiner Begrenzungen erstreckt.[40]

Jivamukti-Yoga™

1986 von Sharon Gannon und David Life in den USA entwickelte Variante des Hatha-Yoga (Asanas, Mudras, Mantras u. a.), der auf ethischem Vegetarismus, sozialer Verantwortung und Umweltbewusstsein basiert. Zahlreiche Stars, wie Sting, praktizieren diesen Yoga-Weg (Studios auch in Deutschland).

Bikram-Yoga

Ebenfalls eine Hatha-Yoga-Form ist dieser von dem indischen Yogi Bikram Choudhury in Zusammenarbeit mit der Universitätsklinik Tokio entwickelte »sportliche Yoga«. Der Bikram-Yoga umfasst 26 Hatha-Yoga-Asanas, die in einem aufgeheizten Raum vor einem Spiegel geübt werden. Durch die Wärme sollen die Muskeln besser erwärmt und Gifte ausgeleitet werden. Prominente Schüler Choudhurys sind Barbra Streisand, John McEnroe und Michael Jackson.[41]

Siddha-Yoga

Techniken des Siddha-Yoga sind Meditation, Mantra-Singen, selbstlose Hingabe an den Guru, Geschenke und Opfergaben für den Guru, Gruppensitzungen u. a. Der Praktizierende versucht, Gott bzw. das göttliche Bewusstsein in sich selbst und dann auch in den anderen Menschen wahrzunehmen. Ist das gelungen, kann er sein Leben in Liebe zu allen anderen Wesen führen.

Swami Muktananda

Die *Bhagavad-Gita*, der Shaivismus aus Kaschmir und der Vedanta, die philosophische Auslegung der *Veden*, sind die spirituellen Grundlagen des Siddha-Yoga. Begründer ist Swami Muktananda (1908–1982), auch unter der Bezeichnung »Baba« bekannt, dessen zentrale Botschaft lautete: »Ehre dein Selbst, verehre dein Selbst, meditiere über dein Selbst, Gott wohnt in dir als du.«[42] Muktananda wanderte als Bettelmönch durch Indien, bis er von dem Heiligen Bhagawan Nityananda die spirituelle Einweihung *shaktipat* erhielt. Zwischen 1970 und 1981 lehrte er im Westen, 1974 gründete er die Non-Profit-Organisation SYDA Foundation. Spirituelles Oberhaupt des Siddha-Yoga ist seit Muktanandas Tod dessen Schülerin Gurumayi Chidvilasananda (geb. 1955), ihr Zentrum der Ashram Gurudev Siddha Peeth in Indien.

Kritik an der SYDA

Siddha-Yoga steht seit einem Artikel im *New Yorker* (November 1994) in der Kritik. Man wirft der Organisation vor, die Schüler zur Hörigkeit zu erziehen, außerdem gibt es Berichte über die Diskriminierung von Homosexuellen, Ausbeutung, sexuellen Missbrauch und anderes mehr. Was davon wahr ist, kann an dieser Stelle nicht beurteilt werden. Im Zweifelsfall mögen sich Interessierte bei den Sektenbeauftragten der christlichen Kirchen erkundigen, die in der Regel gut informiert sind.

11 Neuere Meditationen aus Indien

Ramana Maharshi

(von Christian Salvesen)

Der große Seher vom Berg Arunachala

Einblick in die »unsterbliche Natur«

Wie Ramakrishna und Vivekananda (s. S. 291) löste auch Ramana Maharshi (1879–1950) sowohl in seinem Heimatland Indien als auch im Westen ein starkes Interesse an der indischen Mystik und speziell am Advaita (Nicht-Zwei, Nicht-Dualismus) aus, das bis heute anhält. Mit 16 Jahren erlebte Venkataraman – so lautet sein Geburtsname – spontan einen Einblick in seine »unsterbliche Natur«. Er fühlte plötzlich, dass er sterben müsse, fiel in eine Art Totenstarre und beobachtete still das Geschehen. Später schrieb er dazu:

> »Ich« bin unsterbliches Bewusstsein. All dies waren keine müßigen Gedanken: sie durchfuhren mich wie eine mächtige lebendige Wahrheit, die ich unmittelbar erkannte, fast ohne jeden Denkvorgang. »Ich« war eine Wirklichkeit, das einzig wirkliche dieses augenblicklichen Zustandes. Alle bewusste Tätigkeit, die mit meinem Körper verbunden war, mündete ein in dieses »Ich«. Von diesem Augenblick an forderte das »Ich« oder das »Selbst« in machtvollem Zauber alle Aufmerksamkeit. Die Todesangst war ein für allemal ausgelöscht. Ich blieb von dieser Zeit an völlig im »Selbst« versunken.[1]

Bald darauf verließ Venkataraman sein Elternhaus. Er blieb bis zum Ende seines Lebens in Tiruvanamalai am Berg Arunachala, der – neben dem Kailash in Tibet – als besonders energiegeladene Verkörperung von Gott Shiva gilt.

Nach Jahren der stillen Versenkung in unterirdischen Gewölben des örtlichen Hindutempels und in Höhlen am Berg brach der junge Asket schließlich sein Schweigen und antwortete auf Fragen von spirituellen Suchern, die in immer größeren Scharen zu ihm kamen. Mittlerweile wurde er Ramana Maharshi (»großer Seher«) genannt. Zunächst gab es einen kleinen Ashram an einer Höhle, später einen größeren am Fuß des Berges, der auch heute noch Tausende Sucher aus aller Welt anzieht. Eine Zeitzeugin (von 1940) berichtet:

> In der Halle, wo er saß, war ein ständiges leises Kommen und Gehen. Dorfbewohner aus der Umgebung kamen herein, verneigten sich auf dem Boden vor Bhagavan und gingen gleich wieder hinaus, ohne sich, wie wir anderen, niederzusetzen. Es kamen Menschen aus allen Bevölkerungsschichten, auch spirituelle Lehrer mitsamt ihren Schülern. Auch Kinder, die manchmal lange Zeit hindurch ganz still da saßen. Gebildete Menschen aus vielen Ländern der Welt, die Jahre, Monate, Stunden oder auch nur Minuten verweilten. Man konnte von fünf Uhr morgens an in der Halle vor dem Maharshi sitzen, solange man wollte. Die Couch in der Halle war sein Aufenthaltsort bei Tag und bei Nacht. Er verließ die Couch nur, um zu Essenszeiten in den Speisesaal zu gehen, und für einen kurzen Spaziergang am Nachmittag.[2]

Atma Vichara

Nachdem Ramana immer wieder nach einer Methode der Meditation gefragt wurde, schlug er schließlich etwas vor, das er *atma vichara* nannte. Diese »Selbsterforschung« gilt bis heute unter vielen spirituellen Suchern weltweit als eine der wirksamsten Methoden zur »Erleuchtung«.

Ramana Maharshis Selbsterforschung

Was immer wir in jedem Moment erleben, wird wahrgenommen. Wir sagen: Ich sehe, höre, denke gerade dies und das. Nach vedischer Auffassung ist es aber nicht das Ich als Person, das wahrnimmt, sondern das universale Bewusstsein, Brahman (s. auch Zitat Upanischaden S. 289). Sicher, wir glauben, dort ist die Welt, und hier bin ich, der Wahrnehmende. Aber Ramana lässt uns tiefer fragen: Wer oder was ist der Wahrnehmende? Kann ich mich als Subjekt noch hinterfragen? Ja, durchaus! Alle »meine« Reaktionen, Gedanken, Gefühle, die ich bei einer Wahrnehmung erlebe (und als subjektiv einstufe) werden doch ebenfalls wahrgenommen. Die Frage ist: Wem oder was erscheinen all diese Gedanken? Und vor allem: Wem oder was erscheint dieser immer wiederkehrende Gedanke »Ich«?

Ich-loses Bewusstsein

Das, was den Gedanken »Ich« wahrnimmt, muss jenseits davon sein. Es ist das »Ich-lose« Bewusstsein. Wir können es nicht als Objekt wahrnehmen oder erkennen, sondern nur sein. Deshalb gibt es auf die Frage: »Wer bin ich – wer oder was nimmt dies wahr?« niemals eine Antwort. Doch die Frage weist die Richtung in die Stille jenseits von Worten und Konzepten. Und jeder kann diese Frage in jeder Situation still für sich stellen. Ramana sagt:

> Woher steigt dieses »Ich« auf? Suchen Sie im Inneren danach, dann verschwindet es. Dies ist das Streben nach Weisheit. Wenn der Geist unaufhörlich nach seiner eigenen Natur forscht, stellt sich heraus, dass es so etwas wie den Geist gar nicht gibt. Dies ist der direkte Weg für alle. Der Geist besteht nur aus Gedanken, und der Gedanke »Ich« ist die Wurzel aller anderen Gedanken. Deshalb ist der Geist nichts als der Ich-Gedanke. Die Geburt des Ich-Gedankens ist unsere eigene Geburt, sein Tod ist der Tod der Person. Nachdem der Ich-Gedanke entstanden ist, entsteht die falsche Identifizierung mit dem Körper. Werden Sie den Ich-Gedanken los. Solange das »Ich« da ist, gibt es Kummer. Wenn es aufhört, ist auch der Kummer verschwunden.[3]

Ich bin, der ich bin

Das eigentlich Verstörende an Ramana Maharshis »Lehre« ist, dass es nichts zu suchen und zu erreichen gibt. Denn alles ist schon gut so, wie es ist. Das zeitlose »Selbst« braucht keine Verbesserung.

> Das Selbst ist immer gegenwärtig. Jedermann möchte das Selbst erkennen. Welche Hilfe braucht man, um sich selbst

zu erkennen? Die Menschen möchten das Selbst als etwas Neues sehen. Aber es ist ewig und gleich bleibend. Sie wollen es als strahlendes Licht oder so etwas sehen. Wie wäre das möglich! Es ist weder Licht noch Finsternis. Es ist nur, was es ist, und kann nicht definiert werden. Die beste Definition ist »Ich bin, der ich bin«.[4]

Advaita und Satsang

Ramana Maharshi wird auch als eine wichtige Verbindung zwischen dem traditionellen Advaita der *Upanishaden* und einer heutigen, auf die Selbsterforschung bezogenen westlichen Spiritualität (»Satsang«) gesehen. Viele so genannte Satsang-Lehrer aus den USA und Europa, die zur Erforschung des wahren Selbst (Brahman, Atman) anregen wollen, berufen sich auf Ramana Maharshi. Der hat allerdings sehr klar gemacht, dass er in keiner Tradition steht und auch keine Nachfolger will.

Transzendentale Meditation

Kaum eine aus Indien stammende Meditation ist im Westen so bekannt und zugleich so umstritten wie die Transzendentale Meditation, abgekürzt TM, die in den 60er und 70er Jahren des vergangenen Jahrhunderts zahlreiche Stars der populären westlichen Kultur wie die Beatles, Donovan oder Mia Farrow anzog. Seit 1960 gibt es in Deutschland TM-Zentren.

Ursprünge

Begründer der TM ist Maharishi Mahesh Yogi (geb. 1917 oder 1918), der von dem Brahmanen und Sannyasin Brahmananda Saraswati (1870–1953) unterwiesen worden war. Die TM beruft sich auf die Lehren eines der bedeutendsten Philosophen und Heiligen Indiens, Shankara (788–820), der als Hauptvertreter des nichtdualistischen, vedischen Advaita Vedanta gilt und dem vom Buddhismus stark zurückgedrängten Hinduismus neue Impulse verlieh.

Shankara

Kern der Lehre Shankaras ist der Monismus – Gott, Seele und Erscheinungen sind identisch. Die Wirklichkeit besteht dem Advaita Vedanta zufolge aus Energie in Form von Bewusstsein; das Unveränderliche wird vom menschlichen Denken überlagert. Shankara fand dafür ein eindrückliches und berühmtes Beispiel: das Seil, das für eine Schlange gehalten wird. Der Anblick der vermeintlichen Schlange ruft Angst, Herzklopfen und Panikreaktionen hervor, obwohl diese Schlange nicht wirklich existiert – nur im menschlichen Denken.[5]

Trotz dieser spirituellen und philosophischen Grundlage propagieren die Anhänger der TM, sie sei weltanschaulich neutral und könne von Mitgliedern jeglicher Religion ausgeübt werden.

»Gesellschaft im Zeitalter der Erleuchtung«

Maharishi-Effekt

Den Anhängern der TM zufolge wurde bereits in den 60er und 70er Jahren der so genannte »Maharishi-Effekt« festgestellt und wissenschaftlich belegt: Verhalte sich ein Prozent der Mitglieder eines Gemeinwesens (Dorf, Stadt, Land) den Lehren der TM entsprechend, entstehe automatisch das Ideal einer Gesellschaft, in der es kein Leiden mehr gebe, Krankheiten, Arbeitslosigkeit, Kriminalität, Selbstmorde etc. signifikant zurückgingen. Maharishi nannte sie »Gesellschaft im Zeitalter der Erleuchtung«, deren »Morgendämmerung« er 1975 am Schweizer Vierwaldstättersee verkündete. Ein Jahr darauf wurde dort die »Weltregierung des Zeitalters der Erleuchtung« samt zehn Ministern ernannt.[6] Die Maharishi-Meditation wird als Möglichkeit betrachtet, die Probleme der Welt zu lösen, während die aktuellen Regierungssysteme, darunter die Demokratie, dies nicht könnten.

Die Meditation

Ziel der Meditation ist es, das Denken zu transzendieren – also seine Grenzen zu überschreiten – und das absolute Bewusstsein zu erfahren. Charakteristisch für die TM ist, dass sie »mühelos erlernt werden«[7] kann, den Meditierenden nicht anstrengt und überall praktiziert werden kann. Sie wird zweimal täglich mit geschlossenen Augen für etwa 20 Minuten geübt.

Mantras in der TM

Zentrale Bedeutung für die TM haben Mantras, die lautlos und in einem immer ruhigeren Rhythmus wiederholt werden. Im Gegensatz zu anderen Meditationsformen haben die Mantras bei der TM keinerlei tiefere Bedeutung und keinen spirituellen Sinn. Sie sind

> nur Laute in und aus sich selbst, doch sie sind keine sinnlosen Geräusche, die einfach so im Kopf des Lehrers oder Meditators auftauchen. Diese Laute haben Vibrationseigenschaften, die besonders gut zur Persönlichkeit des Meditators und seinen mentalen Werten passen […].[8]

Erlernt werden kann die TM bei ausgebildeten Lehrern in einem siebenstufigen Programm. An einen einführenden Vortrag (Wirkungen der TM) schließen sich ein vorbereitender Vortrag (Funktionsweise der TM), ein persönliches Gespräch mit einem TM-Lehrer, bei dem der Praktizierende sein Mantra erhält, eine individuelle Einweisung in die TM sowie Folgetreffen an, bei denen die Meditationspraxis gefestigt wird.[9]

Das TM-Sidhi-Programm

Übernatürliche Fähigkeiten

Abgesehen von der spirituellen Erleuchtung soll die TM auch jene parapsychologischen Fähigkeiten ermöglichen, wie sie bereits in den *Yoga-Sutras* des Patanjali genannt werden (s. S. 302). Die TM-Organisation hat dafür eigens das »TM-Sidhi-Programm« geschaffen (wird seit 1977 auch in Deutschland angeboten), bei dem Praktizierende scheinbar »übernatürliche« Fähigkeiten wie Unsichtbarkeit, paranormale Wahrnehmung, besonders große Kräfte und das kurzzeitige Fliegen erlernen.

> Maharishi betrachtet diese Techniken als normale Eigenschaften eines voll entwickelten menschlichen Bewusstseins; Ziel dieser Techniken ist […] die daraus resultierende verbesserte Koordination von Psyche und Physis und die damit verbundene Beschleunigung der Entwicklung des Bewusstseins.[10]

Die Kritik an TM

Seit es die TM im Westen gibt, gibt es auch Kritik an ihr. Häufige Vorwürfe sind, dass Maharishi Mahesh Yogi und die TM-Organisation ein antidemokratisches und totalitäres Denken an den Tag legten und dass manche TM-Schüler in eine Hörigkeit Maharishi oder ihrem TM-Lehrer gegenüber getrieben würden. Die christlichen Kirchen weisen Maharishis Aussage, Anhänger jeder Religion könnten TM praktizieren, zurück – die Philosophie der TM widerspreche christlicher Lehre. Auch das Finanzgebaren steht in der Kritik – die Kursgebühren seien zu hoch, außerdem besitze Maharishi vermutlich mittlerweile mehrere Milliarden Dollar. Seit Mitte der 70er Jahre wurde die TM vor allem von christlicher Seite den Jugendreligionen und Sekten zugerechnet, doch darf sie seit einem Gerichtsurteil von 1985 nicht mehr »Psycho-« oder »Jugendsekte« genannt werden.[11]

Dynamische Meditation

Ähnlich umstritten war und ist Chandra Mohan (1931 bis 1990), der sich erst »Acharya« (»Lehrer«), später »Bhagwan« (»derjenige, der Glückseligkeit besitzt«) Shree Rajneesh und seit Ende der 80er Jahre »Osho« (»Meister«) nannte.

Pune und Oregon

Chandra Mohan

Chandra Mohans Familie gehörte der Religion der Jainas an, die eine unorthodoxe Lehre vertreten und die Autorität der *Veden* verneinen (Jainismus). Mit 21, so heißt es, wurde er erleuchtet. Er studierte Philosophie und lehrte anschließend an der Jaina-Universität von Jabalpur. 1969 eröffnete er in Mumbai (früher »Bombay«) den ersten Ashram, mit dem er 1974 nach Pune (»Poona«) umzog, wohin in den folgenden Jahren auch zehntausende spirituelle Reisende aus dem Westen strömten. Fiskalische und gesundheitliche Probleme veranlassten Chandra Mohan 1981, mit einem Teil seiner Anhänger (»Sannyasins«, von Skrt. *sannyasa*, »Entsagung«) in den US-Staat Oregon zu ziehen.

Exil in der Heimat

Auch hier entstanden Probleme, zum einen mit der einheimischen Bevölkerung, zum anderen mit den Behörden, bis die Situation Mitte der 80er Jahre eskalierte, als (teils wohl begründete) Gerüchte um politische Manipulation, absichtliche Salmonellenvergiftung, Mordpläne und anderes mehr die Runde machten. Chandra Mohan musste die USA schließlich wegen Verstoßes gegen die Einwanderungsvorschriften verlassen und verbrachte, da er für andere Länder keine Einreisegenehmigung erhalten hatte, die letzten Jahre seines Lebens in Pune.

Lehre und Meditationen

Chandra Mohan erklärte stets, er gehöre keiner hinduistischen spirituellen Tradition an, sondern sei der Beginn von etwas Neuem. In seiner Lehre vermengen sich Elemente aus Tantrismus, Hinduismus, Buddhismus, Yoga, Sufismus, westlicher Psychologie, in seiner Praxis geht es nicht um die »willensmäßige Bemeisterung des Körpers«, sondern um »einen ausgesprochen emotions- und triebfreundlichen Weg zur Religion«[12]. Unter anderem das hat ihm in der westlichen Öffentlichkeit Kritik und seinen Anhängern Spott eingebracht – »Rajneesh ist der Guru der puritanisch verhemmten westlichen Jugend, sofern sie sich lockern, befreien, hingeben will«[13].

Verschiedene Meditationen

Neben der Dynamischen Meditation, die im Folgenden kurz erläutert werden soll, hat Chandra Mohan eine ganze Reihe von Meditationstechniken gelehrt, darunter

- Nataraj-Meditation (Tanz)
- Kundalini-Meditation (Schütteln, Tanz, Meditation, Stille)
- Nadabrahma-Meditation (Summen, Armbewegungen, Entspannung)
- Bildmeditation
- Meditation vor dem Spiegel
- Meditationen im Dunkeln

Die dynamische Meditation dauert eine Stunde und besteht aus folgenden fünf Phasen:[14]

Dynamische Meditation

1. »**Schnaufen**«: Zehn Minuten lang atmet man schnell, aber tief ein und aus
2. »**Katharsis**«: Ebenfalls zehn Minuten lang lässt man sich gehen, »springt herum, liegt oder wälzt sich auf der Erde, singt oder schreit – eben nach Belieben augenblicklicher spontaner Eingebung«[15]. Man versucht, »ganz Körper«[16] zu sein, und baut alle Energien und Spannungen ab.
3. »**Hüpfen**«: Im Anschluss daran hüpft man mit locker erhobenen Armen auf und ab und ruft dabei »Hu!«. Der Laut soll tief aus dem Bauch kommen und auf das Sexual-Chakra wirken.
4. »**Stopp**«: Nun folgt die eigentliche Meditation. 15 Minuten lang bleibt man wie festgewachsen so stehen, wie man gerade steht, und versucht, sich nicht zu bewegen, um die Energie ohne Behinderungen fließen zu lassen.
5. »**Tanzen**«: Abschließend tanzt man und drückt in diesem Tanz aus, was und wie man gerade fühlt.

Wirkungen

Die Dynamische Meditation soll, regelmäßig geübt, die Durchblutung verbessern, die Aufmerksamkeit steigern sowie die eigene Energie erhöhen. Außerdem berichten »Meditierende, die den ganzen Übungszyklus über Wochen täglich gemacht haben, [...] dass die Übung einen starken belebenden und integrierenden Effekt«[17] hat. Sie wird wegen ihres kathartischen Effektes im Westen in psychosomatischen Kliniken und manchmal bei der Psychotherapie eingesetzt.

Meditation nach Sri Chinmoy

Schüler von Sri Aurobindo

Chinmoy Kumar Ghose, 1931 in Bangladesh geboren, kam als Zwölfjähriger nach dem Tod seiner Eltern in den Ashram von Aurobindo, wo er 20 Jahre lang lebte. Er ging dort zur Schule und erhielt neben der spirituellen eine Sport- und

Kunstausbildung. Mitte der 60er Jahre verließ er den Ashram, hielt Reden und unterrichtete selbst als spiritueller Guru, seit Mitte der 70er Jahre auch in Europa und vor allem Deutschland. Sri Chinmoys Organisation tritt auch in Deutschland häufig als Veranstalter von Friedensläufen, Friedenskonzerten oder Sportereignissen in Erscheinung.

Bhakti-Yoga

Zentrale Praxis seiner Lehre ist der Bhakti-Yoga (Hingabe), mit dessen Hilfe das Ich transzendiert und die Einheit mit Gott (»Supreme«) verwirklicht werden soll. Die Übung besteht aus Konzentration und Meditation:

- Konzentration: Atemübungen, Mantra-Rezitation (»Supreme« oder »Chinmoy«), korrekte Haltung. Dabei sieht man das Bild Sri Chinmoys an.
- Meditation: vor dem »Transzendentalen Bild« Sri Chinmoys, »auf dem er mit leerem Blick, die Pupillen unsichtbar nach hinten gedreht, abgebildet ist«[18]. Das Foto, wird Chinmoy zitiert, stelle ihn in seinem höchsten Bewusstsein dar, nicht seinen physischen Körper. Für seine Schüler sei er in diesem Bewusstsein gleichbedeutend mit dem »Supreme«, wie die Bewegung Gott nennt. Der Übende versucht, mit Sri Chinmoy eins zu werden und ihn zum eigenen »inneren Piloten« machen.

Weitgehende sexuelle Enthaltsamkeit, vegetarische Ernährung, Verzicht auf Alkohol, Koffein und Nikotin tragen zum Gelingen der Meditation bei.

Kritik an Sri Chinmoy

Wie die Bewegungen von Maharishi Mahesh Yogi und Bhagwan Shree Rajneesh steht auch die von Sri Chinmoy in der Kritik – man wirft ihr sektenähnlichen Charakter, Erziehung zur Hörigkeit, Sex mit Anhängerinnen, Etikettenschwindel (»Uno-Guru«) und Ähnliches vor. Andererseits kann Sri Chinmoy offenbar viele Fürsprecher vorweisen, wie der Website seiner Organisation zu entnehmen ist – dort äußern sich u. a. Nelson Mandela, Mutter Teresa, Lady Diana, Michail Gorbatschow und Papst Johannes Paul II. in positiven, lobenden Worten über ihn.[19] Wer an einer Meditation nach Sri Chinmoy teilnehmen möchte, sollte sich deshalb vorher genau informieren, um sich ein eigenes Bild machen zu können.

Die Ananda-Marga-Meditation

Ananda Marga

Ananda marga (Skrt.) heißt wörtlich etwa »Weg zur Glückseligkeit« und ist der Name einer wohltätigen Organisation, die in Indien hunderte soziale Einrichtungen wie Krankenhäuser, Schulen und Unterkünfte betreibt und in zahlreichen weiteren Staaten im sozialen Bereich tätig ist.[20] Sie wurde 1955 von dem Inder Prabhat Ranjan Sarkar (1921–1990) gegründet, der als Angestellter bei der Eisenbahn arbeitete, bevor er seine auf dem Tantra und dem Yoga des Patanjali beruhende Soziallehre formulierte.

Politische Schwierigkeiten

Die Organisation gilt nicht nur als soziale und spirituelle, sondern als politisch-reformerische Bewegung. So lehnt sie das Kastensystem ab und opponiert gegen die Unterdrückung der Frauen und die Ausbeutung der Armen, was sie populär machte, aber auch zu großen politischen Schwierigkeiten führte. Von 1975 bis 1977 war Ananda Marga in Indien verboten; der Vorwurf lautete auf »illegale politische Betätigung«. Sarkar selbst war von 1971 bis 1978 inhaftiert, weil er angeblich zum Mord angestiftet hatte. Beim Berufungsverfahren wurde er rehabilitiert.

Organisation und Praxis

Die Mitglieder von Ananda Marga sind in einem Mönchs- und einem Nonnenorden organisiert oder (die Mehrzahl) Laien. Die ethisch-sozialen Gesellschaftstheorien von Sarkar (spiritueller Name: Sri Anandamurti) werden von den Anhängern als Regeln für das Zusammenleben und -arbeiten umgesetzt. Die spirituelle Praxis der Organisation umfasst Meditation, Yoga, gemeinsames Singen und Tanzen (z.B. Singtanz, Fitnesstanz), außerdem gibt es für die Mitglieder strenge Ernährungsvorschriften (z.B. vegetarisch) und das Verbot jeglicher Drogen. Ethische Grundsätze sind Yama und Niyama, die Stufen 1 und 2 von Patanjalis achtgliedrigem Yoga. Sarkar habe, schreibt Reimar Lenz, damit

> dem klassischen Hinduismus [...] die Dimension der Sozialkritik und des sozialen Engagements hinzugefügt [...], wodurch für die indische Religiösität eine ganz neue Synthese entstanden ist.[21]

Die Meditation

Ziel der Meditation – wichtigster Teil der spirituellen Praxis von Ananda Marga – ist es der Organisation zufolge zum einen, das innere »Zentrum zu finden, gelassener und widerstandsfähiger zu werden gegen das Auf und Ab des täglichen Lebens«. Zum anderen soll die Meditation helfen, den Sinn der Existenz zu erfahren, das eigene transzendente Sein. Der Übende lenkt die Wahrnehmung nach innen auf die Chakras und versenkt sich »ganz in die Vorstellung des Unendlichen Bewusstseins, von dem wir selbst ein Teil sind«[22]. Als Hilfsmittel benutzt man Atemübungen, insgesamt 40 ausgewählte Asanas und Mantras, die während der Meditation lautlos wiederholt werden. Die (notwendige) Einführung in die Meditation und die anderen Praktiken von Ananda Marga durch einen Lehrer ist nach eigenen Angaben kostenlos.

IV

Meditation in anderen Kulturen und Religionen

Die Befähigung zum Meditieren ist eine allgemein menschliche Anlage, also keineswegs dem Osten vorbehalten«, schreibt der Münchner Philosoph und Jesuitenpater Johannes B. Lotz.[1] Man könnte ergänzen: der Wunsch nach Meditation genauso. Vor allem das Christentum, aber auch Judentum und Islam haben von Anbeginn an eigene Meditationsformen entwickelt. Dazu ist sicherlich auch das Gebet, die Zwiesprache des Gläubigen mit seinem Gott, zu rechnen, denn ist das Gebet – vor allem das liturgische – nicht oft auch eine Form der Mantra-Meditation? Doch um das »alltägliche« Gebet in den monotheistischen Religionen soll es im Folgenden nicht gehen, sondern um Techniken der Versenkung, die über ritualisierte Äußerungen des Glaubens im Alltag eines Gläubigen hinausgehen und tatsächlich zu höchsten spirituellen Erfahrungen wie dem Einswerden mit dem Göttlichen oder einer irgendwie göttlich gearteten Wahren-Natur führen können: christliches Zazen, Kreuz-Meditation, Meditationen der Mystik, die jüdische Kabbala-Kontemplation, das sufische Dhikr und andere. Dazu kommen am Ende dieses Teils und dieses Buches – ein wenig stiefmütterlich platziert – die schamanische Reise und das autogene Training.

12 Christliche Meditation

Begriffsklärung

Seit Jahrzehnten werden die unterschiedlichsten Formen östlicher Meditationstechniken nun im Westen praktiziert, und in aller Regel gehören die Übenden anderen religiösen Kulturen an als beispielsweise Buddhismus oder Hinduismus. Weltanschaulich verpflichtend sind Zazen, Vipassana, Yoga nicht, sie können auch von Christen geübt werden.

Wurzel und Inhalt: Christus

Doch darum soll es – mit einer Ausnahme – in diesem Kapitel nicht gehen. »Christliche Meditation« meint nämlich etwas anderes: »Christlich heißt sie vor allem, weil sie Christus zur Wurzel und zum Inhalt hat«.[2] Die christliche Meditation im theologischen Sinne entsteht aus Christi »heilender und erhebender Gnade«, und je mehr der Übende »von Christus getragen und durchwirkt« ist, desto intensiver wird seine Übung (Christus als Wurzel). Meditationsgegenstand ist entweder Christus selbst, sein Name oder aber ein Aspekt, der in enger Verbindung zu ihm steht. Auf diese Weise offenbaren sich dem Meditierenden durch die »erhebende Gnade« die Geheimnisse, die sich mit Christus verbinden (Christus zum Inhalt). Solche Meditationen stehen im Zentrum dieses Kapitels.

Selbstverwirklichung

Dogmatische Kreise sehen Meditation bisweilen kritisch, weil sie fast automatisch die Frage der Selbstverwirklichung aufwirft – wer meditiert, erfährt nun einmal viel über sich selbst, was wiederum zu einer Selbstverwirklichung im psychologischen Sinne führen kann. Deshalb wird der Weg in sich selbst hinein manchmal nicht als Weg zu Gott gesehen, sondern als Irrweg, der von Gott fortführe:

> Der Weg ins Innere versandet im Nichts, in der Leere. […]
> Die Selbstverwirklichung ist eine unheimliche und heil-

lose Macht, in der – wie nirgends anders – zutage tritt, dass der Mensch ein Sünder, ein Rebell gegen Gott ist.[3]

In Kontakt mit Gottes Absicht

Klemens Tilmann und Hedvig-Teresia von Peinen dagegen sehen die Selbstverwirklichung als göttlichen Auftrag. Sich selbst, also den eigenen Kern, zu erkennen bedeute nichts anderes, als das zu erkennen, was Gott in einem angelegt habe und so jene Wesenheit in sich zu erkennen, die gottgeschaffen ist.

> Der Christ erfährt sein tiefstes Wesen als göttlichen Auftrag. Er weiß sich von Gott gedacht und entworfen. Wenn er in vollen Umfang werden will, was er im Wesen ist, ist er immer in Kontakt mit Gottes Absicht.[4]

Selbstverwirklichung im christlichen Sinne bedeutet in dieser Lesart also, der Mensch soll werden (und sein), wie Gott ihn geplant hat. Und erst dann, wenn er sein Ich geworden ist, kann er auch ein Du erkennen: »Wer nicht weiß, wie er ist, wie soll er einem anderen wahrhaft und tief begegnen?«[5]

Von Monismus und Dualismus

Einheit mit Gott?

Begegnung statt Einswerden

Meditation im zeitgenössischen kirchlich-christlichen Rahmen unterscheidet sich in einem wesentlichen Aspekt von den bisher besprochenen östlichen Meditationen: Christliche Meditation ist in spiritueller Hinsicht ein Weg, *die Begegnung* des Praktizierenden mit Gott, *die Nähe* zu Gott zu ermöglichen, nicht aber *die Einheit* mit Gott (Ausnahme ist die Mystik). Genau dies haben die hinduistischen und buddhistischen Meditationen zum Ziel: dass der Übende das Göttliche, Absolute in sich selbst erkennen und mit ihm eins werden möge. Der Gott, wie ihn die Bibel darstellt, ist jedoch das allmächtige und allwissende Geistwesen, das immer außerhalb des Menschen stehen wird, stehen *muss*, weil es dessen Geschicke leitet. Der Dualismus, den die asiatischen

Meditationen zu überwinden suchen, bleibt bei den christlichen bestehen, ja er ist hier sogar konstitutiv. Bei Jesaja heißt es:

> Denn meine Gedanken sind nicht eure Gedanken, und eure Wege sind nicht meine Wege, spricht der Herr; sondern so viel der Himmel höher ist denn die Erde, so sind auch meine Wege höher denn eure Wege und meine Gedanken denn eure Gedanken. (55, 8 und 9)

Nichts ist außerhalb Gottes

Dies ist nicht der geeignete Ort, um sich die Details der komplexen christlichen Philosophie anzusehen, aber eines sei hinzugefügt: Das Christentum ist nicht ausschließlich dualistisch, sondern geht in manchen Aspekten wenn auch keinen monistischen, so doch einen dritten Weg. Der amerikanische Religionswissenschaftler Edward Stevens weist darauf hin, dass die systematische christliche Theologie Gott als unendliches Wesen definiere, welches die ganze Schöpfung umfasse: »Nichts [...] kann außerhalb Gottes sein.«[6]

Wenn man dem nun die zitierten, die Trennung zwischen Gott und dem Menschen bestätigenden Bibelverse aus Jesaja 55 oder auch andere gegenüberstellt, scheint sich ein Widerspruch zu ergeben. Stevens zufolge wird er aufgelöst, indem

> auf die Metapher der ›Teilhabe‹ am göttlichen Wesen verwiesen wird. Der Mensch hat Teil am Wesen Gottes und hat zugleich eine eigene Existenz. Er besitzt zwar keine getrennte Wirklichkeit außerhalb Gottes, aber ist trotzdem nicht identisch mit ihm.[7]

Christliches Zazen

Keine fernöstliche Meditation ist in den kirchlichen Kreisen des Westens so beliebt wie Zazen, und bei keiner ist die Durchdringung mit christlichem Inhalt so gut gelungen. Möglicherweise liegt das schlicht daran, dass Zazen dem modernen Christen eine der modernen Welt entsprechende Methode an die Hand gibt, Stille zu finden, sich in sich zurückzuziehen, sich zu spüren. Doch darüber hinaus bietet Zazen etwas ganz Besonderes: Es ermöglicht eine spirituell-emotionale Erfahrung, die vielen Christen bislang vielleicht »nur« intellektuell zugänglich war – dass Christus und mit ihm das Göttliche Teil des eigenen Wesens, der eigenen Natur sind. Christliches Zazen macht nachempfindbar, dass das Reich Gottes in der eigenen Seele liegt.

Kontakte

Franz Xaver

Zwischen Christentum und Zen gab und gibt es einen regen Austausch. Die ersten Kontakte fielen bereits ins 16. Jahrhundert, als der Jesuit Franz Xaver (1506–1552), ein Missionar aus dem Kreis um Ignatius von Loyola, Japan bereiste und in dieser Zeit zahlreiche Begegnungen mit Zen-Meistern hatte. In seinen Briefen zeigte er sich von den bescheidenen, ruhigen, intelligenten Mönchen beeindruckt, doch ging es Franz Xaver und den später vor Ort gebliebenen Mitreisenden weniger um einen intellektuellen und spirituellen Austausch, sondern ums Missionieren.

Heinrich Dumoulin

Größte Verdienste um Forschung und Darstellung der historischen Entwicklung des Zen von seinen Anfängen bis ins 20. Jahrhundert erwarb sich der Philosoph und Jesuitenpater Heinrich Dumoulin (1905–1995). Nach dem Studium an der Berliner Humboldt-Universität lebte er ab 1935 in Japan. 1941 übernahm er eine Professur für Philosophie und Religionsgeschichte an der Tokioter Sophia-Universität, ab 1970 war er dort Direktor des Instituts für Orientalische Religionen.

Hugo M. Enomiya-Lassalle

Ebenfalls Jesuit war der westfälische Bauernsohn Hugo Makibi Enomiya-Lassalle (1898–1990), der für die Geschichte des Zen im 20. Jahrhundert hochinteressant ist, weil er sich zeit seines langen Lebens um die Symbiose von Christentum und Zen bemühte. Lassalle (Makibi Enomiya war sein japanischer Name) legte 1921 die jesuitischen Gelübde von Armut, Keuschheit und Gehorsam ab und wurde 1927 zum Priester geweiht. Von 1929 an lebte er in Japan, anfangs in Tokio, später in Hiroshima, wo er beim Atombombenabwurf durch die USA Verletzungen und Strahlenschäden erlitt.

Gegen den Widerstand großer Teile der katholischen Kirche unterrichtete Lassalle Christen im Zazen, dem sein Hauptaugenmerk galt. 1961 gründete er ein christlich-buddhistisches Haus, in dem er Exerzitien in Verbindung mit Zazen abhielt, 1968 veranstaltete er im Benediktinerkloster Niederaltaich erstmals ein Sesshin in Deutschland. 1973 erlangte Lassalle Erleuchtung, die von dem Yasutani-Schüler Yamada Koun (1907–1989) als »christliches Kensho« (Erleuchtung) bestätigt wurde, wenngleich er Lassalle nicht voll als Zen-Meister anerkannte. Sowohl aus katholischen wie auch aus zenbuddhistischen Kreisen meldeten sich Kritiker zu Wort, doch Lassalle ließ sich nicht von seinem Weg der Symbiose abbringen. Er starb 1990 in einem jesuitischen Altenheim in Deutschland; seine Asche brachte man in die Weltfriedenskirche in Hiroshima.

Willigis Jäger

Heute macht sich vor allem der Benediktinerpater Willigis Jäger (geb. 1925) um ein christliches Zen verdient, doch stößt er dabei nach wie vor auf ähnliche Schwierigkeiten seitens der katholischen Kirche wie Lassalle. Seine Zen-Schulung begann 1972 in Kamakura, wohin er 1975 für sechs Jahre zurückkehrte. 1981 erteilte ihm Zen-Meister Yamada die Lehrerlaubnis, 1982 gründete Jäger das christliche Meditationshaus Sankt Benedikt in Würzburg (samt Zen-Garten), das Seminare in Zen und Kontemplation anbietet. Anfang 2002 sprach der Vatikan ein Auftritts-, Lehr- und Publikationsverbot für Jäger aus, dem vorgeworfen wird, bei ihm kämen »Grundüberzeugungen des christlichen Glaubens nicht mehr zum Tragen«[8].

Die Zazen-Praxis

Christliches Zazen verläuft in Bezug auf Position, Haltung, Atmung etc. genauso wie das buddhistische. Man sitzt aufrecht, in der Regel vor einer leeren Wand, achtet darauf, dass man die Bauchatmung anwendet, stellt sich den Körperschwerpunkt im unteren Dantian vor, ist möglichst entspannt. Erste Schritte der Meditation sind die Zählung der

Atemzüge, das neutrale Beobachten der Gedanken, ohne einzugreifen. Man versucht, das Anhaften an die Dinge zu lösen, entwickelt also eine Zen-Haltung, bei der das kleine Ich durch das große Ich ersetzt wird (s. S. 40).

Der Atem Gottes

Dabei ist die Zen-Haltung von christlicher Spiritualität durchdrungen. Denn Spiritualität ist »für Christen nichts anderes als ein Leben im Einklang mit dem Geist, dem Atem Gottes« – das lateinische *spiritus*, »Geist«, »Atem«, ist mit dem griechischen *pneuma* und dem hebräischen *ruah* gleichzusetzen; beides meint den Atem Gottes. Sich den eigenen Atem zu vergegenwärtigen bedeutet beim christlichen Zazen, sich vollkommen dem Atem Gottes anzuvertrauen. »Man lässt den Atem Gottes von seinem ganzen Selbst Besitz ergreifen, um von ihm belebt, geleitet, inspiriert zu werden und in ihm erfüllt zu sein.«[9]

Christliche Erleuchtung beim Zazen

Doch was erlebt der Christ beim Satori – vorausgesetzt, er gelangt dorthin –, da ja, wie oben beschrieben, Erleuchtung im Christentum nicht gleichbedeutend sein kann mit der Einswerdung mit Gott? Was kann Erleuchtung nach christlichem Verständnis sein?

Zwei Aspekte

Hugo Lassalle sieht in der Erleuchtung zweierlei Aspekte verwirklicht: die vollständige Erlösung von der Herrschaft der Sinne über den Geist sowie das »Näherkommen zu Gott«[10]. Gott direkt zu schauen ist der christlichen Theologie zufolge nicht möglich – »Gott hat nie jemand geschaut«, heißt es bei Johannes 1,18. Doch die Loslösung von den Sinnen, vom buddhistischen Anhaften, das die Mystiker als Voraussetzung für die Annäherung an Gott sahen, ermöglicht nach Lassalle »einen Schritt vorwärts in dieser Richtung«[11].

Christus-Natur

Einheit mit Gott ist nicht denkbar – Einheit mit seinem göttlichen Sohn, Jesus Christus, dagegen schon. Dies ist zumindest die Haltung zahlreicher zeitgenössischer Theologen, die analog zur »Buddha-Natur« eine »Christus-Natur« im Menschen angelegt sehen, dem

> grundlegendsten Wesen [...], das seit Erschaffung der Welt oder sogar schon davor existiert. Oder, um es mit den Worten eines [...] Zen-Koan zu formulieren: Die Christus-Natur ist »unser ursprünglichstes Gesicht, bevor unser Vater und unsere Mutter geboren waren«.[12]

Anders formuliert: Christus lebt und wirkt durch seinen Geist im Menschen, und »auf diesen Geist trifft der Christ bei der inneren Versenkung. Ihm Raum zu geben und mit seinem Wirken eins zu werden, ist Kernvorgang christlicher Meditation.«[13] Allerdings bleibt Jesus – und das ist der gravierende Unterschied zu Buddha – die irdische Inkarnation Gottes und entsprechend zugleich innerhalb und außerhalb des Menschen stehend, zugleich menschlich und nichtmenschlich.

Spiritueller Tod und Wiedergeburt

Die Erleuchtung bedeutet in dieser Sichtweise den Tod des alten Selbst und die »Wiedergeburt in ein völlig neues Leben«[14]. Tod und Wiederauferstehtung – Erleuchtung als am und im eigenen Leib erfahrenes Ostermysterium.

> Das neue Leben in Christus zu leben [...] heißt, am göttlichen Leben in uns teilzuhaben. Aus den Tiefen unseres Wesens können wir mit Paulus wahrhaft ausrufen: »Ich lebe, doch nun nicht ich, sondern Christus lebt in mir.« (Galater 2,20)[15]

Auch hier wird der Tod des Selbst ganz ähnlich dem buddhistischen Überwinden des Ichs gesehen – »all unsere ums Ich kreisenden Bindungen sterben«[16], man lebt dem Vorbild Jesu entsprechend, verkündet dessen Botschaft. Und das bedeutet:

> sich mitten ins Herz der Welt zu stürzen, in Solidarität mit allen Freuden und Hoffnungen, Schmerzen und Leiden, dem Blut, dem Schweiß und den Tränen aller fühlenden Wesen – und zwar gleich hier und jetzt.[17]

Christliche Mystik und Meditation

Mystische Schulen und Bewegungen gibt es in allen Religionen, und meistens entstehen sie als Gegenbewegung zu einer allzu dogmatischen, allzu intellektuell ausgerichteten offiziellen Lehrposition. Häufig werden sie deshalb verfolgt – Meister Eckhart beispielsweise entging der Verurteilung nur, weil er starb, bevor die entsprechende Bulle von Papst Johannes XXII. eintraf.

Unio mystica

Im Zentrum mystischer Spiritualität steht das religiöse Erleben, das eigene Erfahren, Ziel ist die durch Askese, Hingabe und Versenkung zu erreichende Vereinigung mit Gott, die in der Einführung zu diesem Buch erwähnte *unio mystica*.

Der Begriff »Mystik« leitet sich vom griechischen Verb *myein* ab, das »die Augen schließen« bedeutet. Verwandt damit ist z. B. das Wort »Mysterium« (»Geheimnis«). Der christlichen Mystik werden u. a. Bernhard von Clairvaux, Bonaventura, Hildegard von Bingen, Meister Eckart, Johannes Tauler, Ignatius von Loyola, Teresa von Ávila sowie die russischen Starzen zugerechnet.

»Gottesgeburt in der Seele«

Im Innersten der Seele

Während es der christlich-kontemplativen Meditation nach Kirchenregeln um die (dualistische) Annäherung an Gott und vielleicht um die Gewahrwerdung der Christus-Natur im Praktizierenden geht, zeigt die Mystik eine deutliche Nähe zur fernöstlichen Spiritualität. Sie nämlich sucht das Göttliche in der eigenen Seele, die Vereinigung des Meditierenden mit Gott. Johannes Eckhart von Hochheim (»Meister Eckhart«) schreibt:

> Gott ist in allen Dingen, aber insofern Gott göttlich ist und insofern Gott vernünftig ist, ist Gott nirgends so eigentlich wie in der Seele, in dem Innersten der Seele und in dem Höchsten der Seele. Wo die Zeit nie hinkam, wo nie ein Bild hineinleuchtete, im Innersten und im Höchsten der Seele erschafft Gott die ganze Welt. Alles was ver-

gangen ist und alles was künftig ist, das schafft Gott im Innersten der Seele.[18]

Nicht umsonst heißt es bei Daisetz T. Suzuki, Meister Eckharts Gedanken glichen buddhistischen Vorstellungen so stark, dass man sie als buddhistisch bezeichnen könne.[19]

Gott in der eigenen Seele

Die mittelalterlichen deutschen Mystiker und Dominikaner um Meister Eckhart (1260–1328) und Johannes Tauler (1300–1361) vertraten die Theorie, dass der Mensch Gott in der eigenen Seele schauen könne (»Gottesgeburt in der Seele«). Voraussetzung dafür ist, dass sich die Seele »verliert«, und zwar im Sinne buddhistischer »Entleerung« von allen geistigen Hindernissen und Anhaftungen. Bei Eckhart heißt es:

> Soll die Seele Gott erkennen, so muss sie auch ihrer selbst vergessen und muss sich selbst verlieren; denn solange sie sich selbst sieht und erkennt, sieht und erkennt sie Gott nicht. Wenn sie sich um Gottes willen verliert und alle Dinge verlässt, so findet sie sich in Gott wieder, weil sie Gott erkennt, und dann erkennt sie sich selbst und alle Dinge (von denen sie sich geschieden hat) in Gott in Vollkommenheit.[20]

»Reinigung« des Ichs

Die Seele kann jedoch erst dann »ihrer selbst vergessen« und »sich verlieren«, wenn sie sich des emotionalen und geistigen Ballastes entledigt, den das Ich im Laufe der Jahre angesammelt hat. Josef Quint schreibt in seiner Einleitung zu Meister Eckehart: *Deutsche Predigten und Traktate*, der göttliche Seelenfunken im Menschen liege unter den Schichten von Selbstsucht und der Gebundenheit des Ego an das Menschsein verborgen und verschüttet. Nur durch das mystische Sterben – die Loslösung vom Ego, von der Zweckgerichtetheit des Lebens, vom kleinen Ich – könne der göttliche Funke im Seelengrund entstehen und freigesetzt werden.[21] Bei Eckhart selbst liest man:

> Wo der Mensch in Gehorsam aus seinem Ich – gemeint ist: aus seinem niederen Ego – herausgeht und sich dem Seinen entschlägt, ebenda muss Gott notgedrungen hinwiederum eingehen.[22]

Von sich und der Welt lassen

Immer wieder kommt Eckhart auf »Gelassenheit« und »Abgeschiedenheit« zu sprechen, um den Zustand der Seele vor der *unio mystica* zu beschreiben, einen Zustand, in dem der Mensch von sich und der Welt »gelassen« hat.

> Wenn (der dreifaltige) Gott real und wirksam in die Seele des Menschen einkehrt, dann muss sie leer sein von eigenen Vorstellungen über Gott und die Welt, muss gänzlich passiv und hörend-gehorchend-gläubig sein. Sie muss gegen Weltlich-Irdisches indifferent und affektlos sein nach außen und innen, weil einerseits Gott nicht »von außen her« durch Vermittlungen kreatürlicher Wirklichkeiten, sondern unmittelbar »von innen her« in die Seele eintritt, und andererseits die sich unmittelbar selbst gegebene Seele immer mehr zu Gott werden kann, den sie empfängt.[23]

Subjekt-Objekt-Denken

Es bedarf also der »Katharsis, der Reinigung, bevor das Stadium der Erleuchtung und […] die ›unio mystica‹«[24] erreicht wird; und dies kann erst geschehen, wenn »das geläufige Subjekt-Objekt-Denken durchbrochen wird«[25]. Der Dualismus wird aufgehoben, die Seele eins mit Gott, und auch das ist bei Eckhart in fast buddhistischem Ton nachzulesen: »Das Auge, in dem ich Gott sehe, das ist dasselbe Auge, darin mich Gott sieht; mein Auge und Gottes Auge, das ist ein Auge und ein Erkennen.«[26]

Kontemplation

Doch wie erreicht man das nun? Auch darauf gibt Eckhart Antwort. Man erfährt Gott nicht durch Dinge, die *von außen* kommen, also Vorstellungen von Gott (Gott ist weise und barmherzig). Die *unio mystica* findet nur *von innen* statt. »Dieses Werk in dir muss Gott allein wirken, und du kannst es nur geschehen lassen.«[27]

Als Methoden, sich innerlich dafür vorzubereiten, nennt Eckhart zuallererst die Versenkung in Einsamkeit und Schweigen (»das Allerbeste und Alleredelste«): »Begib dich in dich selbst so lange, bis du in den Ursprung gelangst«, heißt es in einer Lehrgeschichte Eckharts.[28] Eine »ungestörte, einsame Stätte«[29], ein ausgeruhter Körper sind unabdinglich für die Meditation. Alle Kräfte der Seele sollen sich von Zweck, Nutzen, Vorstellungen, äußeren Bildern lösen, von allem, was man jemals aufgenommen hat, von allen Aktivitäten, vom eigenen Willen – dann werde »das ewige Wort in ihr gesprochen«[30]. Weitere Voraussetzungen sind tiefe Demut und natürlich hingebungsvolle Liebe zu Gott sowie ein »reines Herz und eine reine Seele«[31] – und natürlich regelmäßige Übung: »Will er's nur fleißig üben und oft, so lernt er's doch und eignet sich die Kunst an.«[32]

Die Exerzitien des Ignatius von Loyola

Eine berühmte Anleitung zur intensiven christlichen Meditation stammt von dem spanischen Theologen, Philosophen und Mitbegründer des Jesuitenordens Ignatius von Loyola (1491–1556). In seinem 1548 veröffentlichten *Exerzitienbuch* (lat. Titel *Exercitia spiritualia*, wörtl. »Geistliche Übungen«) beschreibt er verschiedene Stufen der Kontemplation und Meditation, die von Überlegungen zu den eigenen Schwächen über das Nachdenken über christliche Themen bis hin zu Visualisierungen führen.

»Anwendung der Sinne«

Loyola nannte diese Übungen »das Ziehen der fünf Sinne über den Gegenstand der Kontemplation«; später wurde das verkürzt zu »Anwendung der Sinne«.[33] Heute sollte man sich seine Exerzitien auf eine eigene Weise erschließen, weil manches nicht mehr zeitgemäß ist, z. B. der unbedingte Gehorsam gegenüber der Kirche, die Betonung der Sündhaftigkeit, die Bedeutung der Buße, die Furcht vor der Verdammnis. Dazu kommt:

> Bestimmte Aspekte wie die Selbstgeißelung und die Frauenfeindlichkeit, die ab und zu in den Texten durchscheint, wirken eindeutig abstoßend. Dennoch bleiben die Geist-

lichen Übungen im Großen und Ganzen ein Meditationshandbuch von außerordentlicher Kraft.[34]

»Verkosten der Dinge«

Die ursprünglichen Loyola-Exerzitien fanden unter der Leitung eines »Exerzitienmeisters« statt und dauerten vier Wochen; in dieser Zeit übte man täglich fünf Meditationen, die jeweils eine Stunde dauerten. Sie folgen der Maxime Loyolas, der schrieb: »Nicht das Vielwissen sättigt die Seele und gewährt ihr Frieden, sondern das innere Fühlen und Verkosten der Dinge.«[35] Das ist (beinahe) wörtlich zu nehmen, denn Teil der Exerzitien ist z. B., das Mysterium der Inkarnation meditativ zu betrachten, und dazu heißt es bei Loyola (Ex. 122–125):

> Man schaue mit den Augen der Einbildungskraft die Personen. Man vernehme mit dem Gehör, was sie reden oder reden können. Man rieche und koste mit dem Geruchssinn und dem Geschmackssinn die unendliche Süßigkeit und Lieblichkeit der Gottheit. Man berühre mit dem Tastsinn umfangend und küssend den Ort, wo diese Personen ihren Fuß hinsetzen und wo sie ruhen.[36]

Betrachtung der Hölle

Wie tief Ignatius von Loyola den Meditierenden in die eigene Seele, die eigenen Gefühle und Erfahrungswelten hinunterführt, zeigt folgende Passage, in der es um die Betrachtung der Hölle geht. Sinn dieses Teils der Exerzitien ist, »das unbegreifliche Geheimnis des Unheils zu ›begreifen‹«, wie Hugo Rahner es formuliert (Ex. 66–70):

> Ich schaue mit den Augen der Einbildungskraft die Feuersgluten. Ich höre mit den Ohren das Weinen und Heulen und Schreien. Ich rieche mit dem Geruchssinn Rauch, Schwefel, Unrat und faulende Dinge. Ich koste mit dem Geschmackssinn bittere Dinge, wie Tränen, Traurigkeit und den Wurm des Gewissens. Ich fühle mit dem Tastsinn, wie die Feuersglut die Seelen erfasst.[37]

Um die Exerzitien des Ignatius von Loyola als zeitgenössische Meditation für christliche Laien nutzbar zu machen, muss man sie also gehörig verändern und anpassen (doch das gilt für viele Jahrhunderte alte, traditionelle Meditationstechniken). Und vor allem: Sie muss geleitet sein. Loyolas Methoden können den Meditierenden auch in abgemilderter Form in tiefe Krisen stürzen. Krisen tauchen in der Meditation – und darüber sollte man sich nicht hinwegtäuschen – fast zwangsläufig auf und sind geradezu erwünscht. Karlfried Graf von Dürckheim, berühmter Psychotherapeut und Zen-Lehrer, sagt:

Meditation bedeutet Krise

> Meditative Übungen, die nicht in eine gewisse Krise hineinführen, sind m. E. nicht fruchtbar. Gewiss gibt es auch »sanfte« Erfahrungen. Aber geht es denn nicht letztlich immer darum, dass wir in irgendeinem Sinne die Transzendenz zu »schmecken« bekommen? Das gibt es aber immer nur im Überschreiten der Grenzen [...]. Wo aber die gewohnten Ordnungen zum Einsturz kommen – also die Voraussetzung transzendentaler Erfahrung erfüllt wird –, da *muss* es zu einer Krise kommen.[38]

Dürckheim schließt jedoch eine Frage an, die besonders im Hinblick auf intensive Meditationen wie Loyolas Exerzitien, aber auch die folgende Innere-Stimme-Meditation, vielleicht alle deutlich religiösen Meditationen von großer Bedeutung ist: Wird die Krise womöglich zu einer »Katastrophe«, die der Lehrer nicht mehr verantworten kann?

Meditation der inneren Stimme

Der inneren Stimme öffnen

Eine scheinbar einfache, doch intensive Technik ist die Innere-Stimme-Meditation.[39] Schlicht gesagt, öffnet man sich dabei seiner inneren Stimme, ausgerichtet auf Gott, ein christliches Symbol (wie das Kreuz) oder einen Satz aus der Bibel (wie »Gott ist die Liebe«). Man macht »das Ich der Offenbarung zugänglich«[40].

Diese Form der Meditation benötigt also einen »Gegenstand«, auf den man den Geist konzentriert und zu dem man zurückkehrt, falls die Gedanken sich verselbständigt und davon gelöst haben. Dabei versucht man, den Gegenstand vorurteilsfrei zu betrachten und zu »bedenken«, und achtet mit möglichst gleichmütiger Haltung auf die Reaktionen von Bewusstsein und Unterbewusstsein.

Ziel der Inneren-Stimme-Meditation ist kein chaotischer Gedanken- oder Bewusstseinsstrom, sondern eine subjektive Durchdringung dessen, worüber man meditiert. Deshalb bedarf es auch bei dieser Meditationsform der Übung und der kontemplativen Konzentration, wenn sie irgendeinen Effekt haben und nicht im lautlosen Geplapper zahlloser innerer Stimmen enden soll. Denn die Meditation der inneren Stimme kann zu tiefsten spirituellen Einsichten, profundem Verständnis, dem Tod des Tilmann'schen kleinen Ichs, Visionen, Ekstase-ähnlichen Zuständen führen – oder sogar dazu, dass man die Stimme Gottes »hört«.

»Warten auf den Herrn«

Wie immer bei Meditationen braucht der Übende Geduld – der britische Psychologe und Meditationsexperte David Fontana nennt diese Technik »Warten auf den Herrn«. Denn wahre Einsicht wird

> geschenkt […], auf dieselbe großzügige Art und Weise, auf die uns, ohne dass wir etwas dazu beigetragen haben, das Leben geschenkt wurde.[41]

Man kann die Reaktionen und Ergebnisse nicht erzwingen, sondern den eigenen Geist durch intensives Üben lediglich empfänglich machen, den Boden bereiten für alles, was da an religiöser, spiritueller – oder auch psychischer! – Reaktion kommen mag.

Das Jesusgebet

»Betet ohne Unterlass«

Das Jesusgebet stammt ursprünglich aus dem orthodoxen Christentum, wird aber mittlerweile von vielen christlichen Traditionen praktiziert.[42] Es folgt Paulus' Forderung, »betet ohne Unterlass«, im 1. Brief an die Thessalonicher (5,17). Auch Paulus' 1. Brief an die Korinther wird oft als biblische Belegstelle angeführt, wo er u. a. zu »allen denen, die anrufen den Namen unsers Herrn Jesu Christi an allen ihren und unsern Orten« (1,2), spricht.

Wie in buddhistischen oder hinduistischen Mantra-Meditationen oder bei der Anrufung des Buddha Amitabha wird beim Jesus- oder Herzensgebet der Name Jesu vielfach wiederholt. In welcher Form er dies tut, steht dem Praktizierenden frei. Üblich sind:[43]

»Jesus.«
»Jesus Christus.«
»Herr Jesus Christus.«

Oft fügen die Betenden eine Bitte um Erbarmen oder um Hilfe hinzu:

»Jesus Christus, erbarme dich meiner.«
»Jesus Christus, Sohn Gottes, erbarme dich meiner.«
»Jesus Christus, steh mir bei.«
»Heiligstes Herz Jesu, sei meine Rettung.«

Diese Formulierungen gehen auf den blinden Bettler Bartimäus aus Jericho zurück, der, als er hörte, dass Jesus sich näherte, rief: »Jesus, du Sohn Davids, erbarme dich meiner!« Jesus erbarmte sich und machte ihn sehend (Markus 10, 46–51).

Geschichte des Jesusgebets

Anfangs rezitierten die Mönche der Ostkirche Bibelverse, dann verwendeten sie den Namen Jesu. Die Gebetsformulierung »Herr Jesus Christus, erbarme dich meiner« in diesem Zusammenhang tauchte wohl erstmals im sechsten Jahrhundert auf. Eine Blütezeit erlebte das Jesusgebet im zwölften

Jahrhundert bei den Mönchen vom Berg Athos, die es »beim bewussten Sitzen in der Stille im Rhythmus von Atmung und Herzschlag«[44] rezitierten. Zwischen dem 16. und dem 18. Jahrhundert war es fester Bestandteil der Praxis der orthodoxen russischen Kirche. In Deutschland und anderen Ländern wurde es vor allem durch das Buch *[Aufrichtige] Erzählungen eines russischen Pilgers* bekannt, das 1884 in Russland und 1925 erstmals auf Deutsch erschien.

Meditationsanleitung

Darin heißt es zur Anleitung:

> Zieh dich einsam zurück, setz dich still hin; neige das Haupt, schließe die Augen, atme leichter und blicke mit deiner Einbildung in dich, das heißt, leite den Verstand, das Denken aus dem Kopf ins Herz. Und nun sprich bei jedem Atemzug, indem du leise die Lippen bewegst, oder auch im Geiste: »Herr Jesus Christus, erbarme dich meiner.« Bemühe dich, alle fremden Gedanken zu verscheuchen, fasse dich in stiller Geduld und wiederhole diese Übung recht häufig.[45]

Beim Üben durchlaufen die Praktizierenden drei Phasen:[46]

- mündliche Rezitation, und zwar möglichst häufig (bis zu mehrere tausend Wiederholungen täglich)
- inneres Gebet, bei dem die Formel an Atmung und Herzschlag ausgerichtet wird
- automatisierte, verinnerlichte Rezitation, bei der das Gebet ohne bewusstes Dazutun im Rhythmus von Atmung und Herzschlag gesprochen oder gedacht wird

Als Hilfsmittel dient der Rosenkranz oder die Gebetsschnur (griech. *komboskini*, russ. *tschotki*), auch »Knotenschnur« genannt, die 30, 33, 50, 100 oder mehr Knoten hat und die Konzentration unterstützt (die einzelnen Wiederholungen werden jedoch nicht abgezählt).[47]

Wirkung

Ernsthaft und intensiv praktiziert, kann das Jesusgebet – auch »christliches Mantram« genannt – eine starke Wirkung haben. So kommt es (möglicherweise) allmählich zur Ablösung von allen Begriffen, Vorstellungen und Bildern und schließlich zur absoluten Ruhe eines inneren Gebetes, bei dem die göttliche Gegenwart jenseits aller diskursiven Objektivierung erfahren wird.[48]

Und das Jesusgebet scheint – wie andere Mantra-Meditationen – gesund zu sein. Bei einer Untersuchung durch die Universität Pavia zeigten sich bei den Probanden positive Auswirkungen auf Herz und Lunge. Die Atmung verlangsamte sich wegen des langsamen Rezitationsrhythmus auf sechs Züge pro Minute, »was eine sehr gute Übereinstimmung mit dem Herzrhythmus ergibt sowie Konzentration und innere Ruhe fördert«[49].

Die Kreuz-Meditation

Das Kreuz: der Mensch

Eine in spiritueller, psychologischer und philosophischer Hinsicht sehr intensive und vielseitige christliche Praxis ist die Kreuz-Meditation[50], bei der – der Name sagt es – das Kreuz Jesu im Zentrum steht. Sie hat verschiedene Ebenen: Zum einen dienen das Kreuz und seine einzelnen Bestandteile (Vertikale, Horizontale, Schnittpunkt) als Meditationsobjekte, zum anderen nimmt der Meditierende das Kreuz als Sinnbild seiner selbst wahr – aufgrund seiner Form repräsentiert es den Menschen (mit ausgestreckten Armen). »Das Kreuz – das ist der Mensch selber in seinem eigentlichen Sinn. Auf das Kreuz blickend findet, erkennt er sich selber – es verfehlend verliert und missversteht er sich«[51], schreibt der Autor Alfons Rosenberg. Da das Kreuz das Symbol Jesu ist, gilt die Kreuz-Meditation zugleich als »Vergegenwärtigung Gottes im Menschen«.

Die Metaphorik der Kreuz-Meditation

In welche psychologisch-philosophischen Bereiche die Kreuz-Meditation reichen kann, verdeutlichen folgende Zitate von Rosenberg:

> So ist also der Mensch in der Weise eines Doppelkreuzes gebaut; die äußere Kreuzstruktur verweist auf die innere, deren Zeugnis sie ist. Das untere Kreuz entsteht aus der Verbindung des Rückgrates und dem Becken, das obere aus der Verbindung der Halswirbel mit der Schultergegend. So bildet die Wirbelsäule – deren Aufgerichtetheit das Menschliche an der Gestalt des Menschen zum Ausdruck bringt – den Hauptstamm; Becken und Schultern sind die Querhölzer. Der kreuzförmige Leib des Menschen ist ein Gleichnis seiner Bestimmung und seines Weges. [...]
>
> Das untere Kreuz repräsentiert die kollektiven Kräfte der unteren Region, des Triebhaften und des Unbewusten [...], während das obere Kreuz durch die ungemeine Beweglichkeit der Halswirbel die für den Menschen typische Überschau der Horizonte ermöglicht – hier ist die Region und Ausdrucksweise des Übergangs vom Leiblichen ins Geistige. [...]
>
> Das Kreuz besteht aus zwei Elementen – der Horizontalen, als dem Weltverhafteten, Leiblich-Irdischen, weiblich umspannenden, und der Vertikalen, dem aus der Erdwurzel Himmelanstrebenden, Geistig-Leiblosen, männlich-drängenden. Nur in dem »ortlosen« Punkt der Mitte einen sie sich, sind sie gegenseitig aufgehoben. Von ihm aus streben sie sternartig auseinander, als Raumkreuz, als erste und zugleich reinste aller Gestalten. Durch diesen Punkt bilden sie ein Gleichgewicht, das sich ohne diesen unaufhörlich verändert und verschiebt. Auf diesen Punkt, als ein im Lebensprozesse nur transitives Ereignis, kommt darum alles an.[52]

Die Praxis der Kreuz-Meditation

Aufgerichtetheit

Zweck der Kreuz-Meditation ist in dieser Interpretation vor allem, dass der Übende innerlich und äußerlich die rechte Haltung (wieder-)finden möge. Empfohlen wird, mit dem Äußerlichen zu beginnen, zuerst über die vertikale Strebe zu meditieren, die die Aufgerichtetheit symbolisiert, dann mit der horizontalen (»mit ihrer Kraft der Kontinuität und ihrem Prinzip der Reihung«) fortzufahren. Dazu nutzt man eine analoge Meditationsposition, sprich man steht ruhig, die Arme am Leib, und streckt sie später bei der Horizontalen seitlich aus. Diese Position signalisiert Offenheit anderen gegenüber, ist »der Anfang vom Ende der Trennung der Menschen: Ich riskiere, mich einem Du anzuvertrauen.«[53]

Dabei versucht man, in sich ein Gefühl für diese »korrekte« Körperhaltung zu entwickeln, die Stärke, Stabilität zu verspüren, die sie mit sich bringt. Auf der spirituell-geistigen Ebene nimmt man das Bild des Kreuzes in sich auf, erkennt es als urmenschliche Gestalt und seine Implikationen als Berufung des Christen. Auf diese Weise verinnerlicht man die Eigenschaften, die mit dem Kreuz als dem Symbol für Jesu, für den Weg Jesu verbunden sind.

Der »Herzpunkt«

Nach ausreichend langer Praxis wendet man sich dem »Vereinigungspunkt der beiden Richtungen und Haltungen« zu, dem »Herzpunkt«[54], indem man beispielsweise das Jesusgebet spricht. Dieser zentrale Punkt, der das Herz des Menschen und das Gottes abbildet, ist der Sitz der Liebe Jesu, und man kann versuchen, diese Liebe für alle Wesen analog zur buddhistischen Metta-Meditation in sich zu erzeugen.

Kreuz-Varianten

Gewöhnlich verwendet die Kreuz-Meditation das Langkreuz, aber auch Andreaskreuz (Kreuzigung des Apostels Andreas) oder Christogramm (»Christusmonogramm«, »Konstantinisches Kreuz«, griech. »Chi-Rho«, »XP«) sind als Vorlage denkbar. Von Kreuz zu Kreuz ändern sich allerdings Metaphorik, Konnotation und Wirkung; die (unmittelbar auf Jesus bezogene) Kreuzform lässt sich bibelgemäß nur beim Langkreuz nachempfinden.

Form	Metaphorik[55]
✝ Langkreuz	Gott, Mensch, Gottmensch, Lebensbaum, Feuersäule, Hochzeit von Licht und Finsternis, Einung von Mann und Frau, Erlösung vom Zwiespalt, Verbindung zwischen Himmel und Erde/Gott und Mensch u. a.
✕ Andreaskreuz	Kreuz des Menschen, Zeichen des Gehorsams, freiwillige Hingabe, Kreuz der Elemente, an den Kosmos/das Gesetz/die Schöpfungsordnung Gottes gebunden sein, Zehnzahl im Lateinischen (Meditation der zehn Gebote), entspricht dem griechischen Buchstaben »X«, dem ersten Buchstaben von »Christus« (Meditation ist die Erfüllung von »Nimm dein Kreuz auf dich und folge mir nach«), Zeichen des Paradieses
☧ Christogramm	das Göttliche (»P«) inmitten des Elementaren und Geschöpflichen, Gott als in die Mitte der irdischen Welt fahrender Lichtstrahl, mit allen anderen Menschen brüderlich verbundener Mensch (»X«), Wiederherstellung der durch den Fall des Menschen bewirkten Unordnung

13 Jüdische und islamische Meditation

Die Kabbala

Auch die im zwölften Jahrhundert entstandene jüdische Kabbala (vom hebräischen Wortstamm *q-b-l*, wörtl. etwa »Überlieferung«), die auf der Thora beruht, den fünf Büchern Mose, ist eine mystische Tradition. Ähnlich der christlichen Mystik liegt der Schwerpunkt der Lehre zumindest bei einer Hauptströmung der Kabbala nicht vordringlich auf einer intellektuellen Auseinandersetzung mit den Schriften oder mündlichen Überlieferungen, sondern auf dem spirituellen Erleben. Die Kabbala wurde fast 2000 Jahre lang als Geheimlehre betrachtet, die nur vom Lehrer an den Schüler übermittelt werden durfte. Erst seit im 20. Jahrhundert der polnische Jude Yehuda Leib Halevi Ashlag (1884–1954) die Schriften neu interpretierte und durch Kommentare einer großen Öffentlichkeit zugänglich machte, verlor die Kabbala diesen Status. Etwa seit dieser Zeit entstanden auch andere »Kabbala«-Traditionen, z.B. esoterische oder okkulte Formen (Theosophen, Aleister Crowley), die mit der ursprünglichen zum Teil jedoch kaum noch etwas gemein hatten.

Begegnung mit Gott

Die Thora als Symbol

Zentrales Ziel der (orthodoxen) Kabbalisten ist es, zu einem erweiterten Verständnis der Thora zu gelangen. Sie gehen davon aus, dass die Bücher Mose zusätzlich zur offensichtlichen, wörtlichen weitere Bedeutungen haben, beispielsweise eine allegorische und eine mystische. Die Thora ist in diesem letzten Sinn ein Symbol Gottes. Mit Hilfe der Meditation versuchen die Kabbalisten, über ihre wörtliche Bedeutung hinauszugelangen und Gott zu begegnen.[1]

En-Sof und Sefiroth

Gott hat der Kabbala zufolge, vereinfacht gesagt, zwei Gestalten (und da lassen sich erstaunliche Ähnlichkeiten zum vedischen Brahman feststellen, s. S. 291). Einmal ist er *en-sof* (hebr., »das Unendliche«), ein Begriff, der für das innerste Wesen Gottes steht und weder zu erkennen noch überhaupt zu benennen ist. En-Sof ist »Gott ohne Gestalt und ohne Attribute, jenseits von Transzendenz und Immanenz«[2]. Wenn Gott in der Welt tätig wird, offenbart er sich in Form von zehn Aspekten, die der Mensch begreifen kann, den *sefiroth* (hebr., Plural von *sefira*, »Ziffer«). Die zehn Sefiroth wiederum bilden den »Baum des Lebens« (Lebensbaum, hebr. *ez chajim*):[3]

Der Baum des Lebens

Der Baum des Lebens wird gewöhnlich in folgender Form dargestellt (aufgeführt sind hier die hebräischen Namen und ihre deutschen Entsprechungen):

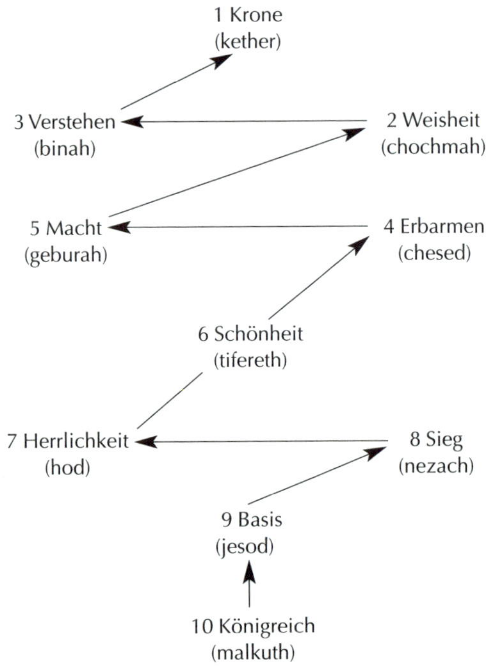

Die Pfeile zeigen, in welcher Richtung und Reihenfolge der Meditierende durch den Baum des Lebens aufsteigt (siehe Text)

Die Sefiroth sind durch 22 Pfade miteinander verbunden, die wiederum nach den Buchstaben des hebräischen Alphabets benannt sind. In der komplexen Zahlenmystik, die sich um die Sefiroth entwickelte, spiegeln sich Mikrokosmos und Makrokosmos, die göttliche Schöpfung wider.

Meditation zum Baum des Lebens

Die Sefiroth stellen zugleich Themen dar, über die die Kabbalisten meditieren, beginnend mit Malkuth, dem »Königreich«, endend mit Kether, der »Krone«, von der aus Hochverwirklichte eins werden können mit En-Sof – eine »Erfahrung jenseits aller Erfahrung, in der sich alle Unterschiede auflösen, die Erfahrung, über die wir nichts wissen, bis wir sie *werden*«[4].

Der Meditierende muss sich exakt an die vorgegebene Reihenfolge halten und kann immer erst zur nächsthöheren Sefira schreiten, wenn er die aktuelle geistig und spirituell durchdrungen hat. Die einzelnen Sefiroth weisen die Richtung der Meditation: Wer bei Chesed, »Erbarmen«, angelangt ist, weckt die selbstlose Liebe in sich. Chochmah, »Weisheit«, offenbart das wahre Wesen der Wirklichkeit – und so fort.[5]

Abulafia und seine Meditation

Weg zu Gott verstellt

Im Zusammenhang mit der Meditation gilt der Philosoph und Naturwissenschaftler Abraham ben Samuel Abulafia (1240–nach 1291) als einer der wichtigsten Kabbalisten. Abulafia, im spanischen Saragossa geboren und weitgereist (Italien, Griechenland, Orient) formulierte detaillierte Meditationsanweisungen. Wie die christlichen Mystiker und viele asiatische Lehrer sah Abulafia den Weg zu Gott durch den Seelenballast »verstellt«, der einem Damm zwischen Mensch und Gott gleiche. Er »besteht aus den sinnlichen Eindrücken, die die Seele so weit erfüllen, dass sie nicht mehr zur Schau des Göttlichen gelangen kann«[6].

Musik des Denkens

Abulafia entwickelte eine Meditation, mit deren Hilfe die Kabbalisten diesen »Damm« einreißen sollten. Sie basiert auf den Buchstaben des Namens Gottes, die auf verschiedene

Weise miteinander kombiniert und im Atemrhythmus ausgesprochen werden. Ob dabei sinnvolle Begriffe entstehen, spielt keine Rolle, denn Abulafia sah die Kombinationen als Harmonien, ähnlich wie in der Musik. »Man erhält so eine ›Musik des Denkens‹, eine ‹mystische Logik›«.[7] Bestimmte Bewegungen der Hände und des Kopfes begleiten die Meditation, bei der vier Phasen aufeinander folgen:[8]

1. Die »Begriffe« werden ausgesprochen.
2. Sie werden aufgeschrieben.
3. Der Übende denkt über das Geschriebene nach.
4. Reines Denken und Betrachten.

Die Kraft Gottes

Die Art, wie der Meditierende dabei vorgeht, ändert sich mit zunehmender Erfahrung und Durchdringung.

> Als höchste Form dieser Meditation wird das »Springen« von einer Konzeption oder Assoziation zu einer anderen angesehen; jedesmal wird dabei eine neue geistige Sphäre erreicht und werden neue Denkprozesse ausgelöst.[9]

Abulafia zufolge spürt der erfahrene Übende schließlich, wie die Kraft Gottes in die Seele eindringt, die sich

> in einem Gefühl von intensiver Freude vom Körper lösen will. Sie hat nun das Sinnenhafte abgestreift und kann die Siegel, die ihr den Zugang zum Göttlichen verwehren, aufbrechen. Sie erlebt das Einströmen des göttlichen Intellektes und hat die Stufe der Prophetie erreicht. Der Meditierende steht im göttlichen Licht und erkennt die unausprechlichen Geheimnisse der Namen Gottes.[10]

Dhikr-Meditation der Sufis

Der Dhikr

Dhikr ist im Islam ganz allgemein die Anrufung Gottes im Gebet – übersetzt bedeutet das arabische Wort »Gedenken«, in der Erweiterung *dhikrullah* »Gedenken an Gott«. Die verschiedenen islamischen Strömungen und Glaubensrichtungen kennen unterschiedliche Formen des Dhikr. Vor allem die 99 Namen Allahs werden oft als Dhikr gesprochen; die im Westen bekanntesten Formen sind das islamische Glaubensbekenntnis, *La ilaha illallah*, »Es gibt keinen Gott außer Allah«, und *Allahu akhbar*, »Gott ist groß«. Ein Dhikr kann im Stillen oder laut formuliert werden, in Gemeinschaft oder allein, er kann meditativen oder spirituellen Charakter haben oder die Selbstgeißelung begleiten.[11]

Elemente der Sufi-Tradition

Wann der Sufismus – die islamische Mystik – entstand, lässt sich nicht genau sagen. Die ersten Orden bildeten sich wohl im zwölften Jahrhundert, doch gab es sufische Eremiten schon wesentlich früher, vermutlich ab dem sechsten/siebten Jahrhundert. Genauso ungeklärt ist die etymologische Herkunft des Wortes *sufi*, das entweder von arab. *suf*, »Schurwolle« (bezieht sich auf das einfache, wollene Gewand der Asketen) abstammt oder von arab. *safa*, »rein« (von Unkenntnis, Unwissenheit, Aberglauben).[12]

Gott und Mensch

Die Sufis gehen, vereinfacht gesprochen, davon aus, dass der Mensch weit von Gott entfernt ist. Er

> kann ihm aber unter besonderen Bedingungen nahekommen oder mit ihm eins werden. Das ist aber nicht mit den Methoden des rationellen Denkens zu erreichen, sondern nur durch Gottes Gnade und durch die Gabe göttlicher Erleuchtung. Intuition ist wichtiger als jede Vernunft.[13]

Spirituelle Führung

Ohne spirituellen Führer gelingt das Einswerden mit Gott nur Auserwählten (Mohammed, Jesus, Propheten der Bibel), alle anderen brauchen einen Lehrer, denn »der Weg zu Gott ist schwer, er führt die Seele durch Kampf, Verzweiflung und Dunkelheit«[14]. Das kann ein lebender wie ein verstorbener Sufi-Meister sein, die über ihre Vorgänger letztlich bis zu Mohammed zurückzuführen sind, mit dem Lehre und Unterweisung ihren Ausgang nahmen.

Ziel der »Ausbildung« durch einen Lehrer ist es, zu immer tieferen spirituell-geistigen Erfahrungen zu gelangen. Fasten, Verzicht auf Schlaf und Gebete kennzeichnen den Alltag dieses Weges – und eben die Dhikr-Meditation.

Vier Stufen

Der Sufi-Weg hat vier Stufen, die zeigen, dass die spirituellen bzw. mystischen Traditionen der großen Religionen womöglich auf ein ähnliches Gedankengut zurückgehen, denn die Nähe vor allem zur asiatischen Meditation ist deutlich:[15]

1. Stufe: Die sinnliche Wahrnehmung soll ausgelöscht werden.
2. Stufe: Der Sufi löst sich von individuellen Eigenschaften.
3. Stufe: Das Ich/Ego »stirbt«, die niederen Triebe werden in positive Eigenschaften transformiert.
4. Stufe: Einswerden mit dem göttlichen Prinzip.

Die Meditation

Auch die Dhikr-Meditation ähnelt Meditationstechniken Asiens – vor allem den Mantra-Meditationen –, aber auch dem christlichen Jesusgebet. Innerlich und äußerlich gereinigt, sitzt man, wie die sehr detaillierten Anweisungen lauten, im Schneidersitz, linkes Bein unter dem rechten, linke Hand unter der rechten. Die linke Hand hält das rechte Bein. Nun spricht man in einem bestimmten Atemrhythmus die Dhikr-Formel, die man von seinem spirituellen Lehrer bekommen hat, und zwar entweder laut (»Gedenken mit der Zunge«) oder schweigend (»Gedenken im Herzen«), je nach Fortschritt auf dem Pfad. Der lautlos gesprochene Dhikr gilt in spiritueller Hinsicht als schwieriger und »effektiver«, aber »selbst jemand, der nur den *dhikr* mit der Zunge darbringt, poliert den Spiegel seines Herzens, so dass es rein genug wird, um Gottes Schönheit zu reflektieren«[16].

Das deutsche Wort »Gedenken« kann die Intensität der Dhikr-Rezitation nicht annähernd wiedergeben. Der Sufi ist von diesem islamischen Mantra so erfüllt, ausgefüllt, dass nichts anderes »Geschaffenes« mehr eine Rolle spielt – bis nur noch »das einzig wahre Subjekt, der ewige Gott, bleibt, wie Er immer war und immer sein wird«[17]. Dann hat der Meditierende sein Ziel erreicht, nämlich

Aufhebung des Dualismus

> zu der Erfahrung des *Alastu*-Tages zurückzukehren, als nur Gott bestand, bevor Er noch die künftigen Geschöpfe aus dem Abgrund des Nichts hervorrief und sie mit Leben, Liebe und Verständnis begabte.[18]

Subjekt und Objekt lösen sich auf, indem das Subjekt – der Meditierende – in das Objekt – Gott, das »einzig wahre Subjekt« – eingeht. »Wahrer *dhikr* ist, dass du deinen *dhikr* vergisst«, schreibt der Sufi Abu Bakr ash-Shibli.[19] Der Dhikr endet in vollkommenem innerem Schweigen, weil jedes an Gott gerichtete Wort, jedes Gebet immer noch auf der Unterscheidung zwischen Subjekt und Objekt beruht.

Weises vom Derwisch Mulla Nasrudin

Der legendäre Sufi Mulla Nasrudin gilt als Narr, doch wie alle Narren ist auch er eigentlich ein Weiser, wie man seinen Sprüchen entnehmen kann.[20]

Wenn ich diese Leben überlebe, ohne zu sterben, sollte mich das überraschen.

»Wann wird das Ende der Welt kommen, Mulla?«
»Welches Ende der Welt?«
»Ja, wie viele gibt es denn?«
»Zwei, das größere und das kleinere. Wenn meine Frau stirbt, dann ist es das kleinere Ende der Welt, aber wenn ich sterbe, ist es das größere Ende der Welt.«

Der Förster war recht überrascht, als ein so ungeeignet erscheinender Mann wie Nasrudin ihn um eine Anstellung bat.
»Ich will dir eine Chance geben«, sagte er, »obgleich du nicht aussiehst wie einer, der Bäume fällen kann. Nimm diese Axt und schlage in jenem Waldstück so viele Bäume, wie du kannst.«
Nach drei Tagen erstattete Nasrudin Bericht.
»Wie viele Bäume hast du gefällt?«
»Alle!«
Der Förster schaute nach, und tatsächlich stand in dem Waldstück kein einziger Baum mehr. Nasrudin hatte die Arbeit von dreißig Männern geleistet.
»Aber wo hast du denn gelernt, in diesem Tempo Bäume zu fällen?«
»In der Wüste Sahara.«
»Aber in der Sahara gibt es doch gar keine Bäume.«
»Nein«, sagte Nasrudin. »Jetzt nicht mehr.«

14 Weitere Meditationen

Meditationen der Schamanen

Die Schamanen

»Technik der Ekstase«

Mircea Eliade nannte Schamanismus »Technik der Ekstase«, und bis heute hat sich diese Definition in der Wissenschaft gehalten. Schamanen (wohl vom tungus. Sanskrit-Wort *shaman*, »Wissender«) sind also spirituelle Lehrer, Medizinmänner, Zauberer, die ihren Bewusstseinszustand verändern, sich in Ekstase, Trance bringen, um Kontakt zur spirituellen Welt aufzunehmen. Innerhalb der Gemeinschaft erfüllen sie ganz bestimmte spirituelle und praktische Aufgaben. So begleiten sie verstorbene Seelen ins Totenreich, holen verlorene Seelen zurück, wehren böse Geister ab, machen Prophezeiungen, beeinflussen das Wetter, aber sie suchen auch die besten Gebiete für die Jagd, heilen Kranke oder kümmern sich um geistig behinderte Menschen.[1]

Carlos Castaneda

Schamanen gab bzw. gibt es bei fast allen Naturvölkern; im Westen bekannt ist vor allem der Schamanismus Sibiriens (wo die alten Schamanen-Traditionen seit Kurzem wiederentdeckt werden), der Mongolei, Tibets und der Ureinwohner Australiens und ganz Amerikas. Das Interesse am Schamanismus vor allem in den USA und Europa stieg in den 60er Jahren des vergangenen Jahrhunderts mit den Büchern von Carlos Castaneda schlagartig an, in denen er von seinen Begegnungen mit dem indianischen Yaqui-Schamanen Don Juan Matus erzählt, der ihn initiiert habe.

Techniken der Schamanen

Schamanen bedienen sich verschiedener Hilfsmittel, um ihren Bewusstseinszustand zu verändern und sich in Trance oder Ekstase zu bringen. Dazu gehören je nach Kultur und Herkunft

- Trommel, Rassel, Klangschale, Didgeridoo
- Gesang
- monotones Singen desselben Tones
- Visualisierung
- »Krafttiere« (»zu einem Tierwesen verdichtete universelle *Kraft*«[2])
- »Kraftplätze« (magische Orte, an denen die spirituelle Reise beginnt und endet und die man sich auch lediglich vorstellen kann)
- Isolation
- Schwitzhütte
- Sonnentanz
- psychedelische Drogen

Meditationen

Die Schamanen kennen verschiedene Formen der Meditation, darunter die Meditation der Elemente, die Meditation der inneren Elemente und – zentrale und auch im Westen weithin bekannte Technik – die schamanische Reise.

Meditation der Elemente[3]

Übung für Anfänger

Bei dieser »einfacheren« Technik meditiert man über eines der Elemente, also Feuer, Wasser, Erde oder Luft. Schamanen praktizieren diese Meditation beispielsweise in der Schwitzhütte, wo der Kontakt mit den Elementen sehr intensiv ist – Hitze, Feuchtigkeit, erschwertes Atmen, unmittelbarer Kontakt zur Erde. Man kann aber natürlich auch einen »normalen« Meditationsort wählen und dann über einen konkreten Bestandteil der Natur meditieren, z. B. einen See (Wasser), den Wind (Luft), oder die Erde, auf der man sitzt, usw. Wichtig ist, dass Atmung und Haltung meditationsgerecht sind, dass man sich von Vorstellungen über das Meditationsobjekt löst und ihm damit Raum gibt, sich darüber hinaus zu entfalten

Meditation der inneren Elemente[4]

Übung für Fortgeschrittene

Diese Übung ist für Meditationserfahrene, denn nun werden die Elemente Feuer, Erde, Wasser, Luft innerhalb des Körpers visualisiert. Meditiert man beispielsweise über das innere Wasser, so versucht man, das Fließen des Blutes in Venen und Arterien wahrzunehmen. Man kann sich dabei von Körperbereich zu Körperbereich vorantasten, beginnend mit den Füßen. David Fontana empfiehlt, das Bewusstsein nicht mit dem Blutstrom »mitwandern« zu lassen, sondern sich auf einen Punkt zu konzentrieren und wahrzunehmen, wie sich das Fließen des Blutes dort anfühlt. Möglicherweise wird nach einer gewissen Zeit an dieser Stelle ein Kribbeln auftreten, das einen am Ende der Meditation, nachdem man den ganzen Körper durchwandert hat, »als angenehme Empfindung pulsierender, strömender Energie durchfluten«[5] wird.

Stärke, Kraft, Stabilität

Meditiert man über das Feuer als inneres Element, dann arbeitet man mit der Wärme, spürt ihr an den verschiedenen Punkten nach. Beim Element Luft stellt man sich vor, wie sich die Luft in der Lunge anfühlt, wie sie als Sauerstoff an bestimmten Punkten »vorbeiströmt«, und imaginiert dabei ein Gefühl der Leichtigkeit, Schwerelosigkeit. Das innere Element Erde ist mit Stärke, Kraft, Stabilität verbunden. Dabei kann man in die kraftvolle Verbundenheit der Füße mit dem Boden hineinspüren, die Muskeln wechselweise anspannen und lockerlassen, um sich die eigene Kraft bewusst zu machen, usw.

Die schamanische Reise

Core-Schamanismus nach Michael Harner

In den Industrienationen des Westens haben sich mittlerweile Techniken der schamanischen Reise eingebürgert, die von orthodoxen Vertretern des Schamanismus als *light version* bezeichnet werden. Sie machen es allerdings zugleich auch dem Laien möglich, sich – unter Anleitung – auf die Reise zu begeben (ob das nun sinnvoll ist oder nicht, sei dahingestellt). Großen Anteil an dieser Öffnung und damit einhergehend auch an der Popularisierung des Schamanismus insgesamt in den 80er Jahren hat der amerikanische

Anthropologe Michael Harner, der in seinem »Core-Schamanismus« die zentralen Aspekte zusammengefasst hat. Dazu gehört eben auch die schamanische Reise.

Harner und seine Kollegin Sandra Ingerman haben »im Core-Schamanismus die wichtigsten schamanischen Heilmethoden für westliche Menschen lern- und praktizierbar gemacht«[6], schreibt der Psychotherapeut und Schamane Carlo Zumstein. Das sind:

- die Rückholung von Krafttieren
- die Rückholung von verlorenen Anteilen der Seele
- Extraktion von spirituellen Eindringlingen
- Wahrsagen
- schamanische Beratung
- Begleitung von Sterbenden, Hilfe für verlorene Seelen, Lösung von Besetzungen

Auf Attribute des orthodoxen Schamanismus, wie er in den Naturvölkern praktiziert wurde/wird, verzichtet diese moderne Form, z. B. auf das Schamanenkostüm, das mit auf die Geisterwelt verweisenden Gegenständen verziert ist.

Die Reise

Die schamanische Reise nach Harner verläuft etwa wie folgt:[7] Man sucht sich zu Hause einen ruhigen, für die Meditation geeigneten Ort/Raum (falls gewünscht mit Räucherstäbchen, brennender Kerze), wo man sich hinlegt. Die Trommelklänge, die den Trance-Zustand hervorrufen, kommen von einer entsprechenden CD. Wichtig ist, dass auf dieser CD auch ein Signal für die bewusste »Rückkehr« enthalten ist – ein veränderter Rhythmus, der dem Meditierenden anzeigt, dass es Zeit ist, die Trance zu verlassen. Weitere Voraussetzung: ein konkretes Thema wie »Suche nach meinem Krafttier«.

Alltagswirklichkeit und Nichtalltägliche Wirklichkeit

Die schamanische Reise beginnt an dem individuellen Kraftort, den man ausgewählt hat und sich nun zum Klang der Trommel vorstellt. An diesem Kraftort befindet sich eine Öffnung in der Erde (Höhle, Erdloch, Spalt in Steinwand o.Ä.), die man betritt, um bewusst und zielstrebig einem dunklen Tunnel (»Schwellenzone«) ins Erdinnere, die »Untere Welt«, zu folgen – man verlässt in Harners Worten die »Alltagswirklichkeit«, um sich in die »Nichtalltägliche Wirklichkeit« zu begeben, eine »lichtvolle Sphäre der spirituellen Welt«[8].

Begegnung mit dem Krafttier

Dort angekommen, ruft man nach seinem Krafttier, einem »spirituellen Verbündeten außerhalb von Raum und Zeit«[9] in Tiergestalt. Man bittet das Krafttier um Hilfe für sich oder andere, stellt ihm seine Fragen, offenbart ihm seine Wünsche oder erzählt ihm von Leidvollem. Das Krafttier reagiert auf seine Weise, indem es spricht, tröstet oder den Meditierenden an einen bestimmten Ort bringt, ihn mit bestimmten Themen konfrontiert. Wenn sich der Trommelrhythmus ändert, kehrt man in die Alltagswirklichkeit zurück. Ziel der schamanischen Reise ist diese Begegnung mit dem Krafttier, das man, nachdem man es auf der ersten Reise einmal gefunden hat, immer wieder aufsuchen kann.

Reise in die Obere Welt

Ähnlich verläuft die Reise in die »Obere Welt«. Dabei durchfliegt man als Schwellenzone die von Licht erfüllte Atmosphäre »bis an die Grenzen des physikalischen Kosmos, durchstößt eine Art Grenzschicht, hinter der die Obere Welt beginnt«[10]. Dort trifft man auf ein Kraftwesen, das diesmal nicht die Gestalt eines Tiers hat, sondern die eines Ahnen (Blutsverwandter, Weiser, mythische Figur o. Ä.).

Ziel, Zweck und häufig auch Ergebnis der schamanischen Reise in dieser vereinfachten, popularisierten Form ist die Heilung (gleich welchen Gebrechens) des Reisenden, einer ihm nahestehenden Person oder die »Gesundung« der Welt.

Autogenes Training

Herrschaft über den Körper

Eine originär deutsche Form der Meditation ist das autogene Training, das der Berliner Psychiater und Hypnose-Spezialist Johannes Heinrich Schultz (1884–1970) in den 20er Jahren des vergangenen Jahrhunderts entwickelte. Die »autogenen Organübungen«, wie Schultz das Training anfangs nannte, sollen mittels Selbstsuggestion zu Entspannung, Stressabbau, Gelassenheit, Schmerzabbau (Kopfweh) und letztlich einer verbesserten Gesundheit, aber auch zu einer vertieften Selbsterkenntnis führen. Schultz' Intention war es, mit seiner Entspannungstechnik »normalen und kranken Menschen durch systematische rationelle Übungen autosuggestive Herrschaft über sonst dem Willen entzogene Organsysteme zu verschaffen«[11].

Auch das autogene Training sollte man von einem Lehrer erlernen; viele Trainer und Organisationen (darunter Krankenkassen) bieten mehrstündige Einführungskurse in Gruppen oder für Einzelne an. Für Menschen, die unter Depressionen, Ängsten oder Psychosen leiden, kann das Training Gefahren bergen, allerdings gibt es auch Studien, die bei Depressionen und Ängsten positive Auswirkungen ermittelt haben.[12]

Schultz und der Antisemitismus-Vorwurf

Johannes Heinrich Schultz, nach Sigmund Freud meistgelesener deutschsprachiger Psychotherapeut, ist umstritten. Bereits um 1911 wurden ihm von jüdischen Kollegen an der Breslauer Universitätshautklinik antisemitische Äußerungen vorgeworfen – alle jüdischen Assistenten drohten »im Fall seiner Habilitation [...] mit Kündigung«[13]. Stattdessen ging Schultz. Man unterstellt ihm heute Kenntnis vom Euthanasie-Programm der Nazis, mit denen er offensichtlich kollaborierte, und immer wieder fiel er – zuletzt in seiner Autobiografie von 1964 – durch menschenverachtende Äußerungen und Begriffe auf. Dem SPIEGEL zufolge setzte er sich, auf »Schwachsinnige und Epileptiker« bezogen, für »die ›Vernichtung‹ dieses ›lebensunwerten Lebens‹« ein und »schwor [...] auf den Führer, auf Blut, Boden und Rasse«[14]. Und: Schultz unterzog Homosexuelle einem demütigenden Test, um herauszufinden, ob ihre sexuelle Ausrichtung »geheilt« werden konnte oder nicht:

Der Kandidat wurde angehalten, vor Gutachter Schultz und seiner Kommission mit einer Prostituierten Geschlechtsverkehr zu vollziehen. Wer in dieser Stress-Situation existenzieller Bedrohung seine Manneskraft öffentlich demonstrieren konnte, blieb vom KZ verschont.[15]

Dass Schultz' Entwicklung, das autogene Training, an dieser Stelle trotzdem kurz vorgestellt wird, hat es seinen mittlerweile in zahlreichen Studien nachgewiesenen positiven Effekten auf die Übenden zu verdanken.

Die Technik

Das autogene Training gliedert sich in seiner traditionellen Form in zwei Stufen, »Unterstufe« und »Oberstufe«; Voraussetzung für die Letztere ist die Beherrschung der Ersteren. Die Übungen können im Sitzen – beliebt ist die »Kutscherposition« –, aber auch im Liegen praktiziert werden. Man wiederholt in der Vorstellung bestimmte Formeln und konzentriert sich auf die entsprechenden Körperteile, Gegenstände oder Bilder.[16]

Unterstufe

Mit Hilfe von sieben autosuggestiven Übungen, die in einer bestimmten Reihenfolge aufeinander aufbauen, soll der Praktizierende Ruhe, Schwere und Wärme in Armen und Beinen erzeugen, Puls und Atmung beruhigen sowie Wärme im Solarplexus (Sonnengeflecht) und Kühle der Stirn hervorrufen. **Unterstufe**

- **Ruhe-Übung:** Vorstellung z. B.: »Ich bin ganz ruhig und entspannt.« Körper und Geist werden ruhig.
- **Schwere-Übung:** z. B.: »Meine Arme sind schwer.« Die Glieder fühlen sich schwer an, die Muskeln entspannen. (Fortgeschrittene dehnen das Schwere-Empfinden auf den ganzen Körper aus.)
- **Wärme-Übung:** z. B.: »Meine Arme sind warm.« Die

Glieder fühlen sich warm an. (Fortgeschrittene dehnen das Wärme-Empfinden auf den ganzen Körper aus.)

- **Atem-Übung:** z. B.: »Es atmet mich« oder »Mein Atem strömt ruhig und gleichmäßig«. Man atmet ruhig und bewusst, was die Entspannung vertieft.
- **Herz-Übung:** z. B.: »Mein Herz schlägt ruhig und gleichmäßig.« Man konzentriert sich auf den Herzschlag und entspannt dabei noch mehr.
- **Sonnengeflecht- oder Bauch-Übung:** z. B.: »Meine Mitte ist strömend warm« oder »Mein Bauch ist warm«. Man konzentriert sich auf die Durchblutung des Solarplexus.
- **Kopf-Übung:** z. B.: »Mein Kopf ist klar, meine Stirn ist kühl.« Man konzentriert sich auf die kühle Stirn, um wach und konzentriert zu bleiben/werden.

Abschluss: »Zurücknehmen«, also Auftauchen aus der Versenkung, etwa indem man sich streckt.

Die letzten drei Übungen sind die so genannten »Organübungen«, die keinesfalls ohne erfahrene Anleitung gelernt werden sollten, denn:

> Bei manchen Menschen stellten sich [...] paradoxe Reaktionen ein. Statt der erhofften Entspannung kam es zu Nervosität und Ängstlichkeit, mitunter sogar zu Herzklopfen und Kopfschmerzen.[17]

Die Formeln können individuell verändert werden und auch »Aufträge an sich selbst im Unterbewusstsein [...] verankern, die nach Abschluss der Übungen nachwirken (z. B. ›Bei Stress bleibe ich ruhig und gelassen‹)«[18].

Oberstufe

Oberstufe Ist man in den Übungen der Unterstufe fortgeschritten, kann man sich denen der Oberstufe zuwenden. Nun geht es darum, tiefer in sich hineinzusehen und sich besser kennen zu lernen. Die Entspannung von Muskulatur, Körper und Geist durch das Training der Unterstufe ermöglicht eine neue Herangehensweise an bestimmte Problematiken oder Fragestellungen. Allerdings empfiehlt es sich, die Oberstufe nur unter Anleitung eines erfahrenen Trainers oder eines Psychotherapeuten zu praktizieren. Die Oberstufe kann folgende Übungen haben:[19]

- Konzentration auf bestimmte Gegenstände (Blume, brennende Kerze).
- Man »betrachtet« abstrakte Werte (Liebe, Hoffnung, Mut).
- Man stellt sich entweder Fragen, die der Selbsterkenntnis dienen (»Wer bin ich?« »Was will ich?«), oder formuliert positive suggestive Gedanken (»Ich nehme mich an.«).
- Reise auf den Meeresgrund
- Reise auf einen Berggipfel
- Man entwickelt eigene Bilder, die mit Zielsetzungen verbunden sind.

Abschluss: »Zurücknehmen«, also Auftauchen aus der Versenkung, etwa indem man sich streckt.

Nachbemerkungen

Am Ende dieser Reise durch ein paar Jahrtausende Meditation, durch die verschiedensten (und manchmal auch nicht so verschiedenen) Kulturen, durch die Sphären zwischen den Urgründen menschlicher Innenwelt, der Welt, wie wir sie sehen, der Welt, wie sie in Wirklichkeit ist, und dem Göttlichen oder Absoluten lässt sich im Grunde nicht viel anderes sagen als zu Beginn in den Vorbemerkungen: Selbst bei diesem Buchumfang ist nur eine Auswahl möglich.

Faszinierende Techniken der Meditation konnten nicht berücksichtigt werden, obwohl sie es verdient hätten, genauso viele andere, die vielleicht unspektakulär, aber im Alltag zahlreicher Menschen von besonderer Bedeutung sind. Ganze Kontinente wurden nicht beachtet, und die anderen kennen noch viele weitere Techniken und bedeutende Meister, von denen man auch hätte berichten können. Ich kann es nur bedauernd wiederholen: Die Auswahl ist subjektiv und lückenhaft.

Bleibt nur die Hoffnung, dass die Meditationen, die in diesem Buch vorgestellt werden konnten, das Interesse und die Lust des Lesers geweckt haben, sich intensiver mit meditativen Techniken zu beschäftigen (wenn er das nicht ohnehin schon tut) und sich auf die Reise zum eigenen Seelengrund zu begeben. Lohnen tut es sich allemal, denn, wie Friedrich Nietzsche schreibt: »Die größten Ereignisse – das sind nicht unsere lautesten, sondern unsere stillsten Stunden.«[20]

V

Anhang

Glossar

13 Grundstellungen und Bewegungsformen für das Taijiquan grundlegender Stil des (mythischen) daoistisch-konfuzianistischen Mönches und Gelehrten Zhang Sanfeng (vermutlich 13./14. Jh.).
13 Stellungen s. Shisan Shi
18-fache Methode der Übung chin. *lian gong shiba fa*; Qi-Gong-Form aus 18 langsamen, fließenden und eher gymnastischen Übungen. Auch »Gelenk-Qi-Gong« genannt.
Abulafia-Meditation nach dem jüdischen Philosophen und Naturwissenschaftler Abraham ben Samuel Abulafia (1240–nach 1291), einem der wichtigsten Kabbalisten. Abulafia sah den Weg zu Gott durch den Seelenballast »verstellt«, der einem Damm zwischen Mensch und Gott gleiche. Mit Hilfe der von ihm entwickelten Meditation, bei der die Buchstaben des Namens Gottes auf unterschiedliche Weise kombiniert werden, soll es dem Meditierenden gelingen, diesen Damm einzureißen.
Acharya Skrt., »Lehrer«, »Meister«; spiritueller, verwirklichter Meister, wird als Titel Teil des Namens wie bei Shankara (Shankaracharya) oder dem Namen vorangesetzt.
Acht Brokate chin. *ba duan jin*, »acht« *(ba)*, »sich bewegen« *(duan)*, »besticktes Seidengewebe/Brokat« *(jin)*; auch »Acht Seidenweber«. Traditionelle, beliebte Qi-Gong-Form.
Acht Seidenweber s. Acht Brokate
Achtfacher Pfad Skrt.: *ashtangika-marga*, auch »Vollkommener« beziehungsweise »Edler Achtteiliger Pfad«. Der Weg, »der zur Vernichtung des Leides führt«, wie der Buddha Shakyamuni sagte, der den Menschen also aus dem Leid hinausführt. Die acht Glieder sind: rechte Anschauung, rechtes Denken, rechtes Wort, rechtes Handeln, rechtes Leben, rechtes Streben, rechte Achtsamkeit, rechte Sammlung.
Alltagswirklichkeit/Alltägliche Wirklichkeit Begriff des Schamanismus nach Michael Harner; meint die reale Welt.
Alpha-Blockierung Der Alpha-Rhythmus der Hirnströme wird normalerweise durch abrupte Änderungen und raschere Wellen unterbrochen, wenn ein äußerer Reiz (Geräusche, Stimmen, Licht, Bewegungen) auftritt. Kommt der Reiz häufig und unverändert, gewöhnt sich das Gehirn im meditativen Zustand daran, der Alpha-Rhythmus wird gleichmäßiger und schließlich gar nicht mehr »blockiert«. Bei Menschen mit großer Meditationserfahrung ist die Alpha-Blockierung unverändert vorhanden; s.a. Alpha-Rhythmus.
Alpha-Rhythmus elektrische Wellen im Gehirn zwischen 8 und 13 Hz,

eher größere Amplitudenausschläge; bei entspannter Wachheit (geschlossene Augen), »oberflächlicher« Meditation.

Alter Wu-Stil auch »Wu-Hao-Stil«; Taiji-Stil des Wu Yuxiang (1812–1880), der sowohl im Chen- als auch im Yang-Stil ausgebildet worden war.

Amida-Schulen Strömung des Buddhismus, die dem Buddha Amitabha (jap.: Amida) huldigt und seinen Namen rezitiert, darunter die chinesischen und japanischen Reines-Land-Schulen.

Amitabha-Rezitation Meditation der Reines-Land-Schule (auch »Lotos-Schule«) des frühen chinesischen Buddhismus. Besondere Kennzeichen der Meditation sind die Anrufung des Buddha Amitabha und die Visualisierung seines Paradieses Sukhavati.

Ananda Marga Skrt., »Weg zur Glückseligkeit«; wohltätige indische Organisation, die weltweit soziale Einrichtungen wie Krankenhäuser, Schulen und Unterkünfte betreibt. 1955 von Prabhat Ranjan Sarkar (1921–1990) gegründet, der eine auf dem Tantra und dem Yoga des Patanjali beruhende Soziallehre vertrat.

Ananda-Marga-Meditation spirituelle Praxis von Ananda Marga; Methoden: Meditation, Yoga, gemeinsames Singen und Tanzen (z. B. Singtanz, Fitnesstanz). Die Mitglieder halten strenge Ernährungsvorschriften (z. B. vegetarisch) ein und beachten das Verbot jeglicher Drogen. Ethische Grundsätze sind Yama und Niyama (s. dort), die Stufen 1 und 2 von Patanjalis achtgliedrigem Raja-Yoga.

Anatman Skrt., »Nicht-Selbst«. Der Buddhismus leugnet die Existenz eines in sich geschlossenen, unvergänglichen Selbst (Atman). Anatman ist neben Anitya (Vergänglichkeit) und Duhkha (Leiden) der dritte Bestandteil des Daseins.

Andreaskreuz das X-förmige Kreuz der Kreuzigung des Apostels Andreas (findet bei der Kreuz-Meditation Verwendung). Steht u. a. für Kreuz des Menschen, Zeichen des Gehorsams, freiwillige Hingabe, Kreuz der Elemente, an den Kosmos/das Gesetz/die Schöpfungsordnung Gottes gebunden sein, Zehnzahl im Lateinischen, den griechischen Buchstaben »X« (erster Buchstabe von »Christus«), Paradies.

Anhaften Skrt. *upadana*; allgemein jegliche (und immer Leid bringende) Bindung an Personen, Dinge, Rituale, Ideen etc. Upadana ist das neunte Glied der Kette des bedingten Entstehens.

Anitya Skrt., »Vergänglichkeit«. Alles bedingt Entstandene ist durch Vergänglichkeit charakterisiert. Neben Anatman und Duhkha einer der drei Bestandteile des Daseins.

Anuttara-Yoga-Tantra »Höchstes Yoga-Tantra«, oberste der vier Tantra-Klassen.

Anwendung der Sinne s. Exerzitien des Ignatius von Loyola

Arhat Skrt., »Heiliger«, Hinayana-Ideal. Der Arhat ist dem Weg des Buddha gefolgt und geht, von allen Begierden und Leiden befreit, ins Nirvana ein, schiebt also diesen Schritt nicht auf, um den anderen leidenden Wesen auf dem Erleuchtungsweg zu helfen, wie der Bodhisattva, das Mahayana-Ideal.

Arier von Skrt. *arya*, »gastfrei«, »edel«; um die Mitte des zweiten Jahrtausends aus Zentralasien nach Indien eingewandertes indogermanisches Volk.
Asana Skrt., »Sitz«; bei Patanjali (Raja-Yoga) die Körperhaltung während der Meditation, die man erlernen und üben muss. Im Hatha-Yoga heißen die Körperübungen Asanas.
Ashtanga-Yoga Skrt., »achtgliedrig«, andere Bezeichnung für Patanjalis (achtgliedrigen) Raja-Yoga.
Atem-Übung eine der ersten sieben Übungen des autogenen Trainings. (»Mein Atem strömt ruhig und gleichmäßig.«)
Atman Skrt., »Selbst«. Das unabhängige Selbst, dessen Existenz vom Buddhismus geleugnet wird.
Atma Vichara – von Ramana Maharshi (1879–1950) eingeführte Methode der Selbsterforschung
Äußeres Qi auch »universelles Qi«. Dem Daoismus zufolge überall im Universum vorhandenes Qi (z. B. in den Wolken, der Luft, dem Wind, in Feuer, Sonne, Mond, Hitze, Wasser, Erde). Durch bewusstes Atmen, Meditieren und Bewegung aufzunehmen.
Autogenes Training von dem Berliner Psychiater und Hypnose-Spezialisten Johannes Heinrich Schultz (1884–1970) in den 20er Jahren des vergangenen Jahrhunderts entwickelte autosuggestive Methode, um Entspannung, Stressabbau, Gelassenheit, Schmerzlinderung und eine verbesserte Gesundheit zu erreichen.
Autosuggestion aus dem Lat., »Selbsteinredung«; Fähigkeit, sich ohne äußere Stimuli selbst zu beeinflussen.
Avatara Skrt., »Herabkunft«; Inkarnation des göttlichen Bewusstseins auf Erden.
Avidya Skrt., »Nicht-Wissen, Nicht-Erkenntnis«. Eines der Drei Feuer (s. dort) und das erste Glied der Kette des bedingten Entstehens. Avidya, die Verblendung, meint die Täuschung über die Wirklichkeit (darüber, dass alles Leben Leiden ist). Im Mahayana-Buddhismus ist Avidya als Nicht-Wissen um die Leere aller Dinge die zentrale Ursache des Leidens.
Ba Duan Jin s. Acht Brokate
Ba Gang Gegensatzpaare, die in der Traditionellen Chinesischen Medizin die acht Leitkriterien bilden: Yin/Yang, Innen/Außen, Leere/Fülle, Hitze/Wärme.
Ba Men chin., »acht Pforten«; Grundtechniken im Taijiquan. Zusammen mit den fünf Wubu bilden sie die »13 Stellungen« (Shisan Shi).
Baguazhang chin., *ba* »acht«, *gua* ist ein Orakelzeichen, *zhang* »Handfläche«; innere Kampfkunst Chinas, spätestens seit dem 19. Jahrhundert, die Ursprünge sind aber wesentlich früher anzusiedeln.
Bardo tibet., »Zwischenzustand«; Zustand zwischen Sterben und Wiedergeburt.
Bardo-Thödol-Meditation tibet. Meditation, bei der praktizierende Buddhisten versuchen, im Moment des Sterbens den Kreislauf der Wiedergeburten zu durchbrechen, indem sie die drei Bardos als vom Ego verursacht erkennen und so die Vorstufe zum Nirvana erreichen.

Bauchatmung auch »Zwerchfellatmung«; man atmet ins Zwerchfell statt nur in die Lungen. Die Bauchdecke wölbt sich beim Einatmen vor und »schwingt« beim Ausatmen zurück. S.a. Brustatmung

Baum des Lebens hebr. *ez chajim*; Symbol der Schöpfung Gottes, aufgebaut aus den zehn Sefiroth (s. dort).

Baum-des-Lebens-Meditation jüdische Meditation, die sich an der Struktur des Lebensbaumes orientiert und mit den zehn Sefiroth arbeitet.

Bedingtes Entstehen Skrt.: *pratitya-samutpada*. Shakyamunis Gesetz des bedingten Entstehens zufolge stehen alle psychischen und physischen Phänomene, die das individuelle Dasein ausmachen, in einem bestimmten Abhängigkeits- und Bedingungsverhältnis zueinander. Die so genannte »Kette des bedingten Entstehens« umfasst zwölf »Glieder«, die den äußersten Kreis im Rad des Lebens bilden.

Befreiung aus dem Samsara s. Vimukti

Begierde s. Trishna

Beijing-Form auch »vereinfachtes Taijiquan« (chin. *jianhua taijiquan*); vereinfachte und verkürzte Yang-Form im Taiji, die das nationale chinesische Sportkommittee der Öffentlichkeit 1955 vorstellte.

Beta-Rhythmus elektrische Wellen im Gehirn zwischen 13 und 30 Hz, geringere Amplitude, ungleichmäßig; bei permanenter Alarmbereitschaft, Schlaf (erste Schlafphase); im höheren Frequenzbereich: bei Konzentration, Stress, Angst, hellwachem Zustand.

Bhagwan Skrt., »derjenige, der Glückseligkeit besitzt«, »Gesegneter«; Ehrentitel für einen spirituelle Lehrer

Bhakti-Yoga »Yoga der Hingabe«, einer der klassischen Yoga-Wege. Hingabe an/Verehrung von Gott oder auch eines Guru, der als Verkörperung von Gott gilt. Der Schüler entwickelt ein Höchstmaß an spiritueller Liebe zu dem Angebeteten. Methoden: Rezitation des Namens des Gottes/Guru, Mantras, Wechselgesänge zwischen Guru und Schülern, religiöse Lieder, symbolische Opfer (Reis, Früchte u. a.).

Bhava-Chakra Skrt., »Rad des Lebens«. Der buddhistische Kreislauf der Wiedergeburten, in dem alle Wesen »gefangen« sind, bis sie mit dem Nirvana die Erlösung daraus erreichen.

Bija-Mantra von Skrt. *bija*, »Energie«, »Saat«, »Same«. Eine hochwirksame »Keimsilbe«, in der die individuelle Natur eines Menschen ausgedrückt werden kann.

Bikram-Yoga Hatha-Yoga des indischen Yoga-Champions Bikram Choudhury (in Zusammenarbeit mit der Universitätsklinik Tokio entwickelt). 26 Hatha-Yoga-Asanas, die in einem bewusst aufgeheizten Raum vor einem Spiegel geübt werden.

Bodh-Gaya Ort in Indien, wo Buddha Shakyamuni zur Erleuchtung gelangte.

Bodhi Skrt., »Erleuchtung«, »Erwachen« (jap. *satori*). S. a. Christliche Erleuchtung

Bodhichitta Skrt., »Erleuchtungsgeist«; die Haltung eines Menschen, der auf dem Weg des Buddha weit vorangekommen ist und zum Wohle aller an-

deren Menschen nach Erleuchtung strebt. Kennzeichen eines Bodhisattva.
Bodhisattva Skrt., »Erleuchtungswesen«. Ideal des Mahayana im Gegensatz zum Arhat des Hinayana. Beide streben nach dem Nirvana, doch der Bodhisattva schiebt den letzten »Schritt« dorthin auf, um den anderen Wesen aus dem leidvollen Kreislauf der Wiedergeburten zu helfen.
Body Sweeping s. Körperdurchkehren
Bön In den Himalaja-Ländern (vor allem in Tibet) ansässige vorbuddhistische Religion, geht auf schamanische Traditionen zurück.
Brahma einer der Götter der Hindu-Trinität (die anderen beiden sind Vishnu und Shiva); Schöpfer des Universums, verkörpert Leidenschaften und Wünsche.
Brahman Skrt., das unvergängliche Absolute, die höchste Wahrheit jenseits der dualistischen Welt der Erscheinungen, das absolute Bewusstsein. Kann nicht vom Denken erfasst werden, weil zu abstrakt. Konkretisiert Brahman sich in der Welt der Erscheinungen, wird er Ishvara (»Herr des Universums«), der die Welt erschaffen hat. In dieser Form kann er verehrt und angebetet werden.
Brahmanen Skrt., »Priester«; an der Spitze des indischen Kastensystems Varna stehende Priester, die allein Zugang zu den als heilig geltenden *Veden* hatten und sie mündlich an ihre Söhne oder Nachfolger weitergaben.
Brahma-Vihara-Meditation Skrt. *brahma-viharas* heißt »Vier erhabene Zustände«; buddhistische Meditation, bei der man versucht, einen dieser Zustände (s. Brahma-Viharas) in sich zu wecken.
Brahma-Viharas Skrt., die »Vier erhabenen Zustände« oder »Göttlichen Verweilungszustände«, auf denen die buddhistische Ethik beruht: Güte, Mitleid/Mitgefühl bzw. Erbarmen, Freude, Gleichmut. S.a. Brahma-Vihara-Meditation
Brustatmung auch »Lungenatmung«; Atemstrom gelangt nur bis in die Lungen. Beim Qi Gong für meditative Zwecke genutzt, ansonsten wird die Bauchatmung bevorzugt (weil gesünder).
Buddha Skrt./Pali, »der Erwachte«, allgemein ein Mensch, der Erleuchtung erlangt hat.
Buddha-Dharma Skrt., »Buddha-Gesetz«. Die Lehre des historischen Buddha Shakyamuni.
Buddha-Natur s. Buddhata
Buddhata Skrt., »Buddha-Natur«, Wahres-Wesen. Die Potenzialität, zum Buddha zu werden, die das Mahayana im Gegensatz zum Hinayana in jedem bedingt entstandenen Wesen gleich welcher Existenzform annimmt.
Buddhismus nach Skrt. *buddha*, »der Erwachte«, Lehre »des Erwachten«; vom Buddha Shakyamuni (Siddharta Gautama) im sechsten/fünften Jahrhundert vor der Zeitenwende im heutigen südlichen Nepal begründete Weltreligion. Die größten buddhistischen Schulen sind heute Mahayana, Theravada, tibetischer Buddhismus und der japanische Zen-Buddhismus.
Chagya Chenpo s. Mahamudra
Charya-Tantra »Ausübungs-Tantra«, zweite der vier Tantra-Klassen mit einer Intensivierung der Kriya-Tantra-Rituale.

Chenjiagou Dorf der Familie Chen (s. Chen-Stil); Ziel zahlreicher Taiji-quan-»Touristen« aus aller Welt.
Chen-Stil der erste Taiji-Stil (17. Jh.), der den fünf Familienstilen zugerechnet wird. Begründer ist Chen Wangting aus der Familie Chen, als deren Heimat das Dorf Chenjiagou gilt. Im Chen-Stil gibt es 13 statt der üblichen acht Grundtechniken.
Chinesischer Universismus geschichtswissenschaftlicher Begriff, der die chinesischen Drei Lehren – Konfuzianismus, Daoismus, Buddhismus – als eine Lehre zusammenfasst.
Christliche Erleuchtung Hugo Lassalle zufolge ermöglicht Erleuchtung beim christlichen Zazen die vollständige Erlösung von der Herrschaft der Sinne über den Geist sowie das Näherkommen zu Gott. In einer anderen Interpretation meint christliche Erleuchtung das Erkennen der Christus-Natur im Meditierenden.
Christliche Meditation Meditation, »die Christus zur Wurzel und zum Inhalt hat« (J. Lotz), also aus einer christlichen Haltung heraus praktiziert wird und einen mit Christus verbundenen Aspekt als Zentrum jeglicher Kontemplation hat.
Christliches Zazen Zazen-Meditation mit christlicher Haltung, sprich von christlicher Spiritualität durchdrungen, also im Einklang mit dem Geist und dem Atem Gottes.
Christogramm auch »Christusmonogramm«, »Konstantinisches Kreuz«; Symbol für den Namen Christus, aus dessen griech. Anfangsbuchstaben »X« (Chi) und »P« (Rho) zusammengefügt.
Christus-Natur Analog zur Buddha-Natur sehen christliche Zazen-Übende die Christus-Natur als Wahre-Natur des Meditierenden, derer er durch die Erleuchtung gewahr werden kann.
Core-Schamanismus Begriff des amerikanischen Anthropologen Michael Harner, der in den 80er Jahren des vergangenen Jahrhunderts die zentralen Aspekte des Schamanismus zusammengestellt und für eine breite Öffentlichkeit zugänglich gemacht hat. Dazu gehören: Rückholung von Krafttieren, Rückholung von verlorenen Anteilen der Seele, Extraktion von spirituellen Eindringlingen, Wahrsagen, schamanische Beratung, Begleitung von Sterbenden, Hilfe für verlorene Seelen, Lösung von Besetzungen.
Dai Xi chin., »Embryonalatmung«; daoistische Meditation, die der Lebensverlängerung dient. Methoden: den Atem zu den Fußsohlen leiten, anhalten, Speichel (»Jadeflüssigkeit«) schlucken, um letztlich wieder zu lernen, wie ein Embryo zu atmen.
Daijia s. Rahmen
Dalai Lama mongol., »Lehrer, dessen Weisheit so groß wie der Ozean ist«. Tibet. *Gyälwä Rinpoche* bzw. *Yeshe Norbu*, »Juwel der Weisheit«. Geistig-spiritueller Führer der tibetischen Gelug-Tradition, mittlerweile auch politischer Führer der Exiltibeter. Der Dalai Lama ist eine Emanation des Avalokiteshvara und die Wiedergeburt seines Vorgängers. Der aktuelle Dalai Lama, Tenzin Gyatso, ist der vierzehnte.
Dantian chin., »Zinnoberfeld«; der Traditionellen Chinesischen Medizin

zufolge ein Energiezentrum im menschlichen Körper. Man unterscheidet oberes Dantian (das »Dritte Auge«), mittleres oder Brust-Dantian (Solarplexus) und unteres oder zentrales Dantian (drei Fingerbreit unter dem Nabel), in dem mehrere Meridiane aufeinandertreffen. Hier befinden sich das vorgeburtliche und das »nachgeburtliche«, sprich erworbene Qi. (Im Japanischen heißt das zentrale Dantian *hara*, wörtl. »Bauchhöhle«.)

Dao chin., »Weg«, »Pfad«, »Lehre«, »Sinn«; zentraler Begriff altchinesischer Kosmologie. Bei Konfuzius der sittlich-ethisch rechte Weg, bei Laozi auch mit metaphysischer Bedeutung – das Eine, in dem alle Gegensätze aufgehoben sind, der Ursprung, der Ausgangspunkt jeglicher Existenz. Wirkprinzip, nach dem alle Veränderungen in Mikro- und Makrokosmos ablaufen.

Dao Shi Qi Gong s. Jahreszeiten-Qi-Gong

Daoismus Unter diesem Begriff werden zwei philosophisch-religiöse Strömungen Chinas subsumiert: 1. Der philosophische Daoismus, der auf Laozi zurückgeht und im »absichtslosen Handeln« (Wu-wei) das ideale Verhalten sieht. 2. Der religiöse Daoismus hat die physische Unsterblichkeit zum Ziel. Meditation, Alchemie, Gymnastik, Atemübungen (Embryonalatmung) und bestimmte sexuelle Praktiken sollen helfen, sie zu erreichen. Zentrale Begriffe im Daoismus: Dao, De, Yin und Yang, Fünf Elemente.

Daoyin chin., »Körperübungen«; im Klassiker der chinesischen Medizin, *»Der Gelbe Kaiser«*, beschriebene Übungen zur Erhaltung der Gesundheit. Gelten als Vorläufer des Qi Gong.

Daoyin Tu etwa 50 Zentimeter hohe und 100 Zentimeter breite Seidenrolle aus dem Jahr 168 v. Chr., auf der 44 Figuren abgebildet sind, die Atem-, Bewegungs- oder Selbstmassageübungen ausführen.

Daoyin Yangsheng Gong s. Führen des Qi und Dehnen der Glieder, um das Qi zu nähern

Dayan Gong s. Wildgans-Qi-Gong

De chin., »Tugend«, »Kraft«; durch die Verwirklichung des Dao erworbene Tugend und zugleich ein jeder Erscheinung innewohnendes Prinzip, das vom Dao-Ursprung kommt; die »Kraft« des Dao.

Delta-Rhythmus elektrische Wellen im Gehirn von 3 Hz und darunter, Amplitude wechselt zwischen vielen kleinen und wenigen großen Ausschlägen; bei Tiefschlaf, Hypnose, Ekstase.

Dharana Skrt., »Konzentration«; 6. Stufe von Patanjalis achtstufigem Raja-Yoga, auf der man die von Sinneswahrnehmungen ungetrübte Konzentration übt, indem man den Geist auf ein Objekt fokussiert und darüber meditiert.

Dharma Skrt., »tragen«, »halten«. 1. die Ordnung des Kosmos, 2. die Buddha-Lehre, 3. alle Dinge/Manifestationen der Wirklichkeit.

Dhikr arab., »Gedenken«; allgemein Anrufung Gottes im Islam.

Dhikr-Meditation Meditation des islamischen Sufismus. Der Meditierende spricht in einem bestimmten Atemrhythmus die Dhikr-Formel, die er von seinem spirituellen Lehrer bekommen hat, und zwar entweder laut (»Gedenken mit der Zunge«) oder schweigend (»Gedenken im Herzen«), je nach Fortschritt auf dem Pfad.

Dhikrullah arab., »Gedenken an Gott«, s. Dhikr.
Dhyana Skrt., »Versenkung«.
Dhyana-Buddhismus Die buddhistischen Lehren (z. B. Bodhidharmas), die stark auf die Meditation ausgerichtet sind.
Diagramm des Unbedingten Diagramm von Zhen Duan (906–989), das den Verlauf der meditativen Arbeit beim daoistischen Neidan darstellt.
Diamant-Fahrzeug s. Vajrayana
Diamant-Qi-Gong chin. *jin gang gong*; tantrisch-tibetischer Stil des Qi Gong, der angeblich auf Bodhidharma zurückgeht.
Dienergefäß chin. *ren mai*; Yin-Meridian in der vorderen Körpermitte. Gegenspieler zum Lenkergefäß.
Do jap., »Weg«. Japanische Aussprache des chinesischen »Dao«. Do meint im japanischen Buddhismus den Weg des Buddha.
Dokusan jap., »Allein zu einem Höheren gehen«. Zwiegespräch zwischen einem Zen-Schüler und seinem Meister über die Koan-Antworten.
Dong Gong chin., »aktive Übung«. Beim Qi Gong Übungsart, die aus Bewegungsabfolgen besteht und der Koordinierung von Atmung, Bewusstsein und Bewegungen der Extremitäten dient. S.a. Jing Gong
Dorje tibet., »Herr der Steine«, »Diamant«, Skrt. *vajra*. Als Vajra ursprünglich Blitzstrahl, Donnerkeil, Dolch. Steht im tibetischen Buddhismus für Shunyata, Wahre-Wirklichkeit, männliche Energie, Unzerstörbarkeit, Unerschütterlichkeit. Männliches Symbol des Weges zur Erleuchtung. S.a. Drilbu.
Drei Feuer Gier (Skrt. *trishna*), Hass *(dvesha)* und Verblendung *(avidya)*, die Drei Wurzeln des Unheilsamen. Sie halten die fühlenden Wesen im Samsara, dem Kreislauf der Wiedergeburt.
Drei Geistesgifte s. Drei Feuer
Drei Juwele s. Triratna
Drei Kleinodien s. Triratna
Drei Kostbarkeiten s. Triratna
Drei Lehren chin. *sanjiao*. Gemeint sind die originär chinesischen Lehren Konfuzianismus und Daoismus sowie der indische Buddhismus, die jahrhundertelang in Konkurrenz zueinander oder in Eintracht nebeneinander bestanden. Die »Grenzen« zwischen ihnen wurden mehr und mehr durchlässig; ohnehin gab es viele Analogien und Gemeinsamkeiten.
Drei Merkmale s. Trilakshana
Drei Schätze des Menschen im Daoismus Jing (Grundessenz des Lebens), Qi (grundlegende Lebensenergie) und Shen (»Geist«).
Drei Wurzeln des Unheilsamen s. Drei Feuer
Drilbu tibet., »Glocke«. Symbol des Weiblichen, steht für Prajna, den Klang und die Worte der Buddha-Lehre, aber auch für Vergänglichkeit. Der Diamant Dorje und Drilbu erscheinen im tibetischen Buddhismus fast immer gemeinsam und verkörpern dann Weg und Ziel jenseits aller Dualitäten/Polaritäten. Der Dorje wird in der rechten, die Drilbu in der linken Hand gehalten.
Dualismus von lat. *dualis*, »zwei enthaltend«; in Bezug auf die Meditation

eine philosophisch-religiöse Weltsicht, die davon ausgeht, dass es nur voneinander unabhängige, gegensätzliche Prinzipien gibt, also Subjekt/Objekt, Gott/Welt, Ich/Du. In fast allen asiatischen Religionen sowie in den mystischen Bewegungen von Islam und Christentum gilt es, den Dualismus zu überwinden, weil nur dann die Wahre-Wirklichkeit zu erkennen und die Vereinigung mit dem Göttlichen zu erreichen ist. Gegensatz ist der Monismus (s. dort).

Duhkha Skrt., »Leiden«. Grundlegender Terminus im Buddhismus. Der Kreislauf der Wiedergeburten ist leidvoll, doch nicht nur unangenehme Dinge, sondern auch angenehme wie Liebe und Freude bringen Leid, weil sie vergänglich sind.

Dvesha Skrt., »Hass«. Sämtliche Formen der Aggressivität. Eines der Drei Feuer.

Dynamische Meditation Meditation nach Bhagwan Shree Rajneesh (der sich später »Osho« nennen ließ), in dessen Lehre u. a. Elemente aus Tantrismus, Hinduismus, Buddhismus, Yoga, Sufismus und westlicher Psychologie aufscheinen. Die Dynamische Meditation – ähnlich stark kritisiert wie die Transzendentale Meditation des Maharishi Mahesh Yogi – dauert eine Stunde und besteht aus den Phasen »Schnaufen«, »Katharsis«, »Hüpfen«, »Stopp« (stille Meditation), »Tanzen«.

Dzogchen tibet., »Große Vollendung«. Meditationssystem und zentraler Bestandteil der tibetischen Nyingma-Schule, manchmal auch Ati-Yoga (»Außergewöhnlicher Yoga«) genannt. Gilt als geheime und erhabenste Unterweisung Shakyamunis. Es strebt keine stufenweise, sondern eine spontane Bewusstwerdung an.

Edler Achtfacher Pfad s. Achtfacher Pfad

EEG s. Elektroenzephalogramm

Eisenhemd-Qi-Gong chin *tie bu shan*; Form des harten Qi Gong, bei der die Muskeln und Sehnen gestärkt werden. Bekannte Übungen des Eisenhemd-Qi-Gong sind: »Den Baum umarmen«, »Schildkröte und Wasserbüffel«, »Eiserne Brücke«, »Goldene Brücke«, »Der Phönix wäscht seine Federn«, »Eiserne Trage«.

Elektroenzephalogramm Abk. EEG. Grafische Darstellung der Gehhirnströme und -wellen mittels Elektroden.

Emanation »Ausstrahlungskörper«. Der irdische Körper, in den ein Buddha oder Bodhisattva nach seinem Tod freiwillig ins Leben zurückkehrt.

Embryonalatmung s. Körperatmung

Energieblockade Qi-Fluss in den Meridianen ist blockiert/gestaut. Begriff aus der Traditionellen Chinesischen Medizin.

En-Sof hebr., »das Unendliche«; das innerste Wesen Gottes, das weder zu erkennen noch zu benennen ist. Wird Gott in der Welt tätig, offenbart er sich in Form von zehn Aspekten, die der Mensch begreifen kann, den Sefiroth.

Entstehen in Abhängigkeit s. Kette des bedingten Entstehens

Erleuchtung s. Bodhi

Erleuchtungsgeist s. Bodhichitta

Exerzitien des Ignatius von Loyola christliche Meditation nach dem spanischen Theologen, Philosophen und Mitbegründer des Jesuitenordens Loyola (1491–1556), veröffentlicht 1548 in dessen Schrift *Exercitia spiritualia* (»Geistliche Übungen«). Die Exerzitien beinhalten verschiedene Stufen intensiver Kontemplation und Meditation, die von Überlegungen zu den eigenen Schwächen über das Nachdenken über christliche Themen bis hin zu Visualisierungen führen. Sie sind auch unter der Bezeichnung »Anwendung der Sinne« bekannt.

Fahrzeug der geheimen Texte s. Tantrayana

Falun Da Fa chin., »Buddha-Gebot«, »Großes Gebot«; anderer Name für das Falun Gong

Falun Gong von chin. *falun*, »Rad des Gesetzes«; Qi-Gong-Form, die der populäre, aber umstrittene Li Hongzhi lehrt und die seit 1999 in China verboten ist. Besteht aus fünf einfachen Übungen.

Fan Teng Gong s. Methode, die es den Leuten ermöglicht zu fliegen

Fördernder Zyklus Die (daoistischen) Fünf Elemente Holz, Feuer, Erde, Metall, Wasser interagieren ununterbrochen miteinander, indem sie einander fördern oder behindern. Im fördernden Zyklus erzeugt Holz Feuer, so entsteht Asche, die zu Erde wird; daraus entsteht Metall. Das Metall schmilzt und erzeugt Wasser, das wiederum Holz entstehen lässt. S.a. Überwindender Zyklus

Führen des Qi und Dehnen der Glieder, um das Qi zu nähern chin. *daoyin yangsheng gong*; von dem Beijinger Sportprofessor Zhang Guangde zusammengestellte Qi-Gong-Übungen.

Fünf Elemente chin *wu xin*; auch »Fünf Wandlungsphasen«, »Fünf Kräfte«. In der Traditionellen Chinesischen Medizin die Elemente Holz, Feuer, Erde, Metall und Wasser, aus denen sowohl die Materie als auch alle Lebensprozesse bestehen. Den Fünf Elementen sind die Himmelsrichtungen, Jahreszeiten, Tiere, Farben, Organe und vieles mehr zugeordnet.

Fünf Hindernisse s. Nivarana

Fünf Kräfte s. Fünf Elemente

Fünf Wandlungsphasen s. Fünf Elemente

Gamma-Rhyhmus elektrische Wellen im Gehirn von über 30 Hz; bei extremer Konzentration.

Gati Skrt., »Existenzweisen«. Die sechs Existenzweisen, in denen die Wiedergeburt stattfindet. Höhere Gati: Menschen, Götter, Asuras. Niedere Gati: Tiere, Hungrige Geister, Höllenbewohner.

Gaya nordindischer Ort, in dessen Nähe der Buddha Shakyamuni sich zur Meditation setzte und Erleuchtung fand. Auch eine der sieben heiligen Stätten des Hinduismus.

Gebetsschnur griech. *komboskini*, russ. *tschotki*; auch »Knotenschnur«; Gebetskette mit 30, 33, 50, 100 oder mehr Knoten, die bei manchen Meditationsformen (Jesusgebet) die Konzentration der Übenden unterstützt.

Gegenbauchatmung auch »paradoxe Bauchatmung«; der Bauch wird eingezogen, während man einatmet, und nach vorn gewölbt, während man ausatmet. Atemtechnik beispielsweise im Qi Gong.

Geheimes Zhan-Qi-Gong chin. *zhan mi qi gong*; aus dem Himalaja stammende Form des Qi Gong, die vor allem auf tibetischen und buddhistischen Traditionen basiert und durch schlangen- bzw. wellenartige Bewegungen von Rücken, Extremitäten und Becken gekennzeichnet ist.

Gehirnströme vom Gehirn produzierte elektrische Energie, die der Neurologe und Psychiater Hans Berger 1924 »entdeckte«. An der Schädeloberfläche mit dem Elektroenzephalogramm messbar.

Geistgrund s. Geist-Vajra

Geist-Vajra Unterste Schicht des Bewusstseins, die zeitlos, nicht dem Zusammenwirken alles bedingt Entstandenen unterworfen und unbefleckt ist. Auch »Geistgrund«, »Geistwurzel«, »Klares Licht« genannt. Im OM-Zeichen der »Vierte Zustand« und als Punkt dargestellt.

Geistwurzel s. Geist-Vajra

Gelassenheit bei dem deutschen Mystiker Meister Eckhart (1260–1327) der Zustand, in dem ein Mensch von sich und der Welt gelassen, sein niederes Ego abgestreift hat.

Gelenk-Qi-Gong s. 18-fache Methode der Übung

Gelug-pa tibet., »die Tugendhaften«. Eine der vier großen Schulen des tibetischen Buddhismus, in der die Einhaltung der traditionellen Regeln des *Vinaya-Pitaka* und die Beschäftigung mit den kanonischen Texten im Zentrum stehen. Die Gelug-pa schuf die Institution des Dalai Lama, ihr Gründer war Tsongkhapa (1357–1419).

Gesetz des bedingten Entstehen s. Kette des bedingten Entstehens

Goldene Blüte s. Neidan

Gottesgeburt in der Seele Begriff der deutschen Mystik; Schau Gottes in der eigenen Seele (nach entsprechend intensiver spirituell-religiöser Vorbereitung) bzw. Vereinigung mit ihm *(unio mystica)*.

Großes Fahrzeug s. Mahayana

Großes Ich Nach Klemens Tilmann das wahre Wesens-Ich, in das der Mensch das normale »kleine Ich« durch Meditation transformieren kann. Lebt »aus der Einheit mit Gottes Absichten und seinem liebenden Willen«. Analog zur Buddha-Natur.

Guan s. Koan

Guo-Lin-Qi-Gong s. Neues Qi Gong

Guru Skrt., tibet. *lama*, »Lehrer«, »Meister«.

Guru-Stufen im Hinduismus die vier Bedeutungen des Begriffs »Guru«: 1. Stufe: die Eltern; 2. Stufe: Lehrer von Schule und Universität, Ausbilder etc.; 3. Stufe: der spirituelle Lehrer; 4. Stufe: der kosmische Guru (ein Avatara), eine göttliche, vollkommene Inkarnation, zu der der Mensch mit Hilfe des spirituellen Lehrers gelangt.

Gyälwä Rinpoche s. Dalai Lama

Gyatso tibet., »Ozean«, ehrenvoller Beiname aller Dalai Lamas.

Hara s. Dantian

Hartes Qi Gong chin. *yin qi gong*; körperlich sehr anstrengende Qi-Gong-Übungen, die bevorzugt in den Kampfkünsten trainiert werden und den Körper abhärten, weil Kraft und Unempfindlichkeit gestärkt werden.

Hatha Skrt., »Kraft«, »Hartnäckigkeit«, »Strenge«.

Hatha-Yoga vermutl. erstmals im 15. Jahrhundert erwähnter Yoga-Weg, dessen Schwerpunkt auf Körperübungen (Asanas) liegt.

Hautatmung s. Körperatmung

Heiliger Embryo s. Neidan

Herzensgebet s. Jesusgebet

Herz-Übung eine der ersten sieben Übungen des autogenen Trainings. (»Mein Herz schlägt ruhig und gleichmäßig.«)

Hexiang Zhuang s. Kranich-Qi-Gong

Hinayana Skrt., »Kleines Fahrzeug«. Bezeichnung für die Schulen des Frühbuddhismus und neben Mahayana und Tantrayana eine Hauptströmung innerhalb der buddhistischen Lehrhäuser. Das Hinayana nimmt für sich in Anspruch, den ursprünglichen, von Shakyamuni praktizierten, »reinen« Buddhismus zu verkörpern. Sein Ideal ist der Arhat, der dem Weg des Buddha gefolgt ist und, von allen Begierden und Leiden befreit, ins Nirvana eingeht. Nur eine Schule des Hinayana existiert heute noch, der Theravada (s. dort).

Hinduismus Der Begriff subsumiert die traditionellen Religionen und Philosophien der Inder, die keine Moslems, Jainisten, Buddhisten oder Sikhs sind. In Indien wird dafür die Bezeichnung *sanatana-dharma* (»Ewige Religion«) verwendet. Hintergrund dieses Namens ist, dass der Hinduismus auf keinen Religionsstifter zurückgeht. Auch einen unveränderlichen Kanon kennt er nicht. Zentrale Lehre ist die vom Gesetz des Karma. Als heilige Schriften gelten *Veden*, *Upanischaden* und die beiden Epen *Ramayana* und *Mahabharata*.

Höchstes Yoga-Tantra s. Anuttara-Yoga-Tantra, Tantra-Klassen

Hua-dou-Meditation chinesische Meditationstechnik, die im traditionellen Zhan als Vorbereitung auf das Zazen und Vorbedingung für die Erleuchtung gilt. Die Übung besteht darin, sich auf den Geist zu konzentrieren, der *vor* den Wörtern und Gedanken steht, indem man alle Wörter, Sätze, Ereignisse durch Hinterfragen auf ihn zurückführt.

Ich Laut Klemens Tilmann steuernde und entscheidende Instanz. Das Ich »äußert sich besonders in den Tätigkeiten von Verstand und Wille; doch vermag es nicht, unmittelbar in die Meditationsschicht oder in das Unbewusste einzugreifen«. Sigmund Freud zufolge realitätsorientierter Aspekt der Persönlichkeit.

Inbewegungsetzen des Rades der Lehre Bezeichnung für Shakyamunis Predigt in Benares, bei der er unter anderem die Vier Edlen Wahrheiten verkündete und die als offizieller Beginn des Buddhismus als Lehrgebäude gilt.

Inneres Qi im Körper vorhandenes Qi (innere Wärme, Hitze, Kälte, Feuchtigkeit, Trockenheit usw.). Wird durch Ernährung, Bewegung und die korrekte Atmung vermehrt. Das innere Qi sammelt sich im unteren Dantian, von dem nach fernöstlichem Glauben alle Kraft ausgeht. Teil der kosmischen Energie, die auch alle anderen Lebewesen durchströmt, so dass jeder mit jedem und allem verbunden ist

Innere-Stimme-Meditation christliche Meditation, bei der der Praktizierende sich seiner inneren Stimme öffnet, ausgerichtet auf Gott, ein christliches Symbol (wie das Kreuz) oder einen Satz aus der Bibel (wie »Gott ist die Liebe«).

Integraler Yoga Yoga-Weg nach Sri Aurobindo (1872–1950) aus Elementen von Jnana-, Karma- und Bhakti-Yoga. Im Zentrum der komplexen Lehre steht die Identität des Menschen mit dem Absoluten.

Ishvara s. Brahman

Jadeflüssigkeit chin. *yu jiang*; mit diesem Begriff bezeichnet das Chinesische den Speichel, im Daoismus die wichtigste Körperflüssigkeit.

Jahreszeiten-Qi-Gong chin. *dao shi qi gong*; Qi-Gong-Form des Daoisten Xhen Xiyi (10. Jh.), die die unterschiedlichen klimatischen und energetischen Eigenschaften der Jahreszeiten nach dem chinesischen Kalender widerspiegeln.

Jesusgebet auch »Herzensgebet«; ursprünglich aus dem orthodoxen Christentum stammend, mittlerweile von vielen christlichen Traditionen praktiziert. Der Übende wiederholt unablässig den Namen Jesu oder eine Bitt- oder Erbarmensformel wie ein Mantra.

Ji chin., »ganz außen«, »äußerster Punkt«, »letztes Ende«, »Firstbalken«. 1. In Kombination mit *tai* wird Ji zu *taiji*, dem Zeichen für die Einheit der Gegensätze, für Yin und Yang. 2. Eines der drei Zeichen in »Taijiquan«. S. a. Taiji, Taijiquan

Jia s. Rahmen

Jianhua Taijiquan s. Beijing-Form

Jiao-Guorui-Qi-Gong s. Qi Gong Yangsheng

Jin Gang Gong s. Diamant-Qi-Gong

Jing Gong chin., »passive Übung«. Beim Qi Gong Übungsart, die im Stehen, Sitzen und Liegen ausgeführt wird und Entspannung, Atemregulierung und den Blick nach innen zum Ziel hat. S.a. Dong Gong

Jing chin., Grundessenz des Lebens, einer der Drei Schätze des Menschen. Die anderen beiden sind Qi und Shen.

Jivamukti-Yoga™ 1986 von Sharon Gannon und David Life in den USA entwickelte Variante des Hatha-Yoga (Asanas, Mudras, Mantras u. a.), die auf ethischem Vegetarismus, sozialer Verantwortung und Umweltbewusstsein basiert.

Jnana-Yoga »Yoga der Erkenntnis«, einer der klassischen Yoga-Wege. Methoden: Unterweisung durch den Lehrer, intellektuelle Reflexion, Meditation über Brahman. Geschult wird vor allem die Fähigkeit der Unterscheidung zwischen Vergänglichem und Unvergänglichem.

Kabbala vom hebräischen Wortstamm *q-b-l*, wörtl. etwa »Überlieferung«; mystische Tradition des Judentums, im zwölften Jahrhundert entstanden. Beruht auf den fünf Büchern Mose (Thora) und betont das spirituelle Erleben. Versteht die Thora als Symbol Gottes, das zusätzlich zur offensichtlichen, wörtlichen weitere Bedeutungen hat, die z. B. mit Hilfe der Meditation entschlüsselt werden können.

Kadam-pa tibet., *ka* heißt »Lehre des Buddha«, *dam* »Worte, die, das Herz berührend, das Denken verändern«, *pa* »Schüler«, »Praktizierende«. Im elften Jahrhundert entstanden, später in der Gelug-pa aufgegangen. Die zentralen Lehren dieser Schule sind unter der Bezeichnung *lo jong* (tibet., »Läuterung des Geistes«) zusammengefasst

Kagyü-pa tibet., »Mündliche Übertragungslinie«. Eine der vier großen Traditionen des tibetischen Buddhismus, im elften Jahrhundert von dem Yogi und Übersetzer Marpa gegründet, basiert auf Lehren der bedeutenden indischen Buddhisten Naropa und Tilopa (s. Naro Chödrug, Mahamudra).

Kalachakra Skrt., »Rad der Zeit«, im neunten Jahrhundert in Indien entstandenes Tantrasystem, das 1027 nach Tibet gelangte und im tibetischen Buddhismus noch heute eine zentrale Rolle spielt. Es gehört zu den Anuttara-Yoga-Tantras, der vierten und höchsten Tantra-Klasse.

Karma Skrt., »Tat«. In Buddhismus und Hinduismus das universelle Gesetz von Ursache und Wirkung, wobei die Wirkung einer Tat (körperlicher, geistiger oder sprachlicher Art) nicht erst durch deren Ausführung, sondern auch durch die Absicht bestimmt wird. Das Karma entscheidet über die Form der Wiedergeburt im nächsten Leben.

Karmapa tibet., »Mann der Buddha-Aktivität«, auch »Meister der erleuchteten Handlung«. Vergleichbar dem Dalai Lama der Gelug-Schule, spiritueller Führer der Karma-Kagyü-Tradition.

Karma-Yoga »Yoga der Tat«, einer der klassischen Yoga-Wege. Methode: selbstloses Handeln. Jegliche Tat wird Gott dargebracht in dem Sinne, dass sie vom Ich, von weltlichen Zwecken abgelöst ist. Übt vor allem das Nicht-Anhaften, um größtmögliche Selbstlosigkeit zu erreichen.

Kastensystem s. Varna

Keimsilbe Skrt. *bija*. Im Tantrayana ein besonderes Mantra, mit dem die individuelle Natur eines Menschen ausgedrückt werden kann.

Kette des bedingten Entstehens Skrt. *pratitya-samutpada*, »Entstehen in Abhängigkeit«. Die kausalen Zusammenhänge innerhalb des karmischen Systems – nichts existiert unabhängig. Die Kette des bedingten Entstehens hat folgende zwölf Glieder, die im Rad des Lebens dargestellt sind: Nicht-Wissen (Avidya), Tatabsichten, Bewusstsein, Körper und Form, Sinnesobjekte, Berührung mit der Außenwelt, Empfindungen, Begierden (Trishna) und Nicht-Wissen (Avidya), Anhaften (Upadana), das neu entstehende Wesen, Geburt sowie Alter/Tod.

Ki jap. für chin. *qi*, s. dort

Kinhin jap., gehende Meditation. Im traditionellen Rinzai geht man in der Regel rasch, im Soto sehr langsam. Zeitgenössische Zen-Meister lehren oft ein mittleres Tempo.

Klares Licht s. Geist-Vajra

Klar-Träumen s. Traum-Yoga

Kleiner Energiekreislauf Technik des Qi Gong, bei der das Qi in der Vorstellung den Yin-Meridian »Dienergefäß« (chin. *ren mai*) in der vorderen Körpermitte hinunter- und den Yang-Meridian »Lenkergefäß« *(du mai)* entlang der Wirbelsäule hinaufgeleitet wird. Das Qi durchläuft neun Bereiche, darunter das zentrale Dantian, Dammpunkt, Steißbeinpunkt, Scheitelpunkt und oberes und mittleres Dantian.

Kleines Fahrzeug s. Hinayana

Kleines Ich Nach Klemens Tilmann das selbstsüchtige, eingebildete, herrschsüchtige, empfindliche, triebbesetzte und weltverfallene Ich, das durch die Meditation überwunden und in das Große Ich transformiert werden kann.

Knochenmark-Waschen s. Methode des Knochenmark-Waschens

Knotenschnur s. Gebetsschnur

Koan jap., »öffentlicher Aushang«, chin. *guan*, »Präzedenzfall«. Koans sind zumeist paradoxe Sinnsprüche, die Zen-Meister vor allem der Rinzai-Schule seit dem zehnten Jahrhundert ihren Schülern zur Lösung aufgeben, um ihnen zu helfen, das dualistische Denken zu überwinden.

Kokyu Kompositum aus jap. *ko*, »einatmen«, und *kyu*, »ausatmen«. Atemkraft, mittels derer der Mensch Qi aufnimmt.

Konfuzianismus chin. *ru-jia*, »Schule der Gelehrten«. Universalistische Staatsdoktrin, die – basierend auf der Lehre des Konfuzius (551–479) – philosophische, religiöse, sozialpolitische und lebensanschauliche Elemente vereint. Zentrale Begriffe: Loyalität, Selbstlosigkeit, Menschlichkeit, Rechtschaffenheit, Schicklichkeit, Aufrichtigkeit, Weisheit.

Kontemplation von lat. *contemplatio*, »das Beschauen«, »die Betrachtung«; innere Sammlung, religiöse Betrachtung, Versenkung. Im Vergleich zur Meditation weniger tief gehend und mit »wacherem« Bewusstsein.

Kopf-Übung eine der ersten sieben Übungen des autogenen Trainings. (»Mein Kopf ist klar, meine Stirn ist kühl.«)

Körperatmung auch »Porenatmung«, »Hautatmung«, »Embryonalatmung«, »Nicht-Atmung«; in der chinesischen Tradition eine Atmung, bei der durch die Körperporen äußeres Qi eingeatmet wird.

Körperdurchkehren auch »Body Sweeping«; Technik der Vipassana-Meditation von Satya Narayan Goenka, bei der das Körperinnere mit der Vorstellung abgetastet wird.

Kraftort/-platz im Schamanismus ein visualisierter oder realer Ort, an dem der Meditierende die schamanische Reise beginnt.

Krafttier im Schamanismus ein spiritueller Verbündeter in Tiergestalt, dem man bei der schamanischen Reise begegnet.

Kraftwesen bei der schamanischen Reise jenes individuelle Wesen, das der Meditierende in der Oberen Welt trifft; entspricht dem Krafttier der Unteren Welt.

Kranich-Qi-Gong chin. *hexiang zhuang*; Qi-Gong-Form, die auf den Bewegungen des Kranichs basiert.

Kreuz-Meditation christliche Praxis, bei der der Praktizierende über das Kreuz meditiert, das nicht nur Symbol Jesu ist, sondern auch Sinnbild des Menschen selbst. Meditiert werden kann über das Langkreuz, aber auch Andreaskreuz und Christogramm werden – dann mit anderen Aspekten – verwendet.

Kristall der traditionellen Kampfkunst s. Sun-Stil

Kriya-Tantra »Handlungs-Tantra«, erste der vier Tantra-Klassen mit »einfachen« äußeren Ritualen wie Mantra-Rezitationen, Niederwerfungen, Gebeten, Opfern, Verhaltensregeln.

Kriya-Yoga Yoga-Weg, der auf Askese, Textstudium und Hingabe an Gott beruht. Yogananda (1893–1952) etablierte diesen Yoga, der Selbstverwirklichung, Hingabe an Gott, Erkenntnis und Liebe zu allen Wesen lehrt, im Westen.
Kum Nye Heil-Yoga, der auf tibetischen Erkenntnissen und Techniken basiert und Meditation, Körperübungen, Selbstmassage und Mantra-Rezitation beinhaltet. Von Tarthang Tulku Rinpoche (geb. 1935) entwickelt. Verbindet tibetische sowie buddhistische Traditionen mit moderner westlicher Körpertherapie und Energiearbeit.
Kundalini Skrt., »Schlange«, »Schlangenkraft«; eine Form der spirituellen Kraft oder Energie, über die prinzipiell jeder Mensch verfügt, die jedoch – am unteren Ende der Wirbelsäule »aufgerollt« wie eine schlafende Schlange – zumeist inaktiv ist.
Kundalini-Yoga von dem indischen Sikh Bhajan Ende der 60er Jahre im Westen eingeführter Yoga. Methoden: Körperübungen, Atemübungen, Reinigungsrituale, Mudras, verschiedene Heiltechniken (wie die yogische Massage) und die Sikh-Kampfkunst Gatka. Zu diesem traditionsbewussten Yoga gehören zugleich Ernährung und Lebensführung nach der indischen Heilkunst Ayurveda (Skrt., »Wissen vom Leben«).
Kushinagara Im indischen Kushinagara starb Shakyamuni.
Lama tibet., Skrt. *guru*, »Höherstehender«, ursprünglich Anrede für einen hochrangigen spirituellen Meister, mittlerweile allgemein für einen tibetischen Mönch.
Langkreuz das traditionelle christliche Kreuz (findet bei der Kreuz-Meditation Verwendung). Steht u. a. für Gott, Mensch, Gottmensch, Lebensbaum, Feuersäule, Hochzeit von Licht und Finsternis, Einung von Mann und Frau, Erlösung vom Zwiespalt, Verbindung zwischen Himmel und Erde/Gott und Mensch.
Laojia s. Rahmen
Lebensbaum s. Baum des Lebens
Leere, Leerheit s. Shunyata
Leid s. Duhkha
Lenkergefäß chin. *du mai*; Yang-Meridian entlang der Wirbelsäule. Gegenspieler zum Dienergefäß.
Li chin., »Sittlichkeit«; zentraler Begriff bei Konfuzius. Bezeichnet nicht nur die Regeln, die das Zusammenleben der Menschen, ihre Zeremonien und Handlungen ordnen, sondern das richtige Verhalten überhaupt.
Lian Gong Shiba Fa s. 18-fache Methode der Übung
Li-Stil Taijiquan-Stil von Li Liyu, der erst den alten Wu-Stil lehrte, bevor er einen eigenen Stil entwickelte. Die Familie Li und ihre Schüler sehen Li Ho Hsieh, der etwa 1000 Jahre vor der Zeitenwende lebte, als Urvater ihrer Lehre. Das Taijiquan ist innerhalb des Li-Systems nur eine von mehreren Disziplinen; andere sind die Kampfkünste Fengshou (eine weiche Art des Kung Fu) und Chi Shu (Werfen, manchmal »chinesisches Aikido« genannt) sowie »heilende Künste« wie Qi Gong.
Liu Zi Jing s. Sechs heilende Laute

Lo Jong s. Kadam-pa
Lotos-Schule s. Amitabha-Rezitation
Lotossitz dem Buddhismus zufolge die ideale Meditationsposition, weil sie ikonografischen Darstellungen des Buddha entspricht und die Einheit der Körpers symbolisiert. Der rechte Fuß befindet sich auf dem linken Oberschenkel, der linke Fuß auf dem rechten Oberschenkel, der Rücken ist gerade, die Hände liegen mit nach oben gerichteten Handflächen (links auf rechts) auf den Fersen.
Loyola-Exerzitien s. Exerzitien des Ignatius von Loyola
Lu Jong tibet., *lu* = »Körper«, *jong* = »Schulung«; traditionsreiche Form der tibetisch-buddhistischen Meditation, die erst in den letzten Jahren von Tulku Lama Lobsang in den Westen gebracht wurde.
Lumbini Im indischen Lumbini nahe Kapilavastu wurde Siddharta Gautama geboren.
Lungta tibet., »Gebetsfahne«, mit Mantras und Gebeten bedrucktes Papier, das seine Botschaft durch die Bewegungen im Wind in die Welt schicken bzw. an eine Gottheit gerichtete Wünsche in Erfüllung gehen lassen soll.
Madhyamaka Skrt., »Lehre vom Mittleren Weg«, von Skrt. *madhyana*, »das Mittlere«. Bedeutende, im zweiten/dritten Jahrhundert nach Christus von Nagarjuna gegründete Schule des Mahayana. Nagarjuna schuf mit Hilfe einer ausgeklügelten Dialektik als erster Buddhist eine Art philosophisches System, mit dem er die Unwirklichkeit und Leere der äußeren Welt, die bislang nur als Erfahrungstatsache galten, zu belegen versuchte. Die Dinge existierten, ohne zu existieren. Sein und zugleich Nicht-Sein – das, so Nagarjuna, sei der Mittlere Weg, die Mitte zwischen Bejahung und Verneinung.
Mahamudra Skrt., »Großes Siegel«, tibet. *chagya chenpo*, eines der bedeutendsten Meditationssysteme des Tantrayana, das über Tilopa, Naropa und Marpa Eingang in den tibetischen Buddhismus fand.
Maharishi Skrt., »großer Seher«; ursprünglich ein Seher oder Heiliger, dem die *Veden* enthüllt wurden; heute als Ehrentitel für Erleuchtete gebräuchlich.
Mahayana Skrt., »Großes Fahrzeug«. Im Vergleich zum Hinayana jüngere und weniger orthodoxe Schule des Buddhismus, die ab dem ersten Jahrhundert vor Christus entstand. Das Ideal des Mahayana ist der Bodhisattva, der nach der Erleuchtung das Nirvana aufschiebt, um allen fühlenden Wesen zu helfen, das Rad des Lebens zu verlassen.
Makyo jap., etwa »teuflisches Phänomen«, ablenkende Sinneswahrnehmung bei der buddhistischen Meditation.
Mandala Skrt., »Kreis«, »Bogen«, »Abschnitt«. Symbolische Darstellung kosmischer Kräfte, vor allem im Tantrayana und im tibetischen Buddhismus wichtig und bei der Meditation als Visualisierungshilfe benutzt.
Mandala-Meditation buddhistische Meditation über ein Mandala. Im Westen ist auch das Mandala-Malen sehr beliebt.
Mantra Skrt. Mantras sind Silben, denen eine heilsame geistige Kraft innewohnt. Sie werden in vielen buddhistischen Schulen bei der Meditation verwendet. Im Tantrayana beschützt das Mantra den Geist. Die Rezitation des

Mantras OM, MANI PADME, HUM (Skrt., tibet. OM, MANI PEME, HUNG, »Om, Juwel im Lotos, hung«) drückt den Wunsch nach Befreiung aus dem Kreislauf der Wiedergeburten aus.

Mantra-Meditation buddhistische Meditation, bei der ein Mantra (stumm oder leise gesprochen) wiederholt wird. Kann für sich stehen oder im Rahmen eines komplexen Meditationssystems angewandt werden, beispielsweise bei den Tantra-Meditationen.

Meditation von lat. *meditatio*, seit dem 16. Jahrhundert als Bezeichnung für »Nachdenken«, »sinnende Betrachtung«, »religiöse Versenkung« in Gebrauch. Ableitung des seit dem 14. Jahrhundert bezeugten Verbs »meditieren« (»nachdenken«, »sinnend betrachten«), das auf das gleichbedeutende lateinische *meditari* zurückgeht. Indogerman. Wurzel *med*, »ermessen«, »geistig abmessen«. Weitere Bedeutungen: »mystische, kontemplative Versenkung«, »geistige Sammlung«, »Kontemplation«.

Meditation der Elemente schamanische Meditation über die Elemente Feuer, Wasser, Erde, Luft.

Meditation der inneren Elemente schamanische Meditation über die Elemente Feuer, Wasser, Erde, Luft, die man im eigenen Körper visualisiert.

Meditationsschicht Begriff von Klemens Tilmann. Schicht zwischen Selbst und Ich, in der sich Begegnung und Einigung zwischen diesen beiden vollzieht.

Medizinisches Qi Gong Qi-Gong-Übungen, die konkret auf die Erhaltung der Gesundheit, die Heilung von Krankheiten und die Prävention ausgerichtet sind. Besonders populär ist Li Jun Fengs Stil, das Sheng Zhen Wuji Yuan Gong.

Meridiane Begriff aus der Traditionellen Chinesischen Medizin. Leitbahnen des Körpers, durch die das Qi, die Lebensenergie, fließt.

Methode des Knochenmark-Waschens chin. *xi sui jing*; auf Bodhidharma zurückgehende Qi-Gong-Übung, bei der Wirbelsäule und Knochen gestärkt werden.

Methode, die es den Leuten ermöglicht zu fliegen chin. *fan teng gong*; Qi-Gong-Stil daoistischer Einsiedler. Gehört zu den inneren Formen und besteht aus 14 Übungen, bei denen im Stehen durch bestimmte Bewegungen und Handhaltungen eine zum Teil sehr starke innere Wärme erzeugt wird.

Methode zur Stärkung der Muskeln und Sehnen chin. *yi jin jing*; auf Bodhidharma zurückgehende Qi-Gong-Übung. Das klassische Yi Jin Jing umfasst etwa ein Dutzend Dehn- und Streckpositionen, später wurde es erweitert und fand auch in die Kampfkünste Eingang.

Metta-Meditation Skrt. *metta* heißt »Güte«; Meditation, bei der man formelartige Sätze verwendet, um Güte, Freundlichkeit und Wohlwollen zu sich selbst und zu anderen Wesen zu entwickeln.

Mittlerer Weg Skrt. *madhyama-pratipad*; Bezeichnung für den Weg des Buddha Shakyamuni zwischen den Extremen Hingabe an die Sinnenfreuden (während seiner Jugend) und Askese (in den ersten Jahren der Hauslosigkeit).

Monismus griech.-neulat. Kunstwort von lat. *mono*, »eins«; in Bezug auf die

Meditation eine philosophisch-religiöse Weltsicht, die davon ausgeht, dass Gott, Mensch, Seele und alle Erscheinungen in Wahrheit identisch sind. Gegensatz ist der Dualismus.

Mudra Skrt., »Siegel«, »Zeichen«, symbolische Handhaltung oder Geste.

Muskelpanzer Verspannung der Atemmuskulatur, die eine tiefe, entspannte Atmung verhindert. Begriff von Wilhelm Reich.

Mystik von griech. *myein*, »die Augen schließen«. Alle Religionen haben ihre mystischen Strömungen, die meist Gegenbewegungen zur dogmatischen offiziellen Lehrposition sind. Im Zentrum mystischer Spiritualität steht das religiöse Erleben, das eigene Erfahren. Ziel ist die durch Askese, Hingabe und Versenkung zu erreichende Vereinigung mit Gott, die *unio mystica*. Der christlichen Mystik werden u. a. Bernhard von Clairvaux, Bonaventura, Hildegard von Bingen, Meister Eckart, Johannes Tauler, Ignatius von Loyola, Teresa von Ávila sowie die russischen Starzen zugerechnet.

Naro Chödrug tibet., »Sechs Doktrinen des Naropa«. Komplexes Meditationssystem von Tilopa und Naropa, das Marpa nach Tibet brachte. Zentraler Bestandteil der Kagyü-Schule.

Naturmethode Technik der Vipassana-Meditation von Ajahn Buddhadasa.

Nei Gong chin., »innere Übung«. Beim Qi Gong Übungsart, die Entspannung, Atemregulierung und den Blick nach innen zum Ziel hat. S.a. Wai Gong

Neidan chin., »innerer Zinnober«, »inneres Elixier«, »innere Alchemie«; komplexes chinesisches System aus Philosophie und Meditation, mit deren Hilfe der Übende in sich einen »neuen« Menschen bzw. eine unsterbliche Seele entstehen lassen will, den »Heiligen Embryo« bzw. die »Goldene Blüte«. S.a. Diagramm des Unbedingten

Neuer Wu-Stil auch »Wu-Jianquan-Stil«; Taiji-Stil des Yang-Schülers Wu Quanyou (1834–1902).

Neues Qi Gong auch »Guo-Lin-Qi-Gong«; von der krebskranken chinesischen Malerin Guo Lin Mitte des 20. Jahrhunderts entwickelter Qi-Gong-Stil, der oft begleitend zur Krebstherapie eingesetzt wird.

Ngöndro tibet., »vorbereitende Übungen«, nämlich auf die Mahamudra-Meditation.

Nichtalltägliche Wirklichkeit Begriff des Schamanismus nach Michael Harner – die visualisierte Welt, in die sich der Meditierende bei der schamanischen Reise begibt.

Nicht-Anhaften s. Anhaften

Nicht-Atmen s. Körperatmung

Nicht-Selbst s. Anatman

Nicht-Wissen s. Avidya

Nirvana Skrt., »Verlöschen«. Ziel des buddhistischen Weges: der Zustand, in dem kein Leid mehr existiert. Im Nirvana gibt es kein Entstehen und Vergehen, sind die Leid bringenden Eigenschaften Gier, Hass und Verblendung überwunden. Der Buddhismus unterscheidet zwei Arten von Nirvana: das Nirvana, das mit der Erleuchtung erreicht wird, sowie das vollkommene Verlöschen nach dem Tod, das Parinirvana. Im Zen gilt das Nirvana als Bewusstseinszustand, in dem das Wahre-Wesen des Geistes, also das Buddha-Wesen des Menschen, verwirklicht und damit das Leiden überwunden ist.

Nivarana Skrt., »Hindernis«, »Hemmung«. Die Fünf Hindernisse, die dem Buddhisten auf dem Achtfachen Pfad im Weg stehen, sind: Gier, Bosheit, Trägheit/Starrheit, Erregung, Zweifel. Sie lassen sich unter anderem durch die Lektüre der heiligen Schriften, Meditation, Reue und Fasten ausschalten. S.a. Nivarana-Meditation

Nivarana-Meditation Skrt. *nivarana* heißt »Hindernis«, »Hemmung«; buddhistische Meditation, bei der man eines der so genannten Fünf Hindernisse (s. Nivarana) auswählt und es mehrere Tage lang meditierend beobachtet.

Niyama Skrt., »Regel«; zweite Stufe von Patanjalis achtstufigem Raja-Yoga, auf der man nach den Yama weitere ethische Verhaltensweisen verwirklicht (Hygiene, geistige Klarheit, Selbsterforschung, Hingabe an Gott usw.).

Nyingma-pa tibet., »Schule der alten Lehren«. Eine der vier großen Traditionen des tibetischen Buddhismus, im achten Jahrhundert entstanden. Zentrale Bestandteile der Nyingma-pa ist das Meditationssystem Dzogchen.

Obere Welt bei der schamanischen Reise die Nichtalltägliche Wirklichkeit jenseits der Atmosphäre.

Oberstufe im autogenen Training die Übungen für Fortgeschrittene

OM Skrt., auch AUM. Mantrische Silbe des Buddhismus, Symbol der Manifestation der spirituellen Kraft. OM verkörpert die Präsenz des Absoluten in der realen Welt der Erscheinungen.

OM, MANI PADME, HUM Skrt., s. OM, MANI PEME, HUNG

OM, MANI PEME, HUNG tibet., Skrt. OM, MANI PADME, HUM, »Om, Juwel im Lotos, hung«. Ältestes und bedeutendstes Mantra des tibetischen Buddhismus. OM und HUNG verkörpern als »Keimsilben« Anfang und Ende, »Juwel im Lotos« steht für das Absolute, den im Bewusstsein des Individuums erzeugten Erleuchtungsgeist. Das Mantra wird bei der Meditation rezitiert und beinhaltet den Wunsch der Befreiung aller Individuen aus dem Kreislauf der Wiedergeburten. (Eine Abbildung des Mantras finden Sie auf S. 256.)

OM, VAJRASATTVA, HUNG tibet., das »kurze Vajrasattva-Mantra«, bei der Meditation über den Buddha Vajrasattva rezitiert.

Osho jap., »Meister«

Pali wörtl. »Text«, bezeichnete ursprünglich keine Sprache, sondern die »Sprache der Texte«, nämlich des buddhistischen Kanons des Theravada, die in einem altindischen, indoeuropäischen Idiom verfasst waren.

Pali-Kanon Skrt. *tipitaka*; Bezeichnung für die drei bedeutendsten buddhistischen Quellentexte des Hinayana/Theravada in Pali, Vinaya-Pitaka, Sutta-Pitaka und Abhidhamma-Pitaka.

Paradoxe Bauchatmung s. Gegenbauchatmung

Parinirvana Skrt., »vollständiges Verlöschen«, der physische Tod. S.a. Nirvana

Phowa-Meditation tibet. *phowa* heißt »Wechsel des Ortes«; eine der sechs

Naro-Chödrug-Übungen, mit der man sich auf den Moment des Sterbens vorbereitet. Die Phowa-Meditation soll den Praktizierenden in die Lage versetzen, im Sterben das Bewusstsein in ein Buddha-Paradies zu transferieren.

Phurbu tibet., »Nagel«, »Keil«. Ritueller Dolch, mit dem Padmasambhava Dämonen »zähmte«.

Pinyin-Umschrift Transkription der chinesischen in die lateinische Schrift; das Pinyin (Beispiele: Beijing, Dao, Zhan) hat die Wade-Giles-Umschrift (Peking, Tao, Chan) abgelöst.

Pneuma hagion altgriech., »heilige Brise«, gleichbedeutend mit »Atem«; auch der Atem Gottes.

Porenatmung s. Körperatmung

Prajna Skrt., »Weisheit«. Eine nicht intellektuell zu vermittelnde, sondern intuitiv erlebte Einsicht ins Wahre-Wesen.

Prakriti s. Samkhya

Prana Skrt., »Atem«, »Lebensodem«. Kosmische Energie, die sich im Atem manifestiert.

Pranayama Skrt., »Beherrschung des Atems/Lebensodems«; 4. Stufe von Patanjalis achtstufigem Raja-Yoga, auf der man bewusstes Atmen, Zählung der Atemzüge, Veränderung des Verhältnisses Einatmung/Pause/Ausatmung etc. übt.

Purusha s. Samkhya

Qi chin., wörtl. »Atem«, »Hauch«, »Energie«, »Luft«, »Dampf«; jap. *ki*, Skrt. *prana*. Makro- und mikrokosmische Energie, ohne die kein Leben entstehen und bewahrt werden kann. Das Qi ist einer der Drei Schätze des Menschen (die anderen beiden sind Jing und Shen). S.a. Inneres Qi, Äußeres Qi, Vorgeburtliches Qi.

Qi beruhigen Qi-Gong-Bewegung nach der eigentlichen Übung, um den Qi-Fluss zu »beruhigen«.

Qi Gong Yangsheng Qi-Gong-Form, die auf den chinesischen Arzt und Qi-Gong-Meister Jiao Guorui (1923–1997) zurückgeht. Auf die Förderung der Gesundheit ausgerichtet. Umfasst u.a. die Formen »Acht Brokate«, »Spiel der Fünf Tiere«, »Stehen wie ein Pfahl«, »15 Ausdrucksformen des Taiji-Qi-Gong«.

Qi Gong chin., »Arbeiten mit der Energie«; Meditationstechnik, deren Ursprünge vermutlich in der Zeit des Gelben Kaisers liegen (um 2600 v. Chr.). Ziel der Körperübungen ist die Stärkung der Lebensenergie Qi.

Qi halten einfache Form des Stillen Qi Gong

Qi wecken Qi-Gong-Bewegung vor der eigentlichen Übung, um den Qi-Fluss anzuregen.

Quan chin., »Faust«; verweist in der Bezeichnung »Taijiquan« auf dessen Ursprung als Kampfkunst. S.a. Taijiquan

Rad der Zeit s. Kalachakra

Rad des Lebens s. Bhava-Chakra

Rahmen chin. *jia*; »Bewegungsumfang« der Formen des Taijiquan. So gibt es beispielsweise den kleinen Rahmen *(xiaojia)*, den mittleren *(zhongjia)*, den großen *(daijia)* oder auch den alten *(laojia)* und den neuen *(xinjia)* Rahmen. Die unterschiedlichen Rahmen werden unterschiedlichen Stilen zugeschrieben.

Raja-Yoga Skrt., »Yoga der Könige«, auch »Ashtanga-Yoga«. Früher Yoga nach dem Gelehrten Patanjali, der den Yoga im zweiten Jahrhundert vor Christus systematisierte und die berühmten *Yoga-Sutras* verfasste.

Reines Land chin. *jing-tu*, jap. *jodo*. Reine Länder sind im Mahayana die Paradiese der einzelnen transzendenten Buddhas. So herrscht beispielsweise Amitabha über Sukhavati (Skrt., »Land der Glückseligkeit«), das »Westliche Paradies«. Die Buddhisten hoffen, in einem der (transzendenten) Reinen Länder, den Vorstufen zum Nirvana, wiedergeboren zu werden, was jedoch nur mit Hilfe des entsprechenden Buddha gelingt.

Reines-Land-Schule-Meditation s. Amitabha-Rezitation

Rinpoche tibet., »großes Juwel«, »kostbar«. Ehrentitel, der nicht erworben werden kann, vor allem für hochverwirklichte Lamas, die offiziell als Reinkarnation eines großen Meister anerkannt sind.

Rinzai-Schule chin. *linji-zong*. Noch heute mächtige japanische Schule des Zen-Buddhismus, die auf den chinesischen Zhan-Meister Linji (gest. um 866, jap. Rinzai) zurückgeht. Kennzeichen des Rinzai ist die systematische Verwendung von Koans als Hilfsmittel (Kanna-Zen).

Rishi Skrt., »Seher«, »Heiliger«

Roshi jap., »verehrungswürdiger Meister«.

Rücknahme s. Zurücknehmen

Ruhe-Übung eine der ersten sieben Übungen des autogenen Trainings. (»Ich bin ganz ruhig und entspannt.«)

Sadhu Skrt., von *sadh*, »zum Ziel führen«; ein Heiliger oder der Welt entsagender Mönch

Sakya-pa tibet. *sakya*, »Graue Erde«, benannt nach dem gleichnamigen Kloster, in dem die Schule 1073 gegründet wurde. Die Äbte des Klosters und die Oberhäupter der Sakya-pa gehören der Familie der Khön an, deren Ahne Lui Wangpo Sungwa ein Schüler von Padmasambhava und einer der ersten sieben in Tibet ordinierten Mönche gewesen sein soll. Auf die Sakya-Gelehrten gehen die guten Beziehungen des tibetischen Buddhismus zum mongolischen Herrscherhaus zurück.

Samadhi Skrt., »Fixieren«, »Festmachen«, jap. *sanmai/zanmai*. Ein Zustand, in dem keine Gedanken mehr existieren und absichtslos gehandelt wird. Dualismus und der Glaube an ein Selbst sind überwunden. Der Übende befindet sich in vollkommener Aufmerksamkeit und befasst sich nur mit dem, was er gerade tut.

Samkhya hinduistische Philosophie, die wohl von dem Dichter und Heiligen Kapila begründet wurde. Blütezeit: 400 vor bis 700 nach Christus. Zentrale Begriffe des Samkhya sind *prakriti* (»Natur«, »Mensch«) – das, was vergänglich ist – und *purusha* (»Mensch«) – das was unvergänglich ist. Purusha steht für das Absolute, das reine Bewusstsein, das in allen Wesen vorhanden ist und Empfindungen und Bewusstseinsprozesse ermöglicht. Prakriti steht für das schöpferische Prinzip jenseits der Materie, des Seins. Zwischen diesen beiden unterscheiden zu lernen ist nach Auffassung des Samkhya eine Hauptaufgabe des spirituellen Menschen.

Sammlung s. Samadhi

Samsara Skrt., »Wanderung«, Rad des Lebens, Kreislauf der Existenzen. Die Erlösung aus dem Samsara und damit die Überwindung des Leidens ist das Ziel aller Buddhisten und Hinduisten. Solange dies nicht gelungen ist, werden sie in unterschiedlichen Existenzweisen (s. Gati) wiedergeboren. S.a. Kette des bedingten Entstehens

Sangha Skrt., »Menge«, »Schar«. Der Sangha, die von Buddha Shakyamuni begründete buddhistische Gemeinde, besteht aus Mönchen, Nonnen, Novizen und Laienanhängern.

Sanskrit »vollkommen«, »zurechtgemacht«, komplexe Hoch- und Kunstsprache der indischen Hindus, Buddhisten und Jainas, die sich vom Vedischen ableitet und um 600 v. Chr. erste Regeln bekam. Die Schrift des Sanskrit, der heiligen Sprache der Hindus, heißt *devanagari*, was etwa »Wohnstatt der Worte der Götter« bedeutet (*deva*, »Gott«, *nagara*, »Stadt«).

Satipatthana Pali, »vier Erweckungen der Achtsamkeit«; Vipassana-Meditation, bei der die Achtsamkeit auf den Körper, die Empfindungen, den Geist und die Geistobjekte gerichtet wird.

Satori jap., von *satoru*, »erwachen«. Im Zen-Buddhismus der Moment der Erleuchtung, ein intuitives Begreifen des Wahren-Wesens der Dharmas. Intellektuell, beispielsweise anhand von Sutras oder Darlegungen, ist Satori nicht zu verwirklichen.

Schamane vermutl. vom tungus. Sanskrit-Wort *shaman*, »Wissender«. Bei den Naturvölkern ein spiritueller Lehrer, Medizinmann, Zauberer, der seinen Bewusstseinszustand verändern, sich in Ekstase, Trance bringen kann, um Kontakt zur spirituellen Welt aufzunehmen. Ein Schamane erfüllt vielfältige soziale und spirituelle Aufgaben: Er begleitet verstorbene Seelen ins Totenreich, holt verlorene Seelen zurück, wehrt böse Geister ab, macht Prophezeiungen, beeinflusst das Wetter, sucht die besten Gebiete für die Jagd, heilt Kranke, kümmert sich um geistig behinderte Menschen usw.

Schamanische Reise Meditation des Schamanismus, bei der der Praktizierende in der Vorstellung von seinem individuellen Kraftort aus der Alltäglichen Wirklichkeit in die Nichtalltägliche Wirklichkeit reist, wo er ein Kraftwesen trifft, von dem er Hilfe bei der Lösung von Problemen erhält.

Schatten von C. G. Jung identifizierte dunkle Seite der menschlichen Persönlichkeit, alle unterdrückten negativen Eigenschaften; Meditation kann helfen, sich des eigenen Schattens bewusst zu werden und ihn zu integrieren.

Schwellenzone bei der schamanischen Reise die Verbindung zwischen realer Welt und Unterer bzw. Oberer Welt (z. B. ein Tunnel bzw. die von Licht erfüllte Atmosphäre).

Schwere-Übung eine der ersten sieben Übungen des autogenen Trainings. (»Meine Arme sind schwer.«)

Sechs Doktrinen des Naropa s. Naro Chödrug

Sechs heilende Laute chin. *liu zi jing*; Qi-Gong-Form, die auf Sun Su Mao

(8. Jh.) zurückgeht und bei der man zu bestimmten Bewegungen bestimmte Laute ausstößt, die den Funktionskreisen entsprechen.

Seelengrund Begriff des deutschen Mystikers Johannes Tauler (1300–1361); jener »Ort« in der Seele des Gläubigen, an dem Gott wohnt und geschaut werden kann. Ziel des geistlichen Lebens sei es, dorthin zu gelangen.

Sefira s. Sefiroth

Sefiroth hebr., Plural von *sefira*, »Ziffer«; die zehn Aspekte Gottes, um die sich ein komplexes symbolisches und numerisches Bedeutungssystem rankt. Die Sefiroth bilden den Baum des Lebens.

Selbst Laut Klemens Tilmann »der geheimnisvolle, personenbildende Kern unseres Inneren, unser Eigentlichstes, unser Wesensbild. Ihm wird in der Meditation Freiheit gegeben. Infolgedessen kann es [...] das Ganze des Menschen durchlichten und durchwirken bis hin zum Ich.« Im Zusammenhang mit der Meditation vergleichbar mit der Wahren-Natur, Buddha-Natur, Christus-Natur. Das absolute, unvergängliche Bewusstsein. in der Mystik jener Ort, an dem die Vereinigung mit Gott möglich ist.

Selbstsuggestion s. Autosuggestion

Sensei jap., »Lehrer«.

Sesshin jap., »Sammeln des Herz-Geistes«. Zazen-Sitzungen, die nur durch kurze Essens- und Schlafenszeiten unterbrochen werden und mehrere Tage dauern. Teil eines Sesshin sind kurze Teishos sowie Dokusans.

Shakyamuni Skrt., wörtl. »Weiser aus dem Geschlecht der Shakyas«. Beiname des historischen Buddha, Siddharta Gautama.

Shamatha Skrt., »Verweilen in Ruhe«, Teil der Mahamudra-Meditation, bei dem man sich auf den Meditationsgegenstand konzentriert, um den Geist zu beruhigen.

Shangqing chin., »höchste Reinheit«; auf den mythologischen Yang Xi (4. Jh.) zurückgehende Schule, die als erste strukturierte und »offizielle« daoistische Bewegung mit Vorschriften, Regularien und einem Textkanon gilt. Meditative Techniken sind Imaginierung und Visualisierung.

Shen chin., »Geist«, einer der Drei Schätze des Menschen. Die anderen beiden sind Jing und Qi.

Sheng Zhen Wuji Yuan Gong s. Medizinisches Qi Gong

Shila Skrt., »Verpflichtung«, »Gebot«. Der ethische Kanon, der das Verhalten von buddhistischen Mönchen, Nonnen und Laien regelt und dessen Einhaltung für das Erreichen des Nirvana grundlegend ist. Dazu gehören folgende zehn Vorschriften: nicht verletzen oder töten, nicht stehlen, niemanden missbrauchen, nicht lügen, keine berauschenden Mittel zu sich nehmen, keine feste Nahrung nach der Mittagsstunde, Verzicht auf Vergnügungen wie Musik und Tanz, keinen Schmuck oder Parfüm besitzen, nicht in weichen Betten schlafen, kein Geld besitzen.

Shisan Shi chin., »13 Stellungen/Positionen«; im Taijiquan die acht Ba Man (Grundtechniken) und die fünf Wubu (Bewegungsrichtungen). Gehen vermutl. auf Zhan Sanfengs »13 Grundstellungen und Bewegungsformen« zurück.

Shiva Skrt., »der Gütige«, »der Freundliche«; einer der Götter der Hindu-

Trinität (die anderen beiden sind Brahma und Vishnu); Gott der Zerstörung, doch nicht in materieller, sondern in spiritueller Hinsicht: Shiva zerstört das Unwissen, die Nicht-Erkenntnis, die Weltlichkeit und ermöglicht damit Weisheit.

Shou Yi chin. *shou* = »das Eine/Letzte bewahren«; daoistische Meditation, bei der Gottheiten visualisiert werden, die man sich im Inneren des Körpers vorstellt.

Shunyata Skrt., »Leere«, »Leerheit«, jap. *ku*. Dem Mahayana zufolge sind alle Dharmas »leer«, besitzen keine selbständige, dauerhafte Substanz, sind nicht-wesenhaft (Anatman). Sie existieren, sind aber nur Erscheinungen, und dies wird im Moment der Erleuchtung erkannt.

Siddha Skrt., »Vollkommener«, »Vollendeter«. Ideal des Tantrayana.

Siddha-Yoga von Swami Muktananda (1908-1982) begründeter Yoga, dessen Praxis aus Meditation, Mantra-Singen, selbstloser Hingabe an den Guru, Geschenken und Opfergaben für den Guru, Gruppensitzungen u. a. besteht.

Skandhas Skrt., »Gruppe«, »Anhäufung«. Fünf Gruppen von Daseinsfaktoren, die Shakyamuni zufolge das »Hängen an der Welt verursachen«, gibt es: 1. die Bestandteile des Körpers (Festes, Flüssiges, Hitze, Bewegung, Sinnesorgane), 2. die Gefühle, 3. die Wahrnehmungen, 4. die Formkräfte des Geistes (Wille, Aufmerksamkeit, Tatendrang etc.), 5. das Bewusstsein. Aus den Skandhas, die nicht dauerhaft, sondern ständigen Veränderungen unterworfen sind, konstituiert sich der Mensch.

Sonnengeflecht-Übung eine der ersten sieben Übungen des autogenen Trainings. (»Meine Mitte ist strömend warm.«)

Soto-Schule heute noch existierende Schule des japanischen Zen-Buddhismus, die auf die chinesischen Zhan-Meister Dong-shan (807–869, jap. Tozan Ryokai) und Zao-shan (840–949, jap. Sozan Honjaku) zurückgeht. Im Gegensatz zum Rinzai benutzt das Soto in der Regel keine Koans als Hilfsmittel, sondern übt ein Zen der schweigenden Erleuchtung.

Spiel der Fünf Tiere chin. *wuqinxi*; um 200 n. Chr. von dem Arzt Hua To entwickelte Bewegungsmeditation. Heute eine der bekanntesten Qi-Gong-Formen.

Spiritus lat. »Geist«, »Atem«, gleichbedeutend mit dem Atem Gottes.

Sri Skrt., »spirituell reich«; Ehrentitel für verwirklichte Meister

Sri-Chinmoy-Meditation Meditation nach dem Inder Chinmoy Kumar Ghose (geb. 1931), in deren Zentrum der Bhakti-Yoga steht. Mit Hilfe der Hingabe soll das Ich transzendiert und die Einheit mit Gott (»Supreme«) verwirklicht werden. Techniken: Atemübungen, Mantra-Rezitation (»Supreme« oder »Chinmoy«), Meditation z. B. über das »Transzendentale Bild« von Sri Chinmoy u. a. Wie die Bewegungen von Maharishi Mahesh Yogi (Transzendentale Meditation) und Bhagwan Shree Rajneesh (Dynamische Meditation) steht auch die von Sri Chinmoy immer wieder in der Kritik.

Stehende Säule chin. *zhan zhuang*; auch »Stehen wie ein Baum/Pfahl«; Qi-Gong-Übung, die auf den Kampfkunstmeister Wang Xiangzhai (1886–1963) zurückgeht und in manchen Traditionen als Abschlussübung verwendet wird.

Stilles Qi Gong chin. *yi qi gong*; Form des inneren Qi Gong, das vor allem in der Variante Zhi-Chang Lis bekannt ist.
Stupa Skrt., tibet. *chörten*, wörtl. »Haarknoten«. Buddhistisches Grab- oder Erinnerungsmal. Eines der Hauptsymbole des Buddhismus und Mittelpunkt von Tempeln und Klöstern.

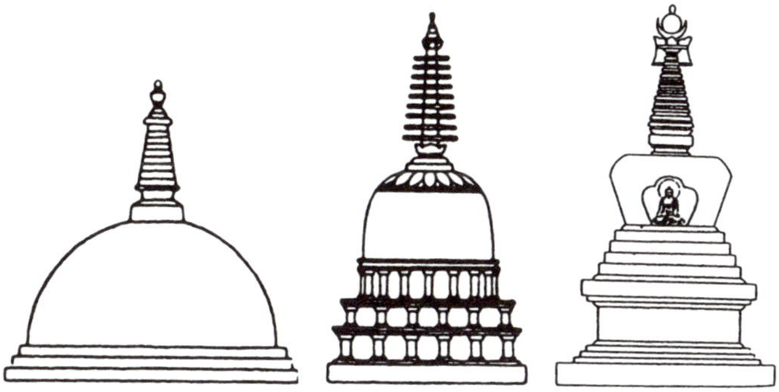

Stupas aus Indien, Gandhara und Tibet

Sufi Vertreter des Sufismus.
Sufismus entweder von arab. *suf*, »Schurwolle« (das einfache, wollene Gewand der Asketen), oder von arab. *safa*, »rein« (von Unkenntnis, Unwissenheit, Aberglauben). Islamische Mystik, vermutlich im sechsten/siebten Jahrhundert entstanden; die ersten Orden gab es im zwölften Jahrhundert. Ziel der Sufis war es, mit Hilfe eines spirituellen Lehrers und bestimmten Techniken Gott näher zu kommen oder mit ihm eins zu werden.
Sukhavati Skrt., »Land der Glückseligkeit«. Das Westliche Paradies und Reine Land des Buddha Amithaba.
Sun-Stil Taiji-Stil von Sun Lutang (1861–1932), einem Meister der inneren Kampfkünste Xingyiquan und Baguazhang. Sein Stil vereinte die besten Elemente aus diesen drei Künsten und wird deshalb auch »Kristall der traditionellen Kampfkunst« genannt.
Supreme engl., »der Höchste«; Bezeichnung der Bewegung von Sri Chinmoy für »Gott«.
Sutra Skrt., »Leitfaden«; in Hinduismus und Buddhismus (niedergeschriebene) Lehrreden, Regeln, göttliche Offenbarungen.
Swami Skrt., »Herr«; Anrede vor dem Mönchsnamen bzw. Ehrentitel eines spirituellen Lehrers oder Heiligen
Tai chin., »das Höchste«, »das Allergrößte«; findet sich oft als Bestandteil von Wörtern wie »Kosmos«, »Weltraum«, »Lehrer«. S. a. Taijiquan
Taiji chin., »das höchste Letzte/Eine«. 1. im Daoismus der Urgrund allen Seins, aus dem die beiden Grundkräfte Yin und Yang entstanden sind. Symbol des Taiji ist der Yin-und-Yang-Kreis, Abb. s. S. 60. 2. Kurzform von »Taijiquan«.
Taijiquan chin., »Faust des höchsten Letzten/Einen«; *tai* wörtl. »das Höchste«, »das Allergrößte«, *ji* »ganz außen«, »äußerster Punkt«, »letztes Ende«, »Firstbalken«, *quan* »Faust«. Ursprünglich eine traditionelle chine-

sische Kampfkunst, die seit dem 17. Jahrhundert jedoch fast ausschließlich als (langsame) Meditation in Bewegung geübt wird.

Tantra Skrt., »Gewebe«, »Zusammenhang«, »Kontinuum«. Tantras sind zum einen die Texte des tibetischen Buddhismus und des Tantrayana, deren Inhalt angeblich Shakyamuni darlegte, zum anderen das Meditationssystem des Tantrayana. Auch der tantrische Buddhismus selbst wird mit diesem Begriff bezeichnet.

Tantra-Klassen Das Tantra-System umfasst vier Ebenen, die ein Übender je nach Befähigung beschreitet: Kriya-Tantra (»Handlungs-Tantra«), Charya-Tantra (»Ausübungs-Tantra«), Yoga-Tantra, Anuttara-Yoga-Tantra (»Höchstes Yoga-Tantra«).

Tantrayana Skrt., »Fahrzeug der geheimen Texte«, auch »tantrischer Buddhismus« oder »Tantra« genannt. Ab dem dritten/vierten Jahrhundert nach Christus entstandene Lehre, die buddhistische und hinduistische Vorstellungen mit alten Ritualen vermutlich aus arischer Zeit verbindet. Mandalas, Mantras, Mudras, Meditationen und Statuen/ikonografische Abbildungen haben eine große Bedeutung, Schrifttum sind die Tantras. Neben dem religiös-mystischen Tantrayana gibt es eine esoterische Form um Sexualkulte aus dem Nordosten Indiens. Das Tantrayana ist die dritte große Strömung des indischen Mahayana nach Madhyamaka und Yogachara.

Tantra-Yoga auch »Guru-Yoga«; eine der höchsten Formen tibetisch-buddhistischer Meditation. Hilfsmittel sind Statuen (eines Buddha, Bodhisattva, Heiligen oder Guru), kanonische Texte, Vajra, Drilbu und/oder ein Mandala. Die Meditation besteht aus der Entwicklung der richtigen Motivation, Mantra-Rezitationen, Reflexionen über bestimmte Themen, Erzeugung einer altruistischen Geisteshaltung, Opferhandlungen, Visualisierungen u. a. m.

Tantrischer Buddhismus s. Tantrayana

Tara Skrt., »Retterin«, indische Göttin, Emanation des Bodhisattva Avalokiteshvara. Im tibetischen Buddhismus ist Tara außerordentlich populär und symbolisiert den weiblichen Aspekt des Erbarmens.

Technik des Benennens Technik der Vipassana-Meditation von Mahasi Sayadaw.

Teisho jap., »Darlegung«. Kurze Lehr-Darlegungen der Zen-Meister in Form von Koans oder anderen wichtigen Zhan-Texten vor den versammelten Schülern.

Thangka/Thanka tibet., »Bild«, »Malerei«. Rollbild aus Seide oder Baumwolle mit religiösen Funktionen, z. B. der Darstellung von buddhistischen Lehrinhalten (Rad des Lebens) oder als Visualisierungshilfe bei der Meditation.

Theravada Pali, »Lehre der Ordensältesten«. Einzige Schule des Hinayana, die heute noch existiert (beispielsweise in Sri Lanka, Thailand, Kambodscha, Laos). Während der Pali-Synode im Jahr 244 v. Chr. entstanden, gelangte der Theravada bald nach Sri Lanka, wo im Laufe der Zeit die wichtigsten nicht-kanonischen Werke entstanden und zahlreiche bedeutende Theravada-Vertreter lebten und lehrten.

Theta-Rhythmus elektrische Wellen im Gehirn von 4 bis 7 Hz, variable Amplitude mit häufigeren größeren Ausschlägen; bei Versenkungsmeditation, tiefer Entspannung, Einschlafen, Trance.

Tiantai-Meditation s. Zhi-guan

Tibetischer Buddhismus Auch »Lamaismus« genannt. Spezifische Fortentwicklung des Mahayana in Tibet und anderen Ländern des Himalaja. Zu mahayanischen kamen hinayanische Traditionen sowie Kulte des Tantrayana, außerdem Elemente der tibetischen Bön-Religion (Totenzeremonien, Orakel, Mysterienspiele, Mantras). Geistig-spiritueller Führer des tibetischen Buddhismus ist der Lama, Oberhaupt der Dalai Lama.

Tie Bu Shan s. Eisenhemd-Qi-Gong

TM s. Transzendentale Meditation

TM-Siddhi-Programm s. Transzendentale Meditation

Tongbeiquan chin., *tong* »frei«, »offen«, auch »beherrschen«, *bei* »Schulter«, »Rücken«; innere Kampfkunst Chinas, vermutl. 18. Jahrhundert, möglicherweise schon zehntes Jahrhundert

Transzendentale Meditation Abk. TM; Meditation nach Maharishi Mahesh Yogi (geb. 1917 oder 1918), die auf den Lehren Shankaras (788–820) beruht, des Hauptvertreters des nichtdualistischen, vedischen Advaita Vedanta. Kern der Lehre Shankaras und in seiner Nachfolge des Maharishi Mahesh Yogi ist der Monismus – Gott, Seele und Erscheinungen sind identisch. Ziel der Meditation ist es, das Denken zu transzendieren und so das absolute Bewusstsein zu erfahren. Die TM wird zweimal täglich mit geschlossenen Augen für etwa 20 Minuten geübt. Zentrale Bedeutung dabei haben Mantras, die lautlos und in einem immer ruhigeren Rhythmus wiederholt werden. Im »TM-Siddhi-Programm« der in der Kritik stehenden TM-Organisation sollen Praktizierende scheinbar »übernatürliche« Fähigkeiten wie Unsichtbarkeit, paranormale Wahrnehmung, besonders große Kräfte und das kurzzeitige Fliegen erlernen.

Traum-Yoga auf Naropa (1016–1100) und dessen Übungsmethoden Naro Chödrug zurückgehende Technik, die auch schamanische Bön-Elemente enthält. Dabei meditiert der Praktizierende während des Schlafs und beeinflusst die Trauminhalte und -bilder. Auch »Klar-Träumen« genannt.

Trilakshana Skrt., »Drei Merkmale« alles bedingt Entstandenen. Alle materiellen und geistigen Erscheinungen sind 1. leer und unbeständig (Anitya), 2. nicht-wesenhaft (Anatman) und 3. leidvoll (Duhkha).

Triratna Skrt., »Drei Kostbarkeiten«, »Drei Juwele«, »Drei Kleinodien«. Die drei Bestandteile der Zufluchtsformel (Trisharana), zu denen die zu Ordinierenden Zuflucht nehmen: Buddha, Dharma, Sangha.

Trisharana Skrt., »Dreifache Zuflucht«. Rituelles Bekenntnis zum Buddhismus: »Ich nehme meine Zuflucht zum Buddha, ich nehme meine Zuflucht zur Lehre des Buddha, ich nehme meine Zuflucht zur Gemeinde des Buddha.«

Trishna Skrt., »Durst«, »Gier«, »Verlangen«. Trishna – Lust, Sehnsucht, Begierde – ist eines der Drei Feuer (s. dort), die die fühlenden Wesen im Samsara halten, und das achte Glied der Kette des bedingten Entstehens.

Tulku tibet., »Ausstrahlungskörper«, »Emanation«. Der irdische Körper, in den ein Buddha oder Bodhisattva nach seinem Tod freiwillig ins Leben zurückkehrt, um den Wesen auf ihrem Weg zu helfen oder seine Belehrungen fortzusetzen. »Tulku« bezeichnet zugleich auch die bewusste Wiedergeburt eines hochverwirklichten Meisters.

Tuna chin.; Atemübungen, mit deren Hilfe äußeres Qi aufgenommen und verbrauchtes Qi ausgeatmet wird.

Überwindender Zyklus Die Fünf Elemente interagieren ununterbrochen miteinander, indem sie einander fördern oder behindern. Im überwindenden Zyklus löscht Wasser Feuer, schmilzt Feuer Metall, fällt Metall Holz, durchdringt Holz Erde, saugt Erde Wasser auf. S.a. Fördernder Zyklus

Unio mystica lat., »geheimnisvolle Vereinigung«; Ziel der mystischen Bewegungen – die Vereinigung mit Gott im Urgrund der eigenen Seele.

Universelles Qi s. Äußeres Qi

Untere Welt bei der schamanischen Reise die Nichtalltägliche Wirklichkeit in der Erde.

Unterstufe die ersten sieben Übungen des autogenen Trainings.

Unterwachheit naturwissenschaftlicher Begriff für die Meditation, bei der sich die elektrischen Hirnströme im Bereich unterhalb der Wachheit bewegen (die äußeren Reize werden reduziert oder gar nicht mehr wahrgenommen).

Upadana s. Anhaften

Upanischaden Skrt., von *upanishad,* »sich nahe bei jemandem [dem Guru] niedersetzen«. Schlussteil des geoffenbarten Teils der *Veden* und Basis der Vedanta, der philosophischen Auslegung der *Veden.*

Vajra Skrt., tibet. *dorje*, »Diamant«; ursprünglich »Blitzstrahl«, »Donnerkeil«, »Dolch«. Steht im tibetischen Buddhismus für Shunyata, Wahre-Wirklichkeit, männliche Energie, Unzerstörbarkeit, Unerschütterlichkeit, männliches Symbol des Weges zur Erleuchtung. S.a. Dorje, Drilbu.

Vajrasattva-Meditation Meditation des Buddha Vajrasattva; religiöse Praktik aller tibetischen Buddhismus-Traditionen, bei der der Meditierende den Buddha Vajrasattva visualisiert, um sich in Körper, Geist und Rede zu reinigen.

Varna Skrt., wörtl. »Farbe«, »Kaste«. Indisches Kastensystem mit folgenden Hauptkasten: 1. Brahmanen, Philosophen, Gelehrte, religiöse Führer, weitere Priester (gebildete Kaste). 2. Politiker, Feldherren, Offiziere, weltliche Machthaber (Kriegerkaste). 3. Händler, Bauern (Versorger). 4. Arbeiter, Diener. Außerhalb des Kastensystems lebten die Parias, die Unberührbaren.

Veden Skrt., »Wissen, heilige Lehre«. Die vier ältesten indischen Texte, nach Glauben der Hindus göttlichen Ursprungs und mit göttlicher Autorität ausgestattet *(Rigveda, Samaveda, Yajurveda, Atharveda).*

Verblendung s. Avidya

Vergänglichkeit s. Anitya

Vier Edle Wahrheiten Skrt. *arya-satya*, grundlegende Lehre von Shakyamuni, bei der Predigt in Benares verkündet. Verkürzt lauten die Vier Edlen Wahrheiten wie folgt: 1. Das Leiden existiert. 2. Das Leiden hat bestimmte

Ursachen. 3. Die Ursachen des Leidens können beseitigt werden. 4. Dafür gibt es bestimmte Mittel, nämlich den Achtfachen Pfad.

Vier erhabene Zustände s. Brahma-Viharas

Vier Unermesslichkeiten s. Brahma-Viharas

Vimukti Skrt., »Befreiung«, nämlich vom Leid und damit aus dem Samsara.

Vipassana Pali, »Einsicht«, »Hellblick«, übertragen: »die Dinge sehen, wie sie sind«. Meint die im Buddhismus grundlegende Erkenntnis, dass alle Wesen, die dem Kreislauf der Wiedergeburten unterliegen, die Drei Merkmale (Trilakshana) haben: Sie sind vergänglich, haben kein Selbst und sind dem Leid unterworfen.

Vipassana-Meditation Pali *vipassana* bedeutet »Einsicht«, »Hellblick«, übertragen »die Dinge sehen, wie sie sind«; entsprechend: »Einsichts-Meditation«. Eine Theravada-Meditation für die im Buddhismus grundlegende Erkenntnis, dass alle Wesen, die dem Kreislauf der Wiedergeburten unterliegen, vergänglich sind, kein Selbst haben und dem Leid unterworfen sind. Zeitgenössische Vipassana-Lehrer sind z. B. Satya Narayan Goenka (»Körperdurchkehren« oder »Body Sweeping«), Ajahn Chah (»Weg der Ordensgemeinschaft«), Ajahn Buddhadasa (»Naturmethode«) und Mahasi Sayadaw (»Technik des Benennens«)

Vishnu von Skrt. *vish*, »wirken«; einer der Götter der Hindu-Trinität (die anderen beiden sind Brahma und Shiva); der Wirkende, verkörpert Barmherzigkeit und Güte.

Vorgeburtliches Qi Jenes Qi, das der Mensch beim Zeugungsakt der Eltern erhält und das im Laufe des Lebens nicht vermehrt werden kann.

Wade-Giles-Umschrift Nach zwei amerikanischen Professoren benannte Transkription des Chinesischen, heute offiziell vom Pinyin abgelöst.

Wahres-Wesen s. Buddhata, Christus-Natur

Wai Gong chin., »äußere Übung«. Beim Qi Gong Übungsart, die der Koordinierung von Atmung, Bewusstsein und Bewegungen der Extremitäten dient. S.a. Nei Gong

Wärme-Übung eine der ersten sieben Übungen des autogenen Trainings. (»Meine Arme sind warm.«)

Weg der Ordensgemeinschaft Technik der Vipassana-Meditation von Ajahn Chah, in deren Zentrum das Nicht-Anhaften steht.

Weiches Qi Gong die langsamen, meditativen Qi-Gong-Übungen im Gegensatz zum harten Qi Gong.

Wildgans-Qi-Gong chin. *dayan gong*; Qi-Gong-Form, die auf den Bewegungen der Wildgans basiert. Umfasst zwei Formen mit je 64 Bewegungen.

Wu Xin s. Fünf Elemente

Wubu chin., fünf Schrittarten bzw. Bewegungsrichtungen im Taijiquan. Zusammen mit den acht Ba Men bilden sie die »13 Stellungen« (Shisan Shi).

Wu-Hao-Stil s. Alter Wu-Stil

Wuji chin., »Gipfel des Nichts«, »Leere«; die Leere, in der das Dao wirkt, dargestellt durch einen Kreis ohne Inhalt. Der Kosmos, bevor das Dao zu wirken begann, der Urmoment des Chaos, in dem noch keine Gegensätze existierten.

Wu-Jianquan-Stil s. Neuer Wu-Stil
Wuqinxi s. Spiel der Fünf Tiere
Wu-Stil s. Alter Wu Stil bzw. Neuer Wu-Stil
Wu-wei chin., »Nicht-tun«. Der daoistische Begriff ist mit dem absichtslosen Handeln des Buddhismus gleichzusetzen, meint also nicht Passivität, sondern ein Geschehenlassen, das auf der Befreiung von allen Begierden und Absichten basiert.
Xi Sui Jing s. Methode des Knochenmark-Waschens
Xiaojia s. Rahmen
Xingqi chin., Übungen, bei denen das Qi mit Hilfe der Vorstellungskraft im Körper verteilt wird
Xingyiquan chin., *xing* »Form«, *yi* »Geist«, *quan* »Faust«; nach Wikipedia »Form- und Geistboxen«; innere Kampfkunst Chinas vermutl. aus dem 12. Jahrhundert Andere Quellen schreiben es Bodhidharma zu.
Xinjia s. Rahmen
Yama Skrt., »Selbstbeherrschung«; 1. Stufe von Patanjalis achtstufigem Raja-Yoga, auf der man fünf ethische Verhaltensweisen verwirklicht (nicht lügen, nicht stehlen usw.).
Yang s. Yin und Yang
Yangshen chin., Übungen zur Unterstützung und Stabilisierung der Gesundheit
Yang-Stil in der Chronologie der zweite Taiji-Stil, der den fünf Familienstilen zugerechnet wird. Das Taiji der Familie Yang orientierte sich an den Formen des legendären »Urvaters« des Taijiquan, Zhang Sanfeng. Der Stil geht auf Yang Luchan (1799–1872) zurück, den ersten Chen-Schüler, der nicht der Familie Chen angehörte.
Yantra-Yoga tibet. Yoga, der als Meditationsunterstützung *yantras* (Skrt., »Stütze«, »Unterstützung«) nutzt, Mandala-ähnliche Diagramme, die Götter oder Göttliches repräsentieren.
Yi Jin Jing s. Methode zur Stärkung der Muskeln und Sehnen
Yi Qi Gong s. Stilles Qi Gong
Yin Qi Gong s. Hartes Qi Gong
Yin und Yang altchin. polares Ordnungsprinzip, in das Himmel, Erde und Mensch eingebunden sind; Symbole der in einem ständigen Wechsel begriffenen Gegensätze. Ursprünglich wohl geografische Bedeutungen – das Zeichen für Yin scheint die kältere Nordseite eines Hügels bezeichnet zu haben, das für Yang die wärmere Südseite.
Yin s. Yin und Yang
Yoga der Erkenntnis s. Jnana-Yoga
Yoga der Hingabe s. Bhakti-Yoga
Yoga der Könige s. Raja-Yoga
Yoga der Kraft s. Hatha-Yoga
Yoga der Tat s. Karma-Yoga
Yoga Skrt., von *yui*, »zusammenbinden«, »anschirren«, »ins Joch spannen«; entsprechend wird *yoga* mit »Joch« übersetzt. Grundsätzlich jeder Weg, der zur göttlichen Erkenntnis führt.

Yogachara Skrt., »Ausüben des Yoga«. Zweite große Strömung innerhalb des Mahayana nach dem Madhyamaka, im dritten Jahrhundert nach Christus gegründet.
Yoga-Tantra Dritte der vier Tantra-Klassen mit äußeren Ritualen, vor allem aber Yoga-Übungen, Visualisierungen, Übungen zur Einsicht in die eigene Buddha-Natur.
Yogi Skrt., Yoga-Praktizierender. Weibliche Form: Yogini.
Zazen jap., »Sitzen in Versunkenheit«, chin. *zuo-zhan*. Das Zen sieht in der Sitz-Meditation den ursprünglichsten, aber auch härtesten Weg zur Erleuchtung und die grundlegende Übung. Mit Hilfe des Zazen soll unter anderem die Befreiung des Geistes von dualistischen Vorstellungen und dem Glauben an ein selbständiges Ich erreicht werden. S.a. Christliches Zazen
Zehn Regeln des Taijiquan von Yang Chengfu (1883–1936) formulierte Regeln, die nicht nur für das Yang-Taiji gültig sind, sondern für das Taijiquan allgemein.
Zen jap. Kurzform von *zenno/zenna*, chin. *zhan*, korean. *son*, vietn. *thien*. Auf der Basis von Mahayana und dem Dhyana Bodhidharmas entwickelte sich im sechsten/siebten Jahrhundert in China unter daoistischen Einflüssen der Zhan-Buddhismus, der im zwölften Jahrhundert als Zen-Buddhismus Japan erreichte. Charakteristisch für das Zhan/Zen sind die starke Ausrichtung auf Meditation (Zazen), Erleuchtungserfahrung (Satori) und intuitives Begreifen an Stelle intellektuellen Studiums. Die größten heute noch existierenden Zen-Schulen Japans sind das Rinzai und das Soto.
Zhan chin., von *zhan-na* (chinesische Übertragung des Sanskrit-Wortes *dhyana*, »Versenkung«). Der chin. Zen-Buddhismus, von Bodhidharma im sechsten Jahrhundert begründet.
Zhan Mi Qi Gong s. Geheimes Zhan-Qi-Gong
Zhan-na chin. Übertragung des Sanskrit-Wortes *dhyana*, »Versenkung«. Abkürzung: Zhan. Der chinesische Zen-Buddhismus. S. Zen
Zhan Zhuang s. Stehende Säule
Zhen-Manqing-Stil von Zheng Manqing (1900–1975) Mitte der 30er Jahre des vergangenen Jahrhunderts aus dem Yang-Stil entwickelte und sehr populäre, kurze Taiji-Form.
Zhi-guan Meditation der Tiantai-Schule (»Schule der himmlischen Plattform«) des frühen chinesischen Buddhismus, die von Zhi-yi (538–597) begründet wurde. Bei dieser mehrteiligen Meditation soll erst der ruhelose Geist gebändigt werden, anschließend meditiert man über Güte und andere buddhistische Werte und Konzepte, »überprüft« die Sinnesorgane usw.
Zhongjia s. Rahmen
Zuo Wang chin., »Sitzen und vergessen«; vollkommenste Stufe daoistischer Meditation, die ohne jegliche Hilfsmittel praktiziert wird, bis der Geist vollkommen frei »schwebt« und der Zustand des Wu-wei, des »Nicht-Eingreifens«, erreicht ist.
Zurücknehmen auch »Rücknahme«; beim autogenen Training das bewusste Auftauchen aus dem meditativen Zustand.
Zwerchfellatmung s. Bauchatmung

Kommentiertes Literaturverzeichnis

Dieser Überblick verwendeter bzw. wichtiger Literatur zur Meditation ist natürlich keineswegs vollständig, sondern stellt eine subjektive Auswahl des Autors dar. Vor allem bedeutende Fachtexte zu einzelnen Schulen, die über den Charakter des vorliegenden Buches als Einführung hinausgingen, konnten hier nicht berücksichtigt werden.

Quellentexte

Asiatische Philosophie: Indien und China (CD-ROM). Directmedia Publishing, Berlin 2004. Enthält die bedeutendsten Quellentexte der beiden Kulturen, darunter *Veden, Upanishaden, Mahabharata*, Reden des Buddha, Lehren des Nagarjuna, *Yijing, Liji, Lun yu, Daodejing, Zhuangzi* und viele andere.

Bi-Yän-Lu. *Aufzeichnungen des Meisters vom Blauen Fels. Koan-Sammlung*. Aus dem Chinesischen von Ernst Schwarz. Kösel Verlag, München 1999, 526 Seiten. Mit Kommentaren des *Daodejing*-Übersetzers Schwarz sowie einem kurzen Überblick über die Entstehungsgeschichte des Zen. Eine sehr schöne, mit zahlreichen Abbildungen versehene Ausgabe (und Neuübersetzung) der berühmten Koan-Sammlung, gewöhnungsbedürftig nur, weil Schwarz sich bisweilen einer eigenen Transkription bedient.

Deshimaru-Roshi, Taisen: *Sandokai. Essenz und Erscheinungsformen durchdringen einander.* Aus dem Französischen von Gyokuho Rengetsu (Originalausgabe: *Textes Sacrés du Zen*). Kristkeitz Verlag, Berlin 1980, 80 Seiten. Mit Kommentaren und Kalligrafien von Taisen Deshimaru. Übertragung des *Can-dong-zhi* von Shi-tou der französischen Übersetzung durch Deshimaru. Eine sehr schön gestaltete Ausgabe des *Sandokai*.

Die makellose Wahrheit erschauen. *Die Lehre von der höchsten Bewußtheit und absoluten Erkenntnis. Das Lankavatara-Sutra.* Aus dem Sanskrit von Karl-Heinz Golzio. O. W. Barth Verlag, Bern/München/Wien 1996, 384 Seiten. Golzios gut lesbare Übersetzung des *Lankavatara*, einem der wichtigsten Texte des Buddhismus, mit einer Einführung und Glossar.

Dogen-Zen. Kleine Schriften der Soto-Schule. Aus dem Japanischen von Heinrich Dumoulin und Emil Naberfeld, mit einer Einführung von Heinrich Dumoulin. Herausgegeben von Herbert Elbrecht (Originalausgabe erschienen bei *Monumenta Nipponica*, Tokio). Theseus Verlag, Zürich/München 1990, 112 Seiten. Schriften von Dogen, Keizan und der Soto-Schule zum Zazen *(Fukanzazengi, Zazen Yojinki, Shushogi)*, jeweils mit kurzer, bio-/bibliografischer Einführung.

Gautama Buddha: *Die vier edlen Wahrheiten. Texte des ursprünglichen Buddhismus.* Herausgegeben und aus dem Pali übertragen von Klaus Mylius. Deutscher Taschenbuch Verlag, München 1985, 435 Seiten. Texte aus unterschiedlichen Werken des buddhistischen Kanons und der nichtkanonischen Pali-Literatur. Mit einer Einführung in Geschichte und Lehre des Buddhismus.

Hanh, Thich Nhat: *Das Diamant-Sutra. Kommentare zum Prajnaparamita Diamant-Sutra.* Aus dem Amerikanischen von Ursula Richard (Originalausgabe: *The Diamond That Cuts Through Illusion*, 1988). Theseus Verlag, Zürich/München/Berlin 1996 (2. Auflage). Das *Diamant-Sutra* aus dem *Prajnaparamita-Sutra*, ausführlich und in verständlicher Sprache kommentiert von dem renommierten vietnamesischen Buddhisten Thich Nhat Hanh.

Konfuzius: *Gespräche (Lun-yu).* Aus dem Chinesischen übersetzt und herausgegeben von Ralf Moritz. Reclam Verlag, Leipzig 1982/Stuttgart 1998, 216 Seiten. Die Moritz-Übersetzung des *Lun yu* mit umfangreichem Apparat (Anmerkungen und Nachwort).

Laotse: *Tao Te King. Das Buch vom Lauf des Lebens.* Übersetzung aus dem Chinesischen von Walter Jerven. O.W. Barth Verlag, Bern/München/Wien 1995 (Erstausgabe 1967), 92 Seiten. Die »philosophisch wichtigsten und literarisch eindrucksvollsten« (Klappentext) Auszüge aus dem *Daodejing*, ohne Kommentare.

Lao-tse: *Tao-Te-King. Das Heilige Buch vom Leben und von der Tugend.* Übersetzung, Einleitung und Anmerkungen von Günther Debon. Reclam Verlag, Stuttgart 2005 (Erstausgabe 1961), 142 Seiten. Gereimt.

Meister Eckehart: *Deutsche Predigten und Traktate.* Herausgegeben und übersetzt von Josef Quint. Diogenes Verlag, Zürich 1979, 547 Seiten. In der maßgeblichen Übersetzung von Quint, mit einer fast 50-seitigen Einführung in Leben und Werk Eckharts sowie ausführlichem Anmerkungsapparat. Für Leser, die sich intensiv mit den Eckhart'schen Texten befassen und sie ungekürzt nachlesen wollen.

Meister Eckhart: *Die Gottesgeburt im Seelengrund. Vom Adel der menschlichen Seele.* Herausgegeben und eingeleitet von Gerhard Wehr. Herder Verlag, Freiburg im Breisgau 1990, 125 Seiten. Das kleine Büchlein beginnt mit Daten zum Leben Eckharts und skizziert dann den Kern seiner Lehre. Die ausgewählten Texte (in bereits existierenden Übersetzungen und nach Themen geordnet) kreisen um die *unio mystica*, die Vereinigung des Menschen mit Gott durch die Gottesgeburt in der Seele. Sehr lesenswert.

Meister Eckhart: *Wo Gott keinen Namen hat. Spirituelle Texte.* Ausgewählt, übertragen und eingeleitet von Hasso Schelp. Kösel Verlag, München 1993, 140 Seiten. Schelps Übersetzung aus dem Mittelhochdeutschen ist eingängig und gut lesbar. Die Eckart-Worte sind Themenkreisen zugeordnet (»Damit ich Gott werde«, »Gott und Gottes Liebe haben« etc.) und werden in kurzen, durchnummerierten Absätzen (manchmal nur ein Satz) dargeboten. Dieses System beinhaltet die Gefahr, dass man die Texte »herunterliest«, von einem zum nächsten geht, ohne intensiver zu reflektieren. Außerdem fehlt häufig der Kontext. Dafür kann man sich thematisch gut zurechtfinden. Mit Register.

Ni, Maoshing (Hg.): *»Der Gelbe Kaiser«. Das Grundlagenwerk der Traditionellen Chinesischen Medizin.* Herausgegeben und kommentiert von Dr. Maosching Ni. Aus dem Englischen von Ingrid Fischer-Schreiber (Originalausgabe: *The Yellow Emperor*, 1995). O.W. Barth Verlag, Bern/München/Wien 2002, 416 Seiten. Das Grundlagenwerk der Traditionellen Chinesischen Medizin. Faszinierender Einblick in die Körperkunde Altchinas.

Prajna Paramita. Die Vollkommenheit der Erkenntnis. Nach indischen, tibetischen und chinesischen Quellen von Max Walleser. Herausgegeben im Auftrage der Religionsgeschichtlichen Kommission bei der Königlichen Gesellschaft der Wissenschaften zu Göttingen. Gruppe 8: Buddhatum. Vandenhoeck & Ruprecht, Göttingen, J.C. Hinrichs'sche Buchhandlung, Leipzig, 1914, 164 Seiten. Auszüge aus dem *Prajnaparamita-Sutra* in der Übersetzung von Max Walleser, dazu ein umfangreicher wissenschaftlicher Apparat.

Reden des Buddha. Aus dem Pali-Kanon übersetzt von Ilse-Lore Gunsser, mit einer Einleitung von Helmuth von Glasenapp. Reclam Verlag, Stuttgart 1983, 84 Seiten. Reden Shakyamunis zu den vier Themenkomplexen Entwicklung Gautamas zum Buddha, Lehre, Sangha und Nirvana.

Wilhelm, Richard (Hg.): *Dschuang-Dsi. Das wahre Buch vom südlichen Blütenland.* Aus dem Chinesischen übertragen und erläutert von Richard Wilhelm. Sonderausgabe. Hugendubel Verlag, Kreuzlingen und München 2002, 332 Seiten. Das *Zhuangzi* in der (altmodischen) Wilhelm-Übersetzung. Mit Einführung zu Leben und Werk Zhuangzis und Anmerkungen. Philosophische Gedanken aus dem vierten vorchristlichen Jahrhundert über Dao, De, Wu-wei, dazu Anekdoten und Gespräche.

Wilhelm, Richard (Hg.): *I Ging. Text und Materialien.* Aus dem Chinesischen übersetzt und herausgegeben von Richard Wilhelm. Eugen Diederichs Verlag, München 1973, ca. 350 Seiten. Das berühmte *Buch der Wandlungen* (heutige Transkription: *Yijing*), allerdings ohne das »Dritte Buch«. Der rätselhafte Klassiker altchinesischer Literatur mit Weisheiten, Sprüchen, Orakeln.

Wilhelm, Richard (Hg.): *Li Gi. Das Buch der Riten, Sitten und Bräuche.* Aus dem Chinesischen übersetzt und herausgegeben von Richard Wilhelm. Eugen Diederichs Verlag, München 1981, Neuausgabe 1997. 352 Seiten. Das *Buch der Riten* (heutige Transkription: *Liji*), einer der Klassiker des alten China, stark beeinflusst von konfuzianischem Denken. Anekdoten, Gespräche und Erläuterungen zu gesellschaftlichen Ritualen, Sitten, Zeremonien.

Sekundärliteratur

Anders, Frieder (Hg.): *Taichi. Chinas lebendige Weisheit. Grundlagen der fernöstlichen Bewegungskunst.* Herausgegeben von Frieder Anders unter Mitarbeit von Wolfgang Höhn. Heinrich Hugendubel Verlag, München 1980, 224 Seiten. Schriften verschiedener Autoren wie Alan Watts, John Blofeld, Jacques Lavier, Shen Shao, Frieder Anders zu Taiji, Qi, Qi Gong, Kalligrafie, der Traditionellen Chinesischen Medizin, Yin und Yang etc. Außerdem enthält der ausführliche Band einige der klassischen Texte zum Taiji (u. a. von Zhang Sanfeng).

Angerstein, Joachim A.: *Entspannen Sie sich selbst. Ausgeglichen mit autogenem Training. Die innere Ruhe finden. Körperliche und seelische Probleme lösen. Konzentrationsfähigkeit steigern.* Midena Verlag, Augsburg 1998, 144 Seiten. Mit CD-ROM. Für Anfänger geeignete, genaue Einführung ins autogene Training mit vielen Beispielen und Lösungen für verschiedene Probleme, die beim Üben auftauchen können, sowie ergänzenden Übungen nach Schultz, außerdem Informationen zu Stress, der Kraft der Vorstellungen u. a. m.

Bechert, Heinz/Gombrich, Richard (Hg.): *Der Buddhismus. Geschichte und Gegenwart.* Aus dem Englischen von Heinz Bechert u. a. (Originalausgabe: *The World of Buddhism*, 1984). C. H. Beck Verlag, München 2002, 400 Seiten. Beiträge verschiedener Autoren zur Entstehung des Buddhismus, der indischen Tradition, dem Buddhismus in Ostasien, dem tibetischen Buddhismus und dem Buddhismus in der modernen Welt. Interessant und informativ sind unter anderem die ausführlichen Erläuterungen zum Buddhismus in den verschiedenen asiatischen Ländern. Sehr fundiertes und detailliertes, lesenswertes Fachbuch, wohl vor allem für Buddhismus-Kenner interessant.

Beck, Charlotte Joko: *Zen im Alltag.* Aus dem Amerikanischen von Bettine Braun (Originalausgabe: *Everyday Zen*, 1989). Knaur Verlag, München 1990, 304 Seiten. Beck zeigt, wie sich ihre unorthodoxen Zen-Übungen in den modernen Alltag integrieren lassen.

Berzin, Alexander: *Kalachakra. Das Rad der Zeit. Geschichte, Wesen und Praxis des bedeutendsten tantrischen Initiationsrituals des Tibetischen Buddhismus.* Aus dem Englischen von Sönam Tharchin, d. i. Wolfgang Exler (Originalausgabe: *Taking the Kalachakra Initiation*, 1997). Mit einem Vorwort des Dalai Lama. O. W. Barth Verlag, Bern/München/Wien 2002, 256 Seiten. Eine profunde Einführung in die Geheimnisse des Kalachakra und die Initiationsriten vom Dalai-Lama-Schüler Berzin.

Bitter, Wilhelm (Hg.): *Meditation in Religion und Psychotherapie.* Kindler Verlag, München 1967, 331 Seiten. Bitter versammelt 15 Vorträge, die während der »Stuttgarter Tagung« von 1957 gehalten wurden. Zu Wort kamen Psychotherapeuten, Psychologen, Neurologen, Philosophen. Nicht mehr ganz taufrisch, aber ein hochinteressantes Dokument zur Wahrnehmung verschiedener Arten von Meditation in der Wissenschaft.

Mit Beiträgen zu Jesusgebet, Kreuz-Meditation, Loyolas Exerzitien, Augustinus, C. G. Jung u. a.

Blake, Tobin: *Meditation. Alle wichtigen Wege und Methoden. Zuverlässige Schritt-für-Schritt-Einführungen.* Aus dem Englischen von Jochen Eggert (Originalausgabe: *The Power of Stillness*, 2003). Lotos Verlag, München 2004, 224 Seiten. Blake führt kurz und eher allgemein in die Hintergründe der Meditation ein und erläutert dann in 30 Unterkapiteln ebenso viele Meditationen. Die Abschnitte orientieren sich entweder an bestimmten Themen (»Widerstände«, »Der Atem«, »Verzeihen«) oder an konkreten Meditationen (»Bewegungsmeditation mit einem Mantra«, »Musik-Meditation«). Für Anfänger und den täglichen Gebrauch.

Blofeld, John: *Selbstheilung durch die Kraft der Stille. Übungsanleitungen zur Wiedergewinnung des inneren Gleichgewichts mit altbewährten Meditationsmethoden.* Aus dem Englischen von Ulli Olvedi (Originalausgabe: *Gateway to Wisdom*, 1980). O.W. Barth Verlag, Bern/München 1981, 303 Seiten. Blofeld stellt zahlreiche Meditationen aus dem Daoismus und dem Mahayana-Buddhismus in Theorie und Praxis vor und beschreibt die Techniken mit Blick auf den westlichen Leser.

Bürkner, Reimer M.: *Drei Wege zur Verjüngung. Qigong, Tai Chi Chuan, Yoga.* Hermann Bauer Verlag, Freiburg im Breisgau 1996, ca. 157 Seiten. Kurze, kenntnisreiche Einführung des Heilpraktikers und Qi-Gong-Lehrers Reimer Bürkner in die drei bekanntesten und wichtigsten fernöstlichen Meditationsformen; für Anfänger. Mit einigen Abbildungen und Übungsbeispielen.

Chang, Edward C./Brecher, Paul (Hg.): *Chinesische Heil- und Entspannungsübungen. Taiji und Qigong nach dem offiziellen Handbuch der Volksrepublik China.* Aus dem Englischen von Christine Wiesmeier (englische Ausgabe: *Knocking at the Gate of Life*, 2000). Christian Verlag, München 2001, 256 Seiten. Großformat, mit zahlreichen Abbildungen. Ein schönes, ausführliches Buch für Anfänger mit Informationen auch zur Traditionellen Chinesischen Medizin. Enthält u. a. Anleitungen zu den Übungen »Spiel der Fünf Tiere«, Yin Jin Jing, »Acht Brokate«, Grundübungen des Taiji, außerdem spezielle Übungen für bestimmte Krankheiten wie Bluthochdruck, Herzstörungen, Arterienverkalkung, Atemwegserkrankungen und viele andere.

Dahlke, Margit/Dahlke, Ruediger: *Meditationsführer. Wege nach innen.* Schirner Verlag, Darmstadt 2005, 428 Seiten. Umfangreiches Buch, in dem die Grundlagen der Meditation sowie zahlreiche Techniken aus verschiedenen spirituellen Lehren in Form knapper Praxisanleitungen vorgestellt werden. Die einzelnen Meditationen sind den zwölf Sternbildern zugeordnet.

Dalai Lama: *Tantra-Yoga. Der Königsweg der buddhistischen Meditation.* Aus dem Englischen von Susanne Kahn-Ackermann (Originalausgabe: *The Union of Bliss and Emptiness*, 1988). O.W. Barth Verlag, Frankfurt am Main 2005, 224 Seiten. Lesenswerte Einführung in eine der komplexesten tibetischen Meditationen.

Deshimaru-Roshi, Taisen: *Za-Zen. Die Praxis des Zen.* Aus dem Französischen von Taijin Myosen (Originalausgabe: *Za-Zen: La Pratique du Zen*, 1974). Kristkeitz Verlag, Heidelberg 1978, ca. 190 Seiten. Ein kleiner Band mit verschiedenen Texten zum Zen, wie Taisen Deshimaru es praktiziert, sowie Zen-Texten, darunter das Herz-Sutra.

Eliade, Mircea: *Geschichte der religiösen Ideen. I. Von der Steinzeit bis zu den Mysterien von Eleusis.* Aus dem Französischen von Elisabeth Darlap (Originalausgabe: *Histoire des croyances et idées religieuses. I. De l'âge de pierre aux mystères d'Eleusis*, 1976, 1992). Herder Verlag, Freiburg im Breisgau 1978/2002, 433 Seiten. Eliade (1907–1986) war einer der Großen der Religionswissenschaft, seine Schriften waren bahnbrechend und sind in vielerlei Hinsicht noch heute maßgeblich. Für Leser, die sich mit dem detaillierten, wissenschaftlichen Blick auf die Religionen dieser Welt beschäftigen möchten.

Eliade, Mircea: *Geschichte der religiösen Ideen. II. Von Gautama Buddha bis zu den Anfängen des Christentums.* Aus dem Französischen von Adelheid Müller-Lissner und Werner Müller (Originalausgabe: *Histoire des croyances et idées religieuses. De Gautama Bouddha au triomphe du christianisme,* 1978, 1992). Herder Verlag, Freiburg im Breisgau 1979/2002, 464 Seiten.

Eliade, Mircea: *Geschichte der religiösen Ideen. III. Von Mohammed bis zum Beginn der Neuzeit.* Aus dem Französischen von Cl. Lanczkowski (Originalausgabe: *Histoire des croyances et idées religieuses. III. De Mahomet à l'âge des Réformes*, 1983, 1992). Herder Verlag, Freiburg im Breisgau 1983/2002, 326 Seiten.

Eliade, Mircea: *Geschichte der religiösen Ideen. IV. Vom Zeitalter der Entdeckungen bis zur Gegenwart.* Herausgegeben von Ioan P. Cilianu. Mit Beiträgen von Peter Bolz, David Carrasco, Maria Susana Cipoletti, Heinrich Dumoulin, Henri Maspero, John Mbiti, Nelly Naumann, Richard Schaeffler, Waldemar Stöhr und Hans A. Witte. Übersetzung von Gabriele Wollmann, Dorothee Becker, Mabel Lesch. Herder Verlag, Freiburg im Breisgau 1991/2002, 496 Seiten. Vom Herder Verlag nach Eliades Tod 1986 besorgter Abschlussband der *Geschichte der religiösen Ideen.*

Eliade, Mircea: *Schamanismus und archaische Ekstasetechnik.* Aus dem Französischen von Inge Köck (Originalausgabe: *Le chamanisme et les techniques archaiques de l'extase*, 1951) Suhrkamp Verlag, Frankfurt am Main 1975, 472 Seiten. Mit dem Blick des Wissenschaftlers geschrieben, der sich fernab von jeglicher Esoterik um ein tiefes Verständnis des orthodoxen Schamanismus bemüht.

Eliade, Mircea: *Yoga. Unsterblichkeit und Freiheit.* Aus dem Französischen von Inge Köck (Originalausgabe: *Le Yoga*, o.J.). Suhrkamp Verlag, Frankfurt am Main 1985, 515 Seiten. Umfassende wissenschaftliche Auseinandersetzung mit Geschichte, Theorie und Praxis des Yoga.

Enomiya-Lassalle, Hugo M.: *Der Zen-Weg zur Erleuchtung. Einführung und Anleitung.* Herder Verlag, Freiburg im Breisgau 1997 (3. Auflage der Taschenbuchausgabe, Erstausgabe: 1959), 126 Seiten. Zen aus dem Blickwinkel des (katholischen) Christentums. Enomiya-Lassalle führt ins Zazen und damit auch ins Zen ein und beschreibt das japanische Zen-Leben aus eigener Anschauung.

Ess, Hans van: *Der Konfuzianismus.* C. H. Beck Verlag, München 2003, 128 Seiten. Kompakte, gut lesbare, trotzdem anspruchsvolle Einführung in Zeit, Leben, Lehre, Schüler und Nachfolger des Konfuzius sowie Erläuterungen zum Neokonfuzianismus.

Fischer, Theo: *Wu wei. Die Lebenskunst des Tao.* Rowohlt Taschenbuch Verlag, Reinbek bei Hamburg 1992, 142 Seiten. Schöne und gut verständliche Erläuterung des für den Daoismus zentralen Begriff Wu-wei, das Nicht-Eingreifen, das auch den Buddhismus prägte.

Fontana, David: *Kursbuch Meditation. Alles über die verschiedenen Meditationsmethoden und ihre Anwendung. Anleitungen zur Wahl der richtigen Methode.* Aus dem Englischen von Ursula Richard (Originalausgabe: *The Meditator's Handbook*, 1992). O.W. Barth Verlag, Bern/München/Wien 1994, 288 Seiten. Fontanas ausführlicher und hochinformativer Überblick über die wichtigsten Techniken der Meditation aus Ost und West. Enthält auch eine Zusammenfassung der Anweisungen Katsuki Sekidas zur Koan-Meditation (aus *Zen-Training*).

Geshe Kelsang Gyatso: *Das Meditationshandbuch. Grundriss der buddhistischen Meditation in 21 Schritten.* Aus dem Englischen von Björn Clausen (Originalausgabe: *The Meditation Handbook*, o. J.). Tharpa Verlag, Zürich 2002, 164 Seiten. Geshe Kelsang Gyatso ist Meister der Kadampa-Schule und lehrt seit 1977 im Westen. In diesem Buch stellt er traditionelle Meditationen des tibetischen Buddhismus vor.

Glasenapp, Helmuth von: *Die fünf Weltreligionen. Brahmanismus, Buddhismus, Chinesischer Universismus, Christentum, Islam.* Wilhelm Heyne Verlag, München 1997 (6. Auflage der Taschenbuchausgabe; Erstausgabe: 1963), 480 Seiten. Von Glasenapp, Indologe und vergleichender Religionswissenschaftler mit großer Reputation, erzählt in seinem umfangreichen Band die Geschichte der fünf großen Religionen und stellt sie einander in bestimmten Aspekten gegenüber. Obwohl bereits vierzig Jahre alt, ist das Buch gut lesbar und wegen der Fülle von Details ein guter Einstieg ins Thema Religion.

Goel, Bhim Sain: *Psychoanalyse und Meditation. Theorie und Praxis.* Aus dem Englischen von Ulla Sebastian (Originalausgabe: *Psycho-Analysis and Meditation – The Theory and Practice of Psycho-Analytical Meditation*, 1986). Ariston Verlag, Genf 1989, 419 Seiten. Der indische Psychoanalytiker und spirituelle Lehrer B. S. Goel stellt Meditation und Psychoanalyse (nach Freud) vor, vergleicht ihre Aspekte miteinander und erzählt anhand der eigenen Lebensgeschichte (mit Depression, Analyse, tiefer spiritueller Erfahrung, Erwecken der Kundalini-Energie usw.) vom Weg der Suche nach der wahren Identität. Nicht eben eine leichte Lektüre, aber sehr interessant und hochinformativ. Nur noch antiquarisch.

Goldstein, Joseph/Kornfield, Jack: *Einsicht durch Meditation. Die Achtsamkeit des Herzens – Buddhistische Einsichts-Meditation für westliche*

Menschen. Ein Meditationshandbuch für die Übung im Alltag. Übersetzung aus dem Amerikanischen von Theo Kierdorf in Zusammenarbeit mit Hildegard Höhr (Originalausgabe: *Seeking The Heart Of Wisdom – The Path of Insight Meditation,* 1987). Mit einem Vorwort des Dalai Lama. O.W. Barth Verlag, Bern/München/Wien 1989, 286 Seiten. Gut verständliche Einführung in eine moderne Form der Vipassana-Meditation auf der Basis der buddhistischen Ethik und Lehre.

Gruber, Hans: *Kursbuch Vipassana. Wege und Lehrer der Einsichtsmeditation.* Fischer Taschenbuch Verlag, Frankfurt am Main 1999, 295 Seiten. Gruber informiert ausführlich über die unterschiedlichen Vipassana-Praktiken, stellt die im Westen bekannten Schulen vor und führt knapp in die grundlegenden buddhistischen Schriften, Begriffe und Konzepte ein. Sehr informativ und detailreich, mit Adressen.

Guorui, Jiao: *Qigong Yangsheng. Chinesische Übungen zur Stärkung der Lebenskraft.* Herausgegeben und bearbeitet von Gisela Hildebrand und Klaus Wersche. Aus dem Chinesischen von Stephan Stein. Fischer Taschenbuch Verlag, Frankfurt am Main 1996, 192 Seiten. Jiao Guorui führt in sein Qigong Yangsheng ein und zeigt verschiedene Vorbereitungs- und Abschlussübungen, außerdem Übungszyklen aus »15 Ausdrucksformen des Taiji-Qi-Gong«, »Acht Brokate«, »Spiel der Fünf Tiere« und »Stehen wie ein Pfahl«. Mit Fotos und genauen Übungsanleitungen.

Habito, Ruben: *Zen leben – Christ bleiben.* Aus dem Amerikanischen von Michael Schmidt (Originalausgabe: *Living Zen, Loving God,* 2004). O.W. Barth Verlag, Frankfurt am Main 2006, 191 Seiten. Der philippinische Jesuit und Zen-Meister Habito, Schüler von Enomiya-Lassalle und erster Katholik, dessen Zen-Erleuchtung von einem japanischen Meister anerkannt wurde, beschreibt seinen Weg des christlichen Zen und erläutert Zazen und Zen-Texte aus christlicher Sicht.

Harner, Michael: *Der Weg des Schamanen. Das praktische Grundlagenwerk zum Schamanismus.* Aus dem Englischen von Agnes Klein und und (Vorwort) Heinrich Tophinke (Originalausgabe: *The Way of the Shaman,* 1980). Ariston im Heinrich Hugendubel Verlag, Kreuzlingen/München 1999, 244 Seiten. Klassiker des Core-Schamanismus, der für den Westen zugänglich und erfahrbar gemachten Form des Schamanismus.

Hart, William: *Die Kunst des Lebens. Vipassana-Meditation nach S.N. Goenka.* Aus dem Amerikanischen von Heinz Bartsch (Originalausgabe: *The Art of Living. Vipassana Meditation as taught by S.N. Goenka,* 1987). Fischer Taschenbuch Verlag, Frankfurt am Main 2002, 208 Seiten. Hart führt anhand zentraler Aspekte des Buddhismus (Leiden, Achtfacher Pfad etc.) auf gut lesbare Weise ins Vipassana ein. Zahlreiche Anekdoten aus dem Leben des Buddha, Adressen und ein Glossar ergänzen den Praxisteil.

Henry, Gray/Marriott, Susannah: *Perlen des Glaubens. Wege zu Meditation und Spiritualität: Rosenkränze, Gebetsketten und heilige Worte.* Aus dem Englischen von Zoe Weller (Originalausgabe: o.T., 2002). Kailash im Heinrich Hugendubel Verlag, Kreuzlingen/München 2003, 112 Seiten.

Die Autoren führen in diesem vierfarbigen und mit sehr schönen Fotografien ausgestatteten Buch (nicht nur) in die »Gebetsketten«-Praxis von Christentum, Judentum, Hinduismus, Buddhismus, Islam und der nordamerikanischen Indianer ein.

Herrigel, Eugen: *Der Zen-Weg.* Aufzeichnungen aus dem Nachlass in Verbindung mit Gusty L. Herrigel herausgegeben von Hermann Tausend. O.W. Barth Verlag, Bern/München/Wien 1994 (13. Auflage, Erstausgabe: 1958), 131 Seiten. Vor allem für Herrigel-Fans. Weitgehend unstrukturierte, aber interessante Niederschriften zu einzelnen Aspekten des Zen.

Herrigel, Eugen: *Zen in der Kunst des Bogenschießens.* O.W. Barth Verlag, Bern/München/Wien 1981 (20. Auflage, Erstausgabe: 1948), 95 Seiten. *Der* Klassiker der Zen-Literatur. Herrigel war von 1924 bis 1929 Professor für Philosophie an der Kaiserlichen Universität in Sendia (Japan) und erlernte in dieser Zeit von einem Zen-Meister die Kunst des Bogenschießens. Davon berichtet er hier.

Hoffmann, Bernt: *Handbuch Autogenes Training. Grundlagen, Technik, Anwendung.* Deutscher Taschenbuch Verlag, München 2004, 631 Seiten. Das umfassende Buch führt in Theorie und Praxis ein, erläutert Unterstufe und Oberstufe, nennt Gefahren und Kontraindikationen. Gilt als Standardwerk zum autogenen Training.

Iyengar, B. K. S.: *Licht auf Yoga. Das grundlegende Lehrbuch des Hatha-Yoga.* Mit 600 Abbildungen und zahlreichen Übungsprogrammen. Mit einem Geleitwort von Yehudi Menuhin. Aus dem Englischen von Ursula von Mangoldt (Originalausgabe: *Light on Yoga*, 1966). O.W. Barth Verlag, Frankfurt am Main 2005, 464 Seiten. Tatsächlich ein »grundlegendes Lehrbuch«, doch nicht nur des Hatha-Yoga. Iyengar beschreibt (in verständlichen Worten) nichts anderes als die Grundlagen des Yoga generell, erläutert Patanjalis acht Stufen, zahlreiche für den Yoga wesentliche Begriffe und stellt im Folgenden die 200 Asanas seiner Schule vor, die anhand von zahlreichen Schwarzweißfotos verdeutlicht werden. Der Anhang enthält eine Zusammenstellung einzelner Übungen für Kurse und ordnet die Übungen bestimmten Krankheiten oder körperlichen Problemen zu.

Kabat-Zinn, Jon: *Gesund durch Meditation. Das große Buch des Selbstheilung.* Aus dem Amerikanischen von Marion B. Kroh (Originalausgabe: *Full Catastrophe Living*, 1990). O.W. Barth Verlag, Bern 2003, 350 Seiten. Der Mediziner Kabat-Zinn stellt das »Entspannungsprogramm zum Abbau von Stress« vor, das er in seiner Stress Reduction Clinic des University of Massachusetts Medical Center mit seinen Klienten durchführt. Es basiert auf verschiedenen Formen der buddhistischen Achtsamkeits- und Einsichtsmeditation, darunter der Body Scan.

Kapleau, Philip (Hg.): *Die drei Pfeiler des Zen. Lehre, Übung, Erleuchtung.* Aus dem Englischen von Brigitte D'Ortschy (Originalausgabe: *The Three Pillars of Zen*, 1965). O.W. Barth Verlag, Bern/München/Wien 1998 (11. Auflage), 480 Seiten. Die Sammlung der Zen-Unterweisungen von Kapleaus Lehrer Yasutani ist ein Klassiker der Zen-Literatur. Wer sich über die zeitgenössische Lehre und Vermittlung des Zen informieren will, findet hier viel Material. Mit Yasutani-Dokusans, Bassui-Briefen, ausführlichem Glossar-Register.

Kobayashi, Petra: *Der Weg des T'ai Chi Ch'uan. Geistiger Hintergrund und taoistische Praktiken.* Heinrich Hugendubel Verlag, München 1984, 167 Seiten. Petra Kobayashi führt den Leser in die körperlichen und geistigen Grundlagen des Taiji ein und stellt verschiedene Formen vor, darunter Partner-Formen, den alten Wu-Stil, die Kurz-Form nach Zheng Manqing und die lange Form nach Yang Chengfu. Mit zahlreichen Fotografien und Abbildungen.

Kobayashi, Petra/Kobayashi, Toyo: *T'ai Chi Ch'uan – Einswerden mit dem Tao.* Irisiana im Hugendubel Verlag, München 2004 (Neuauflage), 188 Seiten. Die bekannten Taiji-Lehrer erläutern Geschichte, Entwicklung und Wesen des Taijiquan und beschreiben u. a. die Kurz-Form aus dem Yang-Stil. Mit Fotos.

Langen, Dietrich: *Autogenes Training. 3 x täglich zwei Minuten – abschalten, loslassen, erholen – Ruhe und Kraft für den Alltag.* Gräfe und Unzer Verlag, München 1999, 96 Seiten. Knappe, bilderreiche Darstellung der ersten vier Grundübungen (Ruhe, Schwere, Wärme, Atem). Auf die abschließenden drei »Organübungen« (Herz, Sonnengeflecht, Kopf) verzichtet Langen, weil sie nicht allein gelernt, sondern von einem Trainer/Psychotherapeuten/Arzt gelehrt werden sollten, wie schon Johannes Heinrich Schultz forderte.

Lexikon der östlichen Weisheitslehren. Buddhismus, Hinduismus, Taoismus, Zen. Herausgegeben von Ingrid Fischer-Schreiber, Franz-Karl Ehrhard, Kurt Friedrichs, Michael S. Diener. O.W. Barth Verlag, Bern/München/Wien 1997 (4. Auflage der Sonderausgabe, Erstausgabe: 1986), ca. 497 Seiten. Eine unverzichtbare Informationsquelle, leider in der Barth-Ausgabe vergriffen. 2005 ist jedoch im Patmos/Albatros Verlag, Düsseldorf, eine Lizenzausgabe erschienen.

Lind, Gabi: *Qigong für alle Kampfkünste. Übungen zur Entwicklung der Konzentration, der vitalen Energie und inneren Stärke.* Edition Budo Studien Kreis, Sportverlag, Berlin 1998, 251 Seiten. Ein ausführliches, sehr praxisorientiertes Buch der Taiji-, Qi-Gong- und TCM-Expertin Gabi Lind nicht nur für Kampfkünstler. Lind führt in die daoistischen und medizinischen Hintergründe des Qi Gong ein, erläutert Atmung, Aufwärmen, Dehnung, stellt Übungen des weichen und des harten Qi Gong vor, die Meditation in den Kampfkünsten und vieles mehr. Mit zahlreichen Abbildungen.

Lind, Monika/Lind, Gabi: *Taijiquan & Qigong Lexikon.* Kolibri-Verlag, Hamburg 1995, 172 Seiten. Eine unerschöpfliche Quelle an Informationen über die beiden chinesischen Meditationen, aber auch über Kampfkünste, Philosophie und Medizin des alten China. Leider vergriffen.

Lind, Werner: *Budo. Der geistige Weg der Kampfkünste.* O.W. Barth Verlag, Bern/München/Wien 1992, 319 Seiten. Werner Lind, bekannter

Kampfkünstler und Buchautor, erläutert die geistigen, psychologischen, formellen und ideellen Hintergründe sowie wichtige Begriffe der fernöstlichen Kampfkünste, und zwar nicht nur auf das Karate bezogen.

Liu, Hong: *Qi-Gong-Wunder. Unterweisungen in der Kunst des heilenden Qi-Gong durch einen chinesischen Meister.* Aus dem Englischen von Rita Höner (Originalausgabe: o.T., 1997). Delphi im Knaur Verlag, München 1997, 319 Seiten. Hong Liu, Qi-Gong-Lehrer, Mediziner und Krebsspezialist, erzählt im ersten Teil seines Buches von seiner Jugend und Ausbildung. Im zweiten, praktischen Teil stellt er Qi-Gong-Übungen vor, die bei bestimmten Krankheitsbildern (Allergie, Arthritis, Prostatakrebs, Kopfschmerzen, Bluthochdruck usw.) helfen können. Mit Abbildungen.

Liu, Qingshan: *Qi Gong. Der chinesische Weg für ein gesundes, langes Leben.* Irisiana im Heinrich Hugendubel Verlag, München 1992, ca. 154 Seiten. Liu, chinesischer Arzt und Meister, erläutert die Grundlagen des Qi Gong und der Traditionellen Chinesischen Medizin und stellt zwei längere Übungen anhand von Fotos vor. Für Anfänger; ein abschließendes Kapitel wendet sich an Fortgeschrittene.

Lowenthal, Wolfe: *Es gibt keine Geheimnisse. Professor Cheng Man-ch'ing und sein Taijiquan.* Aus dem Englischen von Jürgen Licht (Originalausgabe: *There Are no Secrets*, 1991). Kolibri Verlag, Freiburg im Breisgau 1993, 181 Seiten. Ein schönes und lesenswertes Buch, doch keine Einführung ins Taiji von Zheng Manqing. Lowenthal, ein Zheng-Schüler, stellt Gedanken zu zentralen Begriffen und Prinzipien des Taiji, Gespräche mit und Weisheiten von Zheng, Anekdoten, Rückblicke in die Taiji-Geschichte u. a. zusammen. Mit Fotos, Glossar.

Man-Ching, Cheng: *Ausgewählte Schriften zu T'ai Chi Ch'uan. Meditation, I Ging, Kalligraphie und Chinesische Medizin.* Aus dem Englischen von Jürgen Licht (Originalausgabe: *Advanced T'ai-Chi Form Instructions*, 1985). Sphinx Medien Verlag, Basel 1988, 253 Seiten. Ausgewählte Schriften von Zheng Manqing zu den im Untertitel genannten Themen. Außerdem enthält der Band die fünf »Kernklassiker« des Taiji: »Abhandlung zum Taijiquan« von Zhang Sanfeng *(Taijiquan Lun)*, »Der Klassiker des Taijiquan« von Wang Zongyue *(Taijiquan Jing)*, »Erklärungen zum Ausführen der 13 Grundbewegungen« *(Shisanshi Xingong Xinjie)* von Wu Yuxiang, »Das Lied der 13 Grundbewegungen« *(Shisanshi Gejue)*, »Das Lied der schlagenden Hände« *(Dashouge)*.

Michel, Kirti Peter/Wellmann, Wolfgang: *Das Yoga der Fünf Elemente. Verborgene Energien wecken durch die Verbindung von Yoga und Ayurveda.* O.W. Barth Verlag, Bern 2003, 319 Seiten. Einführung in die Samkhya-Philosophie und die Praxis eines auf dem Ayurveda basierenden Yoga. Mit Abbildungen und Fotos.

Moegling, Klaus: *Die chinesische Bewegungsmeditation Tai Chi Chuan. Ein Lehrbuch für Anfänger und Fortgeschrittene.* Wilhelm Goldmann Verlag, München 1988, 288 Seiten. Taiji für Einsteiger auf Basis u. a. der Beijing-Form.

Nairn, Rob: *Auf den Spuren des erleuchteten Drachen. Buddhistische Meditation.* Aus dem Englischen von Elisabeth Liebl (Originalausgabe: *Diamon Mind. Psychology of Meditation*, 1998). Deutscher Taschenbuch Verlag, München 2000, 176 Seiten. Nairn, aus Simbabwe stammender, langjähriger Praktizierender und von hohen tibetischen Lamas unterrichtet, erläutert die Grundformen tibetisch-buddhistischer Meditation, gibt zahlreiche Tipps, nennt verschiedene Übungen. Mit Abbildungen.

Norbu, Namkhai: *Traum-Yoga. Träume bewusst lenken. Der tibetische Weg zu Klarheit und Selbsterkenntnis.* Sonderausgabe. Herausgegeben und eingeleitet von Michael Katz. Aus dem Englischen von Jochen Eggert (Originalausgabe: *Dream Yoga*, 1992). O.W. Barth Verlag, Bern/München/Wien 1998, 183 Seiten. Der tibetische Lama und Dzogchen-Meister Namkhai Norbu Rinpoche, Gründer der Internationalen Dzogchen-Gemeinschaft, erläutert die Praxis des Klar-Träumens. Das Buch gibt ein Interview wieder, das Herausgeber Michael Katz mit Namkhai Norbu führte. Nur noch antiquarisch erhältlich.

Oberlack, Helmut: *Tai Ji Quan. Beweglich, entspannt und gelassen.* Gräfe und Unzer Verlag, München 1996, 95 Seiten. Anleitungen und Informationen vor allem für den Anfänger. Mit einer kurzen Einführung in die unterschiedlichen Aspekte des Taiji (Yin und Yang, Qi, Gesundheit etc.) sowie zahlreichen Abbildungen.

Olvedi, Ulli: *Das Stille Qi Gong. Nach Meister Zhi-Chang Li.* O.W. Barth Verlag, Bern/München/Wien 1994, 318 Seiten. Kenntnisreiche Einführung ins Yi Gi Gong mit detaillierten Anleitungen zu Atmung und zahlreichen Übungen, die nach Themen geordnet sind (Übungen für die Wirbelsäule, für Kinder, für die Augen, für die Sexualität).

Overbeck, Klaus-Dieter: *Auswirkungen der Transzendentalen Meditation auf die psychische und psychosomatische Befindlichkeit.* Dissertation. Kleine Verlag GmbH, Hamburg 1978/1981.

Patanjali: *Die Wurzeln des Yoga.* Die klassischen Lehrsprüche des Patanjali mit einem Kommentar von P. Y. Deshpande. Mit einer neuen Übertragung der Sutren aus dem Sanskrit herausgegeben von Bettina Bäumer (Originalmanuskript: *The Authentic Yoga,* 1976). O.W. Barth Verlag, Bern 2003, 199 Seiten. Die ausführlichen Kommentare des Yoga-Experten Deshpande und die (gut verständliche) Neuübersetzung der Sutras durch Bettina Bäumer machen diesen Band zur Pflichtlektüre für alle, die sich intensiver mit den Ursprüngen des Yoga befassen wollen.

Petersen, Erling: *Yoga. Das große Übungsbuch für Anfänger und Fortgeschrittene.* Aus dem Dänischen von Clara Hartung (Originalausgabe: *Yoga-Asanas*, 1984). Wilhelm Heyne Verlag, München 2001 (Neuausgabe), 384 Seiten. Nicht mehr ganz neu, trotzdem gut geeignet, um sich mit den wichtigsten Asanas des Körper-Yoga vertraut zu machen. Petersen verzichtet weitgehend auf historische und spirituell-theoretische Ausführungen und konzentriert sich stattdessen auf Körperübungen. Mit zahlreichen Fotos, Illustrationen, einem »Anatomischen Atlas« und kleinem Glossar.

Pflug, Gerhard: *Das Yoga-Lehrbuch. Theorie und Praxis nach der ältesten Yoga-Schule der Welt.* Schirner Verlag, Darmstadt 2004, 299 Seiten. Sehr ausführlich stellt Pflug in Teil A Weltbild, Wege und Hintergründe des Yoga vor, immer ausgerichtet an der Praxis. Teil B enthält Anleitungen zu zahlreichen Asanas.

Powers, John: *Religion und Kultur Tibets. Das geistige Erbe eines buddhistischen Landes.* Aus dem Englischen von Jochen Eggert (Originalausgabe: *Introduction to Tibetan Buddhism*, 1995). O.W. Barth Verlag, Bern/München/Wien 1998, 400 Seiten. Powers, ein bedeutender amerikanischer Buddhologe, erläutert die indischen Ursprünge des Buddhismus und führt anschließend in Kultur, Geschichte und Rituale – darunter Meditationen – Tibets sowie die Lehren der unterschiedlichen tibetisch-buddhistischen Schulen ein. Ausdrücklich »für Menschen geschrieben, die noch kaum oder gar nicht mit dieser Tradition in Berührung gekommen sind« (S. 9).

Radha, Sivananda: *Praxis des Traum-Yoga. Die Reise zum inneren Meister.* Aus dem Englischen von Christine Bendner (Originalausgabe: *Realities of the Dreaming Mind*, 1995). Bauer Verlag, Freiburg im Breisgau 1996, 303 Seiten. Sivananda Radha beschreibt eigene Träume, ihren Weg im Traum-Yoga und erläutert die Traum-Symbolik, ausgerichtet an der Suche nach dem »inneren Meister«, der Wahren-Natur. Ein sehr persönliches Buch, hilfreich für alle, die ihre Träume in einem spirituellen Sinn verstehen und für den eigenen Suchprozess nutzbar machen möchten.

Reiche, Ulrike/Völpel, Dagmar: *YIU – Yoga in Unternehmen. Gesundheit ohne Stress.* O.W. Barth Verlag, Frankfurt am Main 2005, 287 Seiten. Wie schon der Titel besagt, zeigt dieses Buch Wege auf, wie der Yoga in den Berufsalltag integriert werden kann. Reiche und Völpel, die den Kundalini-Yoga lehren, führen u.a. in die Geschichte des Yoga, das Chakra-System und verschiedene Meditationen ein, stellen aber auch westliche Erkenntnisse im Zusammenhang mit Stress vor. Das Buch enthält unterschiedliche Übungsprogramme, die an unterschiedlichen (gesundheitlichen) Zielen oder Problematiken ausgerichtet sind.

Reiter, Udo (Hg.): *Meditation – Wege zum Selbst. Yoga, Zen, Christliche Meditation, Transzendentale Meditation, Ananda Marga, Meditation als Psychotherapie, Meditation und Naturwissenschaft.* Mosaik Verlag, München 1981 (erste Ausgabe 1976), 192 Seiten. Nicht mehr ganz taufrische, aber sehr interessante Ausführungen westlicher Autoren, die zumeist aus der Wissenschaft (Psychotherapie, Philosophie, Medizin) kommen, zu den im Untertitel genannten Meditationstechniken. Stark geprägt natürlich vom Geist der Zeit, in diesem Fall der 70er Jahre des vergangenen Jahrhunderts.

Reps, Paul (Hg.): *Ohne Worte – ohne Schweigen. 101 Zen-Geschichten und andere Zen-Texte aus vier Jahrtausenden.* Aus dem Englischen von Ulli Olvedi (Originalausgabe: *Zen Flesh, Zen Bones,* 1959). O.W. Barth Verlag, Bern/München/Wien 1998 (11. Auflage), 208 Seiten. Reps hat für seinen Band Anekdoten der Zen-Überlieferung, Koans aus dem *Wu-men-*

guan, die Ochsenbildertexte und Passagen aus alten Sanskrit-Schriften zusammengestellt: Besinnliches, nachdenklich Stimmendes, Erheiterndes für Zen-Interessierte.

Salvesen, Christian: *Advaita. Vom Glück, mit sich und der Welt eins zu sein. Philosophie und Praxis einer universalen spirituellen Lehre.* O.W. Barth Verlag, Bern 2003, 288 Seiten. Salvesen stellt in diesem Buch den vedischen Advaita Vedanta vor, eine stark an der Praxis ausgerichtete nichtdualistische Philosophie, die auch in modernen indischen Meditationen deutlich nachklingt. Die Frage nach der Nicht-Dualität wird in den verschiedenen Religionen und auch in der westliche Philosophie und Gehirnforschung verfolgt.

Schultz, Johannes H.: *Das Original-Übungsheft für das Autogene Training. Anleitung vom Begründer der Selbstentspannung.* Trias Verlag, Stuttgart 2004 (24. Auflage), 80 Seiten. Überarbeitete Ausgabe der Originalausgabe von Schultz' Klassiker (das meistverkaufte Buch zum autogenen Training).

Schwarz, Aljoscha A./Schweppe, Ronald P.: *Qi Gong easy*. Humboldt-Taschenbuchverlag Jacobi KG, München 1994, 98 Seiten. Einfache Qi-Gong-Übungen für den Anfänger, darunter die »Ernte-Übungen«, die »Acht Brokate«, das »Spiel der Fünf Tiere«. Außerdem ordnen die Autoren gesundheitlichen Problemen wie Depressionen, Sehstörungen oder Verdauungsbeschwerden bestimmte Übungen ihres Buches zu. Mit zahlreichen Abbildungen.

Schwarz, Aljoscha A./Schweppe, Ronald P.: *T'ai Chi easy*. Humboldt-Taschenbuchverlag Jacobi KG, München 1994, ca. 93 Seiten. Analog zu *Qi Gong easy* führen Schwarz/Schweppe ins Taiji ein.

Schwarze, Micheline: *Qigong. Gesund durch sanfte Bewegung.* Gräfe und Unzer Verlag, München 1995, 96 Seiten. Einführung ins Qi Gong Yangsheng durch die Atemtherapeutin und Guorui-Schülerin Schwarze. Grundhaltungen, Vorbereitung, Übungen in Ruhe, Übungen in Bewegung, dazu Anleitungen, wie man das Qi Gong in den Alltag integriert. Mit Abbildungen.

Sekida, Katsuki: *Zen-Training. Das große Buch über Praxis, Methoden, Hintergründe.* Mit einer Einführung herausgegeben von A. V. Grimston. Aus dem Englischen von Bernardin Schellenberger (Originalausgabe: *Zen Training: Methods and Philosophy*, 1975). Mit einer Einführung von A.V. Grimston. Herder Verlag, Freiburg im Breisgau 1993 (4. Auflage), 302 Seiten. Sekida, ein Zen-Meister des 20. Jahrhunderts, gibt genaue Anweisungen zum Zazen und erklärt grundlegende Zen-Inhalte wie Koan, Samadhi, Satori etc. Das Buch enthält auch die berühmten zehn Ochsenbilder sowie Kommentare dazu.

Seng-ts'an: *Die Meißelschrift vom Glauben an den Geist. Das geistige Vermächtnis des dritten Patriarchen des Zen in China.* Mit Erläuterungen von Soko Morinaga. Aus dem Chinesischen und dem Japanischen von Ursula Jarand. O.W. Barth Verlag, Bern/München/Wien 1991, 190 Seiten. Die berühmten Gedichte (chin. *Xin-xin-ming*, jap. *Shinjinmei*) zur

Lehre des dritten chinesischen Zhan-Patriarchen Seng-can mit umfangreichen, einfach gehaltenen Kommentaren des zeitgenössischen Zen-Meisters Soko Morinaga.

Shibayama, Zenkei: *Eine Blume lehrt ohne Worte. Zen in Gleichnis und Bild.* Aus dem Englischen von Ursula von Mangoldt (Originalausgabe: *A Flower Does Not Talk*, 1970). O.W. Barth Verlag, Bern/München/Wien 1989, 208 Seiten. Der Zen-Meister Zenkei Shibayama, ein enger Freund von Daisetz T. Suzuki, war Abt des Nanzen-ji-Klosters in Kioto. Er befasst sich hier eher am Rande mit Merkmalen und Wesen des Zen. Im Zentrum des Buches stehen das »Preisgesang des Zazen« (Zazen-wasan) von Hakuin, die so genannten Ochsenbilder und Anekdoten der Zen-Überlieferung. Tiefe, vitale Einblicke in die Kultur des Zen aus berufenem Munde.

Snelling, John: *Buddhismus. Ein Handbuch für den westlichen Leser.* Aus dem Englischen übersetzt, mit einer Einleitung und zusätzlichen Anmerkungen versehen von Karl-Heinz Golzio (Originaltitel: *The Buddhist Handbook. A Complete Guide to Buddhist Teaching and Practise*, 1987). Eugen Diederichs Verlag, München 1991, 462 Seiten. Ein profundes, detailliertes und wissenschaftlich-seriöses Buch zum Buddhismus mit kurzen Abschnitten zum Zen und einem umfangreichen »Who's who des Buddhismus«. Darin finden sich Kurzbiografien zahlreicher Persönlichkeiten des Buddhismus (Meister, Autoren, Wissenschaftler).

Sogyal Rinpoche: *Meditation.* Herausgegeben von Patrick Gaffney und Andrew Harvey. Aus dem Englischen von Thomas Geist (Originalausgabe: *Meditation*, 1994) O.W. Barth Verlag, Bern/München/Wien 1997, 109 Seiten. Anleitungen zu einfachen Arten buddhistischer Meditation. Das kleinformative Büchlein entspricht dem 5. Kapitel von Rinpoches bedeutendem Klassiker *Das Tibetische Buch vom Leben und vom Sterben*.

Steurich, Matthias: *Tibetisches Heilyoga – Kum Nye. Das Übungsbuch zur sanften Selbstheilung.* Herder Verlag, Freiburg im Breisgau 1999, 224 Seiten. Ausführliche Darstellung von Kum Nye samt Hintergrund der buddhistisch/tibetischen Tradition. Mit verschiedenen Übungen und zahlreichen Fotos.

Stevens, Edward: *Meditieren in allen Lebenslagen. Meditationstechniken für Körper, Geist und Seele.* Deutsch von Matthias Schossig (Originalausgabe: *Spiritual Technologies – A User's Manual*, 1990). Rowohlt Taschenbuch Verlag, Reinbek bei Hamburg 1995, 190 Seiten. Zahlreiche, zum Teil sehr einfache Vipassana- und Visualisierungsmeditationen für Anfänger und Fortgeschrittene, die sich gut in den Alltag integrieren lassen. Die kurzen Erläuterungen sind eher christlich geprägt. Der Leser wird geduzt, das muss man mögen.

Sutton, Nigel: *Taijiquan. Der Yang-Stil nach Cheng Man Ching.* Aus dem Englischen von Christine Bendner (Originalausgabe: *Tai Chi Chuan. Roots and Branches*, 1996). O.W. Barth Verlag, Bern/München/Wien 1998, 171 Seiten. Zheng Manqing-Schüler Sutton stellt die 37er Form von

Manqings Yang-Taiji vor. Außerdem zeigt er, wie bestimmte Formen in einer Kampfsituation eingesetzt werden können. Mit zahlreichen Abbildungen.

Suzuki, Daisetz T.: *Die große Befreiung. Einführung in den Zen-Buddhismus.* Mit einem Geleitwort von C. G. Jung. Aus dem Englischen von Dr. Felix Schottlaender (Originalausgabe: *Introduction to Zen Buddhism*, 1934). O.W. Barth Verlag, Bern/München/Wien 2001 (19. Auflage), 190 Seiten. Die erste bedeutende Einführung in den Zen-Buddhismus für westliche Leser und einer der großen Klassiker der Zen-Literatur. Schwerpunkte des Buches sind Satori, Koan und die Abgrenzung des Zen gegen den Nihilismus.

Suzuki, Shunryu: *Zen-Geist, Anfänger-Geist.* Aus dem Englischen von Silvius Dornier und Pirmin Ragg (Originalausgabe: *Zen Mind, Beginner's Mind. Informal Talks on Zen Meditation and Practice*, 1970). Theseus Verlag, Zürich/München/Berlin 1997 (8. Auflage, Erstausgabe: 1975), 148 Seiten. Einer der Klassiker der Zen-Literatur. Shunryu Suzuki erläutert anhand seiner Erklärungen zum Zazen das Wesen des Zen.

Tarthang Tulku: *Selbstheilung durch Entspannung. Körper- und Atemübungen, Selbstmassage und Meditationstechniken. Die alte Heilkunde der Tibeter für den Westen nutzbar gemacht.* Aus dem Amerikanischen von Matthias Steurich (Originalausgabe: *Kum Nye Relaxation*, 1978). Scherz Verlag/O.W. Barth Verlag, Bern/München 1981, 272 Seiten. Tarthang Tulku stellt das Kum Nye vor, einen von ihm entwickelten, auf den westlichen Übenden zugeschnittenen Yoga. Zahlreiche Abbildungen.

Tenzin Wangyal Rinpoche: *Übung der Nacht – Meditationen in Schlaf und Traum.* Diederichs Verlag, München 2006, 260 Seiten. Authentische und hochinformative Einführung in den Traum-Yoga, die jedoch ins komplexe Zentrum von Praxis und Theorie des tibetischen Buddhismus führt und für Anfänger eher nicht geeignet ist, zumal Tenzin Wangyal Rinpoche sein Buch nicht als Anleitung, sondern als Begleittext versteht.

Tilmann, Klemens: *Die Führung zur Meditation. Ein Werkbuch.* Bd. 1. Benziger Verlag, Zürich u. a. 1974, 352 Seiten. Ein »Werkbuch«, das auf den Kursen basiert, die Tilmann an der Pädagogischen Hochschule München geleitet hat. Entsprechend praxisnah ist diese umfangreiche und detaillierte Einführung in das Thema Meditation trotz aller theoretischer Erläuterungen. Leider nur noch antiquarisch zu bekommen.

Tilmann, Klemens/Peinen, Hedvig-Teresia von: *Die Führung zur Meditation. Christliche Glaubensmeditation. Ein Werkbuch.* Bd. 2. Benziger Verlag, Zürich u. a. 1978, 413 Seiten. Ausführliche Anleitungen zu verschiedenen Formen christlicher Meditation sowie Meditationen für Christen. Leider wie Band 1 nur noch antiquarisch zu bekommen.

Trökes, Anna: *Yogameditation. Ein Handbuch.* Theseus Verlag, Berlin 2004, 255 Seiten. Trökes stellt in ihrem großformatigen Buch zahlreiche Meditationen des Yoga vor (Mantra, Chakra, Meditationen aus den Upanishaden, Patanjalis *Yoga-Sutras* u. v. a. m.), schildert ihre Ursprünge und Hintergründe. Mit Abbildungen.

Turner, Lorraine: *Meditation.* Aus dem Englischen von Isabel Bogdan (Originalausgabe: o.T., o.J.). Inklusive CD mit Meditationsmusik. Parragon Verlag, Köln 2005, 64 Seiten. Vierfarbiger Band mit Anleitungen zu verschiedenen Formen einfacher Meditation (Affirmation, Mantras, Chakras, Visualisieren usw.). Für Anfänger, die sich ohne theoretische Informationen auf die Praxis konzentrieren wollen.

Uccusic, Paul: *Der Schamane in uns. Schamanismus als neue Selbsterfahrung. Hilfe und Heilung.* Ariston Verlag, Genf 1991, 335 Seiten. Uccusic führt für den westlichen Leser in den Schamanismus ein und geht dabei einen Mittelweg zwischen wissenschaftlicher Sicht und dem »entschlackten« Core-Schamanismus von Michael Harner.

Vongvilay, Lao/Bottini, Oliver: *Die Kraft des Tigers. Qi Gong für jeden Tag.* Mitarbeit: Alexandra Jakubik. O.W. Barth Verlag, Frankfurt am Main 2005, 160 Seiten. 18 Qi-Gong-Übungen aus dem traditionellen thailändischen Buddhismus, vorgestellt von Meister Lao Vongvilay. Mit einer Einführung ins Qi Gong sowie zahlreichen Fotos.

Waesse, Harry: *Yoga für Anfänger. Zu innerer Ruhe und Gelassenheit finden. Körperlich und geistig beweglicher werden. Einfache Übungen, genaue Anleitungen.* Gräfe und Unzer Verlag, München 1995, 95 Seiten. Praxis des Hatha-Yoga in der bewährten Gräfe-und-Unzer-Manier, vierfarbig, mit vielen Fotos und für den Anfänger geeignet.

Watts, Alan: *Vom Geist des Zen.* Aus dem Amerikanischen von Julius Schwabe (Originalausgabe: *The Spirit of Zen*, 1954). Suhrkamp Verlag, Frankfurt am Main 1986, ca. 117 Seiten. Ein Querschnitt durch Geschichte und Ausformung des Zen, von den buddhistischen Traditionen bis zu seinem Einfluss auf die japanischen Künste.

Watts, Alan: *Zen. Tradition und lebendiger Weg.* Aus dem Amerikanischen von Manfred Andrae (Originalausgabe: *The Way of Zen*, 1957). Windpferd Verlagsgesellschaft, Aitrang 1990 (3. Auflage), ca. 250 Seiten. Stärker historisch ausgerichtet als Watts' *Vom Geist des Zen* (Daoismus, buddhistische Wurzeln), außerdem mit einem ausführlichen Praxisteil (Zazen, Koans, Künste).

Wildish, Paul: *Daoismus im Überblick. Die Weisheitslehre von Yin und Yang.* Aus dem Englischen von Anette Kühn (Originalausgabe: *Principles of Taoism*, 2000). Herder Verlag, Freiburg im Breisgau 2002, ca. 189 Seiten. Eine sehr lesenswerte und fundierte Einführung in den Daoismus für Leser, die sich intensiver mit der altchinesischen Lehre vom Dao, ihren Vertreter und wichtigsten Schriften befassen möchten.

Yang Shou Chung (d.i. Yang Zhenming): *Die praktische Seite des Tai Chi Chuan. Anwendungen und Variationen.* Herausgegeben von Stephan Hagen. Kolibri Verlag, Hamburg 1996, 99 Seiten. Für Fortgeschrittene und Taiji-Liebhaber: Die lange Yang-Form anhand neuer und alter Fotografien – u. a. von Yang Chengfu – erklärt.

Yü, Lu K'uan: *Die Geheimnisse der chinesischen Meditation. Selbstgestaltung durch Bewusstseinskontrolle, nach den Lehren des Ch'an, des Mahayana und der taoistischen Schulen in China* (Originalausgabe: *The*

Secrets of Chinese Meditation, o. J.). Aus dem Englischen übersetzt von Hans-Ulrich Rieker. Rascher Verlag, Zürich/Stuttgart 1967, 296 Seiten. Der Meditationsexperte und C.-G.-Jung-Schüler beschreibt anhand alter chinesischer Texte traditionelle »Selbstgestaltungstechniken« von Zhan, Mahayana und Daoismus, darunter Meditationen der Reines-Land-Schule, des Tiantai, des chinesischen Yoga und andere. Mit Glossar. Nicht einfach zu lesen, aber für Interessierte sehr aufschlussreich.

Zöller, Josephine: *Das Tao der Selbstheilung. Die chinesische Kunst der Meditation in der Bewegung.* Ullstein Verlag, Berlin 1999, 405 Seiten. Umfassende Einführung in Theorie und Praxis des Qi Gong mit Beschreibungen der »Zehn Meditationen vom Berge Wu Dang«, der »Acht Brokate« (die hier »Acht Elegante Übungen« genannt werden), des »Spiels der Fünf Tiere« (»Bewegungen der Fünf Tiere«), des im Kampf gegen den Krebs eingesetzten Qi Gong von Guo Lin (»Neues Qi Gong«) und anderen. Einer der deutschsprachigen Qi-Gong-Klassiker.

Zotz, Volker: *Mit Buddha das Leben meistern. Buddhismus für Praktiker.* Rowohlt Taschenbuch Verlag, Reinbek bei Hamburg 1999, 220 Seiten. Volker Zotz, Professor für Indologie und Japanologie mit Forschungs- und Lehrauftrag in Japan, überträgt die Lehren des Buddha in den heutigen Alltag (und verzichtet dafür weitgehend auf den theoretischen Überbau und die historische Entwicklung des Buddhismus). Ausgesprochen gut lesbar, praxisbezogen und dicht am Leser. Die Verlagswerbung »Würde Buddha heute einen Ratgeber zur Lebenspraxis für den modernen Menschen schreiben, dann wäre es dieses Buch« (Vorsatzseite) mag den Anspruch ein wenig zu hoch ansetzen, das ändert jedoch nichts an der Qualität dieses ansprechenden Buches.

Zumstein, Carlo: *Schamanismus. Begegnungen mit der Kraft.* Diederichs im Heinrich Hugendubel Verlag, Kreuzlingen/München 2001, 128 Seiten. Kompakte, gut lesbare Einführung in den Schamanismus von dem Psychotherapeuten und Schamanen Carlo Zumstein. Mit einem eigenen Kapitel zur schamanischen Reise samt Anleitung nach Michael Harner sowie Glossar und Literaturhinweisen. Für alle, die sich in einer ersten Annäherung über den Schamanismus informieren möchten.

Quellennachweise

Anmerkung: Bücher, die im Folgenden nicht vollständig bibliografiert werden, finden sich im Literaturverzeichnis.

Das Eingangszitat von Sogyal Rinpoche stammt aus seinem Büchlein *Meditation* (s. Literaturverzeichnis).

Einführung: Aspekte der Meditation – Annäherung auf Umwegen

1 Nach Drosdowski, Günter (Hg.): Der Duden. Band 7. *Das Herkunftswörterbuch. Etymologie der deutschen Sprache.* Dudenverlag, Mannheim u. a. 1989

2 *dtv-Lexikon in 20 Bänden.* Bd. 12. Deutscher Taschenbuch Verlag, München 1995, S. 10

3 *Lexikon der östlichen Weisheitslehren*, S. 239, »Meditation«

4 Tilmann, Klemens: *Die Führung zur Meditation*, Bd. 1, S. 13

5 J. B. Lotz, zitiert nach Tilmann, Klemens: *Die Führung zur Meditation*, Bd. 1, S. 50

6 Zitiert nach Zimbardo, Philip G.: *Psychologie*. Bearbeitet und herausgegeben von Siegfried Hoppe-Graff und Barbara Keller. 5., neu übersetzte und bearbeitete Auflage. Aus dem Englischen von Barbara Keller. Springer-Verlag, Berlin u. a. 1992, S. 207

7 Zitiert nach Zimbardo, Philip G.: *Psychologie*, a. a. O., S. 207

8 Tilmann, Klemens: *Die Führung zur Meditation*, Bd. 1, S. 346 f. Abbildung nach der Zeichnung dort.

9 Nach Benesch, Hellmuth: *dtv-Atlas zur Psychologie. Tafeln und Texte.* Bd. 1. Deutscher Taschenbuch Verlag, München 1987, S. 78

10 Kugel, Johann: »Meditation und Naturwissenschaft«, in: Reiter, Udo (Hg.): *Meditation – Wege zum Selbst*, S. 138

11 Diese Bezeichnung stammt von dem deutsch-amerikanischen Psychiater und Psychotherapeuten Fritz Perls.

12 Kugel, Johann: »Meditation und Naturwissenschaft«, S. 129

13 Kraft, Ulrich: »Mönche in der Magnetröhre«, in: *Süddeutsche Zeitung*, 23.5.2005, S. 11. Die Informationen zu dieser Studie stammen von dort.

14 Zitiert nach Kraft, ebd.

15 Kugel, Johann: »Meditation und Naturwissenschaft«, S. 146

16 Nach Dahlke, Margit/Dahlke, Ruediger: *Meditationsführer*, S. 33, Zimbardo, Philip G.: *Psychologie*, a. a. O., S. 492, sowie Haller, Johann: »Meditation und Naturwissenschaft«, in: Reiter, Udo (Hg.): *Meditation – Wege zum Selbst*, S. 149ff.

17 Dahlke, Margit/Dahlke, Ruediger: *Meditationsführer*, S. 33

18 Zimbardo, Philip G.: *Psychologie*, a. a. O., S. 492

19 Zitiert nach Stevens, Edward: *Meditieren in allen Lebenslagen*, S. 31

20 Nach Vongvilay, Lao/Bottini, Oliver: *Die Kraft des Tigers*, S. 22f.

21 »Entspanntes Herz. Meditation senkt Risiko für Gefäße«, in: *Süddeutsche Zeitung*, 14./15.6.2006, S. 16

22 Zitiert nach: »Chinesische Philosophie: Tai I Gin Hua Dsung Dschi – Das Geheimnis der Goldenen Blüte«, in: *Asiatische Philosophie: Indien und China* (CD-ROM), S. 29.301

23 Schwarz, Aljoscha A./Schweppe, Ronald P.: *Qi Gong easy*, S. 89

24 Quelle: Kabat-Zinn, Jon: *Gesund durch Meditation*, S. 64

25 Olvedi, Ulli: *Das Stille Qi Gong*, S. 142

26 Tilmann, Klemens: *Die Führung zur Meditation*, Bd. 1, S. 91

27 Wilhelm, Richard (Hg.): *Dschuang-Dsi. Das wahre Buch vom südlichen Blütenland*, S. 84.

28 Grimm, Jacob/Grimm, Wilhelm: *Deutsches Wörterbuch*. S. Hirzel Verlag, Leipzig 1854–1961, Stichwort »Athem«

29 *Lexikon der östlichen Weisheitslehren*, S. 293, »Prana«

30 Nach Erdmann, Martin: »Der Atem in den Sprachen der Welt«. Quelle: www.connection.de/cms/index.php?option=content&task=view&id=368. Von dort stammt auch der überwiegende Teil der folgenden Informationen.

31 Suzuki, Shunryu: *Zen-Geist, Anfänger-Geist*, S. 29

32 Herrigel, Eugen: *Zen in der Kunst des Bogenschießens*, S. 46–47

33 Dahlke, Margit/Dahlke, Ruediger: *Meditationsführer*, S. 35

34 Zitiert nach Olvedi, Ulli: *Das Stille Qi Gong*, S. 78

35 Gombrich, Richard: »Einleitung: Der Buddhismus als Weltreligion«, in: Bechert, Heinz/Gombrich, Richard: *Der Buddhismus. Geschichte und Gegenwart.* C. H. Beck Verlag, München 2002, S. 15

36 Laotse: *Tao Te King* (I), in: *Asiatische Philosophie: Indien und China* (CD-ROM), S. 28.560

37 Beides: Wikipedia, »Nafs«, Stand: Februar 2006

38 Meister Eckhart: »Von der Erkenntnis Gottes«, zitiert nach www.ti-amo.at/download/el16–erkenntnis-gottes.htm

39 Alle Zitate: Tilmann, Klemens/von Peinen, Hedvig-Teresia: *Die Führung zur Meditation*, Bd. 2, S. 275

40 Zitiert nach: Fontana, David: *Kursbuch Meditation*, S. 114

41 Ebd., S. 13

42 Ebd.

43 Zitiert nach Kapleau, Philip: *Die drei Pfeiler des Zen. Lehre, Übung, Erleuchtung.* O. W. Barth Verlag, Bern/München/Wien 1998, S. 58

44 Eph 3, 19, zitiert nach Tilmann, Klemens: *Die Führung zur Meditation*, Bd. 1, S. 159

45 Tilmann, Klemens/Peinen, Hedvig-Teresia von: *Die Führung zur Meditation*, Bd. 2, S. 28/29

46 Zitiert nach Reiche, Ulrike/Völpel, Dagmar: *YIU – Yoga in Unternehmen*, S. 85

47 Dahlke, Margit/Dahlke, Ruediger: *Meditationsführer*, S. 20

48 In: Reiter, Udo (Hg.): *Meditation – Wege zum Selbst*, S. 170

49 Schumann, Hans Wolfgang: *Handbuch Buddhismus. Die zentralen Lehren: Ursprung und Gegenwart.* Diederichs Verlag im Heinrich Hugendubel Verlag, Kreuzlingen/München 2000, S. 105

50 Ajahn Chah: *Der Weg in die Freiheit – Dhamma-Vorträge*. Übersetzung von Klaus-Peter Seidel. Dhammapala-Verlag, Kandersteg 1996, S. 23 f. Zitiert nach: Schumann, Hans Wolfgang: *Handbuch Buddhismus*, a. a. O., S. 105

1 Der Daoismus

1 Nach Wikipedia, »Daoismus«, Stand: März 2006

2 Nach Wikipedia, »Drei Lehren«, Stand: März 2006

3 Spruch 42. Lao-tse: *Tao-Te-King*, S. 71

4 Zitiert nach *Lexikon der östlichen Weisheitslehren*, S. 389, »Te«

5 Wildish, Paul: *Daoismus im Überblick*, S. 23

6 Ebd.

7 *Lexikon der östlichen Weisheitslehren*, S. 378, »Tao«

8 Laotse: *Tao Te King* (I), in: *Asiatische Philosophie: Indien und China* (CD-ROM), S. 28.522 (Übersetzung von Richard Wilhelm)

9 Richard Wilhelm in der Einleitung von Wilhelm, Richard (Hg.): *Dschuang-Dsi. Das wahre Buch vom südlichen Blütenland*, S. 1

10 Glasenapp, Helmuth von: *Die fünf Weltreligionen. Brahmanismus, Buddhismus, Chinesischer Universismus, Christentum, Islam.* Wilhelm Heyne Verlag, München 1997, S. 142

11 Ebd.

12 Zitiert nach Glasenapp, Helmuth von: *Die fünf Weltreligionen*, a. a. O., S. 142

13 Konfuzius: *Gespräche*, S.45 f.

14 Eliade, Mircea: *Geschichte der religiösen Ideen*, Bd. 2, S. 24

15 Glasenapp, Helmuth von: *Die fünf Weltreligionen*, a. a. O., S. 145

16 Ebd., S. 144

17 Eliade, Mircea: *Geschichte der religiösen Ideen*, Bd. 2, S. 24

18 Zitiert nach Eliade, Mircea: *Geschichte der religiösen Ideen*, Bd. 2, S. 24. Dort zitiert nach Granet, M.: *La pensée chinoise*, S. 325

19 Ni, Maoshing: *»Der Gelbe Kaiser«*, S. 29

20 Wildish, Paul: *Daoismus im Überblick*, S. 28

21 Ni, Maoshing: *»Der Gelbe Kaiser«*, S. 21 ff.
22 Nach Vongvilay, Lao/Bottini, Oliver: *Die Kraft des Tigers*, S. 24
23 Ni, Maoshing: *»Der Gelbe Kaiser«*, S. 394
24 Übersicht nach Ni, Maoshing: *»Der Gelbe Kaiser«*, S. 35
25 Nach Vongvilay, Lao/Bottini, Oliver: *Die Kraft des Tigers*, S. 80, sowie *»Der Gelbe Kaiser«*
26 Wildish, Paul: *Daoismus im Überblick*, S. 31
27 Ebd.
28 Nach Ni, Maoshing: *»Der Gelbe Kaiser«*, S. 63 f.
29 Vongvilay, Lao/Bottini, Oliver: *Die Kraft des Tigers*, S. 16
30 Nach Vongvilay, Lao/Bottini, Oliver: *Die Kraft des Tigers*, S. 16 f.
31 Wilhelm, Richard (Hg.): *Dschuang-Dsi. Das wahre Buch vom südlichen Blütenland*, S. 164 f.
32 Nach Liu, Qingshan: *Qi Gong*, S. 22 f.
33 Wilhelm, Richard (Hg.): *Dschuang-Dsi. Das wahre Buch vom südlichen Blütenland*, S. 199
34 Nach Vongvilay, Lao/Bottini, Oliver: *Die Kraft des Tigers*, S. 36 f.
35 Wildish, Paul: *Daoismus im Überblick*, S. 25
36 *Lexikon der östlichen Weisheitslehren*, S. 449, »Wu-wei«
37 Wilhelm, Richard (Hg.): *Dschuang-Dsi. Das wahre Buch vom südlichen Blütenland*, S. 195
38 Wildish, Paul: *Daoismus im Überblick*, S. 34
39 Nach Konfuzius: *Gespräche*, S. 113
40 Wilhelm, Richard (Hg.): *Li Gi*, S. 205
41 Kungfutse: *Lunyu – Gespräche*, in: *Asiatische Philosophie – Indien und China* (CD-ROM), S. 27.385 (Übersetzung von Richard Wilhelm)
42 *Lexikon der östlichen Weisheitslehren*, S. 379, »Tao«
43 Zitiert nach *Lexikon der östlichen Weisheitslehren*, S. 379, »Tao«
44 Alle aus Konfuzius: *Gespräche*

2 Qi Gong

1 Nach Chang, Edward C./Brecher, Paul (Hg.): *Chinesische Heil- und Entspannungsübungen*, S. 15
2 Bürkner, Reimer M.: *Drei Wege zur Verjüngung*, S. 21
3 Vongvilay, Lao/Bottini, Oliver: *Die Kraft des Tigers*, S. 23. Dort nach Cohen, Kenneth: *Qigong. Grundlagen, Methoden, Anwendung*, S. 49
4 Wilhelm, Richard (Hg.): *Dschuang Dsi. Das wahre Buch vom südlichen Blütenland* (XV), S. 170
5 Zitiert nach Anders, Frieder (Hg.): *Taichi*, S. 100; dort zitiert nach Kuo Mojo (in der Übersetzung von Hellmut Wilhelm)
6 Abschnitt nach Vongvilay, Lao/Bottini, Oliver: *Die Kraft des Tigers*, S. 24 f.

7 Zitiert nach Wikipedia, »Qigong«, Stand: März 2006
8 Liu, Qingshan: *Qi Gong*, S. 30
9 Nach Lind, Monika/Lind, Gabi: *Taijiquan & Qigong Lexikon*
10 Schwarz, Aljoscha A./Schweppe, Ronald P.: *Qi Gong easy*, S. 12
11 Zitiert nach Bürkner, Reimer M.: *Drei Wege zur Verjüngung*, S. 29 u. 31. Dort ohne Quellenangabe
12 Nach Vongvilay, Lao/Bottini, Oliver: *Die Kraft des Tigers*
13 Bürkner, Reimer M.: *Drei Wege zur Verjüngung*, S. 47
14 Liu, Qingshan: *Qi Gong*, S. 29f.
15 Ots, Thomas: *Stiller Körper – Lauter Leib – Aufstieg und Untergang der jungen chinesischen Heilbewegung Kranich-qigong*. Dissertation. Universität Heidelberg 1990. Zitiert nach Olvedi, Ulli: *Das Stille Qi Gong*, S. 47
16 Nach Ots, in: Olvedi, Ulli: *Das Stille Qi Gong*, S. 304 (Anm. 5)
17 Nach Li, Wang/Jakisch/Rainer: »Guolin Qigong – Schritte zur Genesung«, in: *Qigong im Überblick.* Sonderheft des *Taijiquan & Qigong Journals*. a & o medianetwork, Hamburg, April 2004
18 Siehe dazu z. B. die *Netzeitung* vom 30.3.2001, www.netzeitung.de/ausland/136794.html; siehe zu Falun Gong auch Wikipedia, »Falun Gong«, Stand: April 2006.
19 Zitiert nach *Netzeitung* vom 30.3.2001, Artikel »Erleuchtung durch Leid«, Website s. o.
20 Zitiert nach *Netzeitung* vom 30.3.2001, Website s. o.
21 Siehe dazu u. a. Olvedi, Ulli: *Das Stille Qi Gong*
22 Ebd., S. 204
23 Apfel, Thomas: »Zhan Zhuang – Stehen wie ein Baum«, in: *Qigong im Überblick.* Sonderheft des *Taijiquan & Qigong Journals*. a & o medianetwork, Hamburg, April 2004, S. 66
24 Zanini, Luigi: »Yijinjing – Muskeln und Sehnen transformierendes Qigong«, in: *Qigong im Überblick.* Sonderheft des *Taijiquan & Qigong Journals*. a & o medianetwork, Hamburg, April 2004, S. 46
25 Siehe z. B. Guorui, Jiao: *Qigong Yangsheng,* S. 35–64
26 Übungsanleitung nach Vongvilay, Lao/Bottini, Oliver: *Die Kraft des Tigers,* S. 88ff.

3 Taijiquan

1 Spruch 78. Lao-tse: *Tao-Te-King*, S. 107
2 Moegling, Klaus: *Die chinesische Bewegungsmeditation Tai Chi Chuan*, S. 17
3 Bödicker, Freya/Bödicker Martin: »Kurze Geschichte des Taijiquan«, in: *Taijiquan für Einsteiger*. Sonderheft des *Taijiquan & Qigong Journals*. a & o medianetwork, Hamburg April 2003, S. 18

4 Siehe dazu beispielsweise Oster, Jürgen: »Das Innere der inneren Kampfkünste«, in: *Innere Kampfkünste.* Sonderheft des *Taijiquan & Qigong Journals.* a & o medianetwork, Hamburg Dezember 2005, S. 12
5 Oberlack, Helmut: »Taijiquan. Kämpfen mit Yin und Yang«, in: *Innere Kampfkünste*, a. a. O., S. 24
6 Silberstorff, Jan: »Wei Huacun – Eine Frau als Mitbegründerin des Taijiquan«, in: *Taijiquan und Qigong Journal*, Heft 24 (2/2006), S. 10
7 Ebd, S. 11
8 Nach Bödicker, Freya/Bödicker Martin: »Kurze Geschichte des Taijiquan«, a. a. O., S. 19
9 Artikel »Chang Naizhou«, in: *Taijiquan-Lilun – Themenheft zur Theorie des Wu-Stil Taijiquan*, Heft 2, S. 14
10 Moegling, Klaus, *Die chinesische Bewegungsmeditation Tai Chi Chuan*, S. 18
11 Bödicker, Freya/Bödicker Martin: »Kurze Geschichte des Taijiquan«, a. a. O., S. 20
12 Die Daten aus diesem Abschnitt stammen überwiegend aus Bödicker, Freya/Bödicker Martin: »Kurze Geschichte des Taijiquan«, a. a. O., S. 18 ff.
13 Oberlack, Helmut: »Taijiquan. Kämpfen mit Yin und Yang«, a. a. O., S. 26
14 Nach Wikipedia, »Taijiquan«, Stand: Mai 2006
15 U. a. nach *Taijiquan-Lilun – Themenheft zur Theorie des Wu-Stil Taijiquan*, Heft 2; Bödicker, Martin: »Von den Klassikern lernen«, auf: www.tqj.de/Archiv/04–4/boedicker.html
16 Infos nach Vongvilay/Bottini: *Das Taiji der Fünf Tiere*, S. 21 f., und *Taijiquan für Einsteiger*, a. a. O., S. 12 (Kasten)
17 Bödicker, Freya/Bödicker Martin: »Kurze Geschichte des Taijiquan«, a. a. O., S. 19
18 Siehe z. B. www.wushan.net/taijiquan/taijiquan_geschichte.htm oder www.shakti.de/taichi/stile.htm.
19 Oberlack, Helmut: »Taijiquan. Kämpfen mit Yin und Yang«, a. a. O., S. 25
20 Oberlack, Helmut: »Offen und geduldig Neues entdecken. Taijiquan lernen – was gibt es zu bedenken?«, in: *Taijiquan für Einsteiger*, a. a. O., S. 52
21 Moegling, Klaus: *Die chinesische Bewegungsmeditation Tai Chi Chuan*, S. 20
22 Kobayashi, Petra: *Der Weg des T'ai Chi Ch'uan*, S. 27
23 Quellen u. a.: www.innere-kraft-64.de/begriffe_der_inneren_kampfkuenst.htm; www.tqj.de/Archiv/glossar.html
24 Folgendes u. a. nach Schwerdt, Paul Shoju: »Der Wu-Stil des Taijiquan«, in: *Taijiquan für Einsteiger*, a. a. O., S. 81
25 U. a. nach Wikipedia, »Taijiquan«, Stand: Juni 2006; Weiming, Chen: »Die zehn wesentlichen Gebote des Taijiquan von Yang Chengfu«, in: *Taijiquan für Einsteiger*, a. a. O., S. 121

26 Stoedner, Ilka: »Den inneren Diamanten schleifen – Taijiquan als Lebenstraining«, in: *Taijiquan für Einsteiger*, a. a. O., S. 41
27 Pendzialek, Martin: »Der Chen-Stil des Taijiquan«, in: *Taijiquan für Einsteiger*, a. a. O., S. 72
28 Nach Silberstorff, Jan: »Der beste Kampf ist kein Kampf«, in: *Innere Kampfkünste*, a. a. O., S. 43
29 Moegling, Klaus: *Die chinesische Bewegungsmeditation Tai Chi Chuan*, S. 20
30 Wikipedia, »Wu-Stil Taijiquan«, Stand: Juni 2006
31 Strohmeier, Irene: »Der Sun-Stil des Taijiquan«, in: *Taijiquan für Einsteiger*, a. a. O., S. 85
32 Ebd.
33 U. a. nach Schneider, Hubert: »Der Li-Stil des Taijiquan«, in: *Taijiquan für Einsteiger*, a. a. O., S. 88 ff.; www.haleni.de; www.leefamilystyle.com
34 Plötz, Michael: »Yang-Stil nach Professor Zheng Manqing (Cheng Manching)«, in: *Taijiquan für Einsteiger*, a. a. O., S. 93
35 Wiesendanger, Jürg: »Die Vielfalt moderner Taijiquan-Formen«; in: *Taijiquan für Einsteiger*, a. a. O., S. 97
36 Nach *Taijiquan für Einsteiger*, a. a. O., S. 119

4 Weitere chinesische Meditationen

1 *Lexikon der östlichen Weisheitslehren*, S. 260, »Nei-tan«. Die Informationen zum Neidan stammen aus dem *Lexikon* sowie aus Wikipedia, »Neidan«, Stand: Juni 2006.
2 Chung-yuan, Chang: *Tao, Zen und schöpferische Kraft*. Diederichs Verlag, Köln 1980, S. 145; nach: *Lexikon der östlichen Weisheitslehren*, S. 73, »Ch'en T'uan«
3 *Lexikon der östlichen Weisheitslehren*, S. 369, »T'ai-hsi«
4 Ebd.
5 Ebd.
6 Nach *Lexikon der östlichen Weisheitslehren*, S. 408, »Tso-wang«
7 Wilhelm, Richard (Hg.): *Dschuang-Dsi. Das wahre Buch vom südlichen Blütenland*, S. 94 f.
8 Wikipedia, »Shangqing«, Stand: Juni 2006. Die Informationen in diesem Abschnitt stammen u. a. von dort sowie aus dem *Lexikon der östlichen Weisheitslehren* (u. a. Stichwort »Fu-lu p'ai«).
9 Nach *Lexikon der östlichen Weisheitslehren*, u. a. S. 348, »Shou-i«

5 Der Buddha und seine Lehre

1 Aus dem *Majjhima-Nikaya*, Übersetzung von Paul Dahlke, in: Buddha: *Auswahl aus dem Palikanon*. Fourier Verlag, Wiesbaden 1994, S. 58
2 Zitiert nach Kapleau, Philip: *Die drei Pfeiler des Zen*, a.a.O., S. 58
3 Nach von Brück, Michael: *Buddhismus. Grundlagen – Geschichte – Praxis.* Gütersloher Verlagshaus, Gütersloh 1998, S. 154f.
4 Übersetzung von Paul Dahlke (*Buddha. Die Lehre des Erhabenen*, Goldmann Verlag, München 1986), zitiert nach von Brück, Michael: *Buddhismus*, S. 75
5 Nach Conze, Edward: *Eine kurze Geschichte des Buddhismus.* Übersetzt, herausgegeben und mit einem Nachwort versehen von Friedrich Wilhelm. Suhrkamp Verlag, Frankfurt am Main 1986, S. 58f.
6 Snelling, John: *Buddhismus. Ein Handbuch für den westlichen Leser.* Eugen Diederichs Verlag, München 1991, S. 62f.
7 Lamotte, Étienne: »Der Mahayana-Buddhismus«, in: Bechert, Heinz/Gombrich, Richard (Hg.): *Der Buddhismus,* a.a.O., S. 99
8 *Suttapitaka. Buch der buddhistischen Urschriften.* Band III: *Mittlere Sammlung. Erste Lese.* Aus dem Pali von Paul Dahlke. Neubuddhistischer Verlag, Zehlendorf-West bei Berlin 1923, S. 106
9 Gombrich, Richard: »Einleitung: Der Buddhismus als Weltreligion«, in: Bechert, Heinz/Gombrich, Richard: *Der Buddhismus*, a.a.O., S. 15
10 Nach *Lexikon der östlichen Weisheitslehren*, S. 295, »Pratitya-Samutpada«
11 *Die makellose Wahrheit erschauen. Die Lehre von der höchsten Bewußtheit und absoluten Erkenntnis. Das Lankavatara-Sutra.* Aus dem Sanskrit von Karl-Heinz Golzio. O.W. Barth Verlag, Bern/München/Wien 1996, S. 21
12 Conze, Edward: *Der Buddhismus. Wesen und Entwicklung.* Kohlhammer Verlag, Stuttgart/Berlin/Köln 1989, S. 12
13 Meister Takuan: *Zen in der Kunst des kampflosen Kampfes.* O.W. Barth Verlag, Bern/München/Wien 1999, S. 61f.
14 Nach *Lexikon der östlichen Weisheitslehren*, S. 95, »Dhyana«

6 Frühbuddhistische Meditationen

1 Nach Nairn, Rob: *Auf den Spuren des erleuchteten Drachen*, S. 37f.
2 Zitiert nach Goldstein, Joseph/Kornfield, Jack: *Einsicht durch Meditation*, S. 60
3 Hier nach Gruber, Hans: *Kursbuch Vipassana*
4 Zitiert nach Gruber, Hans: *Kursbuch Vipassana*, S. 44
5 Ebd., S. 78
6 Ebd., S. 79
7 Ebd., S. 77

8 Ebd., S. 79
9 *Suttapitaka*, a. a. O. S. 238
10 Eliade, Mircea: *Geschichte der religiösen Ideen*, Bd. 2, S. 93
11 Nach *Lexikon der östlichen Weisheitslehren*, S. 327, »Satipatthana«
12 *Suttapitaka*, a. a. O., S. 204
13 Beispiele: Schiekel, Munish B.: *Dhammapada – die Weisheitslehren des Buddha.* Herder Verlag, Freiburg im Breisgau 2002, S. 135 f.
14 Ebd., S. 136
15 Reiter, Udo (Hg.): *Meditation – Wege zum Selbst*, S. 104
16 Beide: Yü, Lu K'uan: *Die Geheimnisse der chinesischen Meditation*, S. 97 f.
17 *Lexikon der östlichen Weisheitslehren*, S. 75, »Chih-i«
18 Zitiert nach Yü, Lu K'uan: *Die Geheimnisse der chinesischen Meditation*, S. 132. In diesem Buch werden ausführliche Übungsanleitungen aus dem *Tong-meng zhi-guan* wiedergegeben.
19 Nach *Lexikon der östlichen Weisheitslehren*, u. a. S. 76, »Chih-kuan«
20 *Lexikon der östlichen Weisheitslehren*, S. 396, »T'ien-T'ai-Schule«

7 Zen-Meditationen

1 Snelling, John: *Buddhismus*, a. a. O., S. 212
2 Dumoulin, Heinrich: *Geschichte des Zen-Buddhismus.* Band 2: *Japan.* Francke Verlag, Bern 1985, S. 54
3 Zitiert nach Dumoulin, Heinrich: *Geschichte des Zen-Buddhismus.* Band 2, a. a. O., 166
4 Zitiert nach Deshimaru-Roshi, Taisen: *Za-Zen*, S. 22
5 Zitiert nach Kapleau: *Die drei Pfeiler des Zen. Lehre*, a. a. O., S. 222
6 Beide Zitate nach Shibayama, Zenkei: *Eine Blume lehrt ohne Worte. Zen in Gleichnis und Bild.* O.W. Barth Verlag, Bern/München/Wien 1989, S. 61
7 Zitiert nach Hoffmann, Yoel: *Der Ton der einen Hand. Die bisher geheimen Antworten auf die wichtigsten Zen-Koans.* O.W. Barth Verlag, Bern/München/Wien 1978, S. 59
8 Zitiert nach Shibayama, Zenkei: *Eine Blume lehrt ohne Worte*, a. a. O., S. 57
9 Zitiert nach *Lexikon der östlichen Weisheitslehren*, S. 345, »Shi-Ryoken«
10 Suzuki, Daisetz T.: *Koan. Der Sprung ins Grenzenlose. Das Koan als Mittel der meditativen Schulung im Zen.* O.W. Barth Verlag, Bern/München/Wien 1988, S. 7
11 Ebd., S. 98
12 Zitiert nach Hoffmann, Yoel: *Der Ton der einen Hand*, a. a. O., S. 33

13 Zitiert nach Shibayama, Zenkei: *Zu den Quellen des Zen. Die berühmten Koans des Meisters Mumon aus dem 13. Jahrhundert mit Einführung und Kommentar.* O.W. Barth Verlag, Bern/München/Wien 1976
14 Zitiert nach: *Bi-Yän-Lu. Aufzeichnungen des Meisters vom Blauen Fels.* Übersetzung von Ernst Schwarz. Kösel Verlag, München 1999, S. 265f.
15 Zitiert nach: Meister Yunmen: *Zen-Worte vom Wolkentor-Berg.* Übersetzung von Urs App. O.W. Barth Verlag, Bern/München/Wien 1994
16 Zitiert nach: Izutsu, Toshihiko: *Philosophie des Zen-Buddhismus.* Übersetzung von D. Rosenstein. Rowohlt Verlag, Reinbek bei Hamburg 1979, S. 63
17 Kapleau, Philip: *Die drei Pfeiler des Zen*, a.a.O., S. 464f.
18 Yü, Lu K'uan: *Die Geheimnisse der chinesischen Meditation*, S. 53
19 Ebd.
20 Zitiert nach Kao Feng: »Worte des Ch'an-Meisters Yüan Miao vom Berge Kao Feng«, in: Yü, Lu K'uan: *Die Geheimnisse der chinesischen Meditation*, S. 68
21 Zitiert nach Yü, Lu K'uan: *Die Geheimnisse der chinesischen Meditation*, S. 56
22 A. V. Grimston, in: Sekida, Katsuki: *Zen-Training*, S. 8 (Einführung)
23 Ebd.
24 Deshimaru-Roshi, Taisen: *Za-Zen*, S. 21
25 Sekida, Katsuki: *Zen-Training*, S. 24
26 Deshimaru-Roshi, Taisen: *Za-Zan*, S. 22
27 Zitiert nach Kapleau, Philip: *Die drei Pfeiler des Zen*, a.a.O., S. 36
28 Sekida, Katsuki: *Zen-Training*, S. 37
29 Enomiya-Lassalle, Hugo M.: *Zen – Weg zur Erleuchtung*, S. 22f.
30 Ebd., S. 23ff.
31 Ebd., S. 27
32 Ebd., S. 27f.
33 Nach Thich Nhat Hanh, zitiert in Sogyal Rinpoche: *Das tibetische Buch vom Leben und vom Sterben. Ein Schlüssel zum tieferen Verständnis von Leben und Tod.* O.W. Barth Verlag, Bern/München/Wien 2000, S. 78
34 Zitiert nach Fontana, David: *Kursbuch Meditation*, S. 205
35 Ebd., S. 205
36 Deshimaru-Roshi, Taisen: *Sandokai. Essenz und Erscheinungsformen durchdringen einander.* Kristkeitz Verlag, Berlin 1980, S. 74
37 In: Kapleau, Philip: *Die drei Pfeiler des Zen*, a.a.O., S. 63
38 Suzuki, Shunryu: *Zen-Geist, Anfänger-Geist.* Aus dem Englischen von Silvius Dornier und Pirmin Ragg. Theseus Verlag, Zürich/München/Berlin 1997, S. 29
39 Deshimaru-Roshi, Taisen: *Za-Zan*, S. 33
40 *Lexikon der östlichen Weisheitslehren*, S. 191f., »Koan«
41 Zitiert nach Stevens, Edward: *Meditieren in allen Lebenslagen*, S. 136
42 Zitiert nach Shibayama, Zenkei: *Zu den Quellen des Zen*, a.a.O., S. 31
43 Zitiert nach Hoffmann, Yoel: *Der Ton der einen Hand*, a.a.O., S. 59

44 Kapleau, Philip: *Die drei Pfeiler des Zen*, a. a. O., S. 38
45 Huang-po: *Der Geist des Zen. Die Zen-Lehre des chinesischen Meisters Huang-po.* Herausgegeben von John Blofeld. O.W. Barth Verlag, Bern/München/Wien, 1987, S. 48
46 Sekida, Katsuki: *Zen-Training*, S. 80f.

8 Meditationen des tibetischen Buddhismus

1 Nach Brucker, Karin/Sohns, Christian: *Tibetischer Buddhismus. Handbuch für Praktizierende im Westen. Geschichte, Lehre und Praxis – Feste, Rituale und Feiertage.* O. W. Barth Verlag, Bern 2003, S. 123
2 Ebd., S. 86
3 Ebd., S. 96
4 Schumann, Hans Wolfgang: *Handbuch Buddhismus*, a. a. O., S. 320
5 Ebd., S. 321
6 Brucker, Karin/Sohns, Christian: *Tibetischer Buddhismus,* a. a. O., S. 103
7 Nach *Lexikon der östlichen Weisheitslehren*, S. 211
8 U. a. nach Brucker, Karin/Sohns, Christian: *Tibetischer Buddhismus,* a. a. O.
9 Die Beschreibung dieser Meditation folgt John Powers' Ausführungen in *Religion und Kultur Tibets. Das geistige Erbe eines buddhistischen Landes*. O. W. Barth Verlag, Bern/München/Wien 1998, S. 206ff., und ist eine überarbeitete Fassung des Textes in Bottini, Oliver: *Das große O. W. Barth-Buch des Buddhismus*.
10 Nach *Lexikon der östlichen Weisheitslehren*, S. 423, »Vajrasattva«
11 Powers, John: *Religion und Kultur Tibets*, a. a. O., S. 208
12 Ebd.
13 Ebd., S. 210
14 *Lexikon der östlichen Weisheitslehren*, S. 103, »Dzogchen«
15 Schumann, Hans Wolfgang: *Handbuch Buddhismus*, a. a. O., S. 327
16 Dalai Lama: *Logik der Liebe*. Goldmann Verlag, München 1991, S. 264, zitiert nach Schumann, Hans Wolfgang: *Handbuch Buddhismus*, a. a. O., S. 328
17 Powers, John: *Religion und Kultur Tibets*, a. a. O., S. 268
18 Ebd., S. 266
19 Ebd., S. 284
20 Zitiert nach http://akroasis.oktave.ch/Tilopa/Tilopas_Mahamudra.htm)
21 Ebd., S. 285
22 Nach *Lexikon der östlichen Weisheitslehren*, S. 258, u. a.
23 Schumann, Hans Wolfgang: *Handbuch Buddhismus*, a. a. O., S. 332
24 U. a. nach *Lexikon der östlichen Weisheitslehren*, S. 33
25 Schumann, Hans Wolfgang: *Handbuch Buddhismus*, a. a. O., S. 274

26 Schumann, Hans Wolfgang: *Buddhismus. Stifter, Schulen und Systeme.* Walter Verlag, Olten 1976, überarbeitete Neuausgabe: Diederichs Verlag, München 1993, S. 220
27 Powers, John: *Religion und Kultur Tibets*, a. a. O., S. 183
28 Lama Zopa Rinpoche: *Wisdom, Energy.* Wisdom, London 1976, S. 124. Zitiert nach Powers, John: *Religion und Kultur Tibets*, a. a. O., S. 185
29 Dahlke, Margit/Dahlke, Ruediger: *Meditationsführer*, S. 234
30 Nach www.healingtao.org/deutsch/artikel10_deutsch.htm#5.1
31 Nach Powers, John: *Religion und Kultur Tibets*, a. a. O., S. 195
32 Ebd, S. 194 f.
33 Ebd.
34 Zitiert von Khenpo Könchog Gyaltsen, in: *The Garland of Mahamudra Pratices*, S.56 f.; zitiert nach Powers, John: *Religion und Kultur Tibets*, a. a. O., S. 197
35 Dalai Lama: *Tantra-Yoga*, S. 33
36 Tulku Lama Lobsang: *Lu Jong*, S. 17. (Es gibt im deutschsprachigen Raum bislang keine andere Publikation eines Lu-Jong-Lehrers über diese Meditationstechnik.)
37 Ebd.
38 Ebd., S. 18
39 Ebd., S. 10
40 Nach Tulku Lama Lobsang: *Lu Jong*
41 Ebd., S. 19
42 Ebd., S. 21
43 Ebd., S. 34

9 Das vedische Zeitalter und seine Philosophie

1 Embree, Ainslie T./Wilhelm, Friedrich: *Weltgeschichte: Indien. Geschichte des Subkontinents von der Induskultur bis zum Beginn der englischen Herrschaft.* Band 17. Weltbild Verlag, Augsburg 2000, S. 26
2 Ebd.
3 Im Folgenden u. a. nach *Lexikon der östlichen Weisheitslehren.* Die Abbildungen stammen ebenfalls von dort.
4 Ebd., S. 402, »Trimurti«
5 Ebd.
6 Nach Salvesen, Christian: *Advaita*, S. 22
7 Ebd.
8 *Lexikon der östlichen Weisheitslehren*, S. 417 »Upanishaden«
9 Aus der *Chandogya-Upanishad* des *Samaveda.* Zitiert nach: »Indische Philosophie: Sechzig Upanishads des Veda«, *in: Asiatische Philosophie: Indien und China* (CD-ROM), S. 4730
10 Nach Salvesen, Christian: *Advaita*, S. 26 ff.
11 *Lexikon der östlichen Weisheitslehren*, S. 49, »Brahman«

12 Zitiert nach *Lexikon der östlichen Weisheitslehren*, S. 164, »Ishvara«

13 *Kena-Upanishad*, 1, 1–9. Zitiert nach Salvesen, Christian: *Advaita*, S. 29. Dort zitiert nach E. Meier, www.home.germany.net/dr.e.meier/hintxt/html

14 Nach *Lexikon der östlichen Weisheitslehren*, S. 438, »Vivekananda«

15 Zitiert nach Salvesen, Christian: *Advaita*, S. 69. Dort zitiert nach Balsekar, Ramesh: *Duett der Einheit. Der Ashtavakra-Gita-Dialog*. Context Verlag, Bielefeld 1991, S. 19

16 *Lexikon der östlichen Weisheitslehren*, S. 271, »OM«

17 Sutra 27

18 *Lexikon der östlichen Weisheitslehren*, S. 272, »OM«

19 In: Patanjali: *Die Wurzeln des Yoga*, S. 53

20 Aus der *Katha-Upanishad*, 2, 16/17. Zitiert nach Trökes, Anna: *Yogameditation*, S. 164. Dort zitiert nach Hillebrandt, Alfred: *Upanishaden. Die Geheimlehre der Inder.* Diederichs Verlag, Köln 1983, S. 164

21 Michel, Kirti Peter/Wellmann, Wolfgang: *Das Yoga der Fünf Elemente*, S. 40

22 Nach Wikipedia, »Samkhya«, Stand: Juni 2006

23 Eliade, Mircea: *Yoga*, S. 16

24 Glasenapp, Helmuth von: *Die fünf Weltreligionen. Brahmanismus, Buddhismus, Chinesischer Universismus, Christentum, Islam*. Wilhelm Heyne Verlag, München 1997, S. 46

25 Eliade, Mircea: *Yoga*, S. 15

26 Wikipedia, »Samkhya«, Stand: Juni 2006

27 S. 45

28 Eliade, Mircea: *Yoga*, S. 22

29 Nach Eliade, Mircea: *Yoga*, S. 19

30 Pflug, Gerhard: *Das Yoga-Lehrbuch*, S. 15

31 Wikipedia, »Samkhya«, Stand: Juni 2006

32 Eliade, Mircea: *Yoga*, S. 15

10 Der Yoga

1 Nach Eliade, Mircea: *Yoga*, S. 12

2 Ebd. S. 13

3 *Lexikon der östlichen Weisheitslehren*, S. 457, »Yoga«

4 Wikipedia, »Yoga«, Stand: Juni 2006

5 Mahadev Desai, zitiert nach: Iyengar, B.K.S.: *Licht auf Yoga*, S. 13

6 Patanjali: *Die Wurzeln des Yoga*, S. 21

7 P.Y. Deshpande in Patanjali: *Die Wurzeln des Yoga*, S. 136

8 Nach *Lexikon der östlichen Weisheitslehren*, S. 126, »Guru«

9 *Lexikon der östlichen Weisheitslehren*, S. 126, »Guru«

10 Pflug, Gerhard: *Das Yoga-Lehrbuch*, S. 102

11 Zitiert nach *Lexikon der östlichen Weisheitslehren*, S. 185, »Karma-Yoga«
12 Zitiert nach *Lexikon der östlichen Weisheitslehren*, S. 35, »Bhagavad-Gita«
13 *Lexikon der östlichen Weisheitslehren*, S. 35, »Bhagavad-Gita«
14 *Bhagavad-Gita*, achter Gesang. Zitiert nach: » Indische Philosophie. Mahabharata-Bhagavadgita«, *in: Asiatische Philosophie: Indien und China* (CD-ROM), S. 6684. Übersetzung von Leopold von Schroeder
15 Kapitel IV, 18. Zitiert nach Salvesen, Christian: *Advaita*, S. 47. Dort zitiert nach Raphael: *Die Bhagavadgita. Gesang des Glückseligen.* J. Kamphausen Verlag, Bielefeld 2001, S. 124
16 *Lexikon der östlichen Weisheitslehren*, S. 287, »Patanjali«
17 U. a. nach *Lexikon der östlichen Weisheitslehren*; Eliade, Mircea: *Yoga*; Wikipedia
18 Patanjali: *Die Wurzeln des Yoga*, S. 121
19 Ebd., S. 122
20 Beide ebd.
21 P.Y. Deshpande in seinem Kommentar zu Sutra III, 1, in: Patanjali: *Die Wurzeln des Yoga*, S. 132
22 P.Y. Deshpande, ebd.
23 *Lexikon der östlichen Weisheitslehren*, S. 315, »Samadhi«
24 Patanjali: *Die Wurzeln des Yoga*, S. 123
25 P.Y. Deshpande in seinem Kommentar zu Sutra III, 3, in: Patanjali: *Die Wurzeln des Yoga*, S. 133
26 Patanjali: *Die Wurzeln des Yoga*, S. 134
27 Iyengar, B.K.S.: *Licht auf Yoga*, S. 16
28 Patanjali: *Die Wurzeln des Yoga*, S. 143
29 S. 21, 28, 37
30 Nach der englischen Übersetzung der *Hatha Yoga Pradipika* von Brian Dana Akers, www.yogavidya.com/Yoga/HathaYogaPradipika.pdf
31 Nach *Lexikon der östlichen Weisheitslehren*, S. 203 f., »Kundalini«
32 B.K.S. Iyengar: *Licht auf Yoga*, S. 11
33 Ebd., S. 17
34 Ebd.
35 U. a. nach *Lexikon der östlichen Weisheitslehren* und Wikipedia
36 Reiche, Ulrike/Völpel, Dagmar: *YIU – Yoga in Unternehmen*, S. 88
37 Zitate und Informationen aus Wikipedia, »Aurobindo«, Stand: Juni 2006
38 www.kum-nye.de, Seite »Was ist Kum Nye?«
39 www.kum-nye.de
40 Tarthang Tulku: *Selbstheilung durch Entspannung*, S. 14
41 Die Informationen zum Bikram-Yoga stammen von www.bikram-yoga.de.
42 Wie die meisten Informationen zu diesem Abschnitt stammt das Zitat von der Website www.siddhayoga.de.

11 Neuere Meditationen aus Indien

1 Zitiert nach *Lexikon der östlichen Weisheitslehren*, S. 304, »Ramana Mahar(i)shi«
2 Zitiert nach Salvesen, Christian: *Advaita*, S. 170
3 Ramana Maharshi: *Sei, was du bist! Ramana Maharshis Unterweisung über das Wesen der Wirklichkeit und den Pfad der Selbstergründung.* Herausgegeben von David Godman. O.W. Barth Verlag, Bern/München/Wien 1991, S. 64
4 Ebd. S. 20
5 Nach *Lexikon der östlichen Weisheitslehren*, S. 6, »Advaita-Vedanta«
6 Nach www.confessio.de/gemeinschaften/tm/ezw-flyer-tm.htm und Wikipedia, »Transzendentale Meditation«, Stand: Juni 2006
7 www.transzendentale-meditation.de/
8 White, John: *Alles über TM – Transzendentale Meditation. Die neue Lehre des Maharishi Mahesh Yogi.* Deutsch von Leni Sobez. Wilhelm Heyne Verlag, München 1976, S. 27
9 Nach www.transzendentale-meditation.de/
10 Antes, Michael: *Transzendentale Meditation, TM-Sidhi-Programm und Rigidität-Flexibilität. Eine systematische theoretische Analyse und empirische Erkenntnisse*. B. K. Verlag, Bielefeld 1979, S. 57
11 Nach der Website des Religionswissenschaftlichen Medien- und Informationsdienstes e.V. (REMID), www.remid.de/remid_info_tm.htm
12 Lenz, Reimar: »Meditation in der religiösen Subkultur«, in: Reiter, Udo (Hg.): *Meditation – Wege zum Selbst*, S. 120
13 Ebd.
14 Nach Wikipedia, »Dynamische Meditation«, Stand: Juli 2006, sowie Lenz, Reimar: »Meditation in der religiösen Subkultur«, in: Reiter, Udo (Hg.): *Meditation – Wege zum Selbst*, S. 120f.
15 Lenz, Reimar: »Meditation in der religiösen Subkultur«, in: Reiter, Udo (Hg.): *Meditation – Wege zum Selbst*, S. 120
16 Wikipedia, »Dynamische Meditation«, Stand: Juli 2006
17 Lenz, Reimar: »Meditation in der religiösen Subkultur«, in: Reiter, Udo (Hg.): *Meditation – Wege zum Selbst*, S. 120
18 www.relinfo.ch/chinmoy/info.html; die Informationen zum Chinmoy-Abschnitt stammen größtenteils von dieser (kritischen) Website.
19 www.srichinmoy.org/deutsch/kind_words/
20 Die Daten zu Ananda Marga stammen von Wikipedia, »Ananda Marga«, Stand: Juli 2006; der Website des deutschen Ablegers der Organisation (www.anandamarga.de); sowie aus Lenz, Reimar: »Meditation in der religiösen Subkultur«, in: Reiter, Udo (Hg.): *Meditation – Wege zum Selbst*, S. 113ff.
21 Lenz, Reimar: »Meditation in der religiösen Subkultur«, in: Reiter, Udo (Hg.): *Meditation – Wege zum Selbst*, S. 114
22 Beide Zitate: www.anandamarga.de/html/meditation.html

12 Meditation im Christentum

1 Lotz, Johannes B.: »Christliche Meditation«, in: Reiter, Udo (Hg.): *Meditation – Wege zum Selbst*, S. 76
2 Lotz, Johannes B.: »Die Christusmeditation als Erfüllung des meditativen Lebens«, in: Bitter, Wilhelm: *Meditation in Religion und Psychotherapie*, S. 186. Auch die folgenden Kurzzitate stammen von dort.
3 Kohlbrugge, Hanna: »Die Umkehr des Wortes«, in: Höpfner, Willi: *Gebet und Meditation in islamischer und christlicher Sicht*. Heft 11 der Schriftenreihe *Christentum und Islam*. Breklumer Verlag, Wiesbaden 1980, S. 53
4 Tilmann, Klemens/von Peinen, Hedvig-Teresia: *Die Führung zur Meditation*, Bd. 2, S. 120 f.
5 Ebd.
6 Stevens, Edward: *Meditieren in allen Lebenslagen*, S. 184
7 Ebd.
8 Artikel »Bistum sucht Frieden mit dem Zen-Meister«, in: *Süddeutsche Zeitung*, 4.2.2002
9 Habito, Ruben: *Zen leben – Christ bleiben*, S. 168
10 Enomiya-Lassalle, Hugo M.: *Zen – Weg zur Erleuchtung*, S. 73
11 Ebd., S. 74
12 Habito, Ruben: *Zen leben – Christ bleiben*, S. 29
13 Tilmann, Klemens/von Peinen, Hedvig-Teresia: *Die Führung zur Meditation*, Bd. 2, S. 27
14 Habito, Ruben: *Zen leben – Christ bleiben*, S. 29
15 Ebd., S. 29 f.
16 Ebd., S. 31
17 Ebd., S. 33
18 Zitiert nach www.ellopos.net/theology/eckhart.htm#Gott%20ist%20in%20allen%20Dingen
19 Nach Wikipedia, »Meister Eckhart«, Stand: Juli 2006
20 Meister Eckhart: »Von der Erkenntnis Gottes«, zitiert nach www.ti-amo.at/download/el21–gott-mensch.htm
21 Quint, Josef: »Einleitung«, in: Meister Eckehart: *Deutsche Predigten und Traktate*, S. 27
22 Meister Eckart: *Die Gottesgeburt im Seelengrund*, S. 19
23 Lies, Lothar: »Mittelalterliche deutsche Mystik und Rechtfertigung«, in: Website des »Innsbrucker Theologischen Leseraums«, http://theol.uibk.ac.at/itl/93.html
24 Wehr, Gerhard: »Einleitung«, in: Meister Eckart: *Die Gottesgeburt im Seelengrund*, S. 24 f.
25 Ebd., S. 24
26 Zitiert nach Wikipedia, »Meister Eckart«, Stand: Juli 2006
27 Meister Eckhart: *Wo Gott keinen Namen hat*, S. 53
28 Zitiert nach Meister Eckart: *Die Gottesgeburt im Seelengrund*, S. 24
29 Ebd.

30 Meister Eckhart: *Wo Gott keinen Namen hat*, S. 53

31 Meister Eckart: *Die Gottesgeburt im Seelengrund*, S. 92

32 Ebd., S. 26

33 Nach Rahner, Hugo: »Die ›Anwendung der Sinne‹ in der Betrachtungsmethode des hl. Ignatius von Loyola«, in: Bitter, Wilhelm: *Meditation in Religion und Psychotherapie*, S. 53

34 Fontana, David: *Kursbuch Meditation*, S. 127. Die vorher genannten Aspekte stammen ebenfalls aus Fontana.

35 Zitiert nach Rahner, Hugo: »Die ›Anwendung der Sinne‹ in der Betrachtungsmethode des hl. Ignatius von Loyola«, in: Bitter, Wilhelm: *Meditation in Religion und Psychotherapie*, S. 58

36 Ebd., S. 56f.

37 Ebd., S. 56

38 Zitiert nach Bitter, Wilhelm: *Meditation in Religion und Psychotherapie*, S. 51 (»Aussprache I«)

39 Nach Fontana, David: *Kursbuch Meditation*, S. 109ff.

40 Ebd., S. 111

41 Ebd.

42 Erläuterungen in diesem Abschnitt v. a. nach Frei, Gebhard: »Christliches Mantram-Yoga: Das Herzensgebet«, in: Bitter, Wilhelm: *Meditation in Religion und Psychotherapie*, S. 22–30; sowie Wikipedia, »Jesusgebet«, Stand: Juli 2006

43 Beispiele aus Wikipedia, »Jesusgebet«, Stand: Juli 2006

44 Ebd.

45 Zitiert nach Frei, Gebhard: »Christliches Mantram-Yoga: Das Herzensgebet«, in: Bitter, Wilhelm: *Meditation in Religion und Psychotherapie*, S. 26f.

46 Nach Wikipedia, »Jesusgebet«, Stand: Juli 2006

47 Nach Wikipedia, »Rosenkranz«, Stand: Juli 2006

48 Blum, Georg Günter: »Das Jesusgebet. Die Antwort auf eine akute Herausforderung«, auf: www.kommunitaeten.de/quat/J1999/q990683.htm, Stand: Juli 2006 (Website »Evangelische Gemeinden und Kommunitäten«)

49 Wikipedia, »Jesusgebet«, Stand: Juli 2006. Dort wird die Untersuchung erwähnt.

50 Hier nach Rosenberg, Alfons: »Die Kreuzmeditation«, in: Bitter, Wilhelm: *Meditation in Religion und Psychotherapie*, S. 31–45 (dort falsch »Alfred Rosenberg«)

51 Ebd., S. 31

52 Ebd., S. 34, 36, 39f.

53 »Kreuz-Zeichen«, S. 34, herausgegeben von der Katholischen Jugendarbeit e.V. Köln, Download von www.kja.de, (http://web110.s11.typo3server.com)

54 Diese Zitate: Rosenberg, Alfons: »Die Kreuzmeditation«, in: Bitter, Wilhelm: *Meditation in Religion und Psychotherapie*, S. 40

55 Nach ebd.

13 Jüdische und islamische Meditationen

1 Nach Bock, Eleonore: *Die Mystik in den Religionen der Welt. Hinduismus, Buddhismus, Judaismus, Islam, Christentum.* Goldmann Verlag, München 1993, S. 249
2 Fontana, David: *Kursbuch Meditation*, S. 179
3 Nach ebd., S. 230
4 Ebd., S. 233
5 Nach ebd., S. 232f.
6 Nach Bock, Eleonore: *Die Mystik in den Religionen der Welt*, a.a.O., S. 251.
7 Ebd., S. 252
8 Nach ebd.
9 Ebd.
10 Ebd.
11 Nach Wikipedia, »Dhikr«, Stand: Juli 2006
12 Nach Wikipedia, »Sufismus«, Stand: Juli 2006, und Bock, Eleonore: *Die Mystik in den Religionen der Welt*, a.a.O., S. 285
13 Bock, Eleonore: *Die Mystik in den Religionen der Welt*, a.a.O., S. 284f.
14 Bock, Eleonore: *Die Mystik in den Religionen der Welt*, a.a.O., S. 285
15 Folgendes nach Wikipedia, »Sufismus«, Stand: Juli 2006
16 Schimmel, Annemarie: *Mystische Dimensionen des Islam. Die Geschichte des Sufismus. Insel Verlag*, Frankfurt am Main 1995, S. 243
17 Ebd., S. 245
18 Ebd., S. 47
19 Zitiert nach ebd., S. 245
20 Zitiert nach Shah, Idries: *Die fabelhaften Heldentaten des weisen Mulla Nasrudin.* Herder Verlag, Freiburg im Breisgau 1984

14 Weitere Meditationen

1 Nach Wikipedia, »Schamane«, Stand: Juli 2006
2 Zumstein, Carlo: *Schamanismus. Begegnungen mit der Kraft*, S. 121
3 Nach Fontana, David: *Kursbuch Meditation*, S. 144ff.
4 Nach ebd., S. 146ff.
5 Ebd., S. 147
6 Zumstein, Carlo: »Schamanismus – das älteste Wissen vom Heilen?«, auf: www.natuerlich-gesund-online.info/artikel_2006/schamanismus.php, Stand: Juli 2006. Die folgende Aufzählung stammt ebenfalls von dort.
7 Nach Zumstein, Carlo: »Schamanismus – das älteste Wissen vom Heilen?«, a.a.O., und *Schamanismus*, S. 85f..

8 Zumstein, Carlo: »Schamanismus – das älteste Wissen vom Heilen?«, a.a.O.
9 Ebd.
10 Zitiert nach Zumstein, Carlo: *Schamanismus*, S. 86
11 Bröer, Ralf: »‹Autogene Organübungen› zur Entspannung«, in: *Ärztezeitung*, Online-Ausgabe, www.aerztezeitung.de/docs/2002/11/23/4m1601.asp
12 Siehe z.B. auf der Website des Neurologen und Psychiaters Karl C. Mayer, www.neuro24.de/autogenes_training.htm.
13 Bröer, Ralf: »‹Autogene Organübungen› zur Entspannung«, a.a.O.
14 Alle Zitate: DER SPIEGEL, 26/1994, S. 185
15 Ebd., S. 185f.
16 Folgende Anleitungen zu Unter- und Oberstufe nach Wikipedia, »Autogenes Training«, Stand: Juli 2006, sowie Angerstein, Joachim A.: *Entspannen Sie sich selbst*
17 Langen, Dietrich: *Autogenes Training*, S.14
18 Wikipedia, »Autogenes Training«, Stand: Juli 2006
19 Nach ebd., Stand: Juli 2006

Nachbemerkungen

20 Zitiert nach Bitter, Wilhelm: *Meditation in Religion und Philosophie*, S. 7

Register